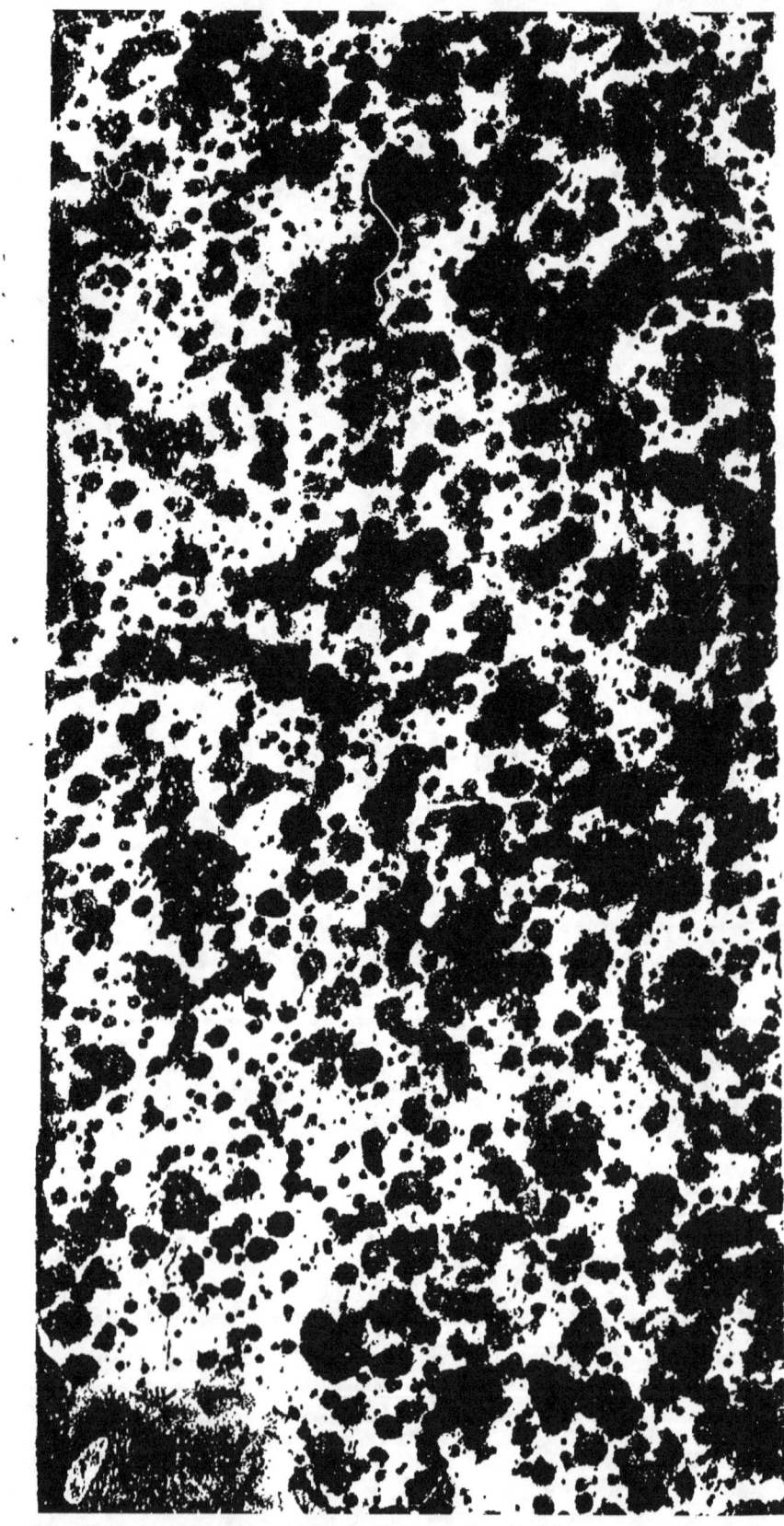

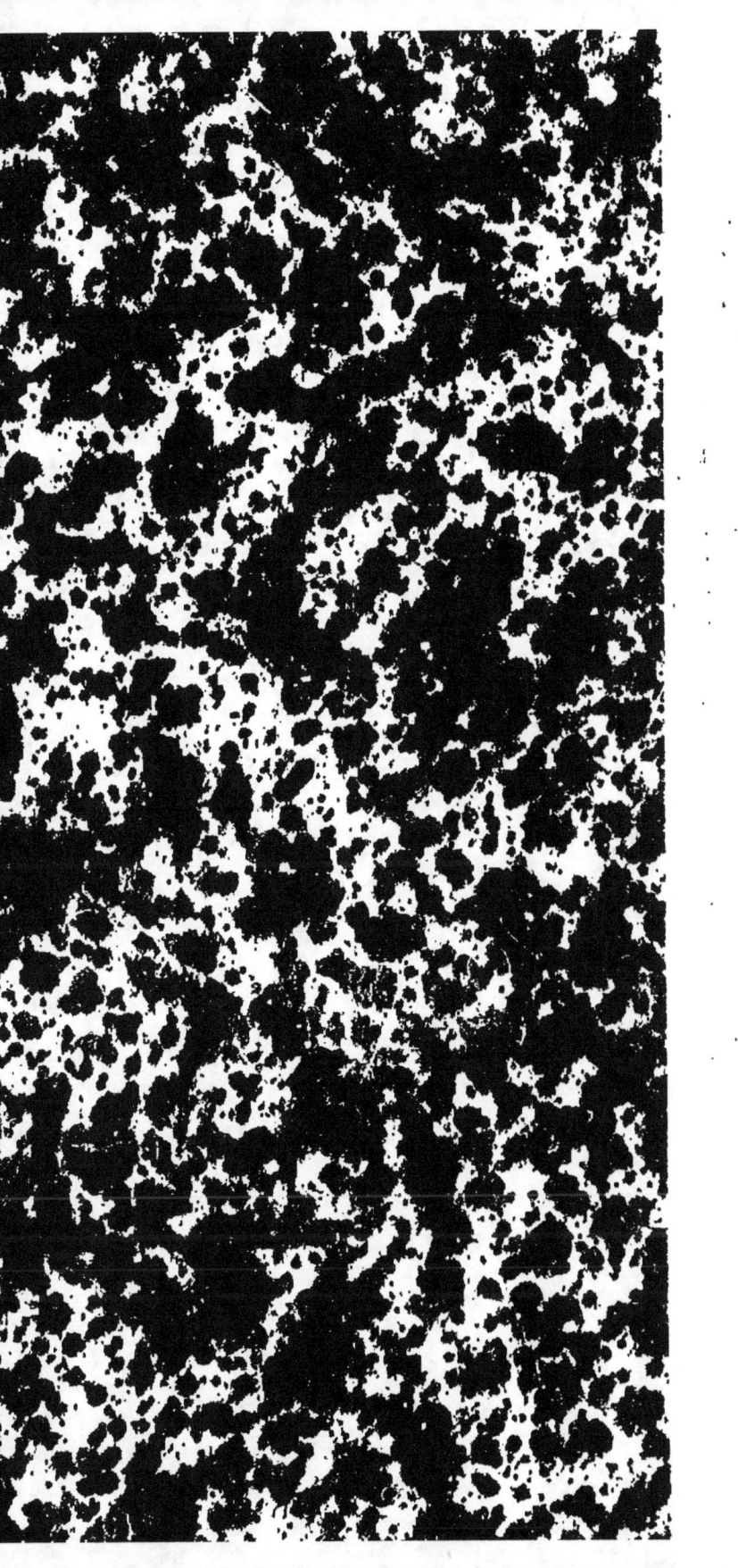

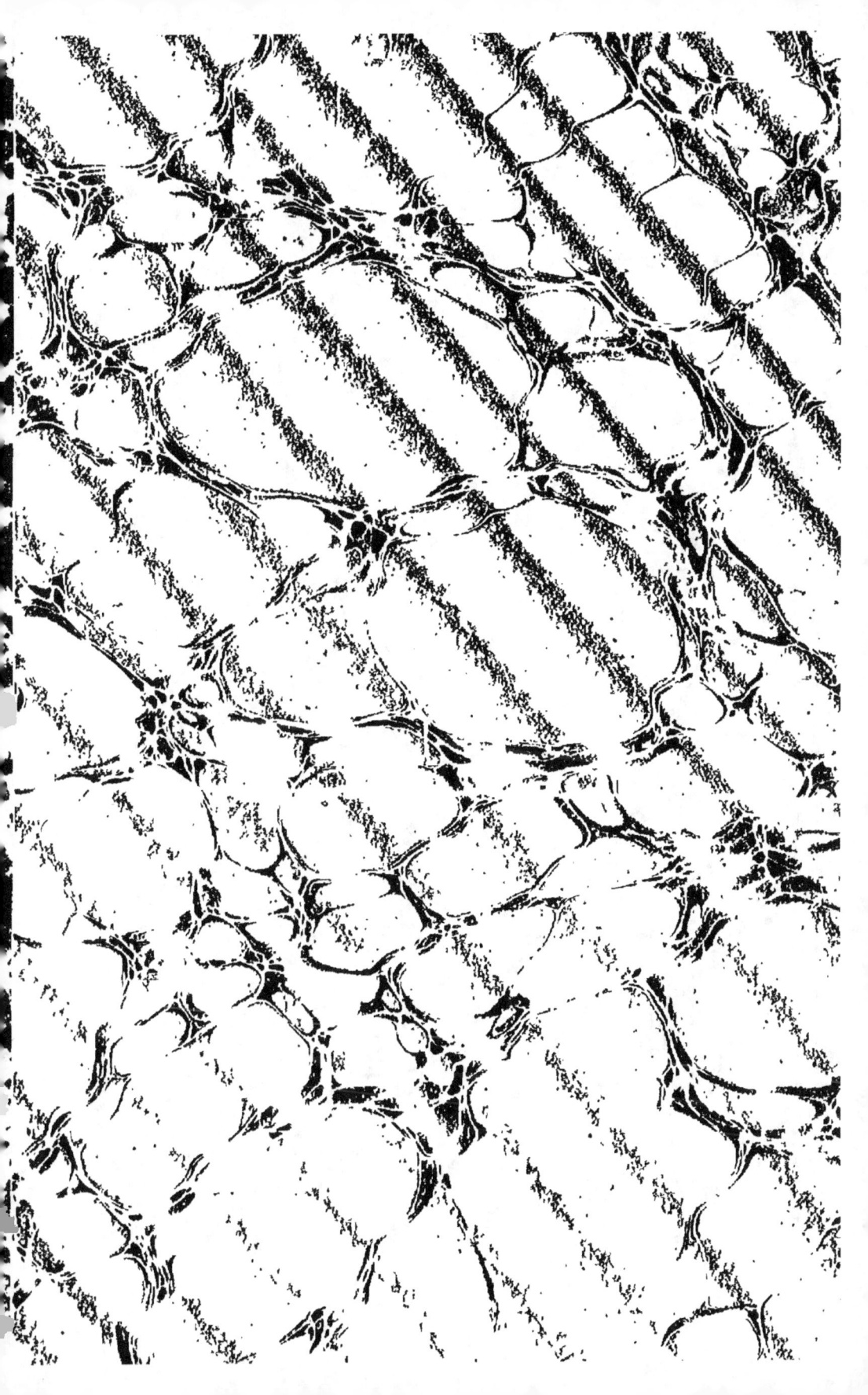

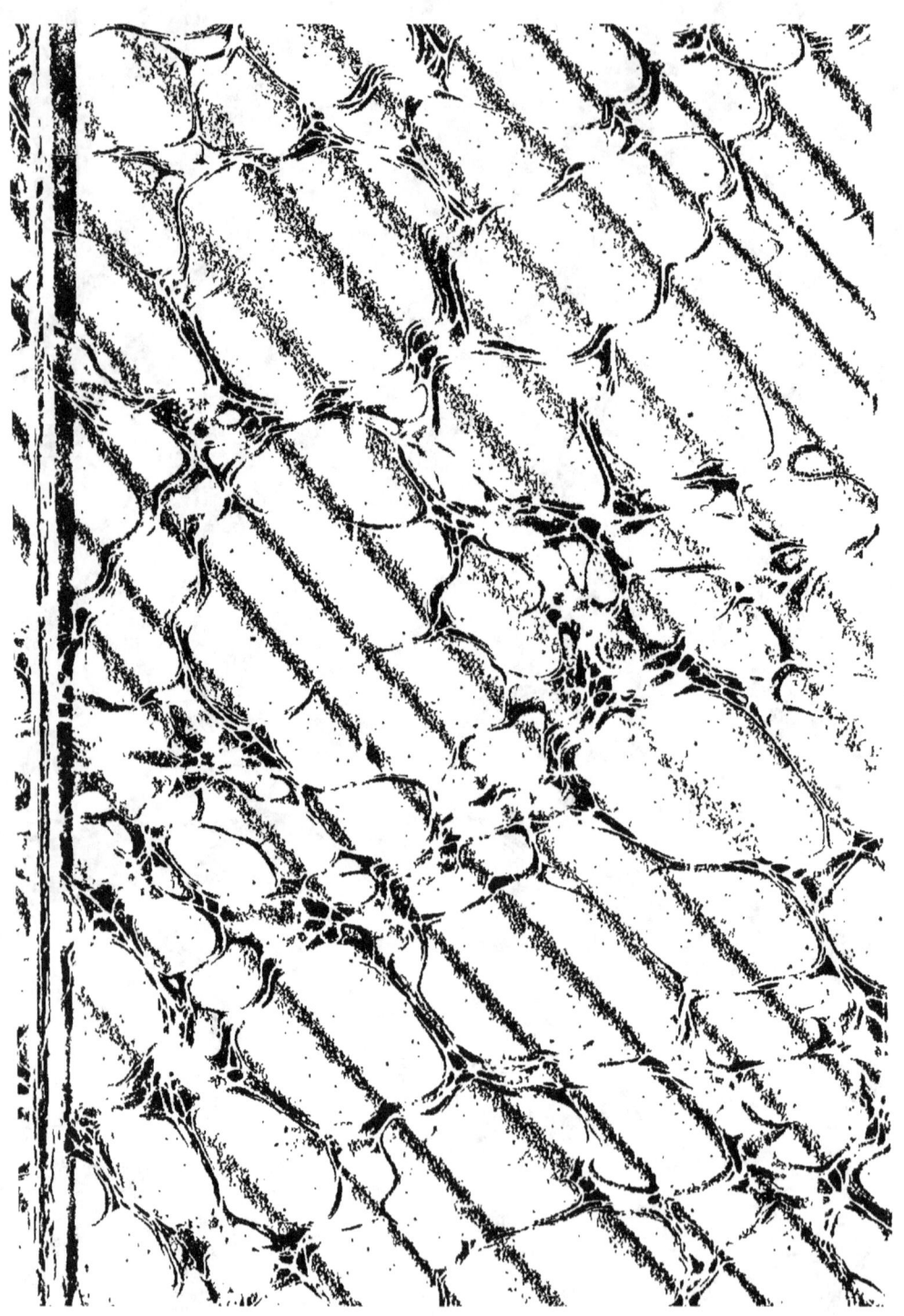

LE LENDEMAIN
DE LA MORT

OU
LA VIE FUTURE SELON LA SCIENCE

PAR

LOUIS FIGUIER

OUVRAGE ACCOMPAGNÉ
DE 10 FIGURES D'ASTRONOMIE

ONZIÈME ÉDITION

PARIS
LIBRAIRIE HACHETTE ET Cⁱᵉ
79, BOULEVARD SAINT-GERMAIN, 79
—
1904

LE LENDEMAIN
DE LA MORT

OUVRAGES DU MÊME AUTEUR

PUBLIÉS A LA LIBRAIRIE HACHETTE ET Cie

Le lendemain de la mort ou *la Vie future selon la science*, accompagné de 10 figures d'astronomie. 11e édition. 1 volume in-16, broché. . . 3 fr. 50

L'Alchimie et les Alchimistes. *Essai historique et critique sur la philosophie hermétique.* 1 vol. in-16. 3e édition . . . . 3 fr. 50

Histoire du merveilleux dans les temps modernes. 4e édition. 4 vol. in-16, broché. . . . . 14 fr.

OUVRAGES ILLUSTRÉS A L'USAGE DE LA JEUNESSE
Format in-8 raisin.
CHAQUE VOLUME, BROCHÉ, 6 FRANCS
Cartonné en percaline rouge, tranches dorées, 8 francs.

La terre et les mers, ou Description physique du globe. 7e édition. Un volume contenant 206 figures, dessinées par Karl Girardet, Lebreton, etc., et 20 cartes de géographie physique.

Les zoophytes et les mollusques. Un volume illustré de 385 figures dessinées d'après les beaux échantillons du Muséum d'histoire naturelle.

Les insectes, 4e édition. Un volume, illustré de 594 figures dessinées par Mesnel, Blanchard et Delahaye, et de 24 grandes compositions.

Les races humaines. 5e édition. Un volume illustré de 268 figures dessinées sur bois et de 8 chromolithographies représentant les principaux types des familles humaines.

Connais-toi toi-même. *Notions de physiologie à l'usage de la jeunesse et des gens du monde.* 1 volume, illustré de 25 grandes gravures sur bois, de 26 portraits, de 115 figures et d'une chromolithographie représentant la circulation du sang. 3e édition.

Vies des savants illustres. 2 volumes grand in-8, accompagnés de portraits et compositions historiques : *Savants de l'antiquité*, 1 volume. — *Savants du xviie siècle*, 1 volume.

Le savant du Foyer, ou *Notions scientifiques sur les objets usuels de la vie.* Nouvelle édition revue et mise à jour. 1 vol. grand in-8 jésus, br. . 8 fr. cartonné percaline, tr. dorées, ... 12 fr.

Les grandes inventions modernes *dans les sciences, l'industrie et les arts.* Nouvelle édition revue et complétée. 1 vol., grand in-8, illustré de 398 gravures sur bois. — broché, 3 fr. ; cart. percaline, tr. dorées. . . 5 fr

LE LENDEMAIN
DE LA MORT
OU
LA VIE FUTURE SELON LA SCIENCE

PAR

LOUIS FIGUIER

OUVRAGE ACCOMPAGNÉ
DE 10 FIGURES D'ASTRONOMIE

ONZIÈME ÉDITION

PARIS
LIBRAIRIE HACHETTE ET Cie
79, BOULEVARD SAINT-GERMAIN, 79

1904

Droits de traduction et de reproduction réservés.

INTRODUCTION

Lecteur, tu dois mourir. Tu mourras demain peut-être. Qu'arrivera-t-il de toi, et que seras-tu au lendemain de ta mort? Je ne parle pas de ton corps; il n'a pas plus d'importance que les vêtements qui te couvrent, ou le linceul qui enveloppera tes restes. Comme ces vêtements, comme le drap funèbre où tu seras enveloppé, ton corps se décomposera, et ses éléments iront se perdre dans les grands réservoirs matériels de la nature, dans l'air, dans la terre et dans l'eau. Mais ton âme, où ira-t-elle? Ce qui, en toi, a senti, a aimé, a souffert, a été libre, que deviendra-t-il, le lendemain de la mort? Tu n'admets pas sans doute que ton âme sera anéantie, avec ta vie, le jour de ton trépas, et qu'il ne restera plus rien de ce qui a palpité dans ton sein, de ce qui a vibré aux émotions du bonheur ou de la tristesse, aux douces affections, aux mille passions et agitations de la vie. Mais où ira cette âme sensible qui doit subsister par delà le tombeau, que deviendra-t-elle et que seras-tu, lecteur, au lendemain de ta mort?

Telle est la question que l'on tente d'approfondir dans ce livre.

Presque tous les penseurs ont déclaré insoluble le problème de la vie future. Ils ont prétendu que l'esprit humain n'a pas la puissance de percer un mystère aussi profond, et qu'en pareille matière il n'y a qu'à s'abstenir. Par insouciance ou par conviction, la plupart des hommes raisonnent de cette manière. D'ailleurs, quand on se hasarde à envisager un peu de près cette question redoutable, on se trouve tout de suite environné de si épaisses ténèbres, qu'on ne se sent pas le courage de pousser l'examen plus loin.

C'est ainsi que chacun est amené à se détourner de toute pensée sur la vie future.

Il est pourtant des situations où l'on se voit obligé de réfléchir sur ce sujet sombre et difficile. Quand on se trouve soi-même en danger de mort, ou quand on a perdu un être ardemment chéri, on médite nécessairement sur la vie future. Et après avoir creusé cette idée, on peut être amené à reconnaître que le problème n'est pas, autant qu'on l'avait pensé, au-dessus des efforts de l'esprit humain.

Pendant la plus grande partie de sa vie, l'auteur de ce livre avait cru, comme tout le monde, que le problème de la vie future est hors de notre portée, et qu'il était sage de ne pas en embarrasser notre esprit. Mais un jour, jour funeste! un coup de tonnerre l'a frappé. Il a perdu le fils adoré en qui se résumaient tout l'espoir et toutes les ambitions de sa vie. Alors, et dans l'amertume de sa douleur, il a longuement réfléchi sur la vie nouvelle qui doit s'ouvrir pour nous au delà du tombeau. Après avoir approfondi cette idée dans ses méditations solitaires, il a demandé aux sciences exactes ce qu'elles peuvent fournir de positif sur cette question; enfin il a interrogé les hommes ignorants et simples, les paysans des campagnes et les gens illettrés des villes, source d'informations toujours précieuse pour remonter aux vrais principes de la nature, car elle n'est altérée ni par les préjugés de l'éducation, ni par la routine d'une philosophie banale.

Voilà comment l'auteur de ce livre est parvenu à se faire tout un système d'idées sur la vie nouvelle qui doit succéder, pour l'homme, à la vie terrestre.

Mais tout se tient dans la nature. Chaque être organisé est lié à un autre qui le précède et à un autre qui le suit, dans l'échelle de la création vivante. La plante et l'animal, l'animal et l'homme, se rattachent, se soudent l'un à l'autre; l'ordre physique et l'ordre moral se confondent. Il résulte de là que celui qui croit avoir trouvé l'explication d'un fait quelconque, pris dans l'organisation, est bientôt amené à étendre cette explication à tout l'ensemble des êtres vivants, à remonter, d'anneau en anneau, toute la chaîne de la nature. C'est ce qui est arrivé à l'auteur de ce livre. Après avoir cherché ce que devient l'homme au sortir de la vie terrestre, il a été conduit à appliquer ses vues à tous les êtres vivants, aux animaux, puis aux plantes. La force de la logique l'a poussé à étendre son système aux êtres, inaccessibles à nos yeux, qui doivent habiter les planètes, les soleils et tous les astres innombrables disséminés sur la vaste étendue des cieux. De sorte que ce que l'on trouvera dans cet ouvrage, ce n'est pas seulement une tentative de solution, par la science, du problème de la vie future, mais encore l'exposé de toute une théorie de la nature, une véritable philosophie de l'univers.

Je peux me tromper, je peux prendre pour des vues sérieuses les rêves de mon imagination, je peux m'égarer dans le ténébreux domaine que j'essaye de parcourir à tâtons; mais j'écris avec une sincérité absolue, et là est mon excuse. J'espère, d'ailleurs, que mon exemple entraînera d'autres écrivains à tenter le même effort, c'est-à-dire à appliquer les sciences exactes à l'étude de la grande question des destinées de l'homme après cette vie. Un concours de travaux entrepris dans cette voie, serait le plus grand service rendu à la philosophie naturelle, comme aux progrès de l'humanité.

On veut bien accorder à l'auteur de ce livre une aptitude, ou plutôt un soin particulier, à exposer les faits de la science. Il s'est appliqué, dans cet ouvrage, à rendre aussi clair, aussi évident qu'une vérité scientifique, le fait de notre résurrection; il a voulu faire, pour ainsi dire, toucher du doigt la vie future. A cet effet, il a groupé les preuves scientifiques, logiques et morales dans l'ordre et la succession qui lui ont paru les plus convenables pour la clarté. L'idée de la vie future n'a été présentée jusqu'ici que d'une façon abstraite et comme idéale; on s'efforce de lui donner ici un caractère usuel, pratique, de faire entrer dans les habitudes de chacun la notion claire et certaine de son immortalité.

La persuasion de l'immortalité personnelle est le plus grand bienfait que l'on puisse offrir aux hommes. Pour nous consoler dans nos afflictions, pour soutenir notre courage dans les épreuves douloureuses de la vie, pour changer en une vague et mélancolique attente les cruels déchirements que fait ressentir à notre âme la perte d'un être tendrement aimé, pour consoler les déshérités de la terre, pour relever les cœurs chancelants et abattus, il n'est rien comme la certitude de notre résurrection.

Nous espérons que la lecture de ce livre amènera dans beaucoup d'esprits cette conviction que la mort ne termine rien, qu'elle n'est qu'un accident régulier de notre destinée, un simple phénomène qui n'interrompt pas la continuité de l'existence de la personne humaine. Et si chacun se pénétrait de cette réconfortante pensée, l'auteur aurait atteint son but et serait largement payé de ses efforts, par la conscience du bien que cette idée doit répandre dans les âmes.

LE LENDEMAIN
DE LA MORT

CHAPITRE PREMIER

Coup d'œil sur les systèmes philosophiques modernes ayant pour but d'expliquer la nature intime de l'homme : le matérialisme, le vitalisme animique et le vitalisme Barthézien. — Un mot sur le vitalisme de Bichat. — L'homme résulte de la réunion du corps, de l'âme et de la vie.

Quelle est la nature intime de l'homme ? Qu'est-ce que la vie humaine ? Depuis trois mille ans la philosophie tourne et retourne sans cesse ce problème fondamental ; elle n'a jamais cessé de travailler, de disserter sur cette question. Les savants n'ont pu arriver à tomber d'accord pour expliquer ce grand mystère, mais ils ont été conduits, par cette longue suite de recherches, à formuler trois doctrines, qui, à la vérité, s'excluent l'une l'autre, ce qui n'empêche pas qu'elles soient parfaitement arrêtées dans leurs principes.

Ces trois systèmes philosophiques, dont on retrouverait facilement les parfaits homologues dans l'antiquité, chez les Grecs, les Romains et les Orientaux, sont :

1° Le matérialisme ;

2° Le vitalisme animique;

3° Le vitalisme Barthézien.

Nous allons examiner à part chacune de ces doctrines, dont le but est d'expliquer la véritable nature de la personne humaine.

Matérialisme. — D'après les matérialistes, les phénomènes physiques, organiques, intellectuels et moraux qui se manifestent dans l'homme, ne tiennent qu'à son organisation. Le cerveau a la propriété de produire, de créer la pensée, l'imagination, la sensibilité, la mémoire, comme le foie a la fonction de sécréter la bile et les glandes salivaires la salive. Dans ce système l'âme n'existe donc pas. Écoutons M. Littré.

« Le mot *âme*, dit ce médecin, exprime l'ensemble des fonctions du cerveau et de la moelle épinière, ainsi que l'ensemble des fonctions de la sensibilité encéphalique, c'est-à-dire la perception des objets extérieurs, la somme des besoins et des penchants qui servent à la conservation de l'individu et de l'espèce, et aux rapports avec les autres êtres; les aptitudes qui constituent l'imagination, le langage, l'expression, les facultés qui forment l'entendement, la volonté, et enfin le pouvoir de mettre en jeu le système musculaire, et d'agir par là sur le monde extérieur[1]. »

La mort, abolissant les fonctions du cerveau, de la moelle épinière et du système nerveux, l'âme, ou ce que l'on appelle de ce nom, disent les matérialistes, est anéantie par la dissolution du corps.

Le matérialisme pose donc en fait que le principe sensible que nous portons en nous, est attaché à notre

---

1. *Dictionnaire de médecine* de Littré et Robin, article *Ame.*

corps, et qu'au moment de la mort il se détruit, comme tout le reste. C'est un flambeau qui s'éteint et qui ne se rallumera jamais. « L'homme, disent les matérialistes, vit et meurt, comme les plantes et les animaux. Né d'un germe, comme les plantes et les animaux, il se développe comme eux. A la mort du corps, le principe sensible, qui n'est qu'un résultat de l'organisation, s'éteint avec les organes. Nous voyons autour de nous tout périr et rien ne reparaître. Pourquoi en serait-il autrement de l'homme? »

Nous allons apprécier aux points de vue de la logique, de la science et de la morale, ce système, qui est fils, non pas de la science, comme on l'a dit trop souvent, mais de l'ignorance et du mépris de tous les faits de la nature.

Au point de vue de la logique, l'erreur du matérialisme ressort du seul énoncé des termes. Entre la matière et la pensée, il y a incompatibilité de termes. La matière raisonnable, intelligente et sensible, c'est là une contradiction absolue dans les expressions du langage, comme dans les principes du raisonnement. La matière douée de la pensée et se connaissant elle-même ne serait plus de la matière. L'intelligence, la pensée, la volonté, sont des *immatérialités*; elles ne peuvent se présenter avec les qualités propres à la matière, c'est-à-dire avoir l'étendue, la pesanteur, l'impénétrabilité. Elles ne peuvent donc émaner de la matière, c'est-à-dire du cerveau et des nerfs.

Au point de vue de la science, le matérialisme est tout à fait insoutenable.

Nous sommes composés de deux éléments ou de deux substances, l'une qui pense, l'autre qui ne pense pas. Cette vérité est évidente par elle-même, car la pensée est un fait, un fait certain en soi. D'un autre côté, il est tout aussi évident que, en leur qualité de substance purement matérielle, le corps, c'est-à-dire le bras, la barbe, l'ongle, ne pensent pas.

Voici maintenant la preuve scientifique que le principe immatériel, c'est-à-dire l'intelligence, la pensée, ou l'âme qui résume toutes ces puissances immatérielles, est doué de l'immortalité.

La matière ne périt pas ; l'observation et la science nous prouvent, en effet, que les corps matériels ne sont jamais anéantis : ils ne font que changer d'état, de forme et de place, mais ils se retrouvent toujours quelque part, intacts quant à leur substance. Notre corps se décompose, se dissout, mais la matière qui le formait n'est jamais détruite : disséminée dans l'air, dans la terre et dans l'eau, elle va produire dans ces milieux de nouvelles combinaisons chimiques, mais elle n'est pas anéantie pour cela. Or, si la matière ne périt pas, mais seulement se transforme, à plus forte raison l'âme doit-elle être impérissable et indestructible. Comme la matière, elle doit se transformer, sans jamais se détruire.

Descartes a dit : *Je pense, donc je suis.* Ce raisonnement, tant admiré dans les écoles, nous a toujours paru une espèce de naïveté. Il fallait dire, pour que le syllogisme eût de la force : *Je pense, donc je suis immortel*. Mon âme est immortelle si elle existe, et elle existe puisque je pense.

Ainsi, le fait de l'immortalité du principe spirituel que nous portons en nous, est évident par lui-même; et pour établir l'existence de l'âme il n'est besoin d'aucune de ces démonstrations qui remplissent les ouvrages de philosophie, et qui ont défrayé, depuis l'antiquité jusqu'à nos jours, les *Traités sur l'âme*, depuis Timée de Locres jusqu'à Cousin. La difficulté n'est pas de prouver qu'il existe en nous un principe spirituel, c'est-à-dire qui résiste à la mort, car, pour contester l'existence de ce principe, il faudrait contester la pensée. Le véritable problème, c'est de chercher ce que deviendra notre âme après la mort, de savoir si elle revivra en nous-mêmes ou chez d'autres. La question est de savoir si l'âme renaîtra chez le même individu, physiquement transformé, dans la même personne, dans le *moi*, selon le terme excellent des philosophes français, ou si elle sera le partage d'un être qui lui soit étranger.

Et remarquez que c'est là pour nous tout l'intérêt de la question. Il nous importerait fort peu, au fond, que l'âme fût immortelle ou non, si notre âme, étant réellement indestructible et immortelle, allait servir à un autre que nous-mêmes, ou seulement, si revenant en nous, elle ne conservait point la mémoire de son passé. La résurrection de l'âme sans la mémoire du passé, serait un véritable anéantissement, ce serait le néant des matérialistes. Il faut donc que l'âme revive en nous-mêmes, après notre mort, et que cette âme possède alors le souvenir des actions qu'elle a accomplies dans ses existences antérieures.

En résumé, il s'agit de savoir, non si notre âme est immortelle, le fait est évident en soi, mais si cette âme nous sera conservée dans l'autre vie, si nous aurons, après notre mort, l'identité, l'individualité, la *personne*. Or, c'est précisément ce que nous espérons démontrer dans cet ouvrage. Nous chercherons à prouver qu'après la mort l'âme de l'homme reste toujours identique à elle-même, que malgré tous ses voyages et ses métamorphoses diverses, elle ne fait que se perfectionner, se purifier, s'accroître en puissance et en portée. Nous essayerons de prouver que, malgré les ombres du trépas, notre individualité n'est jamais détruite, et que nous renaissons avec la même personne morale que nous avons constituée ici-bas; en d'autres termes, que la personne humaine est impérissable. Ce sera au lecteur à décider si nous avons atteint notre but, si nous avons établi la vérité de cette doctrine conformément aux faits de la science et aux règles du raisonnement. Mais le fait de l'indestructibilité de notre principe intellectuel, de l'immortalité de l'agent de la pensée, est évident au plus haut degré, et pourrait, à la rigueur, se passer de toute démonstration.

La démonstration scientifique de l'existence de l'âme a pourtant été essayée, de nos jours, par un savant espagnol, M. Ramon de la Sagra, mort en 1871 à l'île de Cuba.

M. Ramon de la Sagra a publié un volume intitulé : *L'âme, démonstration scientifique de sa réalité*[1]. Le fait

---

1. In-12, Paris, 1868.

principal sur lequel repose cette démonstration, c'est le phénomène de l'*anesthésie*, ou insensibilité provoquée par l'inspiration des vapeurs du chloroforme. Nous trouvons cette preuve excellente, et nous avions déjà nous-même insisté, bien avant M. Ramon de la Sagra, sur cette considération dans notre Notice sur l'*Éthérisation*[1]. Quoi qu'il en soit, voici le fait invoqué.

L'inspiration des vapeurs d'éther ou de chloroforme abolit la sensibilité générale, de sorte que les personnes plongées dans cet état physiologique extraordinaire peuvent être soumises, sans rien ressentir, aux opérations les plus cruelles. Et non-seulement les sujets éthérisés ou chloroformés ne sentent aucune douleur pendant que les instruments tranchants divisent, tranchent, torturent leurs tissus et leurs nerfs, non-seulement ils demeurent entièrement insensibles à des lacérations, à des blessures, à des plaies, qui, dans l'état ordinaire, leur arracheraient des cris de douleur et d'épouvante, mais souvent il arrive que des rêves, des sensations délicieuses, ou du moins heureuses et douces, remplissent cet étonnant sommeil.

1. « On peut impunément diviser, torturer, déchirer son corps et ses membres; l'homme n'est plus qu'un cadavre; c'est une statue humaine; c'est la statue de la mort. Et pendant cet anéantissement absolu de la vie physique, le flambeau de la vie intellectuelle, loin de s'éteindre, brille d'un éclat plus vif. Le corps est frappé d'une mort temporaire, et l'âme, emportée en des sphères nouvelles, s'exalte dans le ravissement de sensations sublimes. Philosophes qui osez nier encore la double nature de l'homme et l'existence d'une âme immatérielle, cette pensée palpable et visible suffira-t-elle à vous convaincre? » (*Merveilles de la science*, tome 2e, p. 663, in-8°, Paris, 1868 (7e édition de la Notice sur l'*Éthérisation*.)

Nous demandons s'il n'y a pas dans ce phénomène une démonstration scientifique de l'existence de l'âme. L'âme et le corps ne sont certainement pas la même chose, puisque le corps et l'âme sont ici manifestement séparés : grâce à l'influence de l'éther ou du chloroforme, l'âme continue de sentir et de penser, tandis que le corps est torturé, tenaillé par le fer. Ces deux éléments de l'agrégat humain sont ici comme séparés par l'agent anesthésique.

Au point de vue moral, le matérialisme est un système non-seulement odieux et désolant, mais inacceptable par ses conséquences.

Un homme a passé sa vie entière dans le crime ; il a foulé aux pieds tout ce qui est juste et bon ; il a écrasé le faible, opprimé l'innocent : toute son existence n'a été qu'une longue offense à l'humanité. Malgré ses forfaits et ses souillures, il a su conserver l'estime de ses semblables, qu'il était habile à tromper. Quand il meurt, il s'éteint doucement et le cœur tranquille. Ce grand coupable doit-il trouver, après sa mort, la même destinée que ses infortunées victimes, et suffit-il qu'il mette le pied dans la tombe pour que toute punition, toute expiation lui soit épargnée? Il y a eu des Attila, qui ont marqué leur passage sur la terre par un fleuve de sang et des amas de ruines ; il y a eu des Gengis-Kan, qui ont ravagé d'immenses étendues de pays par le fer et par le feu, et qui se sont baignés dans le sang de milliers d'hommes. Tout a-t-il été fini pour eux quand ils sont descendus au tombeau? Leurs innombrables victimes n'ont-elles fait autre chose, après leur mort, que de partager le sort de leur bourreau?

Voilà, au contraire, un homme qui a sacrifié son existence au devoir obscurément accompli. Il a donné son sang et ses forces pour le service de sa patrie ou de l'humanité. En récompense d'une vie de labeur et de dévouement, il n'a récolté que l'indifférence, la misère et le dédain. Il a vécu humble et petit, n'ayant pour tout bien qu'une journée de sa charrue. Quand cet honnête homme aura remis à Dieu son âme sainte et pure, tout sera-t-il achevé pour lui? La mort lui sera-t-elle aussi amère que le fut pour lui l'existence, et ne peut-il prétendre, après cette vie, à une autre destinée que celle des grands criminels qui furent la terreur et l'épouvante de l'humanité?

Il y a sur les rivages brûlants de l'Afrique, il y a sur les bords marécageux de l'Indus et du Gange, des populations entières dont le sort est plus misérable que celui des animaux. Esclaves ou parias, ils sont soumis aux caprices et à la brutale volonté d'un maître. On les vend comme un vil bétail; leurs enfants ne leur appartiennent pas, et ils ne s'appartiennent pas eux-mêmes. Et vous voulez que ces malheureux ne trouvent pas au delà de la tombe une compensation aux maux affreux de leur existence? Vous voulez que le maître et l'esclave partagent le même sort? que celui qui a martyrisé le pauvre paria, qui a condamné ses jours à la douleur, à la fatigue et à l'abjection, ne soit pas distingué de son infortunée victime? Vous voulez que l'un et l'autre tombent ensemble dans le gouffre du néant? La raison et le cœur protestent contre une pareille idée.

Mais s'il en était ainsi, l'ordre moral, l'harmonie que nous concevons entre le mérite et la récompense, entre le crime et la punition, seraient totalement détruits. Tandis que nous voyons dans la nature régner l'équilibre et la régularité, il y aurait, en ce qui concerne l'homme, un désarroi universel, un véritable sens-dessus-dessous. A quoi servirait-il donc d'être honnête, bon, fidèle à la foi jurée, attaché au devoir? Il faudrait s'armer les uns contre les autres; il faudrait entreprendre des guerres à outrance et des combats sans fin; il faudrait demander à la force, à la violence, à toutes les mauvaises passions, le moyen d'assurer son triomphe contre son prochain, et ne songer qu'à se procurer dans cette vie la plus grande somme de jouissances brutales.

Autre considération. Nous perdons des amis, des parents, des frères, des fils. Cette séparation, si déchirante, serait donc définitive! Il ne resterait rien de ces êtres qui ont fait battre nos cœurs aux plus douces émotions! Vous avez une mère, joie pure et sereine de votre âme reconnaissante, et quand la mort vous l'enlève, il faudrait vous dire que vous ne la reverrez plus, et qu'il vous est interdit d'espérer la revoir, au jour inévitable où la mort viendra vous faire obéir, à votre tour, à la commune loi de la nature! Vous seriez condamné à dormir, comme votre mère, comme vos fils, comme vos amis, d'un sommeil éternel; et toute votre consolation serait de penser que vous tombez tous ensemble dans le même gouffre de la destruction et du néant!

On s'explique pourtant que sur la terre l'ordre moral, l'équilibre naturel, puissent être souvent troublés. La sagesse humaine est étroite et sujette à des défaillances; les conditions sociales sont quelquefois tyranniques, et nous ne pouvons nous flatter de réaliser cette équité idéale que nous concevons et qui est le partage des êtres parfaits. Mais ces irrégularités choquantes qui sont le partage de l'humanité, ne peuvent atteindre la Providence, qui est le principe de tout ordre, et l'idéal de tout bien. Nous ne pouvons supposer qu'il entre dans les desseins de Dieu de laisser toujours la vertu écrasée et le vice triomphant ou impuni. Nous ne pouvons pas croire que Dieu soit à ce point imparfait. Ce Dieu ne vaudrait pas plus que nous!

Prétendre que Dieu est imparfait, que Dieu est fautif, c'est nier son existence; car, d'après sa nature, Dieu est souverainement juste, souverainement parfait; et si on lui refuse ses attributs, on nie son existence.

Ainsi, le système des matérialistes, c'est l'athéisme pur et simple. Mais l'existence de Dieu est incontestable, car Dieu n'est autre chose que la cause suprême des effets dont nous sommes les témoins, et tout effet implique une cause. Au point de vue purement logique, le matérialisme est donc insoutenable.

Toutes les créatures éprouvent ici-bas des désir qui ne dépassent pas la limite assignée à leur desti née. L'animal éprouve des besoins; tous ses besoins sont satisfaits ; il ne demande rien au delà, il ne manifeste aucune aspiration qui ne soit remplie. Il en est autrement de nous. L'homme ressent, au fond de son âme, d'immenses aspirations de bonheur, d'expansion et d'agrandissement spirituel. Il comprend la justice parfaite, et il voudrait la voir régner autour de lui. Il a de nobles désirs, et il voudrait voir tout conforme au sentiment idéal de vérité et de justice qu'il porte en lui. Il voudrait s'élancer hors du domaine étroit qui lui sert de prison, et parcourir, d'un vol rapide, la vaste étendue des cieux. Or, aucun de ses désirs n'est jamais satisfait, et la vie se passe, on peut le dire, à chercher un idéal qu'il n'atteint jamais. Si les êtres inférieurs à l'homme trouvent la réalisation de leurs aspirations, pourquoi l'homme, qui l'emporte tant sur les animaux, serait-il destitué de ce privilége ?

On ne peut donc mettre en doute que cette soif idéale de justice que nous portons en nous-mêmes, ne soit un jour étanchée, que l'équitable distribution du bien et du mal, qui nous manque pendant notre vie, ne soit réalisée après notre mort. Les peines pour les crimes et les récompenses pour les vertus nous attendent au delà du tombeau, voilà ce que nous crie le sentiment intérieur. La doctrine matérialiste, qui prêche l'anéantissement de notre personne, et nie les peines et récompenses après la mort, méconnaît donc les plus forts de nos sentiments intimes.

Le seul fait de notre existence prouve, il nous semble, que nous ne devons pas périr. Dieu nous a mis en ce monde, il a fait de nous une personne. Il était libre de nous créer ou de ne pas nous créer :

mais du moment qu'il nous a appelés ici-bas, il ne peut nous anéantir, car ce serait, suivant la belle expression de Malebranche, montrer de l'inconstance, et Dieu est immuable dans ses desseins. Il n'édifie pas pour détruire ensuite, il n'élève pas pour renverser. S'il nous a donné la vie, c'est qu'il l'a voulu; et sa volonté ne serait qu'un caprice si, après nous avoir accordé l'existence, il se ravisait et nous la retirait. Il ne peut pas se repentir de ses œuvres, et nous enlever ce qu'il nous a une fois accordé; sans cela, il serait fait à notre image, il aurait nos passions et nos erreurs; en d'autres termes, il ne serait pas.

Le matérialisme n'a donc aucune base scientifique, logique, ni morale. C'est une négation, sans valeur ni mérite. Nier est facile, mais ce n'est pas là une philosophie : il s'agit d'expliquer. Nous ne sommes pas entourés de négations, mais de faits, de réalités agissantes. Ces faits, ces réalités, il faut s'en rendre compte; et le matérialisme qui n'explique rien, qui se récuse, qui se dérobe, ne mérite pas d'être considéré comme une conception philosophique.

Cependant les matérialistes insistent. Battus, sans recours, sur la question générale, ils se réfugient dans la considération de faits secondaires et particuliers. Ils nous disent : Quand le cerveau est malade, la raison, qui est une des facultés de l'âme, est ébranlée ou anéantie. Si on enlève, par accident ou par intention, une partie du cerveau de l'homme ou d'un animal, certaines facultés disparaissent. Donc, lorsque le cerveau entier est détruit, dissous par la mort, l'âme doit également disparaître et s'anéantir.

Il y a une différence considérable entre constater la disparition d'une faculté de l'âme et affirmer son anéantissement. La raison peut être éclipsée, elle peut momentanément disparaître, sans pour cela être détruite. Sans doute, dans la folie, les facultés de la raison, de l'imagination, de l'attention, sont supprimées, mais elles ne sont pas anéanties, et ce qui le prouve, c'est qu'elles reparaissent intégralement après la guérison du malade.

Comment, d'ailleurs, pouvoir déclarer, en thèse générale, que certaines facultés ont réellement disparu par une blessure ou une maladie du cerveau? Les facultés de l'âme, nous ne pouvons ni les voir ni les toucher; qui donc peut dire si elles ont disparu, ou si elles ne sont pas seulement à l'état latent, et si elles ne reprendront pas leur énergie naturelle lorsque l'âme tout entière sera séparée du corps, lorsqu'elle sera affranchie des liens passagers qui l'enchaînent aux rouages de l'économie vivante?

Vous prétendez que l'âme disparaît, qu'elle est détruite quand le corps a été dissous par la mort et la putréfaction. Pourquoi cette affirmation? Pouvez-vous dire en quoi consiste l'âme? L'avez-vous aperçue sur le vivant? Pourriez-vous nous apprendre où elle était et où elle n'était pas pendant la vie? Pour ce qui se passe après la mort, vous ne pouvez pas être plus affirmatif, ni prétendre que l'âme est ou n'est pas en tel ou tel lieu. Il n'y a pour vos raisonnements, pour vos affirmations, aucune prise sur cet être inaccessible et invisible.

Au moment d'expirer, Cyrus parlait ainsi à ses enfants, au rapport de Cicéron, qui ajoute que ces paroles résument la doctrine de Pythagore, de Socrate et de Platon :

« N'allez pas croire que lorsque je vous aurai quittés, mes chers enfants, je ne serai nulle part, ou que je n'existerai plus ! Tant que j'étais avec vous, vous ne voyiez pas non plus mon âme, mais vous compreniez qu'elle était présente en me voyant agir. Croyez donc que mon âme existera alors même que vous ne la verrez pas.

« .... Pour moi, je n'ai jamais pu me persuader que l'âme vive complétement tant qu'elle est dans le corps de l'homme, et qu'elle périsse quand elle s'en dégage, ni qu'elle perde toute intelligence en se dégageant d'un corps intelligent. Je pense, au contraire, qu'une fois affranchie des liens du corps et rendue désormais à sa liberté et à sa pureté, elle retrouve la parfaite intelligence[1]. »

Un diamant brille aux feux du jour ; vous admirez les jeux de la lumière dans ce cristal scintillant. Mais venez à chauffer fortement ce diamant dans un creuset bien fermé ; il passera à l'état de diamant noir et pourtant encore diaphane. Quand la lumière viendra frapper ce cristal noirci, vous n'apercevrez plus dans sa masse les effets de scintillation. Direz-vous pour cela que la lumière qui le frappe n'existe pas ? Cette lumière existe certainement dans la substance du diamant noir ; seulement le diamant l'absorbe et vous ne l'apercevez pas. Il en est ainsi de l'âme qui, après la dissolution du corps humain, peut exister quelque part sans que nous ayons la possibilité de reconnaître et de discerner sa présence.

---

1. Cicero, *de Senectute*, § 79 et 80.

La théorie de la *transformation mutuelle des forces*, cette brillante conquête de la physique moderne, nous donne un autre symbole scientifique applicable au cas qui nous occupe. On pensait autrefois que la chaleur, que l'électricité, étaient détruites, qu'elles disparaissaient dans nos machines à vapeur ou nos machines électriques. On sait aujourd'hui que cette chaleur, que cette électricité, ne sont pas anéanties, mais qu'elles se transforment en mouvement. Si dans nos machines la chaleur n'est pas détruite, mais seulement transformée en mouvement, qui nous dit que l'âme après la mort ne passe point à un autre état, à une autre forme qui soit inaccessible à nos moyens d'investigation ou d'impression? Nous ne voyons pas que l'âme après la mort, que *l'âme séparée*, comme on l'appelle dans l'Église catholique, se manifeste par quelque phénomène; mais est-elle détruite pour cela? Non. Elle peut s'être transformée, de même que la chaleur s'est transformée en mouvement dans nos machines à vapeur.

Sur les faits secondaires qui sont son dernier refuge, le matérialisme ne trouve donc pas davantage d'appui que sur les considérations générales.

Pour terminer cette rapide discussion, nous rappellerons la pensée juste et consolante de Socrate, le maître de Platon, qui inspira à son illustre disciple ses doctrines sur l'immortalité :

« Si je me trompais, disait Socrate, s'il était vrai que l'âme fût anéantie avec notre corps, je n'en persisterais pas moins dans ma croyance à l'immortalité de l'âme. Si, en effet, cette doctrine est vraie, je gagne tout, sans rien exposer, et si elle n'est pas vraie, ce que je reconnaîtrai après ma mort, j'en aurai au moins retiré dans cette vie cet avantage d'avoir été moins sensible aux maux de l'existence. »

Vitalisme animique. — Ce serait une grande erreur de croire que tous les médecins contemporains, suivant la triste bannière de M. Littré, professent l'affligeante doctrine que nous venons de réfuter. La très-grande majorité des médecins de nos jours sont spiritualistes. Renonçant à l'*organicisme* de Broussais et de Rostan, ils se rallient au système du *vitalisme animique*. Les Pidoux, les Trousseau, les Parchappe, les Cayol, les Sales-Girons, les Bouchut, les Chauffard, etc., se sont distingués, en France, comme les propagateurs et les défenseurs du *vitalisme animique*.

Qu'est-ce donc que le *vitalisme animique?* C'est le système de Stahl, un peu modifié, débarrassé de ce qu'il avait d'excessif ou de trop opposé aux découvertes de la science contemporaine, en un mot accommodé à l'esprit de nos connaissances actuelles. Il faut donc exposer ici la conception philosophique de Stahl.

Stahl, médecin allemand du siècle dernier, est un des génies les plus complets qui aient apparu dans les sciences. On lui doit deux révolutions dans les connaissances humaines. Il édifia la chimie, parce qu'il sut grouper tous les faits essentiels dont se compose cette science, en un système, le *phlogistique*, qui prépara et rendit possible la création du système de Lavoisier, c'est-à-dire la chimie actuelle. Dans la philosophie médicale il accomplit une révolution analogue en créant l'*animisme*.

Dans ce système, non-seulement on proclame l'existence, chez l'homme, d'une âme sensible et agissante, mais on exagère encore la portée et les véritables acceptions de l'âme, en la chargeant de l'exercice de toutes les fonctions propres à l'être vivant. La digestion, la respiration, la circulation, la génération, la création des tissus, l'absorption des liquides et des gaz, la nutrition, etc., sont attribuées à l'âme. Penser et présider aux fonctions animales, tel est le double rôle que Stahl attribue à l'âme humaine.

C'est dans un ouvrage qui parut à Halle, en 1708, *Theoria medica vera*, que Stahl publia l'ensemble de sa doctrine.

L'âme qui provient de Dieu et qui est faite à son image, dit Stahl, commence par fabriquer le corps qui doit la recevoir. Quand elle a construit sa maison, c'est-à-dire les organes qui composent le corps humain, elle préside à l'accomplissement de toutes les fonctions de l'économie animale. Fonctions de la vie intérieure, fonctions de la vie extérieure, tout rentre dans son domaine; la même puissance qui a créé l'organisme, a la mission de le conserver.

Stahl accorde à l'animal, comme à l'homme, une âme chargée du double office de créer l'organisme et de veiller à son maintien.

D'après Stahl, la matière, inerte par elle-même et incapable d'accomplir la moindre action ou le moindre mouvement, est poussée à l'action et au mouvement par la puissance de l'âme raisonnante. Telle est la source unique de toute notre activité physique, volontaire et involontaire. L'âme sait convenablement nourrir chaque partie du corps; elle appelle les liquides dans toutes les cavités où ils doivent produire un effet utile. Elle exécute tout ce que Descartes et les médecins contemporains de Stahl attribuaient aux *esprits animaux*. Toujours présente dans chaque partie de notre corps, elle veille sans cesse à sa conservation et à son entretien.

Dans ce système, la maladie n'est qu'une erreur de la nature, et l'âme s'empresse de corriger cette erreur. Suivant Stahl, dans toute maladie la nature accomplit de grands efforts. Ces efforts sont des mouvements raisonnables qui repoussent les causes nuisibles ou qui s'emploient à réparer les avaries causées à notre machine par la maladie.

La fièvre, que tous les médecins avaient considérée avant Stahl, comme le résultat d'une maladie déclarée, n'est qu'un effort de l'âme, ou de la *nature médicatrice*.

« J'affirme, dit Stahl, et je me fais fort de démontrer que la fièvre n'est pas une maladie dans le sens qu'on lui a assigné de tout temps et jusqu'à ce jour, mais un acte entrepris par la nature, et toujours gouverné, autant qu'il est en elle, avec ordre et circonspection pour purger et débarrasser le corps des matières étrangères qui doivent plus ou moins promptement lui nuire, et pour lui rendre sa pureté en mûrissant et excrétant ces matières. Ce que l'on appelle communément les symptômes d'une maladie ne sont pas produits par la cause elle-même de la maladie, mais résultent des actions que la nature a entreprises et doit continuer tant que cela est nécessaire au salut du corps. La fièvre en elle-même, quand elle peut marcher et se produire en liberté et avec ordre, n'est pas dangereuse[1]. »

---

1. *L'Art de guérir* (Ars sanandi, p. 156-157).

« Il est certain, dit-il ailleurs, que la fièvre est le seul moyen par lequel la nature peut se secourir elle-même. »

L'âme est donc le premier de nos médecins, et on ne saurait confondre son action salutaire avec les effets de la maladie.

La doctrine anthropologique de Stahl est en harmonie avec les dogmes de la religion catholique. Cette religion fait de l'homme une *unité*, qui se conserve pendant la vie, et qui doit persister après la mort. A cette époque l'âme doit vivre hors de son corps, exister à l'état d'*âme séparée*; mais vienne l'heure de la résurrection, et la personne humaine se reconstituera, c'est-à-dire que l'*unité humaine*, la *personne humaine*, sera rétablie telle qu'elle était pendant la vie terrestre, avec le même corps et la même âme pensante.

Les auteurs ecclésiastiques qui raisonnent sur les problèmes de l'anthropologie et de la médecine, sont tous partisans de la doctrine de Stahl. C'est ainsi que le P. Ventura combattit vivement sur ce point le professeur Lordat, adversaire constant de la doctrine de Stahl [1].

C'est pour la même raison que tous les écrivains catholiques professent le Stahlisme. On sait avec quel charme et quelle finesse Xavier de Maistre développe, dans son *Voyage autour de ma chambre* [2], sa théorie de *l'âme et la bête*, qui n'est rien autre chose que la vulgarisation du sys-

---

1. Lordat, *Réponse à des objections faites contre le principe de la dualité du dynamisme humain*. In-8, Montpellier, 1854.
2. Chapitres VI et VII.

tème philosophique et physiologique de Stahl : l'âme dirigeant, inspirant, surveillant la *bête*, c'est-à-dire le corps.

On ne doit s'exprimer qu'avec respect à l'encontre de Stahl. Il faudra toujours honorer sa doctrine qui vint arracher la philosophie médicale du dix-huitième siècle aux erreurs du mécanisme de Descartes, et qui a été, dans notre siècle, le grand agent de la restauration du spiritualisme en médecine. Si l'école de Paris a, de nos jours, abjuré les opinions matérialistes des Cabanis et des Broussais, elle le doit à l'étude approfondie de Stahl; car le système de philosophie médicale en honneur aujourd'hui dans cette école, n'est autre chose, comme nous le disions plus haut, que le Stahlisme accommodé au goût scientifique de notre temps. Il ne faut pas oublier non plus que l'école de Montpellier a dû beaucoup à Stahl, et que le vitalisme de Barthez n'aurait pas vu le jour sans l'animisme du médecin allemand.

Quoi qu'il en soit, la doctrine de Stahl telle que la professait son immortel fondateur, ou telle que l'ont modifiée, de nos jours, MM. Pidoux, Trousseau, Cayol, Chauffard, Sales-Girons, etc., ne nous paraît pas rendre exactement compte de la véritable nature de l'homme et des phénomènes divers qui le distinguent dans l'état de santé ou de maladie. L'*unité humaine* est un principe qui nous semble inacceptable, et voici les considérations qui nous font rejeter l'*animisme* des médecins ou des philosophes de nos jours.

L'objection fondamentale contre l'*animisme*, c'est que ce système confond deux phénomènes d'un ordre inconciliable, à savoir l'acte intellectuel et l'acte vital, la pensée et la fonction physiologique. D'après l'idée qu'il faut s'en faire et d'après les définitions qu'on en donne, l'âme a pour caractère l'immatérialité et l'immortalité ; au contraire, le phénomène vital a pour caractère la mortalité et la destructibilité. L'âme est éternelle, la vie est au contraire condamnée à périr. L'une fait essentiellement acte de volonté, l'autre est soustraite à l'empire de la volonté, car la plupart de nos fonctions naturelles s'accomplissent indépendamment de nous, et presque malgré nous. Nous ne pouvons empêcher notre cœur de battre, nos nerfs de sentir, nos muscles respirateurs et expirateurs de fonctionner. Comment un même agent produirait-il des phénomènes d'une essence aussi opposée? Dire que notre âme digère, qu'elle fait contracter nos vaisseaux et nos tissus, qu'elle fait circuler notre sang, voyager nos liquides, absorber les substances solides, liquides et gazeuses ; dire que l'âme préside à la nutrition, à l'entretien, à la réparation de nos organes, prétendre qu'elle veille, comme un gardien fidèle, à l'entretien de la santé, qu'elle lutte par elle-même contre le mal qui nous menace, qu'elle se divise pour porter ses forces, ainsi qu'un général d'armée, au-devant de la maladie, c'est altérer l'idée que nous nous faisons de l'âme, de sa nature, de son rôle et de sa véritable essence.

Une seconde objection contre l'*animisme*, tant ancien que moderne, c'est que nous n'avons aucunement conscience que notre âme soit chargée de l'office tutélaire que cette doctrine lui attribue. Nous avons parfaitement conscience de l'existence de notre corps et des fonctions naturelles qui s'y accomplissent. Nous savons que nous digérons, que notre cœur bat, que nos poumons respirent, mais aucun sentiment intérieur ne nous dit que c'est notre âme qui préside à toutes ces fonctions, et que l'agent mystérieux qui nous fait penser fait également digérer nos aliments ou battre notre cœur. La conscience consultée nous tiendrait plutôt un langage contraire. L'âme n'a le sentiment intime que d'elle-même, de ses actes et de ses états divers.

Pour répondre à ce solide argument, les défenseurs contemporains de l'animisme disent, avec M. Bouillier, qu'il est « des *perceptions insensibles*, c'est-à-dire des phénomènes de l'âme qui, quoique très-réels, ne laissent pas de traces dans la conscience[1]. » Mais les phénomènes qui traversent, pour ainsi dire, notre âme, sans y laisser de traces, ne sont que des impressions de peu d'importance et qui n'ont rien de comparable avec des actes physiologiques aussi considérables, aussi fondamentaux que la digestion, la respiration ou la génération animale.

Nous trouvons cette dernière pensée parfaitement exposée et développée dans un excellent ouvrage sur Stahl, publié par M. Albert Lemoine, professeur de philosophie à l'école normale de Paris. Dans *le Vitalisme et l'Animisme de Stahl*, M. Albert Lemoine réfute, en ces termes, l'idée des *perceptions insensibles* qui a été mise en avant par les modernes animistes :

---

[1]. *Du principe vital et de l'âme pensante*, in-8°, p. 347.

« Quelle raison a-t-on de supposer, dit M. Lemoine, que l'hématose, la construction et le développement du fœtus sont au nombre des perceptions insensibles, c'est-à-dire à peine sensibles? Y a-t-il quelque analogie de nature entre les exemples que l'on cite le plus volontiers de ces sortes de faits et les fonctions vitales? Les circonstances qui accompagnent les uns et les autres, les caractères qu'ils présentent sont-ils semblables en quelques points? De la comparaison des fonctions vitales avec les faits que, depuis Leibnitz, on propose comme des exemples de perceptions insensibles, il faudrait bien plutôt conclure que, si les fonctions de la vie étaient des actes de notre âme, notre âme devrait en avoir et le sentiment le plus vif et la conscience la plus claire. Quand est-ce, en effet, que la conscience se voile ainsi des ténèbres et descend vers le zéro fatal et idéal qui seul en marquerait l'éclipse momentanée, mais totale? Dans quelles circonstances a lieu cet obscurcissement? N'est-ce pas lorsque l'activité de l'âme s'affaiblit ou divague et perd ainsi sa force en la disséminant, que la conscience s'obscurcit dans la même proportion? On cite en exemple la distraction, la rêverie, le sommeil, la léthargie, la syncope, tous états où l'âme semble bien n'avoir de ce qu'elle fait une conscience voilée que parce qu'elle ne fait pas grand chose. C'est en effet, parce que ses pensées, n'ont elles-mêmes qu'un objet confus et ses actes qu'un but indéterminé, qu'elle n'a de ses actes et de ses pensées qu'un sentiment vague et affaibli. Tels ne sont pas précisément les phénomènes vitaux : la digestion, l'hématose, la formation et la croissance du germe ne sont pas des actes sans but précis, auxquels puisse suffire une cause paresseuse, agissant lâchement et sans effort ; ce sont, au contraire, des fonctions dont le but est aussi déterminé que la cause en est énergique. Si l'âme était cette cause, ce n'est pas une conscience obscure et douteuse qu'elle devrait avoir de ces fonctions, mais la conscience la plus lumineuse et la plus persistante, car l'énergie de l'action est la mesure habituelle de la clarté de la conscience, et la cause de la vie ne cesse d'agir qu'avec la vie même....

« Quand il s'agit de consulter la conscience pour établir un fait, c'est sa propre conscience que chacun interroge d'abord ;

ce n'est que pour exciter les révélations de sa propre conscience, comme d'un témoin qui a de la peine à parler, que l'on doit consulter celle d'autrui. Je m'interroge donc ; mieux que cela, depuis plusieurs années je me suis souvent, longuement, sérieusement, expressément observé, consulté, questionné de toutes manières, et, après cette enquête, j'affirme n'avoir aucune conscience, ni claire ni obscure, que je sois, moi, la cause des contractions péristaltiques de mes intestins, dont j'ai vu cependant les semblables et que je sais se contracter pour le travail de la digestion ; je n'ai aucune conscience d'être cause, soit de la sécrétion de l'urine dans mes reins, soit de celle de la bile dans mon foie. Cependant je ne veux pas m'en croire moi-même ; ma conscience reste muette, peut-être n'est-elle pas aveugle ; je consulte donc ceux dont la conscience voit et parle[1]. »

Ajoutons que des défenseurs très-autorisés de l'animisme reconnaissent eux-mêmes que l'âme n'a point conscience des actes physiologiques. Citons particulièrement M. Tissot, dans son beau livre *La vie dans l'homme*[2].

Une autre considération très-grave contre l'animisme, c'est que chez le fœtus, à une époque où la vie accomplit de véritables prodiges de création organique, alors que cette puissance doit rassembler et développer toutes ses forces, l'âme n'existe pas encore. On ne peut en effet appeler de ce nom qu'un principe intelligent et raisonnable ; or un tel principe fait absolument défaut pendant la vie intra-utérine.

1. *Le vitalisme et l'animisme de Stahl*, in-12, Paris, 1864, p. 181.
2. In-8°, Paris, 1861, p. 85.

Un dernier argument contre l'animisme se tire de la mort naturelle. L'âme est, de sa nature, immortelle; au contraire, le principe de la vie est périssable. La mort nécessaire, la mort par la vieillesse, arrive, non par l'usure de nos organes, mais parce que le principe de la vie a épuisé toute son énergie, parce que la puissance de vivre est arrivée à son dernier terme. Fontenelle meurt à 99 ans, selon ses propres expressions « par la difficulté d'être », sans que ses organes présentent une altération qui puisse expliquer la mort. Cornaro meurt de la même manière, à 100 ans passés. Si l'âme était le principe de la vie, nous serions immortels, car la matière ne s'use pas, elle est inaltérable, elle se renouvelle sans cesse en nous, et même chez le vieillard la matière est toujours jeune, car elle est remplacée au fur et à mesure de l'exercice de la vie.

M. Tissot, défenseur zélé de l'animisme, ne trouve aucune réponse sérieuse à cette objection. Ce n'est pas, en effet, expliquer la mort naturelle, que de dire, avec ce savant professeur :

« C'est peut-être une des lois de l'âme que de laisser décliner l'organisme, de l'abandonner enfin aux agents extérieurs et de favoriser ainsi sa propre transformation [1]. »

Quelques philosophes ont reproché à l'animisme de conduire au matérialisme, et Stahl lui-même fut obligé de se défendre de cette imputation. En effet, le principe de la vie est essentiellement périssable ; si

1. *La vie dans l'homme*, in-8°, Paris, 1861, p. 179.

l'on identifie la vie avec l'âme, la résurrection, c'està-dire la permanence de notre principe spirituel, est bien compromise. C'est en ce sens que l'on a pu dire que les animistes sont des matérialistes déguisés.

Lordat a résumé en quelques paroles énergiques et concises les principaux arguments contre la doctrine de Stahl.

« Depuis plus de cinquante ans, écrit le professeur de Montpellier, je démontre à ceux qui cherchent la vérité sans idée préconçue, l'arbitraire, la fausseté, l'absurdité du stahlisme. J'en fais voir les conséquences : c'est-à-dire l'identité du dynamisme humain et de celui des bêtes, la *divisibilité de l'âme pensante, par conséquent sa mortalité.*

« L'animisme a pour base une hypothèse d'autant plus vicieuse qu'elle heurte continuellement le sens intime humain ; il a pour base la persuasion que la cause des fonctions naturelles est la même que le principe de l'intelligence et de la volonté. Nous regardons comme une absurdité cette hypothèse de l'attribution des fonctions naturelles et instinctives à l'âme pensante. »

Tout en rejetant l'animisme comme explication de la nature de l'homme, tout en lui préférant le vitalisme de Barthez et de l'école de Montpellier, nous n'entendons pas contester le rôle considérable que joue l'âme dans beaucoup de fonctions naturelles. L'influence remarquable qu'exerce l'imagination sur plusieurs actes physiologiques, la grande part que le système nerveux trouve dans nos fonctions physiologistes, les phénomènes incontestables du somnambulisme naturel et du somnambulisme provoqué par les passes magnétiques, l'insensibilité qui résulte de l'état extatique et de l'*hypnotisme*, c'est-à-dire de la magnétisation, tout cela est indéniable, et prouve la grande influence du système nerveux sur les actions vitales. Cependant ces faits eux-mêmes, par leur singularité et leur obscurité, nous interdisent d'en tirer aucune conséquence positive. Il est impossible de bâtir aucune théorie sur une base aussi chancelante; il est impossible de partir de ces faits pour s'élever jusqu'à l'explication de la nature de l'homme, et déclarer que l'âme est le principe de toutes les fonctions de l'économie vivante, alors surtout que notre conscience est muette sur cette participation du principe de la pensée et de la volonté aux opérations de la vie animale.

Vitalisme Barthézien. — Cette discussion sur l'animisme a prouvé au lecteur, nous l'espérons, que l'âme ne saurait être identifiée avec la vie; que l'être humain n'est pas composé seulement d'une âme jointe à un corps. Nous sommes conduits de cette manière à la grande découverte de Barthez, à la doctrine qui est venue établir une distinction radicale entre l'âme et la vie.

Barthez, médecin français du siècle dernier, professeur et chancelier de l'université de Montpellier, a prouvé qu'il y a dans l'homme spirituel deux éléments différents, à savoir : l'*âme* (ce que Lordat a appelé plus tard le *sens intime*) et la *force vitale*, ou la vie.

C'est là ce que le fondateur du vitalisme de l'école de Montpellier a appelé le *double dynamisme humain*[1].

---

1. *Nouveaux éléments de la science de l'homme.*
La première édition de l'ouvrage de Barthez parut en latin, en

Si au *double dynamisme*, c'est-à-dire à l'âme et à la vie, on ajoute le corps, on aura la trilogie suivante, qui compose l'*agrégat humain* :

1° Le corps;
2° L'âme, ou le *sens intime* de Lordat;
3° La vie, ou le *principe vital* de Barthez.

Nous allons essayer de poser les caractères propres à ces trois éléments de l'homme, et d'établir leur individualité distinctive.

Le corps n'est pas difficile à distinguer des deux autres éléments. Par sa matérialité il se distingue de la vie; par sa destructibilité il se distingue de l'âme.

Quant aux différences qui séparent l'âme et la vie, elles sont plus difficiles à mettre en relief. Voici les principaux de ces caractères différentiels.

1° L'âme est immatérielle, immortelle, indestructible. Elle est douée de la pensée, de la conscience, de la volonté. Elle n'est sujette ni à l'affaiblissement ni à la décrépitude, ni à la mort. Elle n'est accessible à aucune influence du temps; loin de s'affaiblir par l'exercice, elle ne fait que s'accroître, s'exalter, se perfectionner par l'emploi régulier de ses facultés.

La vie, ou *principe vital* de Barthez, n'est ni matérielle ni immortelle, et c'est là ce qui la distingue à la fois de l'âme et du corps. Comme la chaleur et

---

1773, sous ce titre : *De principio vitali hominis*. La traduction en fut donnée par Barthez en 1778, sous ce titre : *Nouveaux éléments de la science de l'homme* (2 vol. in-8). La seconde édition parut en 1806, du vivant de l'auteur.

l'électricité, la vie est une force engendrée par certaines causes; après avoir eu son commencement, elle aura sa fin, et une fin sans retour. Puisqu'elle est une force, la vie n'est pas matérielle, mais elle est destructible, et périt après un temps normal; elle n'est pas immortelle comme l'âme.

2° La vie est transmissible, tandis que l'âme ne se transmet pas. La vie se communique d'un individu à l'autre par la génération, par la reproduction et l'hérédité. Renfermée dans les liquides et les solides, dans les principes immédiats chimiques de l'organisme, la vie trouve dans le sein d'une mère, où le germe qui la renferme a été déposé, les éléments matériels nécessaires à son développement. Elle se sert de ces éléments pour fabriquer les organes, et pour constituer l'individu physique nouveau qui doit succéder aux parents.

3° La vie est une puissance essentiellement architectonique, plastique, organisatrice. Seulement cet architecte agit instinctivement; il n'a pas la conscience de ses actes. Ce fabricateur est inconscient et inscient. Après avoir créé le corps humain, le principe vital veille à son maintien constant, il est doué de ces qualités conservatrices tutélaires que Stahl accordait à l'âme. Au contraire, l'âme a toujours conscience de ses actes; elle est l'intelligence même, l'intelligence dans son essence exquise.

4° La vie est sujette à un développement, à une culmination, puis à un affaiblissement graduel, qui se termine par la destruction finale. La vie disparaît comme le corps se détruit. Ces deux flambeaux perdent progressivement leurs lueurs et s'éteignent sans retour. Au contraire, l'âme ne fait que se perfectionner par la vieillesse et l'exercice.

« La force vitale, dit Lordat, s'accroît dans sa course naturelle, se développe, se renforce, pendant la moitié de la durée de la vie humaine; mais, dans la seconde moitié de cette carrière, il survient un décroissement proportionnel, une *vieillesse* progressive du système corporel, dont le terme infaillible est la mort. La puissance psychique (l'âme) ne subit point nécessairement cette décadence; si des maladies ne l'entravent pas, il dépend d'elle d'ajouter indéfiniment à sa valeur jusqu'au terme de la vie; de sorte que l'instant de la mort sénile, de la mort accompagnée du dernier degré de la décrépitude, peut être le moment où l'intelligence a montré le plus haut degré de l'élévation, de la justesse, de la capacité, de la sagacité dont elle est susceptible. D'où il suit que nous savons avec une certitude expérimentale, que la force vitale doit s'éteindre, et que la mort du système est immanquable, mais qu'il est philosophiquement et inductivement impossible d'en dire autant de la puissance psychique, puisqu'elle n'a pas éprouvé la *vieillesse*, seul indice que je puisse avoir, dans l'ordre métaphysique, de la certitude d'une extinction future [1]. »

Pour peindre plus exactement les différences entre l'âme et la vie, Lordat fait usage d'une comparaison empruntée à la géométrie. Il représente la vie comme un fuseau, qui a un diamètre presque nul à son extrémité commençante, va en se renflant sans cesse jusqu'au milieu, puis décroît insensiblement et finit par redevenir presque nul. Au contraire l'âme est représentée par une parabole. Partie d'un point

---

[1]. *Introduction à la doctrine de l'alliance entre l'âme pensante et la force vitale*. Discours d'ouverture du cours de physiologie fait à la Faculté de médecine de Montpellier dans l'année scolaire 1846-1847. Brochure in-8°, Montpellier, 1847, page 9.

imperceptible la parabole se développe lentement, émettant deux lignes symétriques, qui s'allongent sans cesse pour se perdre dans l'infini.

Selon Cordat, la vie commence à la manière d'un fuseau; elle procède par accroissement, qui est uniforme (pendant la santé) ou *festonné* (pendant la maladie) jusqu'à ce qu'elle ait atteint son renflement le plus considérable, sa *culmination*, qui arrive vers l'âge de 40 ans; ensuite elle diminue, de telle sorte que les deux lignes qui représentent ce décroissement, — lignes droites ou festonnées, — se rencontrent plus tard et se réduisent à un point; et ce point c'est la fin du fuseau, c'est la mort. L'âme, figurée d'abord par quelques points, qui indiquent l'incertitude de l'instant où elle commence, forme, par la réunion de ces mêmes points, une parabole, dont les branches, inscrites d'abord dans le fuseau de la vie, coupent ce fuseau au point de son plus grand renflement, puis s'en écartent progressivement, et continuent de se développer en s'écartant de plus en plus, jusqu'à l'infini.

Cette comparaison géométrique, d'une clarté et d'une vérité saisissantes, en dit plus que de longs raisonnements pour représenter les profondes différences entre l'âme et la vie, et l'impossibilité d'assimiler l'une à l'autre ces deux puissances du *dynamisme humain*.

Il faut lire dans l'ouvrage de Lordat, l'*Insénescence du sens intime*[1], le développement, extrêmement cu-

---

[1] *Preuve de l'insénescence du sens intime de l'homme, et application de cette vérité à la détermination du dynamisme humain.* Leçon

rieux et original, de cette proposition, que l'âme, chez le vieillard, loin de s'être affaiblie, n'a fait que gagner en énergie et en virilité, tandis que le principe de la vie, ainsi que le corps matériel, se sont usés peu à peu et ont fini par tomber dans la décrépitude. C'est ce que Lordat a appelé l'*insénescence* (ou mieux la *non-sénescence*, l'*agérasie*) de l'âme, comparée à la *sénescence* ou à la vieillesse du corps et du principe de la vie. Nous renonçons avec peine à rapporter ici tous les faits historiques et biographiques que Lordat passe en revue à ce propos, et qui prouvent avec évidence que, tandis que notre corps s'use par l'exercice de la vie, tandis que notre force vitale s'affaiblit, au contraire, notre âme, ne fait que s'accroître continuellement en activité et en puissance.

5° Enfin l'âme et la vie diffèrent par le siége qu'il est permis de leur assigner. Du temps de Descartes, on a beaucoup raisonné sur le siége de l'âme sans expérimenter, dans notre siècle on a beaucoup expérimenté sans raisonner suffisamment. Flourens a fait sur les fonctions du cerveau des expériences dont on a tiré des conséquences très-contradictoires. Mieux interprétées, ces expériences vont nous fournir la clef du problème particulier que nous poursuivons, et qui consiste à chercher le siége relatif de l'âme et de la vie.

Avant les expériences de Flourens, on considérait l'encéphale comme concourant, par toutes ses parties, aux fonctions de l'intelligence et de la volonté.

tirées du cours de physiologie, fait à Montpellier dans l'année 1843-1844, 1 vol. in-8. Montpellier, 1844.

Flourens, par des expériences consistant à enlever successivement diverses parties de cet organe chez certains animaux, est arrivé à localiser les fonctions de l'encéphale dans quatre régions différentes.

Dans les *lobes cérébraux* réside l'intelligence. En effet, si l'on enlève à un animal les *deux lobes cérébraux* (et non un seul, car l'un étant enlevé, l'autre suffit à la fonction), l'animal perd l'exercice de tous les sens; il ne voit plus, il n'entend plus, il n'a ni volonté, ni action spontanée : il ne sait ni s'abriter, ni s'enfuir, ni se nourrir ; il n'a aucune perception.

Le *cervelet* préside à la coordination, à l'équilibre des mouvements. L'animal auquel on enlève le cervelet, ne peut plus marcher droit, courir ou voler ; il trébuche ou tombe. Les autres fonctions continuent d'ailleurs de s'exercer, malgré ce trouble apporté à leur harmonie.

Les *tubercules quadrijumeaux*, qui sont l'origine des nerfs optiques, président à l'exercice de la vue.

Enfin dans la *moelle allongée* réside le siége de la vie. Il est, en effet, un point de la moelle allongée que Flourens désigne sous le nom de *nœud vital*, et qui serait, d'après lui, le siége réel de la vie. Si l'on touche ce point, qui n'est pas plus gros qu'une tête d'épingle (car il n'a que deux millimètres de long sur le tronc de la moelle allongée), on détermine la mort instantanée de l'animal.

Il résulte de cet ensemble d'observations que l'âme et la vie ont un siége différent, et ne sauraient, par conséquent, être confondues, comme le veulent les partisans de l'animisme, ancien et moderne. L'âme réside, d'après les expériences de Flourens, dans l'ensemble du cerveau, dans les lobes cérébraux, auxquels il faut joindre le cervelet et les tubercules quadrijumeaux; tandis que dans la moelle allongée, et sur un point précis de la moelle allongée, c'est-à-dire dans le *nœud vital*, résiderait le principe de la vie[1].

On peut faire une objection à la théorie de Flourens sur le siége de la vie, que ce physiologiste place dans le *nœud vital :* c'est que la mort, dans l'expérience fondamentale dont il s'agit, peut n'arriver que par la paralysie subite des nerfs de la respiration, car le nœud vital est la racine des nerfs qui servent à la respiration, et la mort peut survenir, dans ce cas, par une asphyxie subite, résultant de la paralysie des nerfs respiratoires.

De sorte que si les expériences de Flourens nous disent très-nettement que le cerveau est le siége de l'intelligence, elles ne nous disent pas aussi clairement que la moelle allongée soit le siége de la vie.

Le docteur Parchappe, meilleur logicien que Flourens, place le siége de l'âme intelligente dans l'ensemble de la partie du cerveau située à la périphérie de l'organe entier et qui porte le nom de *substance grise*[2]. Parchappe laisse indécise la question du siége de la vie; seulement il conteste que le principe vital se localise dans la moelle allongée.

Si nous avions à émettre une opinion sur le véritable siége de la vie ou du principe vital, nous dirions que son siége nous paraît être le sang.

---

1. *De la vie et de l'intelligence*, in-18, Paris, 1845.
2. *Mémoire présenté à l'Académie des sciences.*

Prenez un animal en santé parfaite, faites écouler tout son sang par l'ouverture d'une grosse artère, et bientôt l'animal expire. Quand les anciens voulaient procurer aux condamnés une mort rapide et douce, ils leur ouvraient les veines des pieds et des mains, et les portaient dans un bain chaud : la vie s'écoulait avec le sang.

Ne faut-il pas conclure de là que la vie, ou son principe, ne réside pas ailleurs que dans le sang ? Un animal est plein de vie ; on lui soustrait le sang : il meurt ! N'est-il pas évident que la vie résidait dans ce sang même qu'on vient de lui soustraire ?

Ajoutons que l'opération de la *transfusion du sang* est une preuve confirmative du même fait. A la suite d'une hémorrhagie abondante, qui emporte ses forces avec son sang, un homme est près d'expirer. Une femme est au moment de rendre le dernier soupir, à cause de pertes excessives de sang après un accouchement anormal. Arrive un chirurgien, qui prend le sang d'un jeune sujet, d'un homme robuste et en bonne santé, puis qui le pousse, à l'aide d'une seringue à injection, dans les veines de la personne près d'expirer. Tout aussitôt la vie qui allait abandonner le corps, reparaît ; le moribond reprend ses forces ; il est sauvé ! Dans cette étrange et salutaire opération, ne lui a-t-on pas rendu, avec un sang étranger, le principe de la vie? Et si c'est le sang qui lui a rendu la vie, ne faut-il pas admettre, en général, que le sang est le siége de la vie?

Une expérience faite par Claude Bernard vient à l'appui de cette opinion.

Claude Bernard injecte dans les veines du cerveau d'un chien du sang défibriné, et il voit reparaître la vie et l'intelligence dans le cerveau de cet animal. Il retire le sang du cerveau, et l'intelligence disparaît avec le sang. Ne résulte-t-il pas de cette curieuse expérience, dont nous supprimons les détails, que le sang est le véritable siége de la vie ?

Liez tous les vaisseaux artériels qui se rendent à un organe, vous verrez cet organe mourir. C'est un moyen que les chirurgiens emploient tous les jours. Pour faire disparaître une tumeur pathologique, on *lie* les artères qui s'y rendent, c'est-à-dire on empêche le sang d'y pénétrer. Quand le sang n'arrive plus dans la tumeur, la vie s'en retire. Le sang ne semble-t-il pas apporter avec lui la vie et la retirer quand il disparaît de la scène ? Et n'est-ce pas là une nouvelle preuve que la vie réside dans le sang ?

Quoi qu'il en soit, que le siége de la vie soit dans la moelle allongée, comme le veut Flourens, ou dans le sang, comme cela nous paraît probable, ce qui est hors de doute, et ce que nous voulons établir seulement, c'est que l'âme et la vie n'ont pas le même siége, qu'elles sont séparées profondément, et par leur nature et par leur *habitat* dans l'économie animale. C'est là une différence radicale que nous voulions constater.

6° D'autres différences essentielles entre le sens intime et la force vitale, sont mises en lumière en ces termes, par Lordat:

« La force vitale s'est manifestée dans le ventre de la mère quand elle a fourni un système d'organes prodigieusement complexe, tandis que la puissance psychique (l'âme) n'a fait apercevoir son existence qu'après avoir été mise en relation, au moment de sa naissance, avec le monde extérieur. La première a la science infuse et n'a besoin d'aucun apprentissage, tandis que la seconde n'a que des aptitudes ; elle n'est capable d'opérer que lorsqu'elle a été instruite par les sensations et par l'expérience.

« Les premiers actes de la force vitale sont des coups de maître ; ceux de la puissance psychique sont d'abord imparfaits, et ce n'est que par l'usage et l'attention qu'elle acquiert les plus hautes qualités qu'elle peut leur donner.

« Dans la force vitale les qualités accidentelles favorables ou défavorables, la beauté des formes, la santé, la laideur, la couleur, les affections morbides, se transmettent par la génération, et les enfants héritent ce mode de leurs parents ; dans la puissance psychique, les qualités intellectuelles et morales, qui sont le résultat de l'éducation, naissent et meurent chez l'individu, sans que les descendants puissent profiter des vertus de leurs parents, ni s'excuser de leurs vices sur le crime de leurs ancêtres ; leur éducation est tout à leur charge, et le fi's du grand homme n'est pas dispensé de faire toutes les études qui ont contribué à l'illustration du père [1]. »

Telle est la doctrine de l'*alliance* du corps, de l'âme et de la vie, à peu près comme on la formule, d'après Barthez et Lordat, à l'école de Montpellier, ou, si l'on veut, comme nous la comprenons nous-même, en l'accommodant aux faits acquis par la science contemporaine.

Ce système nous paraît aussi simple que vrai, aussi

---

[1]. *Introduction à la doctrine de l'alliance de l'âme pensante et de la force vitale. Discours d'ouverture du cours de physiologie fait à la Faculté de médecine de Montpellier dans l'année scolaire* 1846-1847, par Lordat. Montpellier, in-8°, 1847, page 8.

clair qu'irrécusable. Nous nous étonnons qu'il n'ait pas rencontré une faveur plus générale, et nous répéterions volontiers avec Lordat :

« *Le double dynamisme humain est un fait dont la dubitation est une preuve de noviciat, et dont la négation formelle est une preuve d'inscience relative, passible d'un renvoi à l'école.* »

Nous devons ajouter que cette *triple alliance* du corps, de l'âme et de la vie ne se remarque pas seulement chez l'homme ; on la trouve aussi chez les animaux. Il y a, selon nous, dans l'animal, un corps vivant et une âme ; seulement l'âme des animaux est bien inférieure à la nôtre, par le nombre et l'étendue des facultés. Ayant peu de besoins, l'animal n'a qu'un très-petit nombre de facultés, qui sont toutes à l'état rudimentaire. Ce n'est que par le développement beaucoup plus considérable des facultés de l'âme que l'homme diffère des animaux supérieurs, auxquels il ressemble beaucoup, d'ailleurs, par les fonctions physiologiques et la structure anatomique.

Notons, en passant, que l'école de Montpellier n'admet pas cette dernière vue touchant les animaux. Barthez et Lordat n'accordent à l'animal que le principe vital, principe inconscient, et lui refusent l'âme. Nous aurons du reste à nous expliquer plus longuement, dans une autre partie de cet ouvrage[1], sur les différences qui séparent, selon nous, l'homme de l'animal.

Vitalisme de Bichat. — La doctrine de Barthez est

---

1. Chapitre XI.

loin d'être professée par tous les médecins qui croient à l'existence, chez l'homme et chez les animaux, d'une force vitale, différente des forces physiques et chimiques. Les médecins vitalistes de Paris, ainsi que la plupart des physiologistes allemands et anglais qui se rallient au vitalisme, admettent aujourd'hui le système de Bichat, modifié de manière à répondre aux faits observés de nos jours. Ils professent la doctrine des *propriétés vitales des tissus*, c'est-à-dire le système de Bichat mis au courant de l'état actuel de la science. Les différences ne portent que sur le nombre et l'espèce des *propriétés vitales* que l'on accorde aux tissus.

Écoutons, par exemple, M. Claude Bernard. Ce physiologiste, dans la première leçon de son cours de 1871-1872 au Collége de France, s'exprimait ainsi :

« La cause immédiate des phénomènes de la vie ne doit pas être placée dans un principe ou dans une force vitale quelconque. Il ne faut pas la chercher dans la ψυχή de Pythagore, dans l'*âme physiologique* d'Hippocrate, dans le πνεῦμα d'Athénée, dans l'*archée* de Paracelse, dans l'*anima* de Stahl, dans le *principe vital* de Barthez. Ce sont là autant d'êtres imaginaires et insaisissables. Elle réside dans les *propriétés vitales* de Bichat, c'est-à-dire dans les propriétés histologiques (de tissus) de la matière vivante des éléments organiques. Nous ne pouvons pas la poursuivre plus loin. Cela, du reste, est suffisant pour l'explication scientifique[1]. »

Bichat, laissant dans l'ombre la cause même de la

---

1. *Revue scientifique* de G. Baillière, n° du 13 janvier 1872, p. 671.

vie, dont il se déclarait impuissant à pénétrer l'essence intime, accordait aux tissus vivants deux propriétés générales, la *sensibilité* et la *contractilité*. Ces propriétés sont inhérentes aux éléments vivants de l'organisme ; c'est leur répartition inégale dans les différents organes, qui constitue leur mode d'action, leur *vie*, pour parler comme Bichat.

M. Claude Bernard nous disant que « les propriétés vitales de Bichat suffisent pour l'explication scientifique » oublie que Bichat subordonnait ces propriétés à un agent supérieur, la vie, dont il renonçait à comprendre l'essence, mais dont il proclamait l'existence certaine.

Bichat considère le principe de la vie comme étant hors de notre portée, dans l'état actuel de la science ; il croit que sa connaissance ne pourra être que le couronnement de toutes les découvertes de la physiologie dans l'avenir. C'est là une pensée aussi juste que noble, dans sa modeste abnégation.

« C'est le défaut de tous les physiologistes, dit Bichat, d'avoir commencé par où il faudra un jour finir. La science était encore au berceau que toutes les questions dont on s'occupait roulaient sur les causes premières des phénomènes vitaux. Qu'en est-il résulté ? d'énormes fatras de raisonnements, et la nécessité d'en venir enfin à l'étude rigoureuse de ces phénomènes, en abandonnant celle de leurs causes, jusqu'à ce que nous ayons assez observé pour établir des théories. »

Ainsi, quand il parle des *propriétés vitales* et de la *vie*, de chaque organe, Bichat entend étudier ces propriétés comme l'effet de la cause cachée qu'il renonce à approfondir. De là les expressions, qui reviennent à chaque instant sous sa plume, de *vie* et de *mort* de tel ou tel organe, particulièrement du cerveau et des poumons. Bichat étudie partout les *phénomènes vitaux*, et jamais leur cause, c'est à-dire la *vie*.

M. Claude Bernard et les médecins de l'École de Paris qui se rangent sous la bannière de Bichat, perdent donc de vue la pensée du créateur de ce système.

Ils se trompent, d'ailleurs, étrangement en croyant expliquer quelque chose avec ce mot de *propriétés vitales*, qui n'exprime qu'un phénomène et non sa cause. Ainsi compris, le système de Bichat est inadmissible : ce n'est qu'un matérialisme mal déguisé. En effet, les *propriétés vitales* disparaissant avec la vie, il ne doit rien subsister, après la mort, de ce qui a produit chez l'homme la sensibilité, l'intelligence et la volonté.

Ajoutez que cette théorie ne donnerait la raison d'aucun phénomène. Ce serait absolument l'explication des propriétés de l'opium donnée par Molière, dans la cérémonie du *Malade imaginaire*. Le docteur de la comédie déclare que *l'opium fait dormir parce qu'il a en lui des propriétés dormitives*. La théorie de Bichat, interprétée comme le fait M. Claude Bernard, nous dit : *le cœur se contracte parce qu'il a des fibres contractiles*. Les deux explications sont de la même force.

Bichat avait trop de portée dans l'esprit pour faire une pareille confusion d'idées. Malheureusement beaucoup de médecins, qui se croient vitalistes, raisonnent comme M. Claude Bernard. Ils s'imaginent avoir dit quelque chose quand ils ont accordé aux tissus vivants des propriétés spéciales qui les distinguent du reste de la matière, et en vertu desquelles ils accomplissent leurs fonctions.

Nous croyons, nous, que cette explication n'explique rien; nous croyons que Bichat a été trop timide en n'osant pas approfondir la cause de la vie, et que Barthez, par sa lumineuse analyse de l'agrégat humain, avait, avant lui, parfaitement résolu ce grand problème.

En résumé, la doctrine de Barthez qui reconnaît trois principes, à savoir : le corps, l'âme et la vie, est celle que nous admettons, comme donnant la meilleure explication de la nature de l'homme. C'est donc cette doctrine qui servira de base aux raisonnements et aux faits que nous aurons à développer dans ce livre.

CHAPITRE II

Qu'est-ce que la mort? — Que deviennent, après la mort, le corps, l'âme et la vie?

Qu'est-ce que la mort? D'après l'analyse que nous venons de faire de la véritable nature de l'homme, la mort est la séparation de l'élément immortel et impérissable qui entre dans l'agrégat humain, des deux autres éléments destructibles et périssables. C'est l'âme qui abandonne le corps après que la vie, ou le principe vital, s'est éteint dans ce corps.

Tout le monde sait que dans la nature chaque être vivant a un milieu propre, et qu'il ne peut vivre que dans ce milieu : les plantes dans l'air ou dans l'eau, les animaux dans l'air, les poissons dans l'eau ; et si on les extrait de ces milieux, ils périssent. Bien plus, il est des êtres qui ne vivent que dans des milieux spéciaux. Certains vibrions ne vivent que dans le gaz azote ou dans le gaz acide carbonique; les germes des végétaux cryptogamiques qui produisent des moisissures, ne se développent que dans des infusions aqueuses de matières végétales ; les poissons qui habitent l'eau de la mer, meurent dans l'eau douce ou faiblement salée. On a trouvé dans les mines du Harz des champignons qui ne peuvent exister que sur les taches de graisse tombées de la chandelle des mineurs ! L'*uredo nivalis*, le champignon qui colore les neiges rouges, ne peut vivre que sur la neige.

Chaque être vivant a donc son *habitat* particulier. L'âme ne fait pas exception à cette règle. Le milieu, l'*habitat* de l'âme, c'est un corps vivant. L'âme disparaît du corps quand ce corps cesse de vivre, comme un homme abandonne une maison quand cette maison est envahie et détruite par les flammes.

Nous nous proposons, dans ce chapitre, de rechercher ce que doivent devenir, après la mort de l'homme : 1° son corps, 2° sa vie, 3° son âme.

Corps. — Après la mort, chez l'homme, aussi bien que chez les animaux, le corps ou la substance matérielle, n'étant plus défendu de la destruction par le principe vital, tombe sous l'empire des forces chimiques. Si le corps d'un animal mort, ou un cadavre humain, était maintenu dans un milieu d'une température inférieure à 0°, si on l'enfermait dans un espace entièrement privé d'air, ou si on l'imprégnait de substances antiseptiques, il se conserverait intact, et tel qu'il était au moment où la vie l'a abandonné. C'est de cette manière que l'on pratique les embaumements. Les diverses substances chimiques dont on imprègne un cadavre, ont pour effet de coaguler l'albumine des tissus, et de préserver ainsi la substance animale de la putréfaction. On obtiendrait le même résultat si l'on plaçait le corps entre deux couches de glace, ou dans un cercueil qui serait enveloppé de toutes parts de glace constamment renouvelée. Entretenu à la température de 0°, le corps ne subirait aucune décomposition, parce que la fermentation putride ne peut s'établir à une aussi basse température.

C'est de cette manière que se sont conservés des cadavres entiers de *Mammouths*, éléphants qui appartenaient à une espèce aujourd'hui éteinte, et qui vivaient pendant l'époque quaternaire. En 1802, on trouva aux bords de la Léna, rivière qui se jette dans la mer Glaciale, après avoir traversé le pays des Yakoutes (région de l'Asie située près du pôle nord), un cadavre, parfaitement conservé, de ce gigantesque pachyderme. La terre gelée et les glaces qui recouvraient les bords de la rivière où il était enfoui, l'avaient préservé de la putréfaction ; si bien que les chairs de cet animal, qui était mort plus de cent mille années auparavant, servirent de festin aux pêcheurs de ces rivages. Dans les pays septentrionaux, pour conserver intact le cadavre d'un homme, il suffirait donc de le tenir constamment enveloppé de glace.

Quand le corps de l'homme ou d'un animal est exposé aux influences réunies de l'air, de l'eau et d'une température moyennement élevée, il éprouve une série de décompositions chimiques, dont le terme final est sa transformation en gaz acide carbonique, ammoniaque, azote, eau, et quelques substances gazeuses ou solides, qui représentent des produits moins avancés de décomposition. Les gaz azote, acide carbonique, acide sulfhydrique, ammoniac, ainsi que la vapeur d'eau, se répandent dans l'atmosphère, ou se dissolvent dans l'humidité du terrain. S'ils sont dissous dans l'eau qui baigne le sol, ils sont absorbés par les radicelles des plantes qui vivent sur ce terrain, et servent à la nutrition, au développement de ces plantes. S'ils sont répandus dans l'eau, l'eau des pluies les dissout, et les ramène sur la terre. L'ammoniaque et l'acide carbonique dissous dans l'eau qui imprègne le sol, s'introduisent par les racines dans les canaux des plantes et contribuent à leur nutrition.

Ainsi la matière du corps de l'homme et des animaux n'est pas détruite; elle ne fait que changer de forme, et sous cette autre forme elle va composer de nouvelles substances organiques.

En cela, le corps de l'homme ne fait qu'obéir aux lois communes de la nature. Ce qu'il éprouve, toute substance organisée, végétale ou animale, exposée aux influences réunies de l'air, de l'eau et d'une température moyennement élevée, l'éprouve également. Un morceau d'étoffe, de coton ou de laine, un grain de blé, un fruit, fermentent et se réduisent en produits nouveaux, comme le fait notre corps. Le linceul qui enveloppe un cadavre, se détruit absolument de la même manière que ce cadavre.

Vie. — Si la substance matérielle qui compose le corps humain, ne fait que se transformer en voyageant à travers le globe, pour passer des animaux aux plantes et des plantes aux animaux, il en est tout autrement de la vie. La vie est une force. Comme les autres forces, la chaleur, la lumière et l'électricité, elle prend naissance et elle se transmet ; elle a un commencement et une fin. Comme la chaleur, la lumière et l'électricité, ces agents physiques qui nous font comprendre la vie, et qui ont certainement la même essence et la même origine, la vie a ses causes productrices et ses causes de destruction. Elle ne peut se rallumer quand elle s'est éteinte, elle ne peut recommencer son cours quand son terme fatal est arrivé. La vie ne peut pas se perpétuer ; c'est un simple état des corps, et cet état est fugitif, précaire, sujet aux mille influences et accidents du hasard.

La vie est donc bien inférieure en importance à l'âme, qui est indestructible et immortelle. L'âme est l'élément essentiel dans toute la nature. Elle a des qualités actives et positives partout où les deux autres éléments, le corps et la vie, ont des qualités négatives. Tandis que le corps se dissocie et disparaît, tandis que la vie s'anéantit, l'âme ne peut jamais disparaître ni s'anéantir.

Ainsi la vie disparaît sans retour après la mort de l'homme et des animaux.

Ame. — Nous venons de voir qu'après la mort de l'homme, son corps et sa vie se détruisent : examinons maintenant ce que devient son âme.

Le philosophe, l'homme instruit, ceux qui connaissent l'immensité de l'univers et de l'éternité des temps, ne peuvent admettre que notre existence sur la terre soit quelque chose de définitif, que la vie humaine ne doive se rattacher à rien en deçà ou au delà d'elle-même. L'homme meurt à trente ans, à vingt ans; il ne peut vivre que quelques années, que quelques mois. La durée moyenne de la vie est de vingt-huit ans, d'après les tables de Duvilard. Elle est aujourd'hui de trente-trois ans. Le quart des hommes meurt avant d'avoir atteint la septième année, et la moitié ne dépasse pas l'âge de dix-sept ans. Ceux qui vivent après ce temps, jouissent d'un privilége qui est refusé à la moitié du genre humain.

Qu'est-ce qu'un si court intervalle, comparé à la durée générale des temps, à la vieillesse de la terre et des mondes? C'est comme une minute dans l'éternité. Notre vie, si courte, ne peut donc être qu'un accident, un phénomène rapide et passager, qui doit à peine compter dans l'histoire de la nature.

D'un autre côté, les conditions physiques de la vie terrestre sont vraiment détestables. Exposé à toutes sortes de souffrances, tant par la défectueuse organisation de son corps que par les causes extérieures qui le menacent sans cesse, redoutant le froid extrême et l'extrême chaleur, faible et chétif, venant au monde nu et sans défense naturelle contre les influences climatériques, l'homme est un véritable martyr. Si, dans une partie de l'Europe et de l'Amérique, les progrès de la civilisation ont fini par assurer le bien-être aux classes riches, quelles ne sont pas, dans les mêmes pays, les souffrances des pauvres gens! La vie est un véritable supplice pour la plupart des hommes qui habitent les latitudes insalubres de l'Asie, de l'Afrique, de l'Océanie. Et avant la civilisation, pendant les périodes de la vie de l'homme primitif, périodes si longues qu'elles remontent jusqu'à cent mille années avant nous, quel était le sort de l'humanité? C'était un enchaînement perpétuel de souffrances, de dangers et de douleurs.

Les conditions de l'existence humaine sont aussi mauvaises au point de vue moral qu'au point de vue physique. C'est un fait avéré que le bonheur est impossible ici-bas. Quand l'Écriture sainte nous dit que la terre est une vallée de larmes, elle ne fait que traduire sous une forme poétique une incontestable vérité. Oui, l'homme n'est ici-bas que pour souffrir. Il souffre dans ses affections et ses désirs inassouvis, dans les aspirations et les élans de son âme, continuellement refoulés, froissés, brisés par d'innombrables résistances. Le bonheur est un état qui nous est interdit. Les quelques sensations agréables que nous éprouvons passagèrement, sont expiées par les plus cruels chagrins. Nous n'avons d'affections que pour en perdre et en regretter les objets chéris ; nous n'avons de père, de mère, de fils, que pour les voir un jour expirer dans nos bras !

Il est vraiment impossible qu'un état aussi anormal soit un état définitif. Puisque l'ordre, l'harmonie, la tranquillité règnent dans le monde physique, il faut que le même équilibre se retrouve dans le monde moral. Si nous voyons autour de nous la souffrance être la règle constante et commune, si nous voyons partout dominer l'injustice et la violence, la force triompher, les victimes palpiter et mourir sous la main de l'oppresseur, cette situation ne peut être qu'un moment de transition, qu'une période intermédiaire que la Providence nous condamne à traverser rapidement, pour arriver à un état meilleur.

Mais quel est cet état nouveau, quelle est cette seconde existence qui doit succéder à la vie terrestre, en d'autres termes, que devient l'âme humaine après que la mort a brisé les liens qui l'enchaînaient au corps ?

Selon nous, l'âme humaine passe, après la mort, dans un corps nouveau. Elle va s'incarner dans un autre organisme, et composer un être de beaucoup supérieur à l'homme en puissance morale, et qui fait suite à l'espèce humaine dans la hiérarchie de la nature.

Cet être supérieur à l'homme dans l'échelle des êtres vivants qui peuplent l'univers, n'a de nom dans aucune langue. L'*ange*, que la religion chrétienne reconnaît et qu'elle honore d'un culte, pourrait seul nous en donner l'idée. Aussi Jean Reynaud a-t-il appelé *ange* la créature supérieure qu'il admet comme devant succéder à l'homme après sa mort. Toutefois nous écarterons ce mot, et nous appellerons *être surhumain* la créature perfectionnée qui, selon nous, fait suite à l'homme dans la série ascendante des êtres de la nature.

CHAPITRE III

Où réside l'être surhumain?

Nous venons de voir que des trois éléments qui composent l'*agrégat humain*, il en est un, l'âme, qui résiste à la destruction. Après la dissolution de notre corps, après l'extinction de la vie, notre âme, dégagée des liens matériels qui l'enchaînaient sur la terre, va sentir, aimer, concevoir, être libre, dans un corps nouveau, doué de facultés plus puissantes que celles qui sont départies à l'humanité. Elle va composer ce que nous appelons l'*être surhumain*. Mais où réside cet être nouveau?

Tous ceux qui ont étudié la nature savent que la vie est répandue sur notre globe dans des proportions vraiment prodigieuses. Nous ne pouvons faire un pas, nous ne pouvons jeter les yeux autour de nous, sans rencontrer partout des myriades d'êtres vivants. La terre n'est qu'un vaste réservoir de vie. Examinez un brin d'herbe dans une prairie, vous le verrez couvert d'insectes ou d'animaux inférieurs. Mais pour cet examen les yeux ne suffisent pas ; il faut avoir recours au microscope. Avec le secours du verre grossissant, on découvre que ce seul brin d'herbe est le refuge de toute une population vivante, qui naît, meurt et se multiplie avec une prodigieuse rapidité sur cet imperceptible domaine.

Du brin d'herbe on peut évidemment conclure à toute la végétation qui couvre le globe.

Les eaux douces qui coulent à la surface de la terre sont également le réceptacle d'une quantité prodigieuse d'existences organiques. Sans parler des plantes et des animaux vivant dans les eaux des rivières ou des fleuves et qui sont visibles à l'œil nu, si vous prenez une goutte de l'eau d'une mare, et que vous la placiez sur le porte-objet du microscope, vous la verrez remplie d'êtres vivants, qui, pour être de dimensions si faibles qu'ils échappent à notre vue, n'en sont pas moins actifs et tenant leur place dans l'économie de la nature. On sait combien d'habitants recèle la mer ; mais, sans parler des êtres visibles pour tous, des poissons, des crustacés, des zoophytes, ainsi que des plantes marines, les êtres invisibles à l'œil nu et qui n'apparaissent qu'au microscope, abondent tellement dans l'eau de la mer, qu'une seule goutte de cette eau, examinée au microscope, laisse apercevoir des quantités innombrables de ces animaux et plantes microscopiques.

De cette goutte d'eau on peut conclure à la masse tout entière des eaux qui occupent le bassin des mers, et qui forment les trois quarts de la surface de notre globe.

Pour se faire une idée de l'énorme quantité d'êtres vivants que les mers recèlent et qu'elles ont recélés autrefois, nous rappellerons ici un fait que les géologues connaissent bien : c'est que toutes nos pierres à bâtir, tous les terrains calcaires qui forment les montagnes et bancs de craie, sont uniquement composés des restes brisés et agglomérés, des coquilles des mollusques, visibles et microscopiques, qui remplissaient le bassin des mers, aux temps les plus reculés de l'existence de notre globe. Tous ces terrains sont constitués par une accumulation de coquilles. Si la vie était répandue avec cette profusion dans les mers, pendant les périodes géologiques, elle doit l'être encore aujourd'hui à peu près de la même manière, car les conditions actuelles de la nature ne diffèrent pas de ce qu'elles étaient aux temps primitifs de notre globe.

L'air qui nous entoure est, tout aussi bien que la terre et les mers, un vaste réceptacle d'êtres vivants. Nous ne voyons que de rares animaux parcourir les airs; mais le savant, qui va plus loin que la simple apparence des choses, sait découvrir dans l'air des myriades d'existences.

L'air nous paraît bien pur, bien transparent, mais cela tient à ce qu'il n'est pas assez vivement éclairé pour nous faire apercevoir toutes les parcelles des corps étrangers qui flottent dans sa masse. Quand on fait tomber dans une chambre bien close un rayon de jour, un faisceau de lumière solaire, on voit une traînée lumineuse parcourir la chambre, demeurée obscure dans ses autres parties. Chacun sait bien qu'alors, grâce à ce puissant éclairage, contrastant avec l'obscurité environnante, le sillon lumineux se montre tout rempli de corps flottants, légers, ténus, qui s'agitent, montent et descendent, au gré des agitations de l'air.

Le physicien anglais Tyndall, en éclairant une colonne d'air avec la lumière électrique, et la rendant ainsi prodigieusement lumineuse, a découvert des légions de corps qui sont dans notre atmosphère gazeuse.

Ce qui s'aperçoit dans l'atmosphère ainsi vivement éclairée, existe nécessairement pour sa totalité, de sorte que l'air qui entoure notre globe est partout rempli de ces poussières.

De quoi sont formées ces poussières? Elles sont presque entièrement composées d'êtres vivants, de germes de plantes microscopiques (cryptogames) ou d'œufs d'animaux inférieurs (zoophytes). M. Pasteur a parfaitement prouvé que la prétendue génération spontanée, sur laquelle on a tant disserté dans ces derniers temps en France et à l'étranger, n'est due qu'à ces germes organiques qui remplissent l'atmosphère, et qui, tombant dans des infusions de plantes, donnent naissance à ces moisissures, à ces végétations, que l'on a voulu rapporter à la génération spontanée, c'est-à-dire à une création sans germe, à une génération sans cause : erreur complète, car tout être vivant a des parents, qu'un peu de science et d'attention font toujours découvrir.

Les animaux et les plantes qu'on appelle *parasites*, sont un autre exemple de la profusion extrême avec laquelle la vie est distribuée sur la terre. On appelle *parasites* les animaux ou plantes qui vivent sur d'autres animaux ou d'autres plantes, et qui se nourrissent de la substance de leur hôte forcé. Les animaux mammifères ont chacun leurs parasites, à savoir la puce, la punaise, etc.; l'homme a le pou, la puce, la chique. De même, chaque végétal a son parasite. Le chêne donne asile et nourriture à des lichens, à des cryptogames divers; et jusque sur sa racine on trouve des cryptogames particuliers, tels que la truffe. On voit donc ici la vie s'implanter, se greffer sur la vie.

Bien plus, ces parasites eux-mêmes ont leurs parasites particuliers, êtres plus petits et si petits qu'il faut recourir au microscope pour les apercevoir. Examinez au verre grossissant un lichen pris sur un chêne; observez de la même manière une puce, un puceron, et grâce à cet instrument, vous aurez le spectacle curieux d'un être parasitaire surajouté à un être parasitaire et se nourrissant de sa substance. Du grand végétal le chêne, la substance alimentaire passe au parasite visible le lichen, et de celui-ci au parasite invisible. Dans un petit espace la vie est superposée. Un tel fait prouve avec quelle prodigieuse abondance la vie est répandue sur notre globe.

Ainsi, la surface de notre globe, les eaux douces et salées, enfin l'atmosphère, sont habitées par une quantité énorme d'êtres vivants. La vie surabonde sur la terre, dans les eaux et dans l'air. Notre globe est comme un vase immense dans lequel on aurait accumulé, pressé, entassé la vie.

Mais la terre, l'air et les eaux ne sont pas les seuls milieux de la nature. Au delà de l'atmosphère s'étend un autre milieu, que les astronomes et les physiciens connaissent bien, et auquel ils ont donné le nom d'*éther*, ou d'*éther planétaire*. L'atmosphère qui entoure notre globe, et qui est entraînée avec lui dans sa course à travers les espaces, comme dans sa rotation sur son axe, cette atmosphère n'est pas très-élevée. Elle n'a guère que 30 à 40 lieues de hauteur, et elle va en diminuant de consistance à partir du sol. A 7 ou 8 kilomètres au-dessus de la terre, l'air est déjà tellement raréfié qu'il ne peut servir à la respiration, ni contre-balancer l'effet des pressions qui s'exercent de l'intérieur de notre corps à l'extérieur. Au-dessus de 7 à 8 kilomètres, la densité de l'atmosphère décroît de plus en plus, et il arrive un moment où l'air manque absolument. C'est pour cela que l'on ne peut s'élever au-dessus de 7 à 8 kilomètres, dans les ascensions aérostatiques. Crocé-Spinelli et Sivel, dans la funeste ascension du 15 avril 1875, qui leur coûta la vie, avaient dépassé la hauteur de 8 kilomètres.

C'est, avons nous dit, à une élévation d'environ 30 à 40 lieues (120 à 160 kilomètres) au-dessus du sol que se termine l'atmosphère. C'est là que commence le fluide que les astronomes et les physiciens nomment l'*éther*.

Cet éther est un véritable fluide, un gaz analogue à l'air qui nous environne, mais infiniment plus raréfié et plus léger que l'air. On ne saurait contester l'existence de l'éther planétaire, puisque les astronomes tiennent compte de sa résistance pour calculer la vitesse de marche des corps célestes, comme ils tiennent compte de la résistance de l'air dans le calcul des mouvements des corps qui traversent notre atmosphère.

L'éther est donc le fluide qui succède à l'air atmosphérique. Il est répandu, non-seulement autour de la terre, mais autour des autres planètes. Bien plus, il existe dans tout l'espace ; il remplit l'intervalle qui sépare les planètes, qui, avec leurs satellites, composent notre monde solaire. Les comètes, dans leurs immenses voyages à travers les espaces, circulent également dans l'éther.

Le vulgaire est disposé à croire qu'au delà de l'air qui environne le globe terrestre, il n'y a plus rien, il y a le vide. Mais le vide n'existe pas dans la nature. L'espace est toujours occupé par quelque chose; il est rempli soit par la terre, soit par l'eau, soit par l'air atmosphérique, soit enfin par l'*éther planétaire*.

Nous disions tout à l'heure que la vie surabonde dans notre globe, qu'elle pullule, qu'elle grouille dans les eaux, sur la terre et dans l'air. Le fluide éthéré qui fait suite à notre atmosphère et qui remplit l'espace, est-il également habité par des êtres vivants ? Voilà une question que ne s'est jamais adressée aucun savant. Il serait bien surprenant, selon nous, que tandis que la vie déborde, pour ainsi dire, dans les eaux et dans l'air, elle manquât absolument dans le fluide qui est contigu à l'air. Tout annonce donc que l'éther est habité.

Mais quels sont les êtres qui vivent dans l'éther planétaire? Selon nous, ce sont ces *êtres surhumains*, que nous considérons comme étant des hommes ressuscités et pourvus de toutes sortes de perfections morales.

Nous croyons qu'après la mort et la dissolution du corps humain, l'âme qui avait habité ce corps s'en dégage, passe dans l'éther qui environne notre globe, et va s'incarner dans un être nouveau. Si l'atmosphère est le milieu, l'*habitat* de l'homme, le fluide éthéré est le milieu, l'*habitat* de l'être surhumain.

Ce passage successif en deux milieux différents d'un être qui subit une métamorphose quand il pénètre dans le nouveau milieu, n'est pas aussi extraordinaire, aussi anormal, aussi contraire aux lois de la nature, que l'on pourrait le croire. Les personnes qui ont étudié la zoologie savent que dans la classe des insectes, le passage d'un même être en deux milieux successifs, c'est-à-dire dans l'eau et dans l'air, est assez fréquent. Parmi les insectes diptères, hémiptères, etc., il est beaucoup d'espèces dont les larves et nymphes sont aquatiques, tandis que l'insecte parfait est aérien. Larve et nymphe, l'insecte naît et vit dans l'eau; puis il éprouve une métamorphose, il acquiert des ailes et va vivre dans l'air.

Vous avez bien souvent, lecteur, admiré le vol agile et vigoureux de la *Libellule* (demoiselle). Vous avez suivi, d'un œil surpris et charmé, ses évolutions gracieuses. Vous l'avez vue, errant à la surface d'une prairie, tantôt planer immobile, tantôt décrire des cercles multipliés, tantôt s'élancer comme une flèche sur sa proie tremblante. Ne croyez pas que ce sylphe de nos campagnes ait toujours habité cet air qu'il traverse avec tant de grâce et de vigueur. La Libellule a vécu pendant plus d'une année au sein des eaux; elle a rampé, ver morne et noirâtre dans la fange du fond des rivières ou des étangs; elle a poursuivi sa proie au sein de l'onde. Ce n'est que lorsqu'elle a pris une forme nouvelle, quand elle est devenue insecte parfait, qu'elle s'est élancée dans le domaine des airs. Et si, par aventure, elle vient à tomber à la rivière, son ancien milieu lui devient fatal : elle meurt **asphyxiée dans ses eaux natales.**

Le Cousin et les autres insectes diptères, dont le bourdonnement et l'agilité vous sont connus, n'ont pas toujours volé dans l'air. Comme la *Libellule*, le cousin naît dans l'eau et y vit à l'état de larve et de nymphe. Après une assez longue existence aquatique, il subit une métamorphose profonde, il revêt des ailes, et brisant avec effort ses langes et ses entraves de nymphe, il s'élance dans l'air.

Ce n'est pas seulement dans la classe des insectes que l'on trouve ces métamorphoses et ce double milieu vital. Les batraciens, par exemple, vivent d'abord comme têtards dans l'eau, ensuite ils vivent comme batraciens proprement dits, dans l'air.

Ainsi des êtres naturels que nous connaissons bien, qui sont constamment sous nos yeux, passent par cette double et successive carrière organique. Nés dans un milieu, ils perfectionnent leur structure, et passent dans un milieu nouveau. Il n'est donc pas impossible que l'être humain, après avoir vécu un certain temps dans l'air, passe dans un milieu nouveau, en subissant une métamorphose organique, et cela sans perdre son individualité propre, sa personne première. On peut dire, à ce point de vue, que l'homme est la larve ou la chenille de l'être surhumain.

La composition chimique de l'éther planétaire est

inconnue. Les phénomènes astronomiques nous apprennent que ce fluide existe, mais on ne sait rien de sa composition. Nous croyons pouvoir dire seulement que l'éther ne doit pas contenir d'oxygène. En effet, les observations spectroscopiques faites par Angström sur la lumière des aurores boréales, observations qui ont pu être répétées avec le même résultat par divers observateurs à Paris pendant l'aurore boréale du 4 février 1872, prouvent que la matière propre au milieu où se passe ce beau phénomène n'est ni de l'oxygène, ni de l'azote, ni de la vapeur d'eau, ni de l'acide carbonique. L'aurore boréale, étant une apparence lumineuse qui a pour théâtre les portions de l'espace situées hors de notre atmosphère, nous donne une notion exacte concernant ce milieu, et si les observations que nous venons de rapporter ne nous révèlent pas la composition chimique de ce milieu, c'est-à-dire de l'éther planétaire, elles nous disent au moins qu'il a une composition tout autre que celle de l'air.

Nous ne serions pas surpris que l'éther planétaire fût composé de gaz hydrogène excessivement raréfié, c'est-à-dire d'un gaz extrêmement léger par lui-même, raréfié davantage et rendu infiniment plus subtil encore par l'absence de toute pression. Ce qui nous porte à croire que c'est l'hydrogène qui constitue l'éther dans lequel circulent les planètes, c'est que M. Janssen dans les Indes, ainsi que M. Lockyer et autres astronomes, croient avoir découvert, en observant les éclipses totales de soleil, qu'une couche de gaz hydrogène enflammé environne le soleil.

Dans la langue de tous les peuples, l'espace au-delà de notre atmosphère a reçu le même nom : on l'appelle le *ciel*. C'est donc dans le *ciel* vulgaire que nous plaçons la résidence des êtres surhumains. Ici nous sommes d'accord avec les croyances et les préjugés populaires, et nous constatons avec satisfaction cet accord. Ces préjugés, ces pressentiments, ne sont souvent que le résumé de la sagesse et de l'observation d'une infinité de générations humaines. Une tradition qui existe uniformément dans tous les pays, a tout le poids d'un témoignage scientifique.

D'accord avec le langage et la tradition, les religions modernes les plus répandues, le Christianisme, le Bouddhisme, le Mahométisme, placent dans le ciel le séjour des élus de Dieu.

Ainsi la science, les traditions et les religions se confondent sur ce point ; et c'était une vérité scientifique qu'exprimait le saint prêtre qui, assistant le roi martyr sur l'échafaud révolutionnaire, lui disait :

Fils de saint Louis, montez au ciel !

CHAPITRE IV

Tous les hommes indifféremment passent-ils, après la mort, à l'état d'êtres surhumains? — Réincarnation des âmes perverses et des enfants morts en bas âge.

La mort n'est donc pas une fin, mais un changement. La tombe est un second berceau. Nous ne mourons pas, nous éprouvons une métamorphose; nous ne périssons pas, nous changeons de figure. Le coup de théâtre de la mort n'est pas le dénoûment, mais seulement une scène émouvante du drame de la destinée humaine. L'agonie n'est pas le prélude de l'anéantissement, ce n'est que la souffrance obligée qui, dans la nature, accompagne toute métamorphose. Personne n'ignore que chez les insectes la froide et immobile chrysalide s'entr'ouvre, pour laisser passer le brillant papillon. Examinez le papillon au moment où il vient de sortir de son tombeau temporaire. Il est encore tout palpitant et tout frissonnant de la douleur qu'il a éprouvée pour briser les langes et les entraves qui pesaient sur lui. Il a besoin de se remettre, de se calmer et de rassembler ses forces pour s'élancer dans le domaine des airs qu'il s'apprête à parcourir. Voilà l'image de notre agonie. Pour sortir de l'enveloppe matérielle que nous laissons ici-bas, pour nous élever aux sphères inconnues qui nous attendent au delà du tombeau, nous souffrons. Nous souffrons dans notre corps par la douleur physique, et dans notre âme par les angoisses que nous ressentons à envisager notre destinée prochaine, qui nous apparaît environnée des plus redoutables ténèbres.

Mais une difficulté se présente ici. Tous les hommes, indifféremment, doivent-ils passer à l'état d'être surhumain ? Il y a dans l'humanité une échelle infinie de qualités et de perversions morales. Il y a le bon et le méchant ; il y a l'honnête homme et l'homme criminel. Quel que soit le lieu de la terre que nous habitons, quel que soit l'état de culture de notre esprit, que nous soyons civilisés ou sauvages, éclairés ou grossiers, qu'il s'agisse des générations contemporaines ou de celles qui ont vécu dans les temps les plus reculés, partout, en tout temps et en tous lieux, il existe une morale universelle, une loi absolue d'équité. Partout c'est une mauvaise action que de tuer son semblable, que de prendre le bien d'autrui, que de maltraiter ses enfants, que d'être ingrat pour ses parents, que de vivre mal avec sa femme, que d'entreprendre sur la propriété d'autrui, que de mentir, que d'attenter à sa propre vie. D'un bout de la terre à l'autre ces actions ont été toujours jugées mauvaises. Il y a donc, d'une manière absolue, même devant la nature, des âmes honnêtes et des âmes perverses. Faut-il croire que les bons et les méchants soient indistinctement appelés à subir le changement d'existence qui doit nous porter à l'état d'êtres surhumains? Les uns et les autres seront-ils admis sur le même pied aux félicités d'une vie nouvelle? Notre conscience, ce sentiment exquis que nous portons en nous et qui ne se trompe pas, notre conscience nous dit que cela ne saurait être.

Mais comment cette séparation du bon grain et de l'ivraie peut-elle se faire par les seules forces de la nature? Comment peut s'opérer ce triage, bien difficile assurément à s'expliquer, car le moral mêlé au physique complique singulièrement une question naturelle? Tout ce que nous pouvons faire, c'est de donner ici notre sentiment individuel, non comme une doctrine à imposer à qui que ce soit, mais comme un simple témoignage à enregistrer.

Il nous semble que l'âme humaine, pour s'élever dans les espaces éthérés, a besoin d'avoir acquis un degré extrême de perfectionnement, qui l'ait dépouillée de tout ce qui l'alourdissait, qu'elle doit être subtile, légère, épurée et exquise. Ce n'est qu'à ce prix qu'elle peut quitter la terre et s'élancer vers les cieux. Sans vouloir faire la moindre comparaison, mais seulement pour peindre notre pensée, nous dirons que, pour nous, l'âme humaine est comme un aérostat céleste qui s'envolera vers les sublimes hauteurs avec d'autant plus de rapidité, avec d'autant plus de puissance, qu'elle sera davantage allégée, débarrassée de tout mélange impur. Or l'âme d'un homme pervers, méchant, vil, lâche, grossier et bas, n'a pas été perfectionnée, épurée, allégée; elle est appesantie par les passions mauvaises, par la grossièreté des appétits qu'elle n'a pu détruire, ou qu'elle n'a fait qu'augmenter. Ne pouvant s'élever aux sommités célestes, cette âme est contrainte de demeurer sur notre triste et misérable globe.

L'homme pervers et méchant n'est donc pas, selon nous, appelé à jouir, du moins immédiatement, de la vie bienheureuse qui s'écoule dans les sereines régions de l'éther. Son âme demeure ici-bas, pour recommencer une seconde existence. Et hâtons-nous d'ajouter qu'il recommence cette seconde existence sans conserver aucun souvenir de la première.

On nous objectera que renaître sans aucun souvenir de la vie passée serait tomber dans le néant, auquel nous condamnent les matérialistes. En effet, ce qui constitue la résurrection, c'est l'identité, et sans souvenir il n'y aurait pas d'identité. L'individu, en tant qu'individu, tomberait donc dans le néant s'il renaissait sans mémoire.

Cette remarque est juste. Si, après notre résurrection à l'état d'être surhumain, nous perdions, d'une manière absolue, irréparable, le souvenir de notre vie antérieure, nous serions, en fait, la proie du néant. Mais hâtons-nous d'ajouter que cette perte de la mémoire est de courte durée. L'oubli de la vie passée n'est qu'une condition temporaire, imposée à notre nouvelle existence; c'est une sorte de punition. Le souvenir de la première vie terrestre reviendra à l'individu quand, par les perfectionnements convenables de son âme, il aura mérité de passer à l'état d'être surhumain. Alors il se remémorera les mauvaises actions de sa première existence terrestre, ou de ses existences multiples s'il a dû plusieurs fois recommencer l'épreuve; et la pensée de ses mauvaises actions sera encore son châtiment, dans le séjour de bonheur qu'il aura fini par conquérir et atteindre.

Aux personnes qui ne donneraient point leur assentiment à ces vues, nous ferons remarquer que la question des peines et récompenses après la mort est l'écueil sur lequel viennent échouer toutes les religions et toutes les philosophies. L'explication que nous donnons de la punition des méchants est au moins préférable à l'enfer du christianisme. Le retour à une seconde vie terrestre est, en effet, une punition moins cruelle, plus raisonnable et plus juste que la condamnation aux tourments éternels. Ici la peine n'est qu'en proportion du péché; elle est équitable et indulgente, comme le châtiment d'un père. Ce n'est pas une condamnation éternelle subie pour une erreur de courte durée; c'est une justice miséricordieuse, qui met à côté de la punition le moyen de ne plus y retomber. Elle ne ferme pas tout retour au bien par un arrêt sans appel pour toute l'éternité; elle laisse à l'homme la possibilité de revenir à la route du bonheur, que ses passions lui avaient fait méconnaître, et de se remettre, par ses mérites, en possession des biens qu'il avait perdus.

Ainsi, d'après nous, si pendant son séjour ici-bas

l'âme humaine, au lieu de se perfectionner, de s'épurer, de s'ennoblir, de s'agrandir, a perdu de sa force et de ses qualités primitives ; en d'autres termes, si elle a été le partage d'un individu pervers et grossier, inculte, bas et méchant, elle ne quittera pas la terre. Après la mort de cet individu, elle ira se loger dans un autre corps humain, en perdant le souvenir de son existence antérieure. Dans cette seconde incarnation, l'âme imparfaite et grossière, privée de toutes nobles facultés, dépourvue de mémoire, aura à recommencer toute son éducation morale. Cet homme, qui renaît enfant, recommencera l'existence avec l'âme inculte et grossière qu'il possédait au moment de sa mort. Ce sera à lui de revenir au bien et au beau.

Ces *réincarnations* dans un corps humain peuvent être nombreuses. Elles doivent se répéter jusqu'au moment où les facultés de l'âme se sont assez développées, où ses instincts se sont assez améliorés et perfectionnés pour que l'homme se soit élevé au-dessus du niveau général de notre espèce. Alors seulement cette âme, convenablement épurée, allégée de toutes ses imperfections, pourra quitter la terre, et, après la mort de la chair, s'élancer dans l'espace, pour passer dans l'organisme nouveau qui fait suite à celui de l'homme dans la hiérarchie de la nature.

Nous devons ajouter que les enfants morts en bas âge, ceux qui meurent à la mamelle ou quelques mois seulement après leur naissance, alors que l'âme n'a pris chez eux aucun développement, ont un sort analogue. Leur âme passe dans le corps d'un autre enfant, et recommence une existence nouvelle.

Nous ne faisons que noter en passant cette particularité de notre système, qui sera l'objet d'un examen détaillé dans un autre chapitre[1].

1. Chapitre xv.

CHAPITRE V

Quels sont les attributs de l'être surhumain? — Forme physique, sens, degré d'intelligence, facultés de l'être surhumain.

Nous allons maintenant, quelle que soit la témérité qu'il puisse y avoir à aborder un pareil sujet, essayer de nous faire quelque idée des créatures radieuses qui nagent dans ces mystérieuses régions, dans cet empyrée sublime qui se dérobe à nos yeux. En d'autres termes, nous allons nous efforcer de pénétrer les attributs, formes et qualités de l'être surhumain.

Comme l'être humain, l'être surhumain possède les trois éléments de l'agrégat reconnus par Barthez chez l'homme, à savoir le corps, l'âme et la vie. Pour nous faire quelque idée de cet être supérieur, nous avons donc à examiner en particulier chacun des éléments de cette trilogie naturelle.

Corps de l'être surhumain. — On pourrait peut-être concevoir l'être surhumain sans corps; on pourrait s'imaginer que l'âme, purement spirituelle, constitue l'être bienheureux qui plane dans les espaces éthérés. Ce n'est pas ainsi toutefois que nous le concevons. Cette immatérialité absolue ne nous paraît devoir s'appliquer qu'à un être beaucoup plus élevé en hiérarchie morale que l'être surhumain lui-même, et dont nous aurons à parler plus tard. Nous croyons que l'habitant des espaces éthérés a un corps; que l'âme, sortant du séjour terrestre, vient se loger, s'incarner dans un corps, comme elle avait fait ici-bas. Seulement ce corps doit être pourvu de qualités infiniment supérieures à celles qui sont l'apanage du corps humain.

Demandons-nous d'abord quelle peut être la forme de ce corps. Les peintres de la Renaissance, que les modernes ont imités, donnent à l'ange la forme d'un homme, jeune et beau, pourvu de blanches ailes, pour voler à travers les airs. Cette image est à la fois poétique et grossière. Elle est poétique, en ce sens qu'elle répond à l'idée que nous devons nous faire de l'être radieux qui plane dans les régions éthérées; elle est grossière, en ce qu'elle donne à une créature bien supérieure à l'homme les attributs physiques de l'homme lui-même, ce qui ne saurait être admis.

Les peintres qui, à l'exemple de Raphaël, représentent les chérubins avec la tête d'un enfant pourvue de deux ailes, expriment la même pensée, mais d'une manière plus profonde. En supprimant la plus grande partie du corps, et réduisant l'être séraphique à la tête, siége de l'intelligence, ils semblent nous dire que, chez l'ange chrétien, la partie spirituelle domine, dans une immense proportion, la partie matérielle.

On n'attend pas de nous de désigner la forme que doit avoir le corps des habitants de l'éther. Tout ce que nous pouvons dire, c'est que, l'éther étant un fluide excessivement subtil et raréfié, il faut, pour que l'être surhumain puisse flotter et voler dans une masse aussi légère, qu'il soit lui-même prodigieusement léger, qu'il soit composé de substances extraordinairement subtiles. Un faible tissu matériel animé par la vie, un diaphane et vaporeux manteau de matière vivante, c'est ainsi que nous nous représentons l'être surhumain.

Comment s'entretient le corps de cet être? A-t-il besoin, comme celui de l'homme et des animaux, de réparer ses pertes et de se nourrir? Nous répondrons avec assurance que l'alimentation, cette tyrannique obligation de l'espèce humaine et des espèces animales, est épargnée aux habitants de l'éther. Leur corps doit se réparer et s'entretenir par la seule respiration du fluide dans lequel il est plongé, c'est-à-dire de l'éther.

Il faut remarquer, en effet, que les besoins de l'alimentation tiennent une place immense dans la vie des animaux. Beaucoup d'animaux, surtout ceux qui vivent dans l'eau, sont contraints de manger sans cesse, de manger toujours, sous peine de mourir d'inanition. Chez les animaux supérieurs la nécessité du boire et du manger est moins impérieuse; car la fonction respiratoire vient apporter au corps, par l'absorption de l'oxygène et d'un peu d'azote, une certaine dose d'éléments réparateurs, qui suppléent aux substances alimentaires. Cet avantage est très-appréciable chez l'homme. Notre respiration est une fonction d'une haute importance et qui subvient, dans une large mesure, à la réparation des organes. L'oxygène, que le sang emprunte à l'air pendant la respiration, entre pour beaucoup dans notre nutrition. Chez les oiseaux, où la fonction respiratoire est très-active, et où les organes qui exercent cette fonction ont un grand développement, l'oxygène inspiré entre également pour beaucoup dans la nutrition.

Nous pensons, d'après cela, que, chez l'être surhumain, la respiration du milieu éthéré doit suffire à l'entretien du corps matériel, et que dès lors la nécessité du manger et du boire est supprimée chez lui.

Je ne sais pas si le lecteur se fait une idée exacte des conséquences que doit amener l'absence de toute nécessité d'alimentation chez les êtres qui nous occupent. On comprendra ces conséquences si l'on veut bien considérer que c'est l'obligation de s'occuper de leur nourriture qui cause les misérables conditions de la vie des animaux. Obligés de se mettre sans cesse en quête de leur subsistance, les animaux ne sont guère livrés qu'à cette abrutissante préoccupation : de là leurs passions, leurs querelles et leurs maux. Il en est de même chez l'homme, bien que dans une moindre mesure. La nécessité de pourvoir à son alimentation de chaque jour, l'obligation de gagner son pain quotidien, selon le terme vulgaire, est

ATTRIBUTS DE L'ÊTRE SURHUMAIN.

la grande cause des fatigues et des souffrances de notre espèce. Supposez que l'homme puisse vivre, se développer et entretenir sa vie sans manger, la respiration de l'air suffisant à la réparation de ses organes, quelle révolution dans les sociétés humaines ! Les passions haineuses, les guerres, les rivalités disparaîtraient de la terre. L'âge d'or, rêvé par les poëtes, serait la conséquence certaine de cette disposition organique.

Ce bienfait de la nature, ce privilége heureux, qui est refusé à l'homme, est certainement l'apanage de l'être surhumain. On doit en conclure que les passions mauvaises qui sont le triste attribut de notre espèce, doivent, par cela même, être inconnues dans le séjour de ces êtres fortunés. Délivrés du souci de rechercher leur nourriture, vivant et réparant leurs forces par le seul effet de la respiration, acte involontaire et qui s'exerce à leur insu (comme s'exercent chez l'homme et les animaux la circulation du sang ou l'absorption), les habitants des espaces éthérés doivent s'abandonner exclusivement aux impressions d'un bonheur et d'une sérénité sans mélange.

Les forces de notre corps sont promptement usées; nous ne pouvons exercer pendant un certain temps nos organes sans éprouver de la fatigue. Pour nous transporter d'un lieu à un autre, pour soulever des fardeaux, pour marcher, descendre ou monter, il faut dépenser des forces, et bientôt s'arrêter de lassitude. La pensée ne peut exercer son effort que pendant un certain temps. Au bout d'un intervalle assez court, l'attention faiblit et la pensée est suspendue.

Enfin notre machine corporelle, si bien ordonnée, mais si délicate, est sujette à mille dérangements, que nous appelons les maladies.

Ce sentiment pénible de la fatigue, cette continuelle menace de maladies par le dérangement de nos organes, sont épargnés aux habitants de l'éther. Le repos n'est pas pour eux comme pour nous, une nécessité après l'exercice. Inaccessible à la fatigue, le corps de l'être surhumain n'a pas besoin de repos. N'étant pas embarrassé dans les mille rouages d'une machine compliquée, il subsiste et se maintient par la seule force de son principe vital. L'inspiration de l'éther, voilà probablement sa seule fonction physiologique, et l'on comprend que cette fonction puisse s'exercer sans de nombreux organes, quand on voit dans toute une classe d'animaux, les Batraciens, la peau simple et nue servir à la respiration.

L'extrême simplicité que doit présenter le corps de l'être surhumain se comprendra si l'on admet que la respiration soit la seule fonction qu'il ait à exercer. Les appareils et organes, si nombreux et si compliqués, qui existent dans le corps de l'homme et des animaux, ont pour objet l'exercice des fonctions de nutrition et de reproduction. Ces fonctions étant supprimées dans l'être que nous considérons, le corps doit en être allégé d'autant. Tout doit se réduire, avec la respiration, à la conservation des facultés de l'âme; tout doit concourir exclusivement au bon entretien de l'esprit.

On admire, avec raison, la savante mécanique du corps de l'homme et des animaux; mais si l'anatomie humaine nous révèle des prodiges de structure, des merveilles de prévision pour assurer la conservation de l'individu et sa reproduction, quelles merveilles plus grandes encore ne nous offrirait pas, s'il nous était permis de la connaître, l'organisation du corps de l'être surhumain, où tout doit être calculé pour assurer l'entretien et le perfectionnement de l'âme! Quelle surprise n'éprouverait-on pas à comprendre l'utilité et le but des différentes parties de ce corps céleste et glorieux, à découvrir les rapports de ressemblance ou d'origine entre l'économie vivante humaine et l'économie vivante de l'être surhumain, comme à deviner les rapports qui peuvent exister entre les organes de l'être surhumain et ceux que devra revêtir, dans une autre vie supérieure encore, le même être, de nouveau ressuscité en perfection et en gloire!

L'organisation particulière de l'être que nous décrivons, doit lui donner la faculté de se transporter, en un très-court espace de temps, d'un lieu à un autre, de franchir les distances avec une rapidité extraordinaire. Puisque notre pensée, à nous simples humains, dévore l'espace et voyage en un clin d'œil d'un bout à l'autre du globe, il est à croire que le corps de l'être surhumain, dans lequel domine le principe spirituel, doit avoir cet admirable privilége de franchir l'étendue avec une rapidité dont la vitesse de l'électricité nous donne la mesure.

L'être surhumain, qui n'a besoin ni de boire, ni de manger, ni de se reposer, qui est toujours actif et constamment sensible, se passe de sommeil. Le sommeil ne lui est pas plus nécessaire pour réparer ses forces que la nourriture pour créer ces mêmes forces.

On sait que la nécessité du sommeil enlève à l'homme le tiers de son existence. Un homme qui meurt à trente ans n'en a vécu que vingt en réalité : il a dormi le reste du temps! Quelle pauvre idée cela ne donne-t-il pas de la condition de l'homme? Mais d'où provient cette nécessité du sommeil? De ce que nos forces, usées par l'exercice, ont besoin de se refaire dans l'inaction et l'immobilité, dans la suspension momentanée de la plupart des actes de la vie, dans une espèce de mort passagère. Pendant le sommeil, l'homme prépare et emmagasine les forces qu'il aura à dépenser pendant la veille. Il consacre la nuit à cette réparation physique, autant pour se conformer à ce qu'il observe dans le reste de la nature, que pour obéir aux coutumes de la civilisation. Mais il est probable que les forces, chez l'être surhumain, sont inusables, et n'ont pas besoin, pour se refaire, de cet état de sommeil, qui est une des plus dures tyrannies de la condition humaine. Tout porte à croire que la veille est un état permanent chez l'être surhumain, et que le mot de sommeil n'a aucun sens pour lui.

Il faut savoir, d'ailleurs, que la nuit est inconnue à tous les êtres qui flottent dans les espaces éthérés. La nuit et le jour se produisent alternativement pour nous, par suite de la rotation de la terre sur son axe, rotation qui fait perdre à la terre la vue du soleil, pendant la moitié de sa révolution. Ce mouvement de rotation entraîne notre atmosphère, mais il ne s'étend pas plus loin; l'éther, situé au-delà de notre atmosphère, n'en est pas influencé. Cette masse fluide demeure immobile pendant que la terre et son atmosphère tournent sur leur axe. Les êtres surhumains qui habitent (d'après notre système, bien entendu) l'éther planétaire, ne sont pas entraînés dans ce mouvement. Ils voient la terre tourner, pour ainsi dire, sous leurs pieds; mais, placés eux-mêmes en dehors de ce mouvement, ils ne perdent jamais de vue l'astre radieux.

La nuit, nous le répétons, est un phénomène accidentel qui n'appartient qu'aux planètes, lesquelles ont un hémisphère tantôt éclairé, tantôt non éclairé par le soleil; mais le reste de l'univers ne connaît pas la nuit. Les êtres surhumains qui flottent dans les régions situées bien au delà des planètes, aperçoivent donc toujours l'astre radieux; c'est au milieu d'un océan de lumière que s'écoule leur existence.

Si nous passons maintenant aux sens que peuvent posséder les êtres surhumains, nous dirons :

1º Que l'être surhumain doit d'abord jouir des mêmes sens qui nous sont départis, mais que ces mêmes sens doivent être infiniment plus exquis que les nôtres;

2º Qu'il doit posséder des sens particuliers, qui nous sont inconnus.

Quels sont les sens nouveaux dont jouit l'être surhumain? Il serait impossible de faire à cette question une réponse satisfaisante. Nous ne connaissons les sens que tout autant que nous en avons nous-mêmes fait usage, et le génie d'aucun homme ne pourrait lui faire deviner l'objet d'un sens que lui aurait refusé la nature. Essayez de donner à un aveugle-né l'idée de la couleur rouge, il vous répondra : « Oui ! je comprends : c'est éclatant comme le son de la trompette ! » Si vous voulez donner l'idée des sons de la harpe à un sourd de naissance, il vous dira : « Oui ! c'est doux et tendre comme le vert des prairies ! » Renonçons dès lors à déterminer l'espèce de sens dont la nature fait jouir les êtres qui vivent dans les plaines de l'éther ; ces sens se rapportent à des objets et à des idées dont la notion nous est interdite.

On connaît l'histoire de l'aveugle-né opéré par le chirurgien Childesen, et qui, ayant recouvré la vue, demeura un temps considérable à savoir se servir de ses yeux ; il dut faire, pièce par pièce, l'éducation de ses organes et former lentement sa raison. On connaît également la belle fiction de Condillac sur l'homme qu'il suppose venu au monde privé des principaux sens : de la vue, du tact et de l'ouïe, et qui est dès lors sans idées. En lui accordant peu à peu chaque sens, le philosophe compose, pièce à pièce, une âme qui sent et un esprit qui pense. Cette idée philosophique a été beaucoup admirée.

Comme l'homme-statue de Condillac, nous ne sommes ici-bas que d'imparfaites statues qui ne jouissent que d'un très-petit nombre de sens ; mais quand nous serons arrivés dans les domaines supérieurs qui s'ouvriront à nos destinées agrandies, nous serons mis en possession de sens nouveaux que notre raison entrevoit et que notre cœur désire.

Ainsi que nous le disions plus haut, nous ne pouvons deviner les sens qui seront dévolus à l'être surhumain, parce qu'ils se rapportent à des objets, à des idées, à des forces exclusivement propres aux mondes qui sont aujourd'hui fermés à nos regards. Le royaume de l'éther planétaire a sa géographie, ses puissances, ses passions et ses lois : tels sont les objets sur lesquels s'exerceront les sens nouveaux dont jouiront les hommes ressuscités en gloire. Mais comme tout cela est pour nous un mystère absolu, il nous est impossible de pénétrer l'espèce des sens qui nous permettront de le comprendre et d'en jouir après notre résurrection.

Ce que nous pouvons seulement pressentir, c'est le perfectionnement qui sera apporté aux sens que nous possédons, c'est-à-dire à la vue, à l'ouïe, au tact, à l'odorat, à l'audition. Il nous est permis de concevoir leur perfectionnement d'après l'état extraordinairement développé où nous voyons tel ou tel de ces sens chez les animaux.

Le sens de l'odorat est développé chez le chien de chasse à un degré qui confond notre imagination. Comment comprendre ce fait, pourtant vulgaire, que le chien perçoive les émanations odorantes d'un lièvre ou d'une perdrix qui depuis plusieurs heures ont quitté la place, et se trouvent à plusieurs lieues de distance? La perception de la vue chez l'aigle et les oiseaux rapaces nous étonne au même degré. Ces oiseaux, planant dans les nues, aperçoivent sur la terre une proie beaucoup moins grosse qu'eux-mêmes, et ils fondent sur elle sans dévier de la ligne perpendiculaire. La perfection du tact chez la chauve-souris est bien surprenante. Accidentellement privée de la vue, la chauve-souris supplée si bien à ce sens par le tact, au moyen de ses ailes membraneuses, qu'elle se dirige dans l'air et trouve sa route à l'intérieur des habitations, absolument comme si elle y voyait clair. A quel degré de sensibilité exquise n'est pas portée l'ouïe chez le sauvage indien, qui, l'oreille appliquée contre le sol, perçoit le bruit des pas d'un ennemi marchant à une lieue de distance, ou chez le musicien, qui par le travail et les dispositions naturelles, arrive à reconnaître dans un morceau d'orchestre, au milieu de cinquante instruments divers résonnant à la fois, une différence d'un quart de ton dans un seul de ces instruments!

Supposez que chez l'être surhumain les sens aient acquis le degré d'activité extraordinaire qu'ils peuvent atteindre chez les animaux et dans certains cas chez l'homme, et vous pourrez vous faire une idée de la puissance et de la portée d'un pareil clavier sensoriel.

Nous pouvons encore nous faire une idée de la perfection que pourront acquérir les sens chez l'homme ressuscité, en considérant l'accroissement de puissance qu'un de nos sens peut recevoir du concours de la science et de l'art. Certes, avant l'invention du microscope, on ne se doutait guère que l'œil pût pénétrer dans ce monde en miniature si bien nommé les *infiniment petits*, alors absolument inconnu : on ne pouvait deviner que dans une goutte d'eau, par exemple, on pût voir des myriades d'êtres vivants. Ces êtres ont existé de tout temps; mais ce n'est que depuis deux siècles que l'homme a pu les contempler; notre puissance visuelle pour les êtres microscopiques avait donc été ignorée jusque-là. Aujourd'hui l'étudiant le

ATTRIBUTS DE L'ÊTRE SURHUMAIN.

borné d'esprit voit d'un œil indifférent ce que n'ont pu contempler ni même soupçonner Aristote, Hippocrate, Pline, Galien, Albert le Grand et Roger Bacon. De même pour l'invention du télescope. La découverte de cet instrument, faite au temps de Keppler et de Galilée, recula en un instant les limites de l'esprit humain, en lui ouvrant un domaine jusque-là fermé à ses regards. Là où Hipparque et Ptolémée n'avaient rien vu, Galilée, Huygens, Keppler, armés du télescope, firent en quelques nuits des découvertes qu'on n'aurait jamais soupçonnées sans cet instrument merveilleux. Les satellites de Jupiter et de Saturne, une foule d'étoiles nouvelles, les phases de Vénus, et plus tard la découverte des nouvelles planètes qui ne se voient qu'au télescope, l'observation des taches du soleil, la résolution des *nébuleuses* en un amas d'étoiles, tout cela fut la conséquence presque immédiate de la découverte du télescope. C'est ainsi que l'on apprit que l'œil humain peut, avec le secours de l'art, pénétrer dans les plus lointaines régions du ciel.

Supposez maintenant que la vision réunisse la puissance de nos télescopes à celle de nos microscopes, c'est-à-dire qu'elle puisse, outre les objets placés à la distance ordinaire, apercevoir les objets microscopiques, et en même temps les corps célestes invisibles à l'œil nu, et vous aurez l'idée de ce que la vision peut être chez l'être surhumain.

Nous n'avons pas besoin de dire dans quelles proportions extraordinaires s'accroîtrait le faisceau de nos connaissances, si l'œil pouvait jouir de ce prodigieux degré d'accommodation, s'il pouvait fonctionner à la fois comme le télescope et comme le microscope. Les sciences feraient des pas de géant! Quels progrès n'accomplirait pas la chimie, si nos yeux pouvaient pénétrer à l'intérieur des corps, voir à nu leurs molécules, juger de leur volume relatif, de leur arrangement, de la forme et de la couleur de leurs atomes! Un coup d'œil nous révélerait, sur la nature intime des combinaisons chimiques, ce que le génie d'un Lavoisier n'a pu pénétrer. La physique n'aurait pas plus de mystères pour nous; car nous connaîtrions par la simple vue ce que nous cherchons à deviner péniblement par le raisonnement et par des expériences toujours difficiles et incertaines. Nous *verrions* pourquoi et comment les corps s'échauffent et s'électrisent. Nous *verrions* ce qu'est la chaleur ou la lumière. Nous aurions l'explication des lois mathématiques suivant lesquelles s'exercent les forces physiques, la lumière, le calorique, le magnétisme. Notre œil suffirait à résoudre les problèmes de physique et de mécanique qui ont arrêté le génie des Newton, des Malus, des Ampère et des Gay-Lussac.

Cette puissance merveilleuse est dévolue, nous n'en doutons pas, au sens de la vue chez l'être surhumain.

Nous pourrions répéter ce raisonnement pour les autres sens; mais il nous suffit d'avoir fait comprendre, par cet exemple, de quelle manière peuvent être perfectionnés et rendus exquis les sens, qui n'existent chez l'homme qu'à un état imparfait ou rudimentaire.

Nous ajouterons seulement qu'il résulte de ce degré de perfection des sens, qu'ils doivent s'exercer avec la rapidité dont la vitesse de l'électricité ou de la lumière nous donne seule la mesure, c'est-à-dire que ces sens doivent, comme la lumière et l'électricité, s'exercer à distance et avec une grande promptitude. Si le corps tout entier de l'être surhumain peut se transporter avec une incomparable vitesse d'un point à un autre, ainsi que nous l'avons admis, ses sens doivent également percevoir à de grandes distances.

Nous ne croyons pas nous tromper, en général, en comparant à l'électricité et à la lumière les actions qui s'exercent dans le monde invisible que nous avons la témérité de parcourir.

L'être surhumain a-t-il un sexe? Non, assurément, et dans la religion chrétienne on en a jugé ainsi à propos de l'ange. L'ange chrétien a les traits de l'homme ou de la femme, comme on le voudra. C'est le doux visage d'un adolescent ou le galbe touchant d'une jeune fille. Le sexe est supprimé, l'individu est androgyne. Ainsi doit-il être chez l'être surhumain. L'affection réciproque qui règne entre les heureux habitants de l'éther, ne doit point exiger la diversité des sexes.

Il est à remarquer que les affections s'épurent à mesure que l'on s'élève des animaux à l'homme. Les animaux connaissent peu le sentiment de l'amitié. L'amour, avec ses entraînements matériels, règne chez eux presque sans partage. Les sentiments affectueux que les animaux possèdent en dehors de l'amour charnel, se réduisent à ceux de la maternité, qui sont vifs et sincères, mais qui ne sont pas de longue durée. Le petit est l'objet de caresses et de soins attentifs, tant que de pareils soins sont exigés par sa faiblesse; mais quand il est devenu à peu près adulte, et en état de vivre par ses propres ressources, il est abandonné par la mère, qui ne le reconnaît même plus dans le reste de sa vie. L'affection maternelle elle-même est donc chez les animaux d'une durée très-limitée; il n'y a de constant chez eux que le sentiment de l'amour, qui découle de la propension des sexes. Chez l'homme, les sentiments affectueux sont nombreux; ils sont souvent nobles et purs. Nous aimons nos fils et notre mère tant qu'un cœur bat dans notre poitrine. Nous aimons nos frères, nos sœurs, nos parents, d'un sentiment qui n'a rien de charnel, et qui tient aux racines de notre âme. Si l'amour est souvent indissolublement attaché aux désirs physiques, il peut s'en affranchir; souvent une amitié désintéressée survit à l'extinction des sens. C'est en cela que nous sommes infiniment supérieurs aux animaux. Faisons un pas de plus, allons jusqu'à l'être surhumain, qui est le chaînon naturel faisant suite à notre espèce, et nous devons trouver le sentiment de l'affection entièrement dégagé de la diversité des sexes. Dans le suprême et bienheureux séjour qu'ils habitent, les êtres surhumains ont tous le même type organique. On n'a pas besoin, pour se chérir, d'appartenir à deux sexes opposés, à deux groupes différents d'organisation : la tendresse est le résultat de la sérénité, de l'ineffable bonté des âmes, de la sympathie qu'excitent de mutuelles perfections.

D'un autre côté, les domaines éthérés qui nous attendent sont le lieu de réunion des êtres qui se sont aimés sur la terre. C'est là que le fils retrouvera le père enlevé à sa tendresse; que la mère rejoindra la fille adorée que la mort avait arrachée de ses bras ; c'est là que les époux se revoient et que les amis se reconnaissent. Mais sous la nouvelle forme qu'ils ont revêtue, dans le corps perfectionné qui est le domicile de leur âme régénérée, il n'y a plus de sexe : la tendresse est un sentiment ennobli, idéal et d'une pureté exquise.

Combien ici-bas l'amour est aveugle et intéressé ! Combien notre amitié est étroite et égoïste ! Quelle peine n'a-t-elle pas à s'étendre, à s'élargir, à embrasser la totalité du genre humain ! Pourquoi a-t-elle tant de difficultés à s'élever jusqu'au sublime auteur des mondes? Pourquoi n'aimons-nous pas Dieu comme nous aimons nos proches? Il en sera tout autrement dans les sphères supérieures. Notre faculté d'aimer, embarrassée aujourd'hui dans les liens de la chair, sera dépouillée de tout attrait sensuel. Le désir charnel ne sera plus l'escorte obligée de l'amour, qui sera affranchi de tout entraînement physique, délivré de tout alliage impur. L'homme ressuscité en gloire aimera celle qui fut sa femme comme il aime aujourd'hui ses fils, ses frères et ses amis. Les sens ne dégraderont plus ses affections. Le bonheur que lui fera ressentir ce sentiment épuré, retrempé à des sources nouvelles, suffira à remplir, à combler son âme. Sa puissance d'aimer s'étendra à la nature entière ; elle se déploiera dans les sphères les plus élevées ; elle s'exaltera aux sublimes sensations que lui fera éprouver cet amour universel, cette large sympathie pour toute la création. La véritable

7

obéissance, serait toujours la même : il n'y aurait que l'hypothèse de changée. Quant à la véritable cause qui fait que les corps plus petits se précipitent vers les plus grands, que les astres moins volumineux tournent autour des plus volumineux, cette cause est, nous le répétons, un mystère impénétrable pour l'homme.

Quelle que soit l'hypothèse que l'on adopte pour expliquer ce fait, il est certain que le Soleil tient suspendus par-dessus les abîmes de l'espace les planètes et leurs satellites, les astéroïdes et les comètes, lesquelles voyagent dans les cieux sans cesser d'obéir à son influence directrice. Le Soleil entraîne tous les astres, qui le suivent et qui l'entourent, comme autant de flatteurs de sa puissance, comme les humbles esclaves de sa prépondérance universelle. Semblable à un père de famille au milieu de sa lignée, le Soleil gouverne en paix les nombreux enfants de la création sidérale. Obéissant à l'irrésistible impulsion qui émane de cet astre central, la Terre et les autres planètes circulent, gravitent autour de lui, venant recevoir de ses bienfaisants rayons la lumière, la chaleur et l'électricité, qui sont les premiers agents de la vie. C'est le soleil qui trace aux planètes leur marche dans les cieux, en même temps qu'il leur distribue les jours et les nuits, les saisons et les climats.

Le Soleil est donc tout à fois la main qui soutient les astres sur les abîmes insondables de l'espace infini, le foyer qui les échauffe, le flambeau qui les éclaire, et la source à laquelle ils viennent puiser le principe de la vie.

LE SOLEIL.

On a compris de tout temps le rôle immense et vraiment unique que le Soleil joue dans l'économie de la nature. Mais ce n'est que de nos jours que cette vérité a été mise bien en évidence par des études approfondies. La science a même dépassé de beaucoup ce que l'imagination des poëtes avait pu concevoir relativement à la prépondérance du Soleil dans notre monde. Par des expériences multipliées et des calculs d'un ordre élevé, les physiciens modernes ont prouvé que le Soleil est la cause première de presque tous les phénomènes qui s'accomplissent sur notre globe, et que sans le Soleil, la Terre, et sans doute aussi les autres planètes, ne seraient que d'immenses déserts, des espèces de cadavres gigantesques, qui rouleraient, inutiles et glacés, dans les déserts de l'espace.

C'est un physicien anglais, M. Tyndall, qui, réunissant beaucoup de données nouvelles de la physique et de la mécanique, a mis cette vérité en parfaite évidence ; et l'on peut dire que les résultats auxquels ce savant a été conduit composent la page la plus brillante peut-être de la physique contemporaine.

Nous allons essayer de faire comprendre comment tout sur la Terre, et sans doute aussi sur les autres planètes, dérive du Soleil, à ce point que l'on pourrait affirmer que végétaux, animaux, hommes et toute la création vivante, ne sont que des produits, des enfants du Soleil, qu'ils sont pour ainsi dire tissés avec des rayons solaires.

Et d'abord, le Soleil est la cause première de tous les mouvements, grands et petits, qui se manifestent à nos yeux, dans l'air, dans les eaux et sur notre sol

son âme, perfectionnée par l'exercice des facultés nouvelles qu'elle a reçues et par les sens dont elle a été dotée, entre dans un corps nouveau, pourvu de sens plus nombreux, plus exquis, douée de facultés encore plus puissantes, et qu'elle commence ainsi une troisième existence.

On pourrait appeler *archange*, ou être *archihumain*, celui qui succède, au sein des espaces, à l'ange ou à l'être surhumain.

Le moment du passage d'une vie à l'autre doit être entouré, comme le moment de notre mort sur la terre, de douleurs physiques et morales. Ces instants suprêmes où la métamorphose s'opère dans l'être sensible, sont probablement des crises pleines d'angoisses et de tourments.

Nous ne chercherons pas à pénétrer le secret de l'organisation du nouvel être dont nous admettons l'existence, et qui est supérieur en hiérarchie naturelle à l'être surhumain, car les moyens d'investigation nous feraient ici défaut. Nous avons pu hasarder quelques conjectures sur le corps, l'âme et la vie de l'être surhumain, parce que, dans cette pointe aventureuse aux sphères inconnues, nous avions un terme de comparaison et d'induction : à savoir l'espèce humaine. Mais pour l'archange succédant à l'ange, pour l'être archihumain succédant à l'être surhumain, tout moyen d'induction nous manque, l'être surhumain ne nous étant apparu lui-même qu'à travers des conjectures et une analogie dont nous ne devons pas abuser davantage. Nous nous abstiendrons, en conséquence, de pousser plus loin ce genre d'investigation. Nous laisserons au lecteur le soin d'exercer lui-même son imagination sur la forme du corps, sur le nombre et la perfection des sens, sur l'étendue des facultés de la créature bienheureuse qui fait suite à l'être surhumain, et qui vit, comme lui, dans l'immensité des espaces éthérés.

Nous ajouterons seulement que, dans notre pensée, ce n'est pas à une troisième, ni à une quatrième incarnation, que peut s'arrêter la chaîne de créations sublimes que nous entrevoyons flottant dans l'infini des cieux, et qui proviennent d'une âme primitivement humaine, successivement accrue en perfections et en puissance morale. Le nombre de ces êtres de plus en plus perfectionnés qui se succèdent l'un à l'autre, nous paraît impossible à fixer avec les seules lumières de notre raison et de nos connaissances. Tout ce que nous pouvons dire, c'est que les créatures successives qui composent cette sublime échelle doivent être fort nombreuses.

A chaque promotion dans la hiérarchie de la nature, l'être céleste, comme le dit Dupont de Nemours dans sa *Philosophie de l'univers*, voit s'accroître les ailes qui peuvent figurer pour nous sa merveilleuse puissance. Ses organes deviennent chaque fois plus nombreux, plus flexibles, ayant plus de portée. Il acquiert des sens nouveaux et exquis. Il a, de plus en plus, les moyens de porter partout son bienfaisant empire, d'exercer sa faculté d'aimer ses semblables et la nature entière, et surtout de comprendre et de bénir les desseins de Dieu. Une tendresse, une affection de plus en plus profondes, embrasent son âme; car la tendresse et le bonheur qu'elle engendre dans sa pure satisfaction, lui sont accordés pour le consoler des angoisses de la mort, à laquelle il est toujours condamné.

C'est ainsi que s'augmente le bonheur des élus. C'est ainsi que les êtres qui habitent les plaines sans bornes du monde invisible emploient chacune de leurs vies à préparer leur vie suivante, et à se garantir, par le bon exercice de leur liberté, par la culture de leurs facultés, par l'entretien de leur moralité, par leur bienfaisance continue, une existence encore plus noble, plus animée, plus heureuse, dans les nouveaux espaces ouverts à leurs destinées.

Cependant, comme tout finit sur cette terre, tout doit finir également dans les sphères qui l'environnent. Après avoir parcouru cette longue succession d'étapes et de stations dans les cieux, les êtres que nous considérons doivent arriver finalement en un lieu. Quel est ce lieu, terme définitif de leur cycle immense à travers les espaces? Selon nous, c'est le soleil.

CHAPITRE VII

Description physique et géographique du soleil.

Le soleil est, d'après notre système, le lieu central où viennent se réunir les âmes venues de l'éther. C'est après avoir éprouvé, dans les plaines éthérées, les incarnations successives que nous avons décrites, que les âmes primitivement humaines finissent par atteindre le Soleil, par aborder les parages de l'astre-roi.

C'est donc ici le lieu de décrire le Soleil, au point de vue astronomique et physique. Cette description fera comprendre le rôle tout à fait souverain que joue ce globe sans pareil. Les étonnants attributs qui lui appartiennent en propre, la puissance inimaginable dont il dispose, expliqueront suffisamment la place que nous accordons au Soleil au plus haut sommet de l'échelle de la nature.

Et d'abord, le Soleil diffère totalement du reste des

et qui entretiennent à la surface de notre globe l'activité, le sentiment et la vie.

Considérons, par exemple, les vents, qui ont des conséquences si importantes pour tous les phénomènes physiques de notre globe. D'où proviennent les vents ? De l'action du Soleil. En effet, le Soleil échauffe très-inégalement les différentes parties de la Terre : il échauffe beaucoup les régions tropicales et équatoriales, et laisse les autres latitudes plus froides. D'un autre côté, sur chaque point de la Terre qui est frappé par le Soleil, les couches d'air voisines du sol se dilatent, s'élèvent ; elles sont aussitôt remplacées par des couches plus froides, venues des régions tempérées. Voilà comment naissent les vents périodiques, connus sous le nom d'*alizés*. C'est pour cela que dans chaque hémisphère terrestre soufflent constamment deux grands courants aériens allant de l'équateur vers chaque pôle : l'un, supérieur, se dirige vers le nord-est dans l'hémisphère boréal et vers le sud-est dans l'hémisphère austral ; l'autre, inférieur, qui a une direction contraire, et qui va du nord-est ou du sud-est à la ligne opposée.

Le mouvement de la Terre fait naître d'autres vents réguliers. L'action de la chaleur et de l'évaporation, jointe à la distribution inégale des continents et des eaux, en produit d'autres, qui sont irréguliers. C'est ainsi, par exemple, que dans les grandes vallées des Alpes, comme dans celles des Cordillères, l'échauffement de l'air détermine l'afflux de l'air froid des montagnes, et amène des vents tumultueux, de véritables ouragans.

Les brises de mer sont dues aux différences de température du rivage pendant le jour et la nuit. Le soleil de la journée a échauffé le rivage et produit une dilatation considérable de l'air. Quand le Soleil quitte l'horizon, cet air chaud est remplacé par des courants frais venant de l'intérieur des terres. Le même phénomène se renouvelle le matin, au retour du Soleil : le rivage étant échauffé par le Soleil, l'air chaud s'élève et est remplacé par l'air plus froid de la mer, qui se dirige alors vers la terre. Ainsi le soir la brise vient de la côte et le matin elle vient de la mer.

C'est donc à l'apparition et à la disparition successives du Soleil que sont dus ces grands mouvements de l'atmosphère que l'on nomme les vents, et ces mouvements plus faibles que l'on appelle les brises. Les positions du Soleil, qui varient constamment selon l'époque de l'année et l'heure du jour, font comprendre l'inégalité, mais la continuelle existence, de ces courants aériens.

La chaleur du Soleil qui dilate l'air atmosphérique, son absence qui fait contracter la même masse gazeuse, telle est donc la cause générale des vents, qui servent à maintenir au même état d'homogénéité l'air de toutes les régions terrestres.

L'arrosement du globe, c'est-à-dire la pluie, élément indispensable à l'exercice de la vie, est une autre conséquence de la chaleur solaire. Les eaux de la mer, les eaux des fleuves, des rivières et des lacs, celles qui imprègnent le sol, ou qui s'exhalent des masses végétales, se transforment lentement en vapeurs, par l'action de la chaleur du Soleil, et composent les nuages et la vapeur invisible. Quand le

astres du monde. Il ne ressemble à rien, et rien ne peut lui être comparé. Ni les planètes, ni les satellites, ni les astéroïdes, ni les comètes, ne sauraient en donner l'idée. Son volume immense, sa constitution physique, ses propriétés hors ligne le mettent à un rang tout particulier, et justifieront toujours ceux qui voudront lui assigner une place à part et une place souveraine.

L'énormité de la masse du Soleil fait comprendre tout de suite sa suprématie. Le soleil est assez vaste pour donner asile à tout ce qui peut lui être envoyé de toutes les planètes. A lui seul il surpasse en volume les volumes réunis de tous les autres corps célestes qui gravitent autour de lui. Il est 600 fois plus gros que l'ensemble entier des planètes avec leurs satellites, des astéroïdes et des comètes qui composent le monde dit *solaire*, c'est-à-dire le monde dont nous faisons partie.

Puisqu'il est 600 fois plus gros à lui seul que tous les autres astres pris ensemble, le Soleil doit être plus grand que la Terre. Mais dans quelle proportion le Soleil surpasse-t-il le volume de la Terre? Il est un *million trois cent mille fois* plus grand que notre globe.

Le dessin peut seul donner une idée exacte des grandeurs comparées du Soleil et des différentes planètes. C'est pour cela que nous mettons sous les yeux du lecteur une figure (fig. 1) qui représente exactement les dimension comparées du Soleil et des planètes les plus grosses du monde. La Terre, représentée ici par un point, donne une idée de ce que peuvent être Mars, Mercure et Vénus, qui sont plus petits encore que la Terre.

Fig. 1. Dimensions comparées du soleil et des planètes.

Soleil a quitté l'horizon, ces vapeurs se refroidissent au sein de l'atmosphère où elles flottaient, et elles retombent sur la terre, sous forme de rosée, de brouillard et de pluie.

Si le refroidissement de la vapeur d'eau au sein de l'atmosphère est plus intense, au lieu de pluie on a de la neige, c'est-à-dire une chute d'eau congelée. C'est principalement sur le sommet des montagnes que tombent et s'accumulent les neiges, parce que la température des lieux élevés est toujours froide. Dans les très-grandes altitudes, la neige, se maintenant pendant de longs intervalles sur les sommets des montagnes, passe à un état particulier, intermédiaire entre la neige et la glace pure, et finit par constituer ces amas d'eau congelée que l'on nomme *glaciers*. Pendant les saisons chaudes, les glaciers fondent peu à peu ; l'eau résultant de cette fusion descend le long des pentes des montagnes, dans les vallées, où elle devient l'origine des sources, des rivières et des fleuves. Ces fleuves et ces rivières vont se déverser dans l'Océan, d'où elles s'évaporent de nouveau par l'action de la chaleur solaire et vont reconstituer de la vapeur invisible et des nuages.

C'est ainsi que s'établit et se maintient cet échange continuel, cette circulation incessante des eaux qui vont de la surface de la terre aux masses aériennes, et qui a pour effet de produire l'arrosement du globe, phénomène nécessaire à l'exercice des êtres organisés.

Les courants réguliers qui sillonnent les eaux de

l'Océan sont encore le résultat de l'action de la chaleur solaire. Des pôles à l'équateur, l'eau de la mer est inégalement échauffée, et ce défaut d'équilibre dans la température de la mer détermine, des pôles à l'équateur, un sillon régulier résultant du déplacement des eaux, les eaux froides se précipitant pour remplacer les eaux chaudes. L'évaporation inégale qui se fait par l'inégale distribution de la chaleur à l'équateur et aux pôles, concourt au même résultat, en augmentant le degré de salure à l'équateur, sans l'augmenter aux pôles, ce qui amène une certaine différence de densité, et finalement un déplacement par défaut d'équilibre. Les courants de la mer sont donc en partie provoqués par l'action du Soleil.

Ainsi les vents, l'arrosement du globe et les courants de la mer sont la conséquence de la chaleur solaire.

Les mouvements de l'aiguille aimantée sont un autre résultat physique de l'action du Soleil, s'il est vrai, comme l'a dit Ampère, que les courants magnétiques qui traversent le globe terrestre ne soient autre chose que des courants *thermo-électriques*, engendrés par la distribution inégale de la chaleur à la surface du globe.

Agent de puissantes forces physiques, le Soleil est, de plus, un agent précieux de forces chimiques, et là est surtout son grand rôle dans les phénomènes de la nature. C'est la lumière et la chaleur du Soleil qui déterminent, à la surface de la terre, les actions

Quelques comparaisons vulgaires permettent de représenter matériellement ces mêmes rapports.

Si l'on se figure le Soleil comme une sphère d'un décimètre de diamètre, la Terre sera un grain de la grosseur d'un millimètre.

Les globes terrestres en usage dans nos écoles pour l'enseignement de la géographie ont, en général, 30 centimètres de diamètre ; pour faire un globe solaire offrant un rapport exact de grandeur avec le globe terrestre, il faudrait lui donner 33 mètres de diamètre.

Si l'on imagine un aérostat sphérique, assez volumineux pour arriver jusqu'à la moitié de la hauteur des tours de Notre-Dame, en touchant le sol, et que cet aérostat représente le Soleil, un globe de 3 décimètres de diamètre représenterait la Terre, — une sphère de 3 mètres de diamètre représenterait Jupiter, — un globe de 3 mètres 30 centimètres de diamètre représenterait Saturne, etc.

Il faut trois ans pour faire le tour de la Terre dans une campagne de circumnavigation. Pour faire, dans les mêmes conditions, le tour du globe solaire, il faudrait naviguer trois cents ans. Si la vie humaine n'était pas plus longue dans le Soleil qu'elle ne l'est sur la Terre, une existence ne suffirait donc pas au voyageur pour connaître toute la surface du globe qu'il habite.

La pesanteur est près de 30 fois plus intense à la surface du Soleil que sur la Terre. On sait qu'un corps qui tombe sur la Terre parcourt, dans la première seconde de sa chute, un espace de 4 mètres 9 centimètres. Dans le Soleil, un corps parcourt

chimiques les plus importantes, celles qui sont liées à l'exercice des fonctions végétales et animales. Si le soleil n'existait pas, la vie serait bannie du globe terrestre. La vie est fille du soleil ; c'est ce que nous allons nous efforcer d'établir.

Les opérations de la photographie nous serviront à faire comprendre comment la lumière du soleil préside aux actions chimiques qui s'accomplissent au sein des végétaux.

Qu'est-ce que la photographie ? En quoi consiste le curieux phénomène qui permet de fixer sur une feuille de papier un dessin formé par la lumière ? Un papier imprégné de chlorure ou d'iodure d'argent est placé au foyer de la lentille d'une chambre obscure, et l'on fait tomber sur ce papier, humecté d'eau, l'image formée par la lentille. Les portions non éclairées de l'image ne produisent aucun effet sur le sel d'argent qui est incorporé au papier ; au contraire, les portions éclairées décomposent le sel d'argent, et le rendent violacé ou noir. Si l'on retire ce papier de l'appareil, en opérant dans l'obscurité, on a donc un dessin qui reproduit en noir l'image lumineuse formée par la lentille. Par des moyens convenables on rend fixe, inaltérable, cette image, que la seule action chimique de la lumière a roduite.

Tous les sels d'argent exposés ainsi à la lumière subissent une décomposition analogue.

Mais les sels d'argent ne sont pas les seuls que la lumière modifie. Les composés d'or, de platine, de cobalt, convenablement préparés, peuvent également s'altérer sous l'influence des rayons lumineux, directs ou indirects, c'est-à-dire quand on les expose au Soleil ou à la lumière diffuse.

La lumière du Soleil a la propriété de provoquer la combinaison de beaucoup d'autres corps. Tel est le cas de l'hydrogène et du chlore. Mêlez ces deux gaz dans un flacon, à la lumière ambiante, en prenant un volume égal de chlore et d'hydrogène, et exposez ce mélange au Soleil, tout aussitôt la combinaison s'opérera entre les deux gaz : il se fera du gaz acide chlorhydrique. La combinaison s'effectue avec une telle énergie, qu'elle s'accompagne d'un dégagement considérable de chaleur. Si l'on projette en l'air le flacon contenant le mélange, en le dirigeant vers un espace éclairé par le Soleil, le flacon, avant d'être retombé sur le sol, se brise, avec une explosion violente, dès qu'il est parvenu dans la région illuminée par le Soleil.

Nous pourrions multiplier les exemples de l'action chimique que la lumière seule produit sur les substances appartenant au règne minéral. Sans insister davantage, nous dirons que l'action chimique de la lumière est bien plus puissante et plus générale encore dans le règne végétal que dans le règne inorganique. Il y a ici un phénomène d'une telle importance que l'on ne peut s'empêcher d'y voir un véritable dessein prémédité de la nature.

C'est une des plus fécondes découvertes des sciences modernes d'avoir reconnu que la respiration des plantes ne s'effectue qu'en présence et par l'action directe de la lumière, c'est-à-dire que la décomposition de l'acide carbonique qui circule dans le tissu des végétaux, et qui a été aspiré du sol par les ra-

144 mètres dans la première seconde de sa chute. Il résulte de là que notre corps, transporté dans le Soleil, y pèserait environ 2000 kilogrammes, comme celui d'un éléphant. Le corps d'un chien, d'un cheval, pèserait 28 fois plus que sur notre globe : ces animaux demeureraient donc cloués au sol. Les conditions de la nature doivent être tout autres dans le Soleil que sur le groupe de planètes dont la Terre fait partie.

Le Soleil rayonne de feux continuels, et ce caractère lui appartient exclusivement parmi les astres de notre monde. Par lui-même il brûle, il répand au loin la lumière et la chaleur. Au contraire, les autres astres de notre monde ne sont ni chauds ni lumineux, et si le Soleil n'existait pas, ils seraient tous plongés dans les ténèbres éternelles, ils seraient voués à un froid absolu. Voilà un privilége qui à lui seul fait comprendre le rôle fondamental dévolu à l'astre central.

Cette lumière et cette chaleur qui émanent du Soleil sont constantes : jamais elles ne s'interrompent, jamais elles ne perdent de leur puissance. Ce second caractère, la constance de l'illumination, sépare encore le Soleil de tous les autres corps célestes de notre monde.

L'intensité de la chaleur réelle du Soleil a été mesurée par les physiciens. On est parvenu à cette détermination en cherchant, par l'expérience, la quantité de chaleur qui s'accumule, en un certain intervalle de temps, sur une surface déterminée de la Terre frappée par le Soleil, et ajoutant à cet élément les quantités de chaleur qui ont dû être absorbées

LE SOLEIL.

par l'air atmosphérique, par les espaces éthérés et par le sol.

Le physicien français Pouillet, qui s'est occupé de cette étude délicate, est arrivé à des résultats qu'il résume en ces termes :

« Si la quantité totale de chaleur émise par le Soleil était exclusivement employée à fondre une couche de glace qui serait appliquée sur le globe solaire et l'envelopperait de toutes parts, cette quantité de chaleur serait capable de fondre en une minute une couche de 11^m,80 d'épaisseur, en un jour une couche de 17 kilomètres.

« Cette même quantité de chaleur, dit le physicien anglais Tyndall, ferait bouillir par heure 2900 milliards de kilomètres cubes d'eau à la température de la glace. »

L'astronome John Herschel a trouvé que si l'on voulait éteindre le Soleil, l'empêcher de « rayonner du calorique », selon le terme scientifique, il faudrait projeter à sa surface un jet d'eau glacée, ou une colonne cylindrique de glace ayant 18 lieues de diamètre, et qui serait lancée avec une vitesse de 70 000 lieues par seconde. C'est ce que John Herschel exprime comme il suit :

« Imaginons qu'une colonne cylindrique de glace de 18 lieues de diamètre soit incessamment lancée dans le Soleil, et que l'eau fondue soit aussitôt enlevée. Pour que toute la chaleur solaire fût employée à la fusion de la glace, sans qu'aucun rayonnement extérieur se produisît, il faudrait lancer le cylindre congelé dans le Soleil avec la vitesse de la lumière. Ou, si l'on veut, la chaleur du Soleil pourrait, sans diminuer d'intensité, fondre en une seconde de temps une colonne de glace de 4120 kilomètres carrés de base et de 310000 kilomètres de hauteur ! »

cines, ne s'accomplit que lorsque les plantes sont exposées au Soleil. On sait, depuis les travaux de Priestley, de Charles Bonnet, d'Ingenhouz et de Sennebier, que la décomposition de l'acide carbonique en carbone, qui reste fixé dans le tissu de la plante, et en oxygène, qui se dégage au dehors, ne peut se faire qu'en présence des rayons du Soleil, directs ou indirects.

Chacun de nos lecteurs peut se convaincre du fait.

Qu'il place dans un verre à boire rempli d'eau une poignée de feuilles vertes, et qu'il expose le tout au Soleil ; il verra, au bout d'une journée, la partie supérieure du verre se remplir de quelques centilitres d'un gaz, qui n'est autre chose que l'oxygène pur, provenant de la respiration des feuilles.

On comprendra toute l'importance, toute la valeur d'un pareil phénomène, si l'on réfléchit qu'il se passe sur toute l'étendue de notre globe, et que la respiration, c'est-à-dire la vie de toutes les masses végétales qui couvrent la terre, dépend uniquement de la lumière du Soleil. C'est grâce à la respiration des plantes, qui rend de l'oxygène à l'air atmosphérique, que la nature supplée à la disparition du même gaz dans l'air, par l'effet de la respiration des animaux, par l'absorption continuelle de ce gaz que font beaucoup de substances minérales, ainsi que les nombreuses combustions, naturelles ou artificielles, qui s'opèrent constamment sur notre globe. Toutes ces combustions auraient pour résultat de faire disparaître la plus grande partie de l'oxygène de l'air, s'il n'existait pas une cause permanente de restitution de cet oxygène. Cette cause permanente, c'est la respiration des plantes, provoquée par la lumière solaire.

Il est tellement vrai que la respiration des plantes est soumise à l'action de la lumière du Soleil, que si des nuages viennent à intercepter la lumière de cet astre, le dégagement de gaz oxygène provenant de la respiration des plantes subit un ralentissement marqué. Si la lumière du Soleil est brusquement arrêtée, comme dans une éclipse solaire totale, le dégagement de gaz oxygène s'arrête, et les plantes laissent transpirer l'acide carbonique intact, comme il arrive pendant la nuit.

C'est pour cette raison qu'une plante maintenue dans une obscurité complète perd ses couleurs et pâlit ; elle ne respire plus ; elle laisse passer le gaz acide carbonique sans en retenir le carbone ; elle *s'étiole*, selon le terme consacré. Cela veut dire que la plante ne vit plus aux dépens de l'air extérieur ou des gaz fournis par le sol : elle consomme sa propre substance. Nos salades ont la couleur blanchâtre qu'on leur connaît parce qu'on les élève dans l'obscurité, et les champignons de nos tables ne sont aussi blancs que parce qu'on les fait naître et se développer au fond des caves.

M. Boussingault, qui a étudié la végétation dans l'obscurité, a reconnu que les feuilles d'un végétal qui a *levé* et s'est développé dans un lieu tout à fait obscur, n'exhalent jamais d'oxygène : sa respiration ne fournit que du gaz acide carbonique. La plante respire alors comme le ferait un animal. Encore faut-il bien remarquer que c'est la substance seule de la graine qui subvient à cette production. La plante n'emprunte rien au dehors ; elle ne consomme que les éléments qui étaient contenus dans sa graine, et quand ces éléments nutritifs sont épuisés, elle meurt. La durée de son existence ne dépend que du poids de la graine qui a germé.

Si c'est une plante bien développée que l'on maintient dans l'obscurité, on remarque la même chose. La plante ne dégage que de l'acide carbonique, et comme elle n'emprunte rien au dehors, elle périt quand elle a ainsi dévoré sa propre substance.

M. Sachs dit, dans sa *Physiologie végétale*, que les mouvements propres qu'exécutent les feuilles de beaucoup de végétaux ne peuvent s'accomplir si la plante est maintenue dans l'obscurité. Conservées dans les ténèbres, les plantes restent toujours en proie à cet état qu'on a appelé *sommeil* depuis Linné.

Les couleurs des fleurs se produisent, il est vrai, à l'intérieur d'enveloppes naturelles, qui les dérobent en grande partie à l'action de la lumière ; cependant il faut remarquer que les fleurs ne peuvent se former à l'intérieur de ces enveloppes qu'aux dépens de substances contenues dans les feuilles, et que ces feuilles elles-mêmes n'avaient pu apparaître que par l'influence de la lumière. Il en est de même pour les fruits.

Feuilles, fleurs, fruits sont donc, ainsi que le dit un physiologiste allemand, Moleschott, « des êtres tissés d'air par la lumière. » — « Lorsque nous contemplons, ajoute le même auteur, les couleurs éclatantes des fleurs, et que de doux parfums font naître une satisfaction sereine dans l'âme poétique qui sommeille intérieurement chez tous les hommes, c'est encore la lumière qui est la mère de la couleur et du parfum. »

L'influence du Soleil sur la végétation est donc d'une importance tout à fait fondamentale. Sans le Soleil il n'y aurait aucune plante sur notre globe. Dans les régions habituellement déshéritées de ce puissant et bienfaisant flambeau de la nature, c'est-à-dire vers l'extrême nord, la végétation est rabougrie, et quand on s'avance plus haut encore, elle est nulle. L'absence de lumière et le froid sont les causes de cette complète disparition de la parure naturelle et des tributs utiles que la végétation fournit à la terre. Dans les régions chaudes, la végétation prend d'autant plus de vigueur et d'extension que la lumière du Soleil est déversée avec plus d'abondance. Rien n'est comparable à la luxuriante végétation des contrées tropicales dans l'un et l'autre hémisphère. La végétation du Brésil, celle de l'intérieur de l'Afrique équatoriale, les parties intertropicales des Indes, voilà les régions les plus renommées pour la force et l'abondance de la vie végétale.

L'agriculture, éclairée par la chimie moderne, a mis en évidence l'importance toute spéciale du Soleil pour activer l'énergie de la végétation et produire des combinaisons de substances que nulle autre action que celle du Soleil ne saurait déterminer. M. Georges Ville, professeur au Muséum d'histoire naturelle de Paris, assure, d'après ses expériences, que le Soleil fait de véritables miracles par l'activité qu'il imprime à la production végétale. Aucun fait chimique, aucune théorie ne peuvent, selon le savant

Une comparaison adoptée par le physicien anglais Tyndall représente mieux encore à l'esprit l'intensité de la source calorique du soleil. « Imaginons, dit M. Tyndall, que le soleil soit enveloppé d'une couche de houille de 27 kilomètres d'épaisseur; la chaleur produite par la combustion de cette houille est celle que produit le soleil pendant l'intervalle d'une année[1]. »

Les physiciens ont mesuré exactement l'intensité de la lumière du Soleil, comme ils avaient mesuré exactement sa chaleur.

On a reconnu que la lumière solaire est 300 000 fois plus forte que celle de la pleine lune, et 765 000 000 fois plus forte que celle de Sirius, la plus brillante des étoiles[2].

Bouguer trouva, par des expériences faites en 1725, que le Soleil, à une hauteur de 31° au-dessus de l'horizon, éclaire comme 11 664 bougies que l'on placerait à 43 centimètres de l'objet à éclairer, ou comme 62 177 bougies que l'on placerait à 3 pieds de distance (1 mètre). D'après ce résultat, si l'on tient compte de l'absorption atmosphérique et de la loi de variation d'intensité de la lumière, qui décroît en raison inverse du carré de la distance, l'illumination du Soleil au zénith serait 75 200 fois aussi forte que celle que fournirait une bougie placée à 1 mètre de distance de l'objet à éclairer.

Le physicien anglais Wollaston a fait la même dé-

Tyndall, *la Chaleur*, traduit par l'abbé Moigno, in-12, Paris, 1864, page 413.

2. *Le Soleil*, par A. Guillemin, in-12, page 8.

termination. Par des expériences exécutées d'après une autre méthode, pendant les mois de mai et de juin 1799, Wollaston trouva que 59 882 bougies, placées à la distance de 3 pieds (1 mètre), éclairent autant que le Soleil. Si l'on suppose le Soleil placé au zénith, le pouvoir éclairant de cet astre équivaudrait d'après ce résultat à 68 000 bougies.

On voit que cette évaluation ne diffère pas beaucoup de celle de Bouguer, qui était arrivé au chiffre de 75 200 bougies.

Quelle que soit l'intensité de la lumière du Soleil, nous possédons aujourd'hui des sources de lumière qui s'en rapprochent. Telle est la lumière *oxhydrique*, que l'on produit en faisant brûler le gaz hydrogène par un courant de gaz oxygène ou d'air, mode d'éclairage qui est entré récemment dans le domaine de l'industrie à Paris et à Londres. Cette lumière jouit de la puissance éclairante de plus de 200 bougies. Un fil de magnésium brûlant à l'air développe une prodigieuse quantité de lumière, que l'on peut évaluer à l'éclat de 500 bougies. Enfin la lumière électrique produite par une pile voltaïque, de soixante à quatre-vingts couples produit un arc lumineux dont l'éclat vaut 500 à 800 et même 1000 bougies. Dans le dernier cas, l'arc voltaïque, si l'on s'en rapporte aux mesures de Bouguer et de Wollaston, éclairerait 75 fois moins que le Soleil, en supposant le point lumineux électrique placé à 1 mètre de distance.

Avec des piles très-puissantes, on est allé plus loin encore, et l'on a pu obtenir une lumière qui ne diffère pas beaucoup de celle du Soleil. MM. Fizeau et Foucault, comparant l'éclat d'un arc voltaïque produit par l'action de trois séries de piles Bunsen de quarante-six couples chacune, avec la lumière que donnait le Soleil par un ciel pur du mois d'avril, ont constaté que le pouvoir éclairant du Soleil ne valait pas plus de deux fois et demie celui de la lumière électrique.

Les nombres qui précèdent représentent le pouvoir éclairant du Soleil, considéré sur notre globe, avec l'absorption atmosphérique. Arago, cherchant à déterminer le pouvoir éclairant intrinsèque du Soleil, a trouvé que l'intensité de la lumière solaire est 32 000 fois plus forte que celle d'une bougie éclairant à 1 mètre de distance.

D'après des recherches plus récentes dues à M. Edmond Becquerel, le résultat obtenu par Arago serait encore inférieur à la vérité, et l'éclat de la lumière solaire serait 180 000 fois celui d'une bougie éclairant à 1 mètre[1].

Toutes les planètes, escortées de leurs satellites, ainsi que les comètes qui se manifestent accidentellement à nos yeux, tournent autour du Soleil. Le Soleil demeure immobile au milieu de cet imposant cortége d'astres, qui circulent autour de lui comme autant de courtisans qui lui rendraient leurs hommages.

Ainsi le Soleil est comme le cœur de notre système planétaire : tout concourt, tout converge vers lui.

---

1. *Le Soleil*, par A. Guillemin, page 11.

Les personnes qui n'ont qu'une demi-science vont s'écrier : « Cela est bien simple ! Le Soleil étant 600 fois plus gros, à lui seul, que tous les autres astres pris ensemble, le phénomène de la circulation de tous ces astres autour de lui s'explique par la loi de l'attraction, qui dit que les corps s'attirent en raison directe des masses. Si le Soleil attire à lui les astres de notre monde, c'est que sa masse est supérieure à celle de tous ces astres réunis. »

Celui qui ferait une telle réponse commettrait l'erreur, si commune, qui consiste à prendre un mot pour une chose, une hypothèse pour une explication, à mettre un terme du langage à la place d'une considération logique. Quand Newton imagina l'hypothèse et le mot d'*attraction réciproque de la matière*, il eut bien soin de dire qu'il ne se proposait que de caractériser par un mot un phénomène tout à fait inexplicable en lui-même, et dont nous ne connaissons que le mode extérieur de manifestation, c'est-à-dire la loi mathématique. Nous savons que les corps vont les uns vers les autres, en raison de leurs masses et en raison inverse du carré de leurs distances ; mais pourquoi vont-ils ainsi les uns vers les autres ? c'est ce que nous ignorons, et ce que nous ignorerons probablement toujours. Le mot *attraction* a détrôné, depuis Newton, le mot de *tourbillons* que Descartes avait fait prévaloir de son temps. Au mot *attraction* si l'on substituait le mot *électrisation*, ou bien, comme le faisait Keppler, les mots *affection*, *sympathie*, *obéissance*, etc., on aurait une nouvelle hypothèse, avec un mot nouveau, et la loi mathématique de cette *électrisation*, de cette *affection*, *sympathie* ou

professeur du Muséum, expliquer le mystère de l'influence solaire et son prodigieux pouvoir sur le développement des végétaux et le rendement des cultures.

Nous ferons remarquer, en quittant ce sujet, que, par une circonstance qui a quelque chose de providentiel, les générations humaines actuelles profitent de la force chimique du Soleil que la nature avait emmagasinée dans certains végétaux depuis des milliers de siècles. Qu'est-ce, en effet, que la houille, qui alimente notre industrie, qui sert de combustible aux foyers de nos machines à vapeur, de nos bateaux à vapeur, de nos locomotives ? C'est le résidu des forêts gigantesques qui couvraient le globe pendant les périodes géologiques. La substance du bois des forêts de l'ancien monde s'est d'abord changée en tourbe. Cette tourbe, devenue, par l'accumulation des siècles, de plus en plus compacte, a fini par former le corps dur et pesant que nous appelons houille, ou charbon de terre. Mais quelle est la cause, quel est le premier agent qui avait produit les arbres de ces forêts, aux temps antédiluviens ? C'était la force chimique du Soleil. Cette force, ou, si l'on veut, les produits de la force chimique du Soleil, s'étaient accumulés et conservés dans le bois, ensuite dans la houille provenant de ce bois. Nous l'y retrouvons aujourd'hui et nous l'utilisons à notre profit,

Ainsi l'ardent Soleil qui échauffait les terres de l'ancien monde n'est pas perdu pour nous. Ce sont ses propres rayons, c'est sa même force chimique, dont héritent les générations contemporaines. La puissance du Soleil qui dormait dans la houille depuis des millions d'années se réveille pour nous, elle renaît au jour, et se transforme entre nos mains en puissance mécanique !

On raconte que le géologue Buckland, l'auteur d'un livre célèbre en Angleterre, *La Géologie dans ses rapports avec la Théologie naturelle*[1], se promenant un jour dans un parc, aux environs de Londres, avec Stephenson, l'illustre constructeur de la première machine locomotive qui ait fonctionné sur un chemin de fer, une locomotive vint à passer devant eux, sur la ligne ferrée de Londres à Liverpool. Ce n'était pas la puissante et élégante locomotive de nos jours, mais sa modeste ancêtre, celle que Stephenson avait construite en appliquant pour la première fois le principe de la chaudière tubulaire, ce trait de génie d'un inventeur français, Marc-Antoine Séguin. Quoique embarrassée encore de rouages gênants et d'organes nombreux, la locomotive de Stephenson traînait son fardeau avec aisance et lançait dans les airs d'épais nuages de vapeur et de fumée.

Quand le monstre de fer et de feu fut passé devant eux, Buckland s'arrêta et dit à son compagnon :

« Savez-vous quelle est la puissance qui transporte avec tant de rapidité ces poids énormes ?

— Évidemment, répondit l'ingénieur, c'est la puissance de la vapeur.

— Vous ne m'entendez pas, reprit le révérend an-

---

[1]. La traduction française, par L. Doyère, parut en 1838, en 2 volumes in-8, avec les planches de l'ouvrage anglais.

glais, (Buckland était ecclésiastique) je vous demande d'où vient la puissance de la vapeur ?

— Mais du charbon brûlé sous la grille, dit Stephenson, un peu surpris.

— Vous vous trompez, dit Buckland, la puissance qui tire le convoi, c'est le Soleil. »

Alors Buckland, le grand géologue, expliqua à l'illustre ingénieur que la houille n'est autre chose que l'accumulation des grands végétaux de l'ancien monde, entassés, enfermés, durcis par le temps, et transformés en cette matière noirâtre et bitumineuse qui n'est pas du charbon, mais une matière organique altérée par le temps, la compression et la chaleur.

« Ces arbres énormes qui croissaient, dit Buckland, sur les terres de l'ancien monde, jouissaient d'une puissance prodigieuse de végétation, grâce à la grande quantité de gaz acide carbonique qui existait alors dans l'atmosphère et grâce à l'ardeur du Soleil brûlant qui échauffait le globe. C'est par l'influence de cette lumière solaire intense et continue que s'étaient formées des forêts immenses aux temps primitifs de notre globe. Chaque atome de matière végétale qui prenait naissance, était le résultat d'une action chimique provoquée par la lumière du Soleil, c'est-à-dire de la décomposition de l'acide carbonique de l'air. Le bois, les feuilles, le fruit, absorbaient pour se former une certaine somme de lumière et de chaleur, c'est-à-dire de Soleil. Ces deux forces étaient demeurées emprisonnées dans la houille depuis le temps prodigieusement reculé de la formation des plantes de l'ancien monde. Aujourd'hui quand vous brûlez la houille sous la grille de votre locomotive, cette chaleur et cette lumière endormies se réveillent tout à coup. La combustion d'un kilogramme de houille qui vous fournit une certaine somme de chaleur, ne fait que vous rendre la chaleur et la lumière qu'avaient absorbées des milliers d'arbres dans la longue période de leur végétation, il y a quelques 10,000 années. C'est donc bien le Soleil, ajouta le savant géologue, en forme de conclusion, qui fait marcher votre locomotive. »

Stephenson s'inclina en signe d'adhésion.

La lumière et la chaleur du Soleil, qui jouent un si grand rôle dans le règne végétal, exercent une influence du même genre sur le règne animal.

Si l'on réfléchit que les plantes sont indispensables à l'alimentation de la plupart des animaux, que la création des végétaux a nécessairement précédé celle des animaux terrestres (puisque ceux-ci se nourrissent de végétaux), et que les animaux disparaîtraient certainement de la terre si les plantes en étaient supprimées, on sera conduit à reconnaître que les animaux sont, quoique indirectement, aussi bien originaires de la force du Soleil que les plantes elles-mêmes.

Toutefois on peut montrer que l'action du Soleil est directement et sans aucun intermédiaire, indispensable à l'entretien de la vie des animaux.

N'est-il pas vrai d'abord que la lumière et la chaleur solaire exercent une influence immense sur la santé des animaux et des hommes? Il suffit, pour s'en convaincre, de comparer entre eux les hommes qui passent au soleil ou à l'air la plus grande partie

milieu de l'éclat du Soleil, ils goûtent la sécurité, à l'ombre des ailes du Tout-Puissant. »

Sous quelle forme devons-nous nous représenter les habitants du Soleil ? On ne saurait répondre à cette question sans connaître ce que l'on pourrait appeler la *géographie du Soleil*, ou, comme disent les astronomes, sa *constitution physique*. Sous le rapport de la constitution physique, le Soleil diffère essentiellement des planètes et de leurs satellites, ainsi que des comètes. Étant vraiment unique par son rôle dans le monde, il doit être doué d'une constitution toute spéciale. Quelle est donc cette constitution, quelle est la géographie du Soleil ?

Nous voudrions pouvoir répondre à cette question avec une précision rigoureuse ; nous voudrions pouvoir décrire la configuration du Soleil. Malheureusement la science n'en est pas là encore. Le problème de la véritable nature du Soleil est plein d'incertitudes. Les astronomes hésitent entre deux théories opposées, et celle qui paraît le mieux raisonnée est de date trop récente pour qu'on puisse l'exposer d'une façon dogmatique. Nous ne pourrons que faire connaître sur cette question l'état actuel de la science, exposer la théorie qui paraît conforme aux faits observés, et l'appliquer à l'objet qui nous occupe, c'est-à-dire essayer d'en déduire l'état physique qui, selon nous, doit être propre aux habitants de l'astre radieux.

Jusqu'à l'époque de la découverte du télescope, qui se fit au commencement du dix-septième siècle, au temps de Keppler et de Galilée, on n'avait pu se faire que des idées vagues et arbitraires sur la nature du Soleil. Les savants y voyaient, comme le vulgaire, un globe de feu, les savantissimes déclaraient y trouver le *feu pur*, le *feu élémentaire*, le *principe de la lumière et du feu*. Mais comme il n'existait aucun moyen d'examiner la surface de cet astre, et que sa vraie distance de la Terre était encore ignorée ou très-mal connue, on se tenait, sur cette question, dans une prudente réserve. La découverte du télescope vint mettre tout à coup les astronomes en possession du vrai domaine céleste; elle permit de sonder la profondeur des espaces, et d'étudier la configuration apparente des astres, y compris le Soleil lui-même. Quelques heures d'observation avec la lunette astronomique en apprirent davantage sur la nature du Soleil que les deux mille ans de rêveries plus ou moins philosophiques qui avaient précédé la découverte du télescope.

Avec une lunette qui ne grossissait pourtant que vingt-six fois le diamètre apparent du Soleil, Galilée, répétant les observations de Fabricius, découvrit les taches du Soleil. Bien que Galilée ne fît point usage de ces verres noircis que l'on interpose aujourd'hui avec tant d'utilité au devant de l'objectif du télescope, pour examiner sans fatigue la surface du Soleil, et qu'il se bornât à observer cet astre à l'horizon à son lever et à son coucher, ou lorsqu'il était voilé par de faibles nuages, il étudia parfaitement ses taches, et en donna une description fidèle.

Cette découverte, pour le dire en passant, étonna beaucoup les savants de cette époque, esclaves de l'autorité d'Aristote. L'*incorruptibilité du soleil* était un principe consacré dans les écoles, de par la parole

de leur existence, et ceux qui vivent dans des demeures privées du soleil ou du jour, au fond des rues étroites des grandes villes. Outre qu'elles sont malsaines par l'humidité, ces habitations sont funestes à la santé, parce qu'elles ne sont pas vivifiées par la présence du Soleil.

La lumière qui est tout à fait indispensable à l'exercice de la respiration chez les plantes, n'est pas indispensable au même degré, tant s'en faut, à la respiration des animaux. Il est certain pourtant que les produits de la respiration de l'homme et des animaux sont moins abondants pendant la nuit qu'ils ne le sont pendant le jour. Moleschott a reconnu que la quantité de gaz acide carbonique exhalée par un animal augmente avec l'intensité de la lumière du jour, et qu'elle est à son minimum dans une complète obscurité : « Ce qui revient à dire, ajoute cet auteur, que la lumière du Soleil accélère le travail moléculaire chez les animaux. »

Ainsi, les rayons du Soleil sont une condition première de l'existence des animaux, soit parce qu'ils provoquent la formation des plantes, base essentielle de l'alimentation des animaux et de l'homme, soit parce qu'ils président à l'accomplissement de beaucoup de leurs fonctions physiologiques.

M. Tyndall, qui, dans un ouvrage intitulé *la Chaleur*, a développé des vues du même ordre que celles qui précèdent, a résumé ces idées dans une belle page, que nous ne pouvons résister au plaisir de reproduire.

« Autant il est certain, dit l'auteur anglais, que la force qui met la montre en mouvement dérive de la main qui l'a remontée, autant il est certain que toute puissance terrestre découle du Soleil. Sans tenir compte des éruptions des volcans, du flux et du reflux des mers, chaque action mécanique exercée à la surface de la Terre, chaque manifestation de puissance, organique et inorganique, vitale ou physique, a son origine dans le Soleil. Sa chaleur maintient la mer à l'état liquide, et l'atmosphère à l'état gazeux; et toutes les tempêtes qui les agitent l'une et l'autre sont soufflées par sa force mécanique. Il attache au flanc des montagnes les sources des rivières et les glaciers; et par conséquent, les cataractes et les avalanches se précipitent avec une énergie qu'elles tiennent immédiatement de lui. Le tonnerre et les éclairs sont à leur tour une manifestation de sa puissance. Tout feu qui brûle et toute flamme qui brille dispensent une lumière et une chaleur qui ont appartenu originairement au Soleil. A l'époque où nous sommes, hélas! force nous est de nous familiariser avec les nouvelles des champs de bataille; or chaque charge de cavalerie, chaque choc entre deux corps d'armée est l'emploi ou l'abus de la force mécanique du Soleil. Le Soleil vient à nous sous forme de chaleur, il nous quitte sous forme de chaleur; mais, entre son arrivée et son départ, il a fait naître les puissances variées de notre globe. Toutes sont des formes spéciales de la puissance solaire, autant de moules dans lesquels celle-ci est entrée temporairement, en allant de sa source vers l'infini [1]. »

On est parvenu à évaluer la force mécanique que représente la chaleur du soleil, et les nombres auxquels on a été ainsi conduit sont curieux à connaître.

Pour comprendre comment on peut exprimer en unités de force mécanique un agent de chaleur, il faut donner une idée sommaire d'une théorie qui

---

1. *La Chaleur*, traduction de M. l'abbé Moigno, in-12, Paris, 1864, pages 425, 426.

d'Aristote, et ces malencontreuses taches dérangeaient beaucoup les philosophes. Les péripatéticiens s'efforçaient à l'envi de prouver à l'astronome de Florence que la pureté du Soleil était un principe inattaquable, et que les taches qu'il avait aperçues n'étaient que dans ses yeux ou dans le verre de ses lunettes.

Mais Galilée avait bien vu, et chacun put bientôt se convaincre de la réalité du phénomène qu'il avait signalé.

Non-seulement, en effet, des taches existent sur le disque du Soleil, mais elles fournissent les seuls moyens que nous possédions de connaître les particularités astronomiques et physiques propres à l'astre radieux.

C'est l'examen de ces taches qui a fait reconnaître que le Soleil tourne sur lui-même, comme les planètes, et qu'il accomplit son entière révolution sur son axe dans l'intervalle de 25 jours. Les jours du Soleil sont donc 25 fois plus longs que les nôtres. Seulement il faut bien s'entendre ici sur le mot *jour*. Pour nous le jour est le retour périodique de la Terre au même point, après un tour entier sur son axe, avec une alternance de lumière et d'obscurité. C'est tout autre chose pour le Soleil, qui, étant lumineux par lui-même et dans toutes ses parties, ne peut jamais connaître la nuit. Il vaudrait mieux dire les *tours* que les *jours* du Soleil.

C'est, disons-nous, par l'examen des taches que l'on a constaté la rotation du Soleil sur son axe. En effet, si l'on suit avec patience le mouvement d'une tache ou d'un groupe de taches, on remarque qu'elle s'avance lentement d'un bord du disque solaire à l'autre : partant du bord oriental, par exemple, elle arrive, avec une vitesse uniforme, au bord occidental, et met 14 jours à parcourir ce chemin. Si l'on attend 14 autres jours, qui sont employés à parcourir la face opposée, et alors invisible, du disque solaire, on voit reparaître la même tache au bord oriental. La tache a donc mis 28 jours à reparaître. Cet intervalle de 28 jours ne représente pas cependant la durée exacte de la révolution du Soleil lui-même. Il ne faut pas oublier, en effet, que la Terre n'est pas restée immobile pendant cette longue observation : elle a circulé autour du Soleil, et cela dans le même sens que le mouvement des taches. Cette sorte d'avance qui fait que l'on voit la même tache plus longtemps qu'on ne l'aurait vue si la terre était restée immobile, est de 3 jours, lesquels, retranchés des 28 jours constatés, donnent, comme nous l'avons dit, 25 jours pour la durée réelle de la rotation du Soleil sur son axe.

Dans le Soleil on ne connaît pas plus les saisons que l'on ne connaît les jours. Le temps semble ne pas exister pour les êtres qui occupent ce séjour radieux. Le changement et la succession des choses qui pour nous constituent le temps, sont étrangers à leur sublime essence. La durée n'a point de mesure en ce monde bienheureux.

L'habitant du Soleil doit voir les planètes tourner autour de lui, accomplissant toutes leurs révolutions dans le même sens, et avec des vitesses inégales. Les phases des planètes et de leurs satellites, les phases de Mars et de Vénus ou celles de la Lune, que nous apercevons de la Terre, leur sont inconnues ; ils ne voient de ces globes que l'hémisphère qui est éclairé par leur lumineuse patrie. Ils aperçoivent, avec de fortes dimensions, les globes de Mercure et de Vénus, et avec des dimensions moindres la Terre et Mars. Quant aux planètes lointaines, Jupiter, Saturne et Uranus, elles doivent leur apparaître bien petites. Neptune doit échapper entièrement à leur vue. Les comètes sont longtemps invisibles pour les habitants du Soleil, qui voient leur masse flamboyante se diriger vers eux en grandissant sans cesse. Ils voient aussi quelques comètes qui s'abîment dans l'espace, et d'autres qui viennent tomber à la surface même du Soleil, pour se perdre et s'absorber dans sa substance.

Ainsi les taches du Soleil nous ont révélé une importante particularité de son rôle astronomique : sa révolution sur son axe. Elles ont encore servi à nous donner les seules idées exactes que nous possédions sur la constitution physique du Soleil.

Nous sommes obligé de recourir au dessin pour faire comprendre en quoi consistent les taches solaires. La figure 2 fait voir l'aspect général de ces apparences.

Au centre est une région noire, parfaitement accusée. Elle est suivie, en allant du centre vers les bords, d'un espace en demi-teintes, dont les dégradations se fondent peu à peu dans le reste de la masse lumineuse. La première région s'appelle l'*ombre*, et la seconde la *pénombre*. Il faut bien s'entendre d'ailleurs sur ces mots. La partie que l'on désigne sous le nom d'*ombre* n'est obscure que relativement aux parties vivement éclairées. Cette **ombre** est encore très-lumineuse, car son éclat a été trouvé égal à deux mille fois celui de la pleine lune. Il ne s'agit donc ici que de rapports de comparaison.

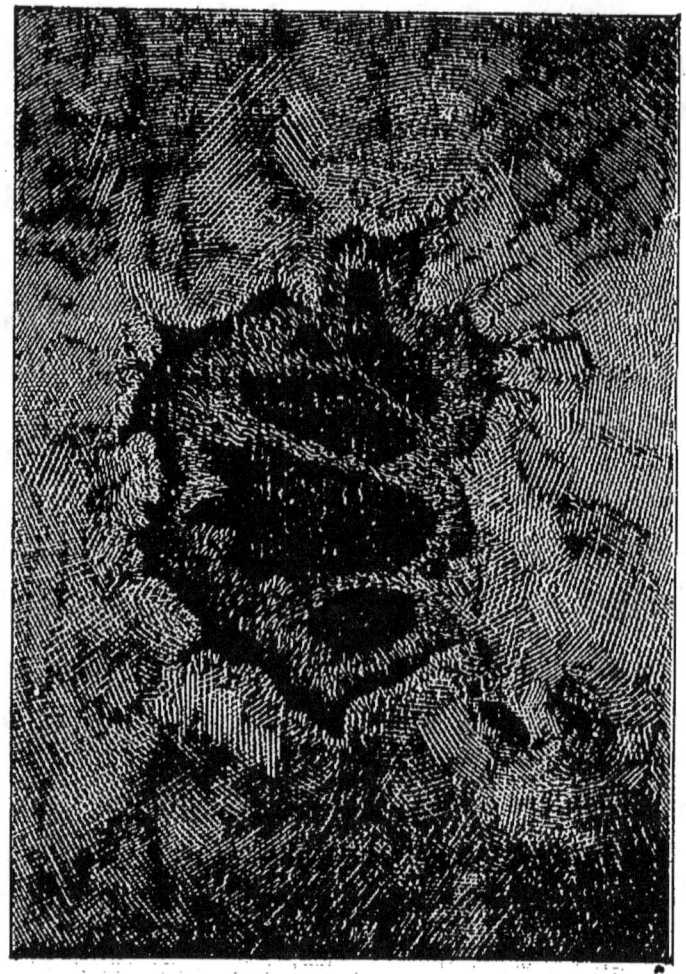

Fig. 2. Tache solaire observée par Nasmyth.

Ces taches ont des dimensions souvent très-considérables. Certaines ont jusqu'à 30,000 lieues de large : elles engloutiraient la Terre, qui est dix fois moins

constitue la plus belle création de la philosophie naturelle de notre temps: nous voulons parler de la *théorie mécanique de la chaleur*, ou de la doctrine de la *transformation mutuelle des forces physiques*.

L'expérience a prouvé que la chaleur se change sous nos yeux en force mécanique. Voyez, sous le piston d'un cylindre de machine à vapeur, la vapeur d'eau se refroidissant, et la chaleur disparue produisant tout aussitôt une force mécanique, et vous comprendrez qu'on puisse soutenir que la chaleur se transforme ici en force. Cela étant admis, **on s'expliquera que l'on puisse représenter l'un des éléments par l'autre, ou du moins évaluer par une unité de mesure commune la force et la chaleur.**

On appelle *calorie* cette unité commune de la force et de la chaleur. Une calorie est la quantité de chaleur qui est nécessaire pour élever de 1 degré la température d'un kilogramme d'eau. D'un autre côté, on appelle, en mécanique, *kilogrammètre* la quantité de force qui est nécessaire pour élever, dans l'intervalle d'une seconde, un poids d'un kilogramme à la hauteur d'un mètre.

Les physiciens sont parvenus à résoudre le difficile problème consistant à savoir combien la dépense d'une calorie, transformée en travail mécanique, produit de kilogrammètres. On sait aujourd'hui, par les beaux travaux de MM. Mayer, Joule, Helmhòltz, Hirn, Regnault, etc., qu'une calorie équivaut à 425 kilogrammètres, c'est-à-dire que la quantité de chaleur qui peut élever de 1 degré centigrade la température d'un **kilogramme d'eau, produit un travail mécanique représenté par l'élévation de 1 mètre de hauteur d'un** poids de 425 kilogrammes dans l'espace d'une seconde. On appelle *équivalent mécanique de la chaleur* le nombre de 425 kilogrammètres.

Avec ces données on peut évaluer en unités de force mécanique le travail que produit la chaleur solaire en se transformant en force mécanique. Et si l'on fait la somme de la chaleur totale du Soleil déversée sur la Terre pendant un temps déterminé, on peut évaluer la somme des forces que développerait à la surface de la Terre toute la chaleur qu'il y distribue, si toute cette chaleur était employée à fournir un travail mécanique.

En une année, chaque mètre carré de la surface de la terre reçoit 1 238 157 calories, c'est-à-dire plus de 23 milliards de calories par hectare 9 852 200 000 000 de kilogrammètres par hectare.

Si l'on veut comprendre l'intensité de cette force, il faut concevoir une machine à vapeur qui, au lieu d'avoir la puissance de deux ou trois cents chevaux-vapeur, comme les machines de nos plus gros *steamers*, réunirait une puissance de 4163 chevaux-vapeur.

Tout cela, bien entendu, ne se rapporte qu'à un hectare de terre. C'est la force que le Soleil distribue, dans l'espace d'une année, sur un seul hectare. Si l'on fait le calcul pour la surface entière de notre globe, on arrive à un total de 217 316 000 000 000 chevaux-vapeur. Pour se figurer une pareille force, il faut se représenter 543 milliards de machines à vapeur, chacune d'une force de 400 chevaux et travaillant sans relâche le jour et la nuit. Voilà ce que vaut pour notre globe seul la chaleur du Soleil ![1]

---

1. *Le Soleil*, par A. Guillemin, in-12, Paris 1870, page 33.

De cette masse énorme de forces, les actions physiques et mécaniques qui se passent sur notre planète, la végétation, les phénomènes de la vie animale, les opérations industrielles et agricoles, n'absorbent qu'une bien minime partie. M. Tyndall, dans l'ouvrage que nous avons déjà cité, dit à ce propos :

« Considérez l'ensemble des énergies de notre monde, la puissance emmagasinée dans nos houillères, nos vents et nos fleuves, nos flottes, nos armées, nos canons. Qu'est-ce que tout cela ? Une fraction de l'énergie du Soleil égale tout au plus à $\frac{1}{2\,150\,000\,000}$ de son énergie totale. Telle est la portion de la force solaire absorbée par notre globe, et encore nous ne convertissons qu'une minime fraction de cette fraction en pouvoir mécanique. En multipliant toutes nos énergies par des millions de millions, nous n'arriverions pas à représenter la dépense totale de la chaleur du Soleil. »

Nous avons analysé dans ce chapitre les différents effets physiques et vitaux que produisent sur notre globe la chaleur et la lumière que déverse le Soleil. Nous avons passé en revue son action sur la nature inanimée, comme sur la nature vivante. On a vu que le Soleil est véritablement la grande cause des actions physiques sur notre globe, et qu'il est également le premier principe de la vie, tant végétale qu'animale. Sans le Soleil la vie serait bannie du globe terrestre ; comme nous le disions plus haut, la vie est fille du Soleil.

On sait que, dans le langage, les mots de chaleur et de vie sont presque synonymes. On dit, dans toutes les langues, que les êtres sont *glacés par la mort;* on parle d'un *froid mortel,* etc. Cette image est l'exacte expression de la réalité. Un animal privé de vie est nécessairement froid. Le frisson est le précurseur de toute maladie, et il est l'avant-coureur de la mort. Tout corps mort est un corps froid. On dirait que chez l'animal le froid vient prendre la place de la vie, comme dans les corps bruts le froid succède à la chaleur.

Si l'on considère maintenant que ce n'est que par l'action prolongée de la chaleur que les plantes peuvent naître, croître et se développer; — que chaque plante exige, pour venir à bien, un nombre déterminé de degrés de chaleur, et que botanistes et agriculteurs savent très-exactement le nombre total de degrés de chaleur qu'il faut aux céréales pour mûrir et aux arbres fruitiers pour achever leurs produits; — si l'on considère, d'autre part, qu'une longue et tranquille accumulation de la chaleur est indispensable pour que la vie apparaisse dans l'œuf fécondé d'un oiseau, si bien que par le seul emploi du calorique, dans les *couveuses artificielles,* on peut suppléer à la couveuse naturelle; — si l'on réfléchit encore que les œufs des animaux vivipares trouvent cette chaleur dans le sein de la mère, et que d'ailleurs, comme l'a dit Harvey, tout ce qui vit provient d'un œuf (*omne vivum ex ovo*); — si l'on se rappelle qu'après le développement du germe chez le mammifère l'influence constante de la chaleur maternelle est indispensable à la formation des organes du fœtus; — on sera peut-être conduit, en réunissant toutes ces observations, à se demander si la chaleur ne produit

grosse. Elle ne sont pas permanentes, elles se maintiennent quelquefois des mois entiers et jusqu'à des années ; mais la plupart grandissent ou décroissent rapidement, et disparaissent en quelques semaines. Elles se modifient sans cesse dans leur forme et leur étendue, qui s'accroît ou se réduit. Il est manifeste qu'une violente agitation intérieure les tourmente et qu'elles sont le siége de mouvements tumultueux. On voit comme des tourbillons parcourir les régions occupées par les taches et les emporter comme sous les vagues d'une mer furieuse, ou dans les flammes d'un incendie. On a vu des ponts gigantesques de matière en apparence enflammée, jetés d'un bord à l'autre de deux taches voisines, les réunir par ce sillon étincelant, puis ce même sillon s'étendre aux taches voisines ; plus tard tout cet édifice s'abîmait dans des tourbillonnements nouveaux. Il y a là, en un mot, les signes de prodigieuses perturbations. Ces ouragans, ces tempêtes de flammes, sont autrement grandioses que les ouragans et les tempêtes de notre atmosphère, car l'atmosphère du Soleil a plusieurs milliers de mètres de hauteur et embrasse un million trois cent mille fois plus de surface.

Nous venons de dire que le Soleil a une atmosphère. Telle est, en effet, la conséquence à laquelle on a été conduit par l'examen attentif de cet astre.

Dès les premiers temps de l'observation du Soleil on a formulé une théorie de la constitution de cet astre, qui s'est perpétuée jusqu'à notre siècle, sans aucune contradiction. Au dix-huitième siècle, les astronomes Wilson et W. Herschel développèrent cette théorie, qui, dans notre siècle, a été popularisée par les écrits de Humboldt et d'Arago.

D'après cette théorie, le Soleil se composerait d'un noyau obscur et d'une atmosphère enflammée, qui serait la source unique de la lumière propre à cet astre. Arago et Humboldt appelaient l'atmosphère incandescente du Soleil *photosphère*. Ce ne serait donc pas du noyau que nous viendraient la lumière et la chaleur, mais seulement de la photosphère.

Les taches s'expliquent, dans cette théorie, en admettant que ce sont des ouvertures que forment accidentellement, dans l'atmosphère du Soleil, des gaz lancés par des bouches volcaniques ou par toute autre cause. A travers ces ouvertures, on apercevrait le noyau obscur du Soleil. La *pénombre* des taches serait formée par les parties inférieures de l'atmosphère du Soleil, qui ne serait elle-même ni chaude, ni lumineuse. Cette partie inférieure de l'atmosphère, réfléchissant la lumière envoyée par la partie supérieure ou photosphère, serait peu chaude et seulement à demi éclairée.

Cette théorie de la constitution du Soleil et des taches solaires a paru longtemps satisfaisante. On expliquait de la même manière, c'est-à-dire par des éruptions partielles de gaz provenant de cratères volcaniques, l'espèce de pointillé noir que présente la surface du disque solaire, et qui est exactement reproduit dans les deux figures que l'on a vues ci-dessus.

On appelle *facules* des parties plus brillantes qui parsèment la surface du Soleil, et la piquent, çà et

pas directement la vie, si la chaleur ne se transforme pas en puissance vitale. Les physiciens modernes qui ont créé la *théorie mécanique de la chaleur*, c'est-à-dire l'admirable et profonde doctrine de la conversion mutuelle des forces, les savants qui ont prouvé, avec une évidence mathématique, que la chaleur se convertit en force mécanique et réciproquement, pourraient peut-être compléter leur brillante synthèse en ajoutant que la chaleur qui se convertit en force mécanique, peut également se transformer en vie, ou en force vitale, et que la magnifique théorie de la transformation des forces ne s'applique pas seulement aux corps bruts, mais qu'elle trouve dans les corps vivants une confirmation saisissante.

Au mois de janvier 1872, M. Moitessier, professeur à la Faculté de médecine de Montpellier, a communiqué à l'Académie des sciences de Paris le résultat d'expériences qui paraissent confirmer l'opinion que nous venons d'émettre. Elles prouvent, en effet, que la chaleur que l'on communique naturellement ou artificiellement à un œuf fécondé, est absorbée dans la substance de cet œuf, qu'elle y disparaît, et que, par conséquent, elle doit s'y transformer. M. Moitessier ne dit pas en quel agent doit se faire cette transformation. Nous croyons, nous, que cette chaleur s'est transformée en force vitale.

Voici en quoi consistent les expériences de M. Moitessier.

L'auteur compare la vitesse de refroidissement des œufs fécondés ou non fécondés, et il trouve une différence considérable entre l'une et l'autre.

L'appareil dont M. Moitessier fait usage est une petite couveuse, d'une forme particulière. C'est un vase cylindrique contenant deux à trois litres d'eau, dont la température est maintenue constante, à 41 degrés environ, par une lampe à gaz, alimentée par un régulateur. Au milieu de la masse d'eau, se trouve un second vase rempli d'air, qui renferme les œufs. Ce vase, complétement entouré d'eau à l'extérieur, porte une tubulure destinée à recevoir un thermomètre. Une enveloppe protége le tout contre les causes extérieures de refroidissement. Enfin, deux thermomètres, dont l'un est plongé dans l'eau de l'étuve, l'autre dans le compartiment inférieur, complètent l'appareil. Ces thermomètres sont observés avec une lunette, et sont assez sensibles pour permettre l'évaluation d'un dixième de degré.

La couveuse qui a servi aux recherches de M. Moitessier contenait trois œufs, placés verticalement à côté les uns des autres. C'est dans l'espace compris entre les œufs qu'est placé le thermomètre inférieur.

Les œufs sont introduits dans l'appareil, préalablement porté à la température convenable, et, au bout de quelques heures, les deux thermomètres indiquent des températures stationnaires et identiques. On éteint alors la lampe à gaz, et l'on observe, de minute en minute, la marche descendante des deux thermomètres.

Or, l'on remarque ainsi que le refroidissement suit une marche fort différente selon que la couveuse contient des œufs fécondés ou non fécondés. Le re-

là, de points d'une grande intensité lumineuse. Ces points brillants proviennent, dit-on, de quelques accidents locaux qui provoquent, en certaines parties de l'atmosphère solaire, un dégagement de chaleur et de lumière.

Ainsi, dans cette théorie, le Soleil serait un corps solide, opaque, obscur comme les planètes, et enveloppé d'une première couche atmosphérique, qui préserverait le noyau obscur de tout chauffement. Par-dessus viendrait une seconde atmosphère, la *photosphère*, qui serait seule lumineuse, et qui jouirait du privilége d'émettre de la lumière et de la chaleur. Noyau obscur, atmosphère obscure, photosphère, voilà donc quels seraient les éléments constitutifs du Soleil, d'après Wilson, William Herschel, Humboldt et Arago.

Quand on professe cette théorie, il n'est pas impossible de croire que le Soleil soit habité par des êtres peu différents de l'homme, ou pourvus d'une organisation analogue à celle des habitants de la Terre. Préservé par l'interposition d'une atmosphère froide et peu conductrice, du rayonnement de la photosphère, qui brûle à une grande distance, le corps du Soleil est froid, et l'on conçoit que des créatures organisées à peu près comme nous puissent y exister. La chaleur de la photosphère enflammée n'arrive à travers l'épaisseur de l'atmosphère inférieure qu'avec le degré de chaleur qui est nécessaire pour entretenir la vie. La lumière ainsi tamisée est brillante, mais non éblouissante, elle permet l'existence d'êtres semblables, par leur organisation à ceux qui vivent sur la Terre.

Aussi Arago ne craignait-il pas de conclure dans ce sens :

« Si l'on me posait cette question, dit cet astronome : le Soleil est-il habité ? je répondrais que je n'en sais rien. Mais que l'on me demande si le Soleil peut être habité par des êtres organisés d'une manière analogue à ceux qui peuplent notre globe, je n'hésiterais pas à faire une réponse affirmative. »

Arago hésiterait aujourd'hui ; car la science a fait un pas immense dans la question de la constitution physique du Soleil. La nouvelle méthode créée par MM. Kirchoff et Bunsen, et connue sous le nom d'*analyse des spectres lumineux*, étant appliquée aux rayons du Soleil, a fait naître des idées toutes nouvelles sur la nature de cet astre. Elle nous a ramenés à l'opinion des physiciens du Moyen âge, qui voyaient dans le Soleil un globe de feu, une sorte de gigantesque flambeau.

Il nous serait impossible d'entrer dans les détails des expériences d'optique qui ont permis de faire l'analyse intime des rayons solaires, et de déduire des propriétés de ces rayons une théorie nouvelle de la constitution du Soleil. Nous nous bornerons à énoncer cette théorie telle qu'elle résulte des expériences de Kirchoff.

D'après le physicien allemand, le Soleil n'est point, comme on l'a dit jusqu'à ce jour, un corps obscur, froid et solide, enveloppé d'une atmosphère brûlante ; c'est un globe, une sphère probablement liquide, qui brûle dans toute sa masse, et de toutes parts. Ce globe incandescent est enveloppé d'une atmosphère très-lourde, formée simplement des vapeurs qui proviennent du globe incandescent, et qui brûlent elles-mêmes, par suite de l'excessive température de toutes ces masses de feu.

Comment expliquer, dans cette théorie, les taches du Soleil ? Kirchoff admet que, par des causes inconnues, un refroidissement peut s'opérer dans l'atmosphère de vapeurs qui entoure le corps du Soleil. Dès lors il doit se former en ces points des condensations de vapeurs, analogues aux condensations des vapeurs d'eau qui, sur la terre, produisent les nuages et la pluie. Ces agglomérations de vapeurs condensées formeront, dans l'atmosphère du Soleil, des espèces de nuages ; et ces nuages, interceptant pour nous la lumière du disque solaire, produiront sur ce disque l'effet d'une tache. Le nuage, une fois formé, détermine le refroidissement des portions de vapeurs voisines, et provoquant aux alentours une condensation partielle, produit ces apparences de pénombres qui circonscrivent pour nous l'ombre des taches.

Ainsi, d'après Kirchoff, les taches solaires seraient des nuages suspendus dans l'atmosphère du Soleil. Galilée avait déjà mis en avant une hypothèse analogue.

On a donné une autre explication des taches, en conservant la théorie de Kirchoff. Un physicien allemand considère les taches, non comme des nuages de l'atmosphère du Soleil, mais comme des solidifications partielles de la matière liquide qui forme le corps du Soleil. Ce seraient des espèces de scories analogues à celle que l'on remarque dans les creusets qui renferment des matières en fusion et qui proviennent de quelques parties du métal non encore fondues ou qui commencent à se solidifier. La pénombre des taches s'expliquerait par la pellicule demi-fondue, et par conséquent demi-transparente, qui environne toujours d'une couche à demi liquide les bords de la scorie métallique.

M. Faye, astronome français, a proposé une théorie qui modifie un peu celle de Kirchoff. Il croit que le noyau du Soleil n'est ni solide ni liquide, mais entièrement gazeux. Les taches solaires lui paraissent, comme à Kirchoff, des ouvertures qui se font accidentellement dans l'atmosphère du Soleil, par suite de la condensation de vapeurs sur certains points de cette atmosphère. Les taches sont dues, d'après M. Faye, à des courants de vapeurs verticaux, ascendants et descendants ; là où les courants ascendants prédominent par leur intensité, la lumière de l'atmosphère du Soleil se trouve interceptée [1].

En résumé, la nouvelle théorie issue des expériences de Kirchoff semble expliquer tous les faits observés. Aussi est-elle aujourd'hui généralement acceptée. Quelques divergences existent sur les questions de détail, mais les astronomes sont à peu près tous d'accord aujourd'hui pour considérer, avec Kirchoff, le Soleil comme un corps incandescent dans toutes ses parties, comme un globe en fusion,

---

[1]. Voir dans l'ouvrage de M. A. Guillemin, le *Soleil*, le chapitre intitulé *Hypothèses contemporaines sur la constitution physique du soleil* (pages 194-208).

froidissement des œufs non fécondés suit une marche très-régulière. Au contraire, les œufs fécondés se refroidissent plus lentement et d'une manière très-irrégulière. On dirait que la chaleur est arrêtée, retenue, absorbée par le travail vital qui s'opère à l'intérieur de l'œuf. Les résultats des observations de température comparative cités par l'auteur dans son mémoire ne laissent aucun doute à cet égard.

Ces résultats ont été d'ailleurs, nous dit M. Moitessier, soumis à de nombreux contrôles. Répétée un grand nombre de fois, à diverses époques de l'incubation, l'expérience a toujours conduit à des résultats analogues. De plus, si l'on tue, par un refroidissement prolongé ou par un échauffement exagéré, les trois œufs qui ont fourni une courbe irrégulière de température, on obtient invariablement, en les soumettant de nouveau à l'expérience, une courbe régulière de refroidissement.

Comme dernière vérification, M. Moitessier a cru devoir recourir à la détermination de la chaleur spécifique des œufs morts et des œufs vivants : il résultait, en effet, des expériences de M. Moitessier, qu'un œuf fécondé se comporte, pendant qu'il se refroidit, comme s'il possédait une chaleur spécifique plus faible que celle d'un œuf non fécondé.

Malgré les incertitudes qui doivent nécessairement entacher des déterminations de cette nature, M. Moitessier a procédé à la détermination de la chaleur spécifique des œufs fécondés et non fécondés, et il a trouvé, pour la chaleur spécifique de l'œuf non fécondé, le chiffre de 0,725 (en opérant par la méthode des mélanges et pour des températures comprises entre 41 et 15), tandis que le chiffre de la chaleur spécifique de l'œuf fécondé était, après seulement sept jours d'incubation, de 667.

Tout cela établit avec une grande probabilité que la chaleur que l'œuf exige pour le développement du germe, demeure en grande partie à l'intérieur de ce corps. Qu'y devient-elle? On peut conclure, selon nous, que cette chaleur se transforme en force vitale. Ainsi la théorie de la transformation mutuelle des forces, cette grande conquête de la physique contemporaine, trouverait une application imprévue: elle s'étendrait à la force de la vie. De même que la chaleur se transforme en mouvement dans nos machines, elle se transformerait en force vitale dans les germes animaux.

La chaleur et la vie seraient donc la manifestation d'une même puissance, et la cause de la vie proviendrait, comme la cause de la force mécanique, de l'astre-roi, du Soleil!

CHAPITRE VIII

Le Soleil séjour définitif des âmes arrivées au plus haut degr
de la hiérarchie céleste. — Le Soleil séjour final et commun des
âmes venues de la Terre. — Constitution physique du Soleil —
Cet astre est une masse de gaz enflammés.

L'importance fondamentale du Soleil dans l'économie générale de notre monde étant bien établie, on ne sera plus surpris de nous voir placer dans ce radieux et sublime séjour les âmes humaines venues de la Terre, et successivement épurées, perfectionnées par la longue série de leurs multiples incarnations au sein des espaces interplanétaires. Quelques savants ont entrevu cette vérité. L'astronome Bode plaçait dans le Soleil les intelligences les plus élevées. « Les heureuses créatures qui habitent ce séjour privilégié, dit Bode, n'ont aucun besoin de la succession alternative du jour et de la nuit; une lumière pure et inextinguible brille toujours à leurs yeux. Au

environné d'une atmosphère enflammée, ou bien, ainsi que le veut M. Faye, comme une simple agglomération de gaz incandescents.

M. Janssen, physicien français qui est allé étudier dans l'Inde l'éclipse solaire totale du 12 décembre 1871, a constaté, pendant sa rapide observation de l'astre éclipsé, qu'une couche de gaz hydrogène incandescent entoure le Soleil. M. Lockyer, astronome anglais, avait déjà fait, comme nous l'avons dit, la même remarque. La découverte de l'existence du gaz hydrogène enflammé environnant le soleil vient évidemment à l'appui de la théorie qui considère le Soleil comme une masse de gaz brûlants.

CHAPITRE IX.

Les habitants du Soleil sont des êtres purement spirituels — Les rayons solaires sont les émanations des êtres spirituels qui vivent dans le Soleil. — Ces êtres viennent produire sur la Terre la vie végétale et animale. — La continuité de la radiation solaire, inexplicable pour les physiciens, expliquée par l'émanation des âmes des habitants du Soleil. — Le culte du feu et l'adoration du Soleil chez différents peuples, anciens et modernes.

Nous avons conclu de la discussion d'astronomie physique contenue dans le précédent chapitre, que le Soleil est, comme le pensent MM. Kirchoff et Faye, une masse de gaz enflammés. Mais, nous dira-t-on, si le Soleil est une masse gazeuse incandescente, ou un globe de matière en fusion surmonté d'une atmosphère de gaz enflammés, où placez-vous ses habitants, et quelle forme leur accordez-vous?

Nous avons dit plus haut qu'à chaque promotion dans la hiérarchie des êtres qui vivent dans l'éther

milieu de l'éclat du Soleil, ils goûtent la sécurité, à l'ombre des ailes du Tout-Puissant. »

Sous quelle forme devons-nous nous représenter les habitants du Soleil? On ne saurait répondre à cette question sans connaître ce que l'on pourrait appeler la *géographie du Soleil,* ou, comme disent les astronomes, sa *constitution physique.* Sous le rapport de la constitution physique, le Soleil diffère essentiellement des planètes et de leurs satellites, ainsi que des comètes. Étant vraiment unique par son rôle dans le monde, il doit être doué d'une constitution toute spéciale. Quelle est donc cette constitution, quelle est la géographie du Soleil?

Nous voudrions pouvoir répondre à cette question avec une précision rigoureuse ; nous voudrions pouvoir décrire la configuration du Soleil. Malheureusement la science n'en est pas là encore. Le problème de la véritable nature du Soleil est plein d'incertitudes. Les astronomes hésitent entre deux théories opposées, et celle qui paraît le mieux raisonnée est de date trop récente pour qu'on puisse l'exposer d'une façon dogmatique. Nous ne pourrons que faire connaître sur cette question l'état actuel de la science, exposer la théorie qui paraît conforme aux faits observés, et l'appliquer à l'objet qui nous occupe, c'est-à-dire essayer d'en déduire l'état physique qui, selon nous, doit être propre aux habitants de l'astre radieux.

Jusqu'à l'époque de la découverte du télescope, qui se fit au commencement du dix-septième siècle, au temps de Keppler et de Galilée, on n'avait pu se faire que des idées vagues et arbitraires sur la nature du Soleil. Les savants y voyaient, comme le vulgaire, un globe de feu, les savantissimes déclaraient y trouver le *feu pur*, le *feu élémentaire*, le *principe de la lumière et du feu*. Mais comme il n'existait aucun moyen d'examiner la surface de cet astre, et que sa vraie distance de la Terre était encore ignorée ou très-mal connue, on se tenait, sur cette question, dans une prudente réserve. La découverte du télescope vint mettre tout à coup les astronomes en possession du vrai domaine céleste; elle permit de sonder la profondeur des espaces, et d'étudier la configuration apparente des astres, y compris le Soleil lui-même. Quelques heures d'observation avec la lunette astronomique en apprirent davantage sur la nature du Soleil que les deux mille ans de rêveries plus ou moins philosophiques qui avaient précédé la découverte du télescope.

Avec une lunette qui ne grossissait pourtant que vingt-six fois le diamètre apparent du Soleil, Galilée, répétant les observations de Fabricius, découvrit les taches du Soleil. Bien que Galilée ne fît point usage de ces verres noircis que l'on interpose aujourd'hui avec tant d'utilité au devant de l'objectif du télescope, pour examiner sans fatigue la surface du Soleil, et qu'il se bornât à observer cet astre à l'horizon à son lever et à son coucher, ou lorsqu'il était voilé par de faibles nuages, il étudia parfaitement ses taches, et en donna une description fidèle.

Cette découverte, pour le dire en passant, étonna beaucoup les savants de cette époque, esclaves de l'autorité d'Aristote. L'*incorruptibilité du soleil* était un principe consacré dans les écoles, de par la parole

planétaire, et qui ont succédé à l'individu surhumain, les perfections s'accroissent, les sens sont multipliés, la puissance intellectuelle considérablement étendue. A mesure que la créature bienheureuse qui primitivement était humaine, s'est élevée, par des morts et des résurrections successives, dans l'échelle des êtres interplanétaires, elle voit diminuer en elle la proportion de substance matérielle qui, unie au principe spirituel, composait sa rayonnante individualité. Pour achever l'exposé de notre système, il nous reste à dire que, selon nous, cet être supérieur quand il a été suffisamment perfectionné, exalté, par ses incarnations diverses, par ses stations multipliées dans l'immensité des cieux, finit par arriver à l'état de pur esprit. Quand il parvient dans le Soleil, il est dépouillé de toute substance matérielle, de tout alliage charnel. C'est une flamme, un souffle. Tout en lui est intelligence, sentiment et pensée; rien d'impur ne se mêle à sa parfaite essence. C'est une âme absolue, une âme sans corps. La masse gazeuse et brûlante qui compose le Soleil est donc appropriée à recevoir ces êtres quintessenciés. Un trône de feu doit être le trône des âmes.

On pourrait même aller plus loin, et soutenir que le Soleil n'est pas seulement le lieu d'asile et le réceptacle des âmes qui ont achevé le cercle de leurs pérégrinations dans le monde, mais que cet astre n'est rien autre chose que la collection même de ces âmes, qui sont venues de différentes planètes, après avoir parcouru tous les états intermédiaires que nous avons décrits. Le Soleil ne serait donc qu'une agrégation d'âmes.

Puisque le Soleil est la cause première de la vie sur notre globe, puisqu'il est, ainsi que nous l'avons prouvé, l'origine de la vie, du sentiment et de la pensée, puisqu'il est la cause déterminante de l'existence de tout ce qui est organisé sur la terre, pourquoi ne pas prétendre que les rayons que le Soleil envoie sur la terre et sur les autres planètes ne sont autre chose que les émanations de ces âmes? que ce sont des émissions des purs esprits résidant dans l'astre radieux qui nous arrivent et qui arrivent aux différentes planètes, sous la forme visible de rayons?

Si cette hypothèse était acceptée, quels magnifiques, quels sublimes rapports on entreverrait entre le Soleil et les globes qui gravitent autour de lui! Du Soleil aux planètes s'établirait un échange continuel, un cercle non interrompu, un va-et-vient inépuisable, de radieuses émissions, qui feraient naître et qui entretiendraient dans le monde solaire le mouvement et l'activité, la pensée et le sentiment, qui maintiendraient partout le flambeau de la vie! Voyez les émanations des âmes qui vivent dans le Soleil, descendre sur la terre, sous la forme des rayons solaires. La lumière donne l'existence aux plantes, et produit la vie végétale, qu'accompagne la sensibilité. Les plantes ayant reçu du Soleil ce germe sensible, le communiquent aux animaux, toujours avec le secours de la chaleur émanée du Soleil. Voyez les germes d'âmes déposés dans le sein des animaux se développer, se perfectionner peu à peu, d'un animal à l'autre, et finir par s'incarner dans un corps humain. Voyez, bientôt après, l'être surhumain, succédant à l'homme, s'élancer dans les vastes plaines de l'éther, et commencer la série des transmigrations nombreuses qui, d'un degré à l'autre, doivent le conduire au sommet de l'échelle de la perfection spirituelle, là où toute la substance matérielle a été éliminée, et où le moment est venu pour l'âme, ainsi exaltée et parvenue au degré le plus pur de son essence, de pénétrer dans le suprême séjour du bonheur et de la puissance intellectuelle et morale, c'est-dire dans le Soleil.

Tel serait ce cercle sans fin, telle serait cette chaîne non interrompue qui relierait l'un à l'autre tous les êtres de la nature, et qui irait du monde visible au monde invisible.

Aux personnes qui s'élèveraient avec trop de sévérité contre le système que nous venons de hasarder, nous poserons une question qui certes les embarrassera, car la science n'a jamais pu la résoudre. Nous leur demanderons comment s'entretient la chaleur du Soleil et la lumière qui en est la conséquence. Il est évident que les énormes quantités de chaleur et de lumière que le Soleil envoie par torrents dans l'espace, viennent d'une source qui ne saurait être inépuisable, qui a besoin de se renouveler ; sans cela le Soleil s'éteindrait. Comme il n'y a pas d'effet sans cause, il faut que le Soleil tire de quelque part cette quantité incommensurable de forces qu'il nous distribue par ses brûlants rayons.

M. Guillemin, dans son ouvrage *le Soleil*, passe en revue les différentes théories qui ont été mises en avant jusqu'à ce jour pour expliquer les causes de la radiation solaire. Ce qui va suivre est l'analyse du chapitre de l'ouvrage de cet auteur qui a pour titre *Entretien de la radiation solaire* [1].

Le physicien Pouillet a calculé que le Soleil, si rien ne lui était fourni pour réparer les déperditions qu'il éprouve, se refroidirait de 1 degré par siècle. Mais ce calcul est au-dessous de la vérité. Pouillet supposait que la chaleur spécifique du Soleil est la plus forte que l'on puisse concevoir. La chaleur spécifique du Soleil est, il est vrai, inconnue ; mais, au lieu de la supposer d'une puissance maximum, ce que rien ne prouve, on peut la faire, par hypothèse, égale à celle de l'eau, qui est bien connue. Or, si l'on accorde au Soleil la chaleur spécifique de l'eau, on rectifie le calcul de Pouillet, et l'on arrive à cette conclusion, que le Soleil, si rien ne lui était fourni pour réparer ses pertes, serait entièrement éteint au bout de 10 000 années.

D'après M. Tyndall, dont les expériences inspirent encore plus de confiance que celles de Pouillet, et sont d'ailleurs plus récentes, « si le Soleil était un bloc de houille, et qu'on l'approvisionnât assez d'oxygène pour le rendre capable de brûler au degré de température propre à cet astre, il serait entièrement consumé au bout de 5 000 années. »

Or le Soleil existe depuis des millions d'années, car les terrains de transition de notre globe où se manifestèrent les premiers êtres vivants, remontent à des millions d'années. Et pourtant sa chaleur n'a pas diminué sensiblement depuis ces temps reculés. Ce qui prouve qu'elle n'a pas diminué, c'est que les

---

[1]. *Le Soleil*, pages 238-240.

d'Aristote, et ces malencontreuses taches dérangeaient beaucoup les philosophes. Les péripatéticiens s'efforçaient à l'envi de prouver à l'astronome de Florence que la pureté du Soleil était un principe inattaquable, et que les taches qu'il avait aperçues n'étaient que dans ses yeux ou dans le verre de ses lunettes.

Mais Galilée avait bien vu, et chacun put bientôt se convaincre de la réalité du phénomène qu'il avait signalé.

Non-seulement, en effet, des taches existent sur le disque du Soleil, mais elles fournissent les seuls moyens que nous possédions de connaître les particularités astronomiques et physiques propres à l'astre radieux.

C'est l'examen de ces taches qui a fait reconnaître que le Soleil tourne sur lui-même, comme les planètes, et qu'il accomplit son entière révolution sur son axe dans l'intervalle de 25 jours. Les jours du Soleil sont donc 25 fois plus longs que les nôtres. Seulement il faut bien s'entendre ici sur le mot *jour*. Pour nous le jour est le retour périodique de la Terre au même point, après un tour entier sur son axe, avec une alternance de lumière et d'obscurité. C'est tout autre chose pour le Soleil, qui, étant lumineux par lui-même et dans toutes ses parties, ne peut jamais connaître la nuit. Il vaudrait mieux dire les *tours* que les *jours* du Soleil.

C'est, disons-nous, par l'examen des taches que l'on a constaté la rotation du Soleil sur son axe. En effet, si l'on suit avec patience le mouvement d'une tache ou d'un groupe de taches, on remarque qu'elle s'avance lentement d'un bord du disque solaire à l'autre : partant du bord oriental, par exemple, elle arrive, avec une vitesse uniforme, au bord occidental, et met 14 jours à parcourir ce chemin. Si l'on attend 14 autres jours, qui sont employés à parcourir la face opposée, et alors invisible, du disque solaire, on voit reparaître la même tache au bord oriental. La tache a donc mis 28 jours à reparaître. Cet intervalle de 28 jours ne représente pas cependant la durée exacte de la révolution du Soleil lui-même. Il ne faut pas oublier, en effet, que la Terre n'est pas restée immobile pendant cette longue observation : elle a circulé autour du Soleil, et cela dans le même sens que le mouvement des taches. Cette sorte d'avance qui fait que l'on voit la même tache plus longtemps qu'on ne l'aurait vue si la terre était restée immobile, est de 3 jours, lesquels, retranchés des 28 jours constatés, donnent, comme nous l'avons dit, 25 jours pour la durée réelle de la rotation du Soleil sur son axe.

Dans le Soleil on ne connaît pas plus les saisons que l'on ne connaît les jours. Le temps semble ne pas exister pour les êtres qui occupent ce séjour radieux. Le changement et la succession des choses qui pour nous constituent le temps, sont étrangers à leur sublime essence. La durée n'a point de mesure en ce monde bienheureux.

L'habitant du Soleil doit voir les planètes tourner autour de lui, accomplissant toutes leurs révolutions dans le même sens, et avec des vitesses inégales. Les phases des planètes et de leurs satellites, les phases de Mars et de Vénus ou celles de la Lune, que nous apercevons de la Terre, leur sont inconnues ; ils ne voient de ces globes que l'hémisphère qui est éclairé par leur lumineuse patrie. Ils aperçoivent, avec de fortes dimensions, les globes de Mercure et de Vénus, et avec des dimensions moindres la Terre et Mars. Quant aux planètes lointaines, Jupiter, Saturne et Uranus, elles doivent leur apparaître bien petites. Neptune doit échapper entièrement à leur vue. Les comètes sont longtemps invisibles pour les habitants du Soleil, qui voient leur masse flamboyante se diriger vers eux en grandissant sans cesse. Ils voient aussi quelques comètes qui s'abîment dans l'espace, et d'autres qui viennent tomber à la surface même du Soleil, pour se perdre et s'absorber dans sa substance.

Ainsi les taches du Soleil nous ont révélé une importante particularité de son rôle astronomique : sa révolution sur son axe. Elles ont encore servi à nous donner les seules idées exactes que nous possédions sur la constitution physique du Soleil.

Nous sommes obligé de recourir au dessin pour faire comprendre en quoi consistent les taches solaires. La figure 2 fait voir l'aspect général de ces apparences.

Au centre est une région noire, parfaitement accusée. Elle est suivie, en allant du centre vers les bords, d'un espace en demi-teintes, dont les dégradations se fondent peu à peu dans le reste de la masse lumineuse. La première région s'appelle l'*ombre*, et la seconde la *pénombre*. Il faut bien s'entendre d'ailleurs sur ces mots. La partie que l'on désigne sous le nom d'*ombre* n'est obscure que relativement aux parties vivement éclairées. Cette ombre est encore très-lumineuse, car son éclat a été trouvé égal à deux mille fois celui de la pleine lune. Il ne s'agit donc ici que de rapports de comparaison.

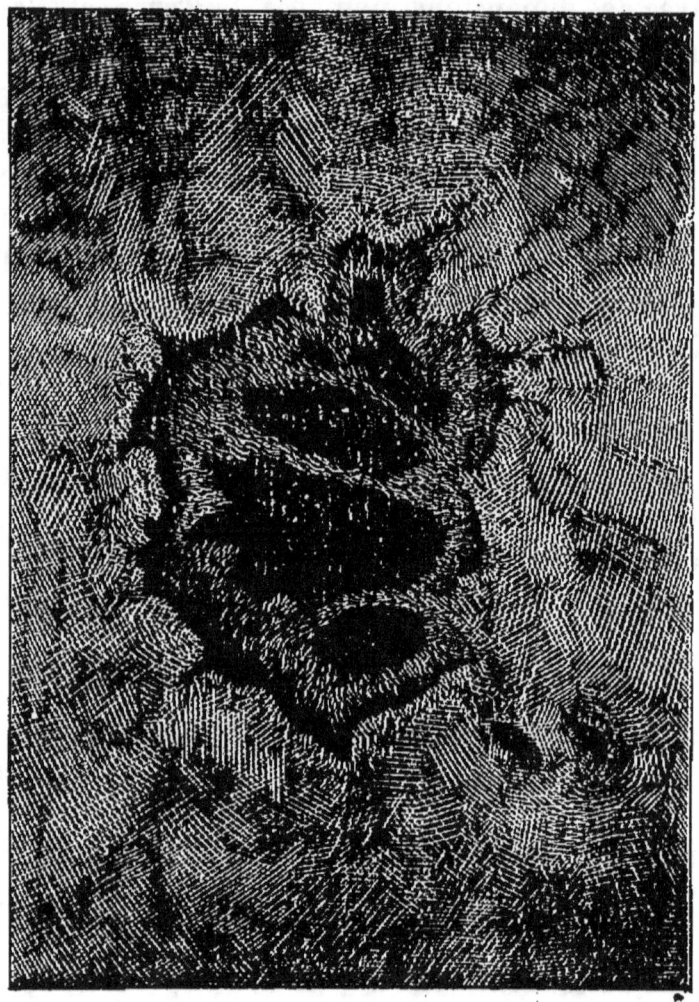

Fig. 2. Tache solaire observée par Nasmyth.

Ces taches ont des dimensions souvent très-considérables. Certaines ont jusqu'à 30,000 lieues de large : elles engloutiraient la Terre, qui est dix fois moins

climats sont aujourd'hui ce qu'ils étaient à l'époque tertiaire ou quaternaire. On trouve dans les terrains tertiaires et quaternaires les mêmes plantes et les mêmes animaux que l'on y voit de nos jours. Et pour parler de temps plus rapprochés des nôtres, rien n'est changé dans les productions du sol depuis 2000 ou 3000 ans que nous possédons les traditions des peuples ou leurs archives historiques.

Ainsi le Soleil n'a rien perdu de sa chaleur depuis des millions d'années. Où a-t-il pris cette chaleur? où la prend-il encore? Par quels moyens s'entretient l'immuable foyer de cet astre puissant?

A cette question, ni l'astronomie ni la physique n'ont jamais pu faire de réponse satisfaisante. Si nous ouvrons, en effet, les traités d'astronomie ou de physique, et que nous lisions le chapitre qui a pour titre *Entretien de la chaleur solaire*, nous n'y trouverons que de pures hypothèses, dont aucune n'est d'ailleurs acceptable.

On a dit d'abord que, le Soleil tournant sur son axe en 25 jours, ce mouvement doit produire un frottement de sa surface contre le milieu dans lequel il se meut, c'est-à-dire contre l'éther. Mais s'il en était ainsi, le frottement devrait engendrer la même chaleur à la surface des planètes, dont le mouvement de rotation, et surtout le mouvement de translation dans leur orbite, sont bien plus rapides que celui du Soleil tournant sur son axe. D'ailleurs, quand on calcule l'élévation de la température qui résulterait du frottement du Soleil contre l'éther, on trouve que cette chaleur suffirait à peine pour entretenir la radiation de l'astre solaire pendant un siècle. On ne peut donc tenir aucun compte de cette hypothèse.

Une autre théorie, mieux raisonnée, a été soutenue par les physiciens Mayer, Waterson et Thompson; elle explique l'entretien de la chaleur solaire par une chute constante de météores à la surface de l'astre radieux.

Une multitude de corpuscules gravitent autour du Soleil, et s'en approchent assez pour être attirés à sa surface et y tomber. Ce sont des *astéroïdes*, qui tournent, par essaims pressés, autour du Soleil. Une pluie de corpuscules, de *météorites*, peut se faire à sa surface. Leur chute déterminerait un grand développement de calorique, par suite de la transformation de leur énorme vitesse en chaleur, et ce calorique suffirait, disent les auteurs de cette théorie, pour entretenir la radiation solaire. Écoutons, à ce propos, M. Tyndall :

« Il est aisé de calculer, dit le physicien anglais, le maximum et le minimum de la vitesse communiquée par l'attraction du Soleil à un astéroïde qui circule autour de lui ; le maximum est engendré lorsque le corps s'approche en ligne droite du Soleil, venant d'une distance infinie, puisque alors la force entière de l'attraction s'est exercée sur lui sans perte aucune ; le minimum est la vitesse qui serait simplement capable de faire tourner autour du Soleil un corps tout à fait voisin de sa surface. La vitesse finale du premier corps, au moment où il va frapper le Soleil, serait de 627 kilomètres par seconde, celle du second de 444 kilomètres. L'astéroïde, en frappant le Soleil avec la première vitesse, développerait plus de 9 000 fois la chaleur engendrée par la combustion d'une masse égale de houille. Il n'est donc nullement nécessaire que les substances qui tombent sur le

grosse. Elle ne sont pas permanentes, elles se maintiennent quelquefois des mois entiers et jusqu'à des années ; mais la plupart grandissent ou décroissent rapidement, et disparaissent en quelques semaines. Elles se modifient sans cesse dans leur forme et leur étendue, qui s'accroît ou se réduit. Il est manifeste qu'une violente agitation intérieure les tourmente et qu'elles sont le siége de mouvements tumultueux. On voit comme des tourbillons parcourir les régions occupées par les taches et les emporter comme sous les vagues d'une mer furieuse, ou dans les flammes d'un incendie. On a vu des ponts gigantesques de matière en apparence enflammée, jetés d'un bord à l'autre de deux taches voisines, les réunir par ce sillon étincelant, puis ce même sillon s'étendre aux taches voisines ; plus tard tout cet édifice s'abîmait dans des tourbillonnements nouveaux. Il y a là, en un mot, les signes de prodigieuses perturbations. Ces ouragans, ces tempêtes de flammes, sont autrement grandioses que les ouragans et les tempêtes de notre atmosphère, car l'atmosphère du Soleil a plusieurs milliers de mètres de hauteur et embrasse un million trois cent mille fois plus de surface.

Nous venons de dire que **le Soleil** a une atmosphère. Telle est, en effet, la conséquence à laquelle on a été conduit par l'examen attentif de cet astre.

Dès les premiers temps de l'observation du Soleil on a formulé une théorie de la constitution de cet astre, qui s'est perpétuée jusqu'à notre siècle, sans aucune contradiction. Au dix-huitième siècle, les astronomes Wilson et W. Herschel développèrent cette théorie, qui, dans notre siècle, a été popularisée par les écrits de Humboldt et d'Arago.

D'après cette théorie, le Soleil se composerait d'un noyau obscur et d'une atmosphère enflammée, qui serait la source unique de la lumière propre à cet astre. Arago et Humboldt appelaient l'atmosphère incandescente du Soleil *photosphère*. Ce ne serait donc pas du noyau que nous viendraient la lumière et la chaleur, mais seulement de la photosphère.

Les taches s'expliquent, dans cette théorie, en admettant que ce sont des ouvertures que forment accidentellement, dans l'atmosphère du Soleil, des gaz lancés par des bouches volcaniques ou par toute autre cause. A travers ces ouvertures, on apercevrait le noyau obscur du Soleil. La *pénombre* des taches serait formée par les parties inférieures de l'atmosphère du Soleil, qui ne serait elle-même ni chaude, ni lumineuse. Cette partie inférieure de l'atmosphère, réfléchissant la lumière envoyée par la partie supérieure ou photosphère, serait peu chaude et seulement à demi éclairée.

Cette théorie de la constitution du Soleil et des taches solaires a paru longtemps satisfaisante. On expliquait de la même manière, c'est-à-dire par des éruptions partielles de gaz provenant de cratères volcaniques, l'espèce de pointillé noir que présente la surface du disque solaire, et qui est exactement reproduit dans les deux figures que l'on a vues ci-dessus.

On appelle *facules* des parties plus brillantes qui parsèment la surface du Soleil, et la piquent, çà et

Soleil soient combustibles ; leur combustibilité n'ajouterait pas sensiblement à l'épouvantable chaleur produite par leur collision ou choc mécanique.

« Nous avons donc ici un mode de génération de chaleur suffisant pour rendre au Soleil son énergie à mesure qu'il la perd, et pour maintenir à sa surface une température qui surpasse celle de toutes les combinaisons terrestres. Les qualités propres des rayons solaires et leur pouvoir de pénétration incomparable nous autorisent à conclure que la température de leur origine doit être énorme ; or, nous trouvons dans la chute des astéroïdes les moyens de produire cette température excessive [1]. »

Mais la chute de ces astéroïdes à la surface du Soleil aurait pour résultat d'accroître la masse de cet astre, et on ne voit pas que son volume ait augmenté depuis qu'on l'observe. Ces corps étrangers augmentant sa masse auraient produit dans les orbites de tous les astres en mouvement une accélération qui, toute faible qu'elle fût, serait devenue sensible ; or, depuis plus de 2000 ans que nous possédons des observations célestes, une régularité parfaite a été constatée dans la marche des astres de notre monde solaire.

Il y a une autre objection à faire à cette hypothèse : c'est qu'elle suppose dans le Soleil un milieu solide et résistant. Ce milieu n'existe pas, d'après la théorie nouvelle de la constitution du Soleil, qui regarde cet astre comme formé de vapeurs et de gaz, ou, tout au plus, d'une sphère liquide. Ce qui prouve d'ailleurs que ce milieu résistant n'existe pas, c'est que plusieurs comètes, entre autres celles de 1680 et

---

[1]. Tyndall, *la Chaleur*, traduction de M. l'abbé Moigno.

de 1843, ont passé si près du Soleil, à leur périhélie, que leurs mouvements auraient été profondément troublés par la résistance d'un milieu un peu dense. Or, les mouvements de ces comètes ne furent nullement affectés par cette cause : on les vit reparaître au moment indiqué par la courbe régulière de leur orbite.

Cette dernière considération, c'est-à-dire l'absence d'un milieu résistant dans le Soleil, a paru tellement grave à l'un des auteurs de cette théorie, M. Thompson, qu'il l'a abandonnée, comme étant incompatible avec les faits.

Une dernière hypothèse a été proposée pour expliquer l'entretien de la chaleur solaire. Les substances qui forment aujourd'hui le Soleil n'ont pas toujours été réunies à l'état d'agrégation où nous les voyons aujourd'hui. Ses molécules étaient d'abord, relativement, très-distinctes les unes des autres, et formaient une masse *chaotique*, ou confuse. Sous l'influence de l'attraction, elles se sont peu à peu réunies, agglomérées en un noyau qui est devenu un centre d'attraction de toute la masse. Ce qui revient à dire que le Soleil a commencé par être à l'état de *nébulosité*, et n'est passé que plus tard à l'état de matière adhérente et continue.

« Les molécules de la nébulosité solaire, se précipitant ainsi les unes sur les autres, dit Balfour Stewart, de la chaleur a été produite ; comme quand une pierre est lancée avec force du haut d'un précipice, la chaleur est aussi la forme dernière en laquelle se convertit l'énergie potentielle de la pierre. »

là, de points d'une grande intensité lumineuse. Ces points brillants proviennent, dit-on, de quelques accidents locaux qui provoquent, en certaines parties de l'atmosphère solaire, un dégagement de chaleur et de lumière.

Ainsi, dans cette théorie, le Soleil serait un corps solide, opaque, obscur comme les planètes, et enveloppé d'une première couche atmosphérique, qui préserverait le noyau obscur de tout chauffement. Par-dessus viendrait une seconde atmosphère, la *photosphère*, qui serait seule lumineuse, et qui jouirait du privilège d'émettre de la lumière et de la chaleur. Noyau obscur, atmosphère obscure, photosphère, voilà donc quels seraient les éléments constitutifs du Soleil, d'après Wilson, William Herschel, Humboldt et Arago.

Quand on professe cette théorie, il n'est pas impossible de croire que le Soleil soit habité par des êtres peu différents de l'homme, ou pourvus d'une organisation analogue à celle des habitants de la Terre. Préservé par l'interposition d'une atmosphère froide et peu conductrice, du rayonnement de la photosphère, qui brûle à une grande distance, le corps du Soleil est froid, et l'on conçoit que des créatures organisées à peu près comme nous puissent y exister. La chaleur de la photosphère enflammée n'arrive à travers l'épaisseur de l'atmosphère inférieure qu'avec le degré de chaleur qui est nécessaire pour entretenir la vie. La lumière ainsi tamisée est brillante, mais non éblouissante, elle permet l'existence d'êtres semblables, par leur organisation à ceux qui vivent sur la Terre.

CONSTITUTION DU SOLEIL.

Aussi Arago ne craignait-il pas de conclure dans ce sens :

« Si l'on me posait cette question, dit cet astronome : le Soleil est-il habité ? je répondrais que je n'en sais rien. Mais que l'on me demande si le Soleil peut être habité par des êtres organisés d'une manière analogue à ceux qui peuplent notre globe, je n'hésiterais pas à faire une réponse affirmative. »

Arago hésiterait aujourd'hui ; car la science a fait un pas immense dans la question de la constitution physique du Soleil. La nouvelle méthode créée par MM. Kirchoff et Bunsen, et connue sous le nom d'*analyse des spectres lumineux*, étant appliquée aux rayons du Soleil, a fait naître des idées toutes nouvelles sur la nature de cet astre. Elle nous a ramenés à l'opinion des physiciens du Moyen âge, qui voyaient dans le Soleil un globe de feu, une sorte de gigantesque flambeau.

Il nous serait impossible d'entrer dans les détails des expériences d'optique qui ont permis de faire l'analyse intime des rayons solaires, et de déduire des propriétés de ces rayons une théorie nouvelle de la constitution du Soleil. Nous nous bornerons à énoncer cette théorie telle qu'elle résulte des expériences de Kirchoff.

D'après le physicien allemand, le Soleil n'est point, comme on l'a dit jusqu'à ce jour, un corps obscur, froid et solide, enveloppé d'une atmosphère brûlante ; c'est un globe, une sphère probablement liquide, qui brûle dans toute sa masse, et de toutes parts. Ce globe incandescent est enveloppé d'une at-

C'est là un système de vues qui est généralement en faveur pour expliquer l'origine première des planètes. En se rapprochant ainsi pour former un tout continu, les éléments du Soleil auraient changé d'état physique, et de ce changement serait résulté un énorme dégagement de chaleur qui suffirait à expliquer l'origine du foyer solaire. On sait, en effet, que la condensation de la matière s'accompagne toujours d'un dégagement de chaleur, et l'on a calculé qu'une diminution d'un millième seulement du volume actuel du Soleil suffirait pour entretenir la chaleur solaire pendant 20,000 ans.

M. Helmholtz, auteur de cette ingénieuse théorie, a encore calculé que « la force mécanique équivalente à la gravitation mutuelle des particules de la masse nébuleuse aurait valu, à l'origine, 454 fois la quantité de force mécanique actuellement disponible dans notre système. » Les $\frac{453}{454}$ de la force issue de la tendance à la gravitation seraient donc déjà dépensés.

L'auteur ajoute que le $\frac{1}{454}$ qui nous reste de cette chaleur originaire, suffirait à élever de 28 millions de degrés centigrades la température d'une masse d'eau égale aux masses réunies du Soleil et des planètes : c'est une quantité de chaleur qui vaut 3500 fois celle qu'engendrerait la combustion du système solaire tout entier, au cas où il formerait une masse de houille.

Ces calculs sont fort beaux sans doute, mais ils ont l'inconvénient de reposer sur la conception de la nébulosité du Soleil, hypothèse qui aurait besoin elle-même d'être examinée de plus près pour servir de base à une aussi importante déduction. D'ailleurs, si le Soleil était échauffé par une cause physique qui n'exercerait plus aujourd'hui son action, sa chaleur, quelque considérable qu'on la suppose, aurait nécessairement diminué depuis que cet astre existe. Or, nous le répétons, le Soleil paraît ne s'être jamais refroidi. La théorie de la nébulosité n'est donc pas mieux fondée en principe que les hypothèses qui l'ont précédée.

Ainsi ni l'astronomie, ni la physique ne nous offrent aucune explication satisfaisante de l'entretien constant de la radiation solaire. Le bon sens nous dit que ce foyer continuellement en activité, doit avoir son aliment, mais la science est restée jusqu'ici impuissante à le découvrir.

Là où la science ne met rien, nous plaçons quelque chose. Ce qui entretient, selon nous, la radiation solaire, ce sont les arrivées continuelles des âmes dans le Soleil. Ces ardents et purs esprits viennent remplacer les émanations continuellement envoyées par le Soleil à travers l'espace, sur les globes qui l'environnent. C'est ainsi que se complète ce cercle non interrompu dont nous parlions tout à l'heure, qui relie l'un à l'autre, par les anneaux continus d'une chaîne commune, tous les êtres de la nature, et qui rattache le monde visible aux mondes invisibles. Cette explication de l'entretien de la puissance du Soleil, nous pouvons la mettre en avant, puisque la science n'a rien d'exact à nous offrir sur ce point, et que la philosophie ne fait ici que combler une lacune de l'astronomie et de la physique.

mosphère très-lourde, formée simplement des vapeurs qui proviennent du globe incandescent, et qui brûlent elles-mêmes, par suite de l'excessive température de toutes ces masses de feu.

Comment expliquer, dans cette théorie, les taches du Soleil ? Kirchoff admet que, par des causes inconnues, un refroidissement peut s'opérer dans l'atmosphère de vapeurs qui entoure le corps du Soleil. Dès lors il doit se former en ces points des condensations de vapeurs, analogues aux condensations des vapeurs d'eau qui, sur la terre, produisent les nuages et la pluie. Ces agglomérations de vapeurs condensées formeront, dans l'atmosphère du Soleil, des espèces de nuages ; et ces nuages, interceptant pour nous la lumière du disque solaire, produiront sur ce disque l'effet d'une tache. Le nuage, une fois formé, détermine le refroidissement des portions de vapeurs voisines, et provoquant aux alentours une condensation partielle, produit ces apparences de pénombres qui circonscrivent pour nous l'ombre des taches.

Ainsi, d'après Kirchoff, les taches solaires seraient des nuages suspendus dans l'atmosphère du Soleil. Galilée avait déjà mis en avant une hypothèse analogue.

On a donné une autre explication des taches, en conservant la théorie de Kirchoff. Un physicien allemand considère les taches, non comme des nuages de l'atmosphère du Soleil, mais comme des solidifications partielles de la matière liquide qui forme le corps du Soleil. Ce seraient des espèces de scories analogues à celle que l'on remarque dans les creusets qui renferment des matières en fusion et qui proviennent de quelques parties du métal non encore fondues ou qui commencent à se solidifier. La pénombre des taches s'expliquerait par la pellicule demi-fondue, et par conséquent demi-transparente, qui environne toujours d'une couche à demi liquide les bords de la scorie métallique.

M. Faye, astronome français, a proposé une théorie qui modifie un peu celle de Kirchoff. Il croit que le noyau du Soleil n'est ni solide ni liquide, mais entièrement gazeux. Les taches solaires lui paraissent, comme à Kirchoff, des ouvertures qui se font accidentellement dans l'atmosphère du Soleil, par suite de la condensation de vapeurs sur certains points de cette atmosphère. Les taches sont dues, d'après M. Faye, à des courants de vapeurs verticaux, ascendants et descendants ; là où les courants ascendants prédominent par leur intensité, la lumière de l'atmosphère du Soleil se trouve interceptée [1].

En résumé, la nouvelle théorie issue des expériences de Kirchoff semble expliquer tous les faits observés. Aussi est-elle aujourd'hui généralement acceptée. Quelques divergences existent sur les questions de détail, mais les astronomes sont à peu près tous d'accord aujourd'hui pour considérer, avec Kirchoff, le Soleil comme un corps incandescent dans toutes ses parties, comme un globe en fusion,

[1]. Voir dans l'ouvrage de M. A. Guillemin, le *Soleil*, le chapitre intitulé *Hypothèses contemporaines sur la constitution physique du soleil* (pages 194-208).

En résumé, le Soleil, centre de l'agrégation planétaire, source constante de lumière et de chaleur, qui répand sur la Terre et les autres globes le mouvement, le sentiment de la vie, est, selon nous, le séjour final des âmes épurées, perfectionnées, parvenues à leur subtilité la plus exquise. Alors les âmes sont entièrement dépouillées de tout alliage matériel; ce sont de purs esprits, qui vivent au milieu de l'atmosphère enflammée et des masses brûlantes qui composent le Soleil. Cet astre, dont le volume surpasse de beaucoup celui de tous les astres réunis qui forment notre monde, est assez vaste pour leur donner asile.

C'est dans ce trône de feu que les âmes, tout intelligence et tout activité, assistent au spectacle merveilleux de la marche de tous les globes planétaires qui composent le monde solaire. Placées au centre de ce monde, comprenant les secrets de la nature et tous les mystères de l'univers, elles sont en possession du bonheur parfait, de la sagesse absolue et du savoir sans limites.

Le naturaliste génevois Charles Bonnet a le premier mis en lumière les idées générales de l'ordre de celles que nous venons de développer sur la philosophie de l'univers. Dans sa *Palingénésie philosophique*, publiée en 1770, Charles Bonnet pressent la doctrine de la pluralité des existences de l'âme humaine au delà de la Terre. Dans un chapitre annexé à cet ouvrage, intitulé *Légères conjectures sur les biens à venir*, il trace le tableau des félicités parfaites que nous goûterons en ce séjour, et il met en lumière la science transcendante dont nous serons alors en possession, et qui nous dévoilera les secrets du monde physique et ceux du monde moral. Qu'on nous permette de citer ces pages éloquentes :

« Si la suprême intelligence, dit Charles Bonnet, a varié ici-bas toutes ses œuvres; si elle n'a rien créé d'identique; si une progression harmonique règne entre tous les êtres terrestres; si une même chaîne les embrasse tous : combien est-il probable que cette chaîne merveilleuse se prolonge dans tous les mondes planétaires, qu'elle les unit tous et qu'ils ne sont que des parties constituantes et infinitésimales de la même série?

« Nous ne découvrons à présent de cette grande chaîne que quelques anneaux; nous ne sommes pas même sûrs de les observer dans leur ordre naturel; nous ne suivons cette progression admirable que très-imparfaitement et à travers mille et mille détours; nous y rencontrons des interruptions fréquentes; mais nous saurons toujours que ces lacunes sont bien moins celles de la chaîne que celles de nos connaissances.

« Lorsqu'il nous aura été accordé de contempler cette chaîne, comme j'ai supposé que la contemplent ces intelligences pour lesquelles notre monde a été principalement fait; lorsque nous pourrons, comme elles, en suivre les prolongements dans d'autres mondes : alors, et seulement alors, nous verrons leur dépendance réciproque, leurs relations secrètes, la raison prochaine de chaque chaînon, et nous nous élèverons ainsi par une échelle de perfections relatives jusqu'aux vérités les plus transcendantes et les plus lumineuses.

« De quels sentiments notre âme ne sera-t-elle donc point inondée lorsque, après avoir étudié à fond l'économie d'un monde, nous volerons vers un autre, et que nous comparerons entre elles ces deux économies ! Quelle ne sera point alors la perfection de notre cosmologie ! quels ne seront point la généralisation et la fécondité de nos principes, l'enchaînement, la multitude et la justesse de nos consé-

environné d'une atmosphère enflammée, ou bien, ainsi que le veut M. Faye, comme une simple agglomération de gaz incandescents.

M. Janssen, physicien français qui est allé étudier dans l'Inde l'éclipse solaire totale du 12 décembre 1871, a constaté, pendant sa rapide observation de l'astre éclipsé, qu'une couche de gaz hydrogène incandescent entoure le Soleil. M. Lockyer, astronome anglais, avait déjà fait, comme nous l'avons dit, la même remarque. La découverte de l'existence du gaz hydrogène enflammé environnant le soleil vient évidemment à l'appui de la théorie qui considère le Soleil comme une masse de gaz brûlants.

CHAPITRE IX.

Les habitants du Soleil sont des êtres purement spirituels — Les rayons solaires sont les émanations des êtres spirituels qui vivent dans le Soleil. — Ces êtres viennent produire sur la Terre la vie végétale et animale. — La continuité de la radiation solaire, inexplicable pour les physiciens, expliquée par l'émanation des âmes des habitants du Soleil. — Le culte du feu et l'adoration du Soleil chez différents peuples, anciens et modernes.

Nous avons conclu de la discussion d'astronomie physique contenue dans le précédent chapitre, que le Soleil est, comme le pensent MM. Kirchoff et Faye, une masse de gaz enflammés. Mais, nous dira-t-on, si le Soleil est une masse gazeuse incandescente, ou un globe de matière en fusion surmonté d'une atmosphère de gaz enflammés, où placez-vous ses habitants, et quelle forme leur accordez-vous?

Nous avons dit plus haut qu'à chaque promotion dans la hiérarchie des êtres qui vivent dans l'éther

quences! quelle lumière rejaillira de tant d'objets divers sur les autres branches de nos connaissances, sur notre physique, sur notre géométrie, sur notre astronomie, sur nos sciences rationnelles, et principalement sur cette science divine qui s'occupe de l'Être des êtres!

« Toutes les vérités sont enchaînées, et les plus éloignées tiennent les unes aux autres par des nœuds cachés; le propre de l'entendement est de découvrir ces nœuds. Newton s'applaudissait sans doute d'avoir su démêler les rapports secrets de la chute d'une pierre au mouvement d'une planète; transformé un jour en intelligence céleste, il sourira de ce jeu d'enfant, et sa haute géométrie ne sera plus pour lui que les premiers éléments d'un autre infini.

« Mais la raison de l'homme perce encore au delà de tous les mondes planétaires; elle s'élève jusqu'au ciel où Dieu habite; elle contemple le trône auguste de l'Ancien des jours : elle voit toutes les sphères rouler à ses pieds et obéir à l'impulsion que sa main puissante leur a imprimée; elle entend les acclamations de toutes les intelligences et mêlant ses adorations et ses louanges aux chants majestueux de ces hiérarchies, elle s'écrie dans le sentiment profond de son néant : Saint, Saint, Saint, est Celui qui est l'Éternel et le seul bon, gloire soit à Dieu dans les lieux célestes! Bienveillance envers l'homme! O profondeur des richesses de la bonté divine, elle ne s'est point bornée à se manifester à l'homme sur la terre par les traits les plus multipliés, les plus divers, les plus touchants; elle veut encore l'introduire un jour dans les demeures célestes et l'abreuver au fleuve des délices. Il y a plusieurs demeures dans la maison de notre Père, si cela n'était pas, son envoyé nous l'aurait dit ; il y est allé pour nous préparer une place.... il en reviendra et nous prendra avec lui, afin que nous soyons où il sera.... où il sera; non dans les parvis, non dans le sanctuaire de la création universelle, mais dans le saint des saints.... où il sera; où sera le Roi des anges et des hommes, le Médiateur de la nouvelle alliance, le chef et le consommateur de la foi, celui qui nous a frayé le chemin nouveau qui mène à la vie, qui nous a donné la liberté d'entrer dans le lieu très-saint, qui nous a fait approcher de la ville du Dieu vivant, de la Jérusalem céleste, de l'innombrable multitude des anges, de Dieu même, qui est le juge de tous....

« .... Ce sera dans ces demeures éternelles, au sein de la lumière, de la perfection et du bonheur, que nous lirons l'histoire générale et particulière de la Providence. Initiés alors jusqu'à un certain point dans les mystères profonds de son gouvernement, de ses lois, de ses dispensations, nous verrons avec admiration les raisons secrètes de tant d'événements généraux et particuliers qui nous étonnent, nous confondent et nous jettent dans des doutes que la philosophie ne dissipe pas toujours, mais sur lesquels la religion nous rassure toujours. Nous méditerons sans cesse ce grand livre des destinées des mondes. Nous nous arrêterons surtout à la page qui concerne celles de cette petite planète, si chère à notre cœur, le berceau de notre enfance, et le premier monument des complaisances paternelles du Créateur à l'égard de l'homme. Nous n'y découvrirons point sans surprise les différentes révolutions que ce petit globe a subies avant de revêtir la forme actuelle, et nous y suivrons à l'œil celles qu'il est appelé à subir dans la durée des siècles; mais ce qui épuisera notre admiration et notre reconnaissance, ce seront les merveilles de cette grande rédemption, qui renferme encore tant de choses au-dessus de notre faible portée, qui ont été l'objet de l'exacte recherche et de la profonde méditation des prophètes, et dans lesquelles les anges désirent de voir jusqu'au fond. Un mot de cette page nous tracera aussi notre propre histoire et nous développera le pourquoi et le comment de ces calamités, de ces épreuves, de ces privations qui exercent souvent ici-bas la patience du juste, épurent son âme, rehaussent ses vertus, ébranlent et terrassent les faibles. Parvenus à ce degré si supérieur de connaissances, l'origine du mal physique et du mal moral ne nous embarrassera plus : nous les envisagerons distinctement dans leur source et dans leurs effets les plus éloignés, et nous reconnaîtrons avec évidence que tout ce que Dieu avait fait était bon.

« Nous n'observons sur la terre que des effets, nous ne

les observons même, que d'une manière très-superficielle ; toutes les causes nous sont voilées : alors nous verrons les effets dans leurs causes, les conséquences dans leurs principes, l'histoire des individus dans celle de l'espèce, l'histoire de l'espèce dans l'histoire du globe, cette dernière dans celle des mondes, etc. Présentement nous ne voyons les choses que confusément et comme par un verre obscur ; mais alors nous verrons face à face, et nous connaîtrons en quelque sorte comme nous avons été connus ; enfin, parce que nous aurons des connaissances incomparablement plus complètes et plus distinctes de l'ouvrage, nous en acquerrons aussi de beaucoup plus profondes des perfections de l'ouvrier. Et combien cette science, la plus sublime, la plus vaste, la plus désirable de toutes, ou plutôt la seule science, se perfectionnera-t-elle sans cesse par un commerce plus intime avec la source éternelle de toute perfection! Je n'exprime point assez, je ne fais que bégayer ; les termes me manquent ; je voudrais emprunter la langue des anges. S'il était possible qu'une intelligence finie épuisât jamais l'univers, elle puiserait encore d'éternité en éternité dans la contemplation de son auteur de nouveaux trésors de vérité, et, après mille myriades de siècles consumés dans cette méditation, elle n'aurait qu'effleuré cette science, dont la plus élevée des intelligences ne possède peut-être que les premiers rudiments. Il n'y a de vraie réalité que dans celui qui est ; car tout ce qui est, est par lui ; avant que d'être hors de lui il n'y a qu'une seule existence, parce qu'il n'y a qu'un seul être dont l'essence soit d'exister, et que tout ce qui porte le nom impropre d'être était resté renfermé dans l'existence nécessaire comme la conséquence dans son principe [1]. »

L'auteur d'un essai estimable et consciencieux, *La vie future prouvée par les œuvres de la nature et les*

---

[1]. *Palingénésie philosophique.* In-8, Genève, 1770, t. II, p. 427 et suiv.

observations de la science[1], le docteur J. B. R. Picard, s'exprime en ces termes, à propos du Soleil :

« Le Soleil, ce grand ministre de la Divinité qui opère sous nos yeux tant de miracles auxquels on ne s'arrête pas du tout, cet astre si imposant, si majestueux, qui éclaire, échauffe, anime tout, et dont la présence fait la joie de tous les êtres, est regardé comme une masse de matière se mouvant sans conscience! Si le Soleil ne pense pas, Dieu ne pense pas non plus, parce que le Soleil, qui n'est pas la Divinité, doit en être la plus belle image.

« Charron disait que le Soleil était son Dieu visible, et le P. Malebranche, ce savant ecclésiastique, s'exprime ainsi dans sa *Recherche de la vérité* : « Puisque Dieu a fait part au
« Soleil de sa puissance et de sa gloire, qu'il l'a environné
« d'éclat et de majesté, qu'il l'a établi le souverain de tous
« ses ouvrages, et que c'est par l'influence de ce grand astre
« que nous recevons tous les biens nécessaires à la vie,
« pourquoi n'emploierions-nous pas une partie de cette vie
« à nous réjouir à sa lumière et à lui témoigner le sentiment
« que nous avons de sa grandeur et de ses bienfaits? Ne
« serait-ce pas la dernière des ingratitudes de recevoir de
« cette excellente créature l'abondance de toutes choses et de
« n'avoir pour elle aucun sentiment de reconnaissance? Et
« ne serait-ce pas un aveuglement et une stupidité effroyables
« de n'avoir aucun mouvement de respect et de crainte pour
« celui dont l'absence nous glace et nous tue? »

« Si, au lieu de se montrer comme un globe de feu, le Soleil avait paru comme un grand corps avec une tête et des membres, les hommes ne lui auraient certainement pas refusé l'intelligence. Est-ce à dire que le Soleil ne peut penser, parce qu'il n'a ni bras ni jambes, qu'il n'a pas d'organes comme nous, qu'il n'est pas soumis à toutes nos incommodités, qu'il se meut toujours et ne dort jamais? Les anciens philosophes pensaient que les astres étaient d'une nature bien supérieure à la nature humaine; ils en avaient fait des

---

1. Brochure in-8°, Paris, 1861, chez Mallet-Bachelier, p. 74-75.

divinités. Keppler, et bien d'autres avec lui, ont dit que les corps célestes étaient de grands animaux. Si l'on rit aujourd'hui de ces hommes qui ont accordé l'intelligence aux astres, si les partisans de l'attraction ne voient dans le ciel que des mouvements purement mécaniques que l'on peut calculer, pourquoi cette *mécanique*, si bien expliquée, laisse-t-elle encore tant de choses inexplicables ? Quelle est la *mécanique* qui régit les phénomènes atmosphériques et que les plus sagaces n'ont encore pu définir ? J'honore infiniment le mérite transcendant de l'illustre Laplace, mais je crois qu'en écrivant sa *Mécanique céleste* il aurait pu accorder quelque chose aux astres, au moins un mouvement propre. Il a fait des calculs exacts. Il a résolu de nombreux problèmes, cela est incontestable ; mais Laplace, pas plus que les autres astronomes, physiciens et géomètres, n'a pu dire d'où dépendaient ces variations si extraordinaires et si inattendues des phénomènes de l'atmosphère, et cela, par la raison qu'on n'a pas voulu accorder aux corps célestes un instinct quelconque, même le plus obscur. »

Nous ne terminerons pas ce chapitre sans faire remarquer que les déductions de la science concernant le rôle souverain du Soleil dans l'économie générale de la nature, sont en parfait accord avec les conceptions religieuses des plus anciens peuples. Le culte du feu a régné de temps immémorial en Asie, et surtout dans l'ancienne Perse, chez ces *Aryas* ou *Aryens*, qui, partant du Caucase et des rives de la mer Caspienne, vinrent les premiers occuper l'Europe, et devinrent la souche de la race caucasique. L'adoration du feu fut la première religion de l'Asie ancienne. M. Burnouf, dans ses *Études sur la science des religions*, a mis ce fait en évidence. Nous citerons quelques passages de cet ouvrage du savant orientaliste :

« En regardant autour d'eux, dit M. Burnouf, les hommes

d'alors (les Aryas) s'aperçurent que tous les mouvements des choses inanimées qui s'opèrent à la surface de la Terre procèdent de la chaleur, qui se manifeste elle-même, soit sous la forme du feu qui brûle, soit sous la forme de la foudre, soit enfin sous celle du vent; mais la foudre est un feu caché dans le nuage et qui s'élève avec lui dans les airs; le feu qui brûle est, avant de se manifester, renfermé dans les matières végétales qui lui serviront d'aliment; enfin le vent se produit quand l'air est mis en mouvement par une chaleur qui le raréfie ou qui le condense en se retirant. A leur tour les végétaux tirent leur combustibilité du Soleil, qui les fait croître en accumulant en eux sa chaleur, et l'air est échauffé par les rayons du Soleil; ce sont ces mêmes rayons qui réduisent les eaux terrestres en vapeurs invisibles, puis en nuages portant la foudre. Les nuées répandent la pluie, font les rivières, alimentent les mers, que les vents agités tourmentent. Ainsi toute cette mobilité qui anime la nature autour de nous est l'œuvre de la chaleur, et la chaleur procède du Soleil, qui est à la fois « le voyageur céleste » et le moteur universel.

« La vie aussi leur parut étroitement liée à l'idée de feu.... Le grand phénomène de l'accumulation de la chaleur solaire dans les plantes, phénomène que la science a depuis peu mis en lumière, fut aperçu de très-bonne heure par les anciens hommes; il est plusieurs fois signalé dans le Véda en termes expressifs.... Quand ils allumaient le bois du foyer, ils savaient qu'ils ne faisaient que le « forcer » à rendre le feu qu'il avait reçu du Soleil. Quand leur attention se porta sur les animaux, l'étroit lien qui unit entre elles la chaleur et la vie leur apparut dans toute sa force : la chaleur entretient la vie; ils ne trouvaient pas d'animaux vivants chez qui la vie existât sans la chaleur; ils voyaient au contraire l'énergie vitale se déployer dans la proportion où l'animal participait à la chaleur et diminuer avec elle.... La vie n'existe et ne se perpétue sur la terre qu'à trois conditions : c'est que le feu pénètre les corps sous ses trois formes, dont une réside dans les rayons du Soleil, une autre dans les aliments ignés, et la troisième dans la respiration, qui est l'air renouvelé par le mouvement. Or, ces deux dernières procèdent chacune à sa manière du Soleil (*Sûria*). Son feu céleste est donc le moteur universel et le père de la vie : celui qu'il engendra le premier, c'est le feu d'ici-bas (*agni*), né de ses rayons, et son second coopérateur éternel est l'air mis en mouvement, qu'on appelle aussi le vent ou l'esprit (*vâyu*) [1].

Le culte du Soleil est encore répandu aujourd'hui chez toutes les tribus nègres qui habitent l'intérieur de l'Afrique : on peut même dire que c'est là toute la religion des sauvages africains, et cette religion a existé chez eux de tout temps.

Les anciens habitants du Nouveau Monde n'avaient d'autre culte que celui du Soleil. Cela est parfaitement établi pour les peuplades indiennes dont on possède encore les archives historiques, comme les *Aztèques* ou anciens habitants du Mexique et les *Incas* ou anciens Péruviens. Manco Capac, qui subjugua le Pérou et lui imposa ses lois, passait pour le fils du Soleil.

Tous ces peuples primitifs, dont les coutumes remontent à l'origine de l'humanité, quand ils rendaient leurs hommages religieux au Soleil, à l'astre-roi, n'obéissaient-ils pas à une mystérieuse intuition, à une voix secrète de la nature ?

Quoi qu'il en soit, il est bien remarquable que les conceptions religieuses des peuples les plus anciens soient dans une harmonie aussi complète avec les déductions les plus récentes et les plus autorisées de la science moderne.

---

1. *Revue des Deux-Mondes*, 15 avril 1868.

CHAPITRE X.

Quels sont les rapports qu'entretiennent avec nous les êtres surhumains ?

Après avoir tracé le tableau des transmigrations des âmes qui, parties de l'homme, aboutissent, selon nous, au sublime séjour des espaces solaires, nous reviendrons à l'être surhumain, pour rechercher si cet être qui succède immédiatement à l'homme, qui est un homme ressuscité, incarné dans un corps nouveau, et vivant dans les plaines de l'éther, peut se mettre en rapport avec les habitants de la Terre, malgré l'immense étendue qui les sépare.

Nous avons déjà essayé (chapitre V) de pénétrer les attributs de l'être surhumain. D'après le nombre et l'étendue des facultés qui nous ont paru lui appartenir, nous ne pouvons hésiter à accorder à cet être puissant le pouvoir de communiquer avec notre Terre, et d'y exercer une certaine influence.

Mais comment et par quel moyen peut s'établir une pareille communication? De quels agents faut-il supposer l'existence, pour que des êtres flottant bien au delà de notre atmosphère, au milieu des espaces éthérés, puissent produire une impression ici-bas? De quel télégraphe électrique transcendant, de quel merveilleux et céleste téléphone l'être surhumain peut-il faire usage? Voilà ce que nous ignorons absolument; mais le fait même de la communication entre ces êtres et notre globe nous paraît certain. Et voici sur quels motifs notre conviction se fonde.

Adressons-nous d'abord au sentiment populaire. Comme nous l'avons déjà dit, nous ne craignons pas d'invoquer les préjugés et les opinions vulgaires, parce qu'ils sont presque toujours l'expression de quelque grande vérité morale. Des observations mille et mille fois répétées, des traditions transmises d'une génération aux générations suivantes, et qui ont résisté, sans s'altérer ni se détruire, au contrôle du temps, ne peuvent tromper. Seulement, comme le peuple, au sein duquel s'est formée et conservée cette tradition, manque de lumières, il traduit ses observations sous une forme grossière. Mais sachez dépouiller les croyances vulgaires de leur enveloppe matérielle, et vous trouverez au fond une vérité certaine.

Qu'est-ce que les *revenants*, dont l'idée est si fortement enracinée dans l'imagination de beaucoup de peuples civilisés ? Arrachez l'absurde drap blanc, ainsi que la forme humaine que prête aux revenants la naïve superstition des campagnes, et vous trouverez là l'idée de la communication de l'âme des morts avec les vivants, c'est-à-dire la pensée que nous essayons de revêtir ici d'une forme scientifique.

Ce même préjugé populaire des revenants, on le retrouve agrandi et devenu le partage de gens en apparence éclairés, mais, au fond, tout aussi ignorants en philosophie que les simples habitants des campagnes, et de plus, livrés à un mysticisme qui aveugle leur esprit et en exclut tout raisonnement. Nous voulons parler des *spirites*.

On appelle *spirites* les partisans d'une superstition nouvelle qui prit naissance en Amérique et en Europe, vers l'année 1855, à la suite de la maladie morale des *tables tournantes*. Ces bonnes gens s'imaginent pouvoir, à leur volonté et selon leur caprice, faire descendre sur la terre les âmes des morts, celles des grands hommes ou celles de leurs proches et de leurs amis. Ils évoquent l'âme de Socrate ou de Confucius, aussi bien que celles de leurs parents défunts ; et ils s'imaginent naïvement qu'à leur appel, ces âmes viennent converser avec eux. Un individu, que l'on nomme *médium*, est l'intermédiaire entre l'évocateur et l'âme évoquée. Le médium, sous l'influence d'une hallucination qui lui est habituelle et dont il n'a pas conscience, écrit sur le papier les réponses que fait l'âme évoquée, ou plutôt il écrit tout ce qui passe par sa pauvre tête, s'imaginant, de bonne foi, transmettre les réponses venues de l'autre monde. Les gens qui l'écoutent acceptent comme des révélations d'outre-tombe ce qui n'est que la pensée pure et simple de l'ignorant médium [1].

---

1. Voir notre ouvrage *Histoire du merveilleux dans les temps modernes*. (Tome IV°. *Les médiums et les esprits*.)

Il y a dans le spiritisme une idée vraie et respectable, c'est la possibilité pour l'homme, de se mettre en rapport avec les âmes des morts ; mais les moyens grossiers que mettent en œuvre les partisans de cette doctrine mystique, portent tout homme éclairé et raisonnable à répudier toute solidarité avec eux. Nous ne consentons à mentionner le spiritisme dans cet ouvrage que comme étant une expression plate et bourgeoise du préjugé populaire des revenants. Il a sans doute de plus hautes prétentions, mais nous ne saurions lui accorder autre chose, par respect pour la science et la raison.

Le fait des communications des êtres surhumains avec les habitants de la terre, devant paraître au lecteur, sinon prouvé, du moins acceptable, nous recherchons maintenant comment peuvent s'établir les rapports entre ces êtres surhumains et les hommes qui vivent sur la Terre ou dans les autres planètes.

Il nous semble que c'est surtout pendant l'état de sommeil, et par l'intermédiaire du rêve, que s'établit cette communication, et voici pourquoi. Le sommeil état physiologique si curieux et encore si mal expliqué, est cette situation de notre être pendant laquelle une partie de nos fonctions, celles qui établissent nos rapports avec le monde extérieur, sont abolies, tandis que l'âme conserve une partie de son activité. Pendant cet état, le corps étant frappé d'une espèce de mort, l'âme, au contraire, continue souvent d'agir, de sentir, et de se manifester par le phénomène du rêve. Or, chez l'être surhumain, la partie spirituelle, l'âme, domine de beaucoup sur la partie matérielle. L'être surhumain est, pour ainsi dire, tout intelligence. L'homme, quand il est à l'état de sommeil et de rêve, se rapproche donc davantage de l'être surhumain que quand il est à l'état de veille ; il y a alors entre eux plus de ressemblance, plus d'affinité naturelle. Par conséquent, les communications peuvent mieux s'établir entre ces deux êtres rapprochés par l'analogie d'état.

Il y a dans le langage une expression qui a sa raison logique, qui est le résultat d'observations nombreuses et répétées. On dit : *La nuit porte conseil*. Cela ne veut-il pas dire que c'est pendant la nuit que nous recevons les communications secrètes et les salutaires conseils de ces êtres invisibles et aimés qui veillent sur nous et qui nous soufflent les inspirations de leur suprême sagesse ? Ce qu'il y a de certain, c'est qu'ayant une décision à prendre, une pensée à découvrir, il arrive souvent que l'on s'endorme au milieu des perplexités et de l'incertitude, et que le lendemain on se réveille ayant parfaitement arrêté sa décision, sa pensée. C'est ce qu'exprime cette locution : *La nuit porte conseil*.

L'Antiquité et le Moyen âge accordaient une importance extraordinaire aux songes. On les considérait comme les œuvres ou les avertissements de Dieu : de là l'importance que l'on mettait à les expliquer. « Pendant le sommeil, dit Tertullien, nous sont révélés les honneurs qui attendent les hommes ; pendant le sommeil, des remèdes sont indiqués, des larcins dévoilés, des trésors découverts [1]. »

1. *Liber de animâ*, ch. XLVI.

Les *visions* ont joué un grand rôle chez les chrétiens, dans le Moyen âge. C'était pendant le sommeil que les saints, les inspirés, les dévots, recevaient les communications d'un ordre extraordinaire.

Nous sommes loin de prétendre toutefois, que ce soit uniquement pendant le sommeil et les rêves que nous puissions ressentir la présence et l'influence des êtres surhumains. Il est peu de personnes qui n'aient éprouvé, pendant l'état de veille, ce genre d'influence sans s'en rendre compte. On ressent comme une douce et légère impression, un sorte de poussée mystérieuse et vague, qui vient exciter dans notre esprit une résolution imprévue, une inspiration soudaine, une suggestion inespérée.

Il faut nous hâter d'ajouter que tous les hommes ne sont pas aptes à recevoir ces mystérieuses impressions. L'être surhumain ne peut se manifester qu'à ceux qu'il aime et qui ont pour lui le culte du souvenir, à ceux qu'il veut protéger et défendre contre les embûches et les difficultés de la vie terrestre. C'est une mère ou un père qui, ravis par la mort à l'affection filiale, viennent parler à l'âme de celui qui est resté sur la terre et qui les pleure. C'est un fils arraché, dès l'aurore de la vie, à la tendresse de ses parents, qui vient les consoler de sa perte, les éclairer de ses conseils, leur fournir, par l'inspiration de sa haute sagesse, les moyens de soutenir les épreuves de la vie d'ici-bas. Ce sont deux amis qui se retrouvent, malgré la barrière du tombeau. Ce sont deux amants que la mort sépara et qui se rejoignent. C'est la femme adorée que le trépas a ravie à l'époux infortuné et qui se révèle à son cœur, Alors renaissent tous les sentiments d'affection mutuelle qui existaient entre eux. La mort, qui a paru trancher les liens de ces âmes, ne fait que les voiler aux yeux indifférents ou étrangers. La mort est vaincue, son fantôme est terrassé, et l'on peut s'écrier, avec le prophète de l'Écriture : « *O mort, où est ton aiguillon ? O sépulcre, où est ta victoire ?* »

Toutefois, pour recevoir ces précieuses communications, l'homme doit être pourvu d'une âme noble et pure, et il doit avoir conservé le culte de ceux qu'il a perdus. La mère qui a montré de l'indifférence pour son enfant, pendant sa vie, ou qui a perdu vite son souvenir après sa mort, ne peut prétendre aux manifestations secrètes de celui pour qui elle ne ressentait qu'une insuffisante tendresse. L'ami qui a laissé échapper de son cœur l'image de celui qui a été enlevé par la mort, doit renoncer à ces manifestations précieuses. Bien plus, et quels que soient l'affection et le souvenir qu'il conserve des êtres qu'il a perdus, l'homme livré à des instincts grossiers et bas, à des inclinations perverses, ne saurait se flatter de recevoir ce genre de communications. Une créature vraiment noble et pure peut seule correspondre avec ces êtres privilégiés.

Il est dans nos cœurs une force morale qu'aucune philosophie n'a pu expliquer, qu'aucune science n'a pu analyser : c'est ce qu'on appelle la *conscience*. La conscience est une lumière sacrée qui brille au dedans de nous, sans que rien puisse jamais l'étouffer, l'offusquer ni l'éteindre, et qui a le pouvoir de nous éclairer avec certitude dans toutes les occasions de la vie. *La conscience est vraiment infaillible.* Malgré tout, en dépit de nos intérêts, apparents ou réels, en tout temps et en tous lieux, parlant au grand comme au petit, au puissant comme au faible, elle nous fait toujours discerner le bien du mal et la voie honnête et juste de la mauvaise voie. La conscience n'est, selon nous, que l'impression que nous transmet un être qui nous fut cher, et que la mort nous a ravi. C'est un parent, un ami, qui a quitté la terre, et qui daigne se révéler à nous, pour nous diriger dans nos actes, pour nous tracer la meilleure route et travailler à notre bonheur

Il existe des hommes pervers, lâches, bas et menteurs. On dit de ces hommes, qu'*ils n'ont aucune conscience.* Il sont, en effet, sans lumière intérieure ; ils ne savent pas distinguer le bien du mal ; le sens moral leur manque. C'est qu'ils n'ont aimé personne, et que leur âme, basse et vile, n'est digne d'être visitée par aucun de ces êtres supérieurs qui ne se manifestent qu'aux hommes qui leur ressemblent, ou qui les ont aimés. Un homme *sans conscience* est donc celui qui, par l'essence vicieuse de son âme, s'est rendu indigne des conseils suprêmes et de la protection de ceux qui ne sont plus.

Mais on s'aperçoit peut-être que cette idée d'un suprême et invisible protecteur de l'homme, qui dirige son cœur et éclaire sa raison, a déjà été formulée par la religion chrétienne, qui l'avait puisée dans l'Écriture sainte. C'est l'*ange gardien*, type mystérieux, poétique et charmant, séraphique créature que Dieu charge de veiller sur le chrétien, pour le prémunir contre toute embûche, pour le diriger sans cesse dans les voies de la sainteté et de la vertu. Nous signalons cette concordance sans l'avoir recherchée. Nous enregistrons, en effet, nos idées telles qu'elles se déduisent logiquement les unes des autres et sans aucun parti pris. Et quand nous nous trouvons amené à tomber dans un dogme de la religion chrétienne, nous sommes heureux de noter cette concordance.

Nous engageons les personnes qui viennent de lire ces dernières pages, à s'interroger elles-mêmes, à réunir leurs souvenirs, à réfléchir sur ce qui s'est passé autour d'elles, et nous sommes convaincu qu'elles découvriront ainsi bien des faits en harmonie avec ce que nous avançons. Le phénomène moral des impressions des morts sur l'esprit des vivants qui les ont aimés et qui ont le culte de leur mémoire, ce phénomène est une de ces vérités que chacun possède par intuition, pour ainsi dire, et dont il reconnaît toute la vérité quand il la trouve nettement formulée et mise en évidence. Nous ne saurions nous substituer à nos lecteurs pour évoquer les faits de ce genre qui peuvent leur être connus; nous ne pouvons que rapporter ceux qui sont venus à notre propre connaissance. Les voici en peu de mots.

Un Italien de nos amis, le comte de B..., a perdu sa mère, il y a déjà près de quarante ans. Il nous a assuré qu'il n'a pas manqué un seul jour d'être en communication avec elle. Il ajoute que c'est à l'influence constante, aux avis secrets qu'il reçoit de sa mère défunte, qu'il a dû la bonne direction qu'il a donnée à sa vie, à ses travaux, à sa carrière, et le bonheur qui a toujours présidé à ses entreprises.

Le docteur V..., matérialiste déclaré, et qui, selon le terme consacré, *ne croit à rien*, croit pourtant à sa mère. Comme le comte de B..., il l'a perdue de bonne heure, et il n'a jamais cessé de sentir sa présence. Il nous disait qu'il est plus souvent avec sa mère morte, qu'il n'était avec sa mère vivante. Cet apôtre déclaré du matérialisme médical, a, sans s'en douter, des entretiens avec une âme envolée.

Un journaliste célèbre, M. R..., a perdu un fils de vingt-quatre ans, esprit charmant et doux, écrivain et poëte. M. R... a, chaque jour, une conversation intime avec ce fils qu'il a perdu. Un quart d'heure de recueillement solitaire lui permet de se retrouver en commerce direct avec l'être enlevé à sa tendresse.

M. L..., avocat, entretient les mêmes relations constantes avec l'âme envolée d'une sœur, qui réunissait, à son dire, toutes les perfections humaines, et qui ne manque jamais d'éclairer utilement son frère dans toutes les difficultés, grandes ou petites, de la vie.

Une autre considération viendra à l'appui de l'idée qui nous occupe. On a remarqué que les artistes, les écrivains, les penseurs, après la perte d'un être chéri, ont vu s'accroître leurs facultés, leurs inspirations, leurs talents. On dirait que les facultés intellectuelles de celui qu'ils ont perdu sont venues s'ajouter à leurs propres facultés et doubler leur génie.

Je connais un financier très-admiré pour ses capacités en affaires. Quand une difficulté le surprend, il s'arrête, sans se donner la peine de se fatiguer à la recherche de la solution. Il attend, et sait bien que l'idée qui lui manque viendra sans qu'il s'en doute. Et, soit au bout de quelques jours, soit au bout de quelques heures, l'idée attendue lui arrive, en effet, spontanément. Cet homme heureux et admiré a éprouvé une des plus grandes douleurs que le cœur puisse ressentir : il a perdu un fils unique, âgé de dix-sept ans, en qui se résumaient toutes les qualités de l'âge mûr et toutes les grâces de la jeunesse. Tirez vous-même, lecteur, la conclusion.

Ce dernier exemple que nous venons de citer peut nous instruire sur une particularité des manifestations supérieures que nous étudions. Nous venons de dire qu'il faut quelquefois un certain temps, quelques jours par exemple, pour que ces manifestations se produisent. C'est que l'être surhumain à qui elles sont dues, a certainement beaucoup de difficultés à se mettre ainsi en rapport avec les habitants de notre globe. Il y a souvent sur la terre plus d'un être qu'il aime et qu'il veut protéger, et il ne peut être en même temps en deux lieux différents. Nous supposons même que les difficultés que les êtres surhumains ressentent à se mettre en rapport avec nous, jointes au spectacle des souffrances et des malheurs qui accablent leurs amis d'ici-bas, sont les causes des seules douleurs qu'ils éprouvent dans leur existence, si merveilleusement heureuse à d'autres égards. C'est que le bonheur absolu n'existe en aucun point du monde, et que la destinée peut encore verser une goutte de fiel et un fond d'amertume dans la coupe de félicités que vident, au milieu de leur céleste domaine, les habitants de l'éther.

Les personnes qui reçoivent les communications des morts ont fait une remarque qu'il faut consigner ici : c'est que ces communications cessent quelquefois tout d'un coup. Une comédienne célèbre, morte à Nice en 1872 (Mme Volnys, du Gymnase), avait une communication évidente avec une personne qu'une mort tragique lui avait enlevée. Elle vit ses communications s'arrêter brusquement. L'âme du mort regretté l'avertit de cette prochaine cessation de rapports. La raison qu'elle en donna nous explique pourquoi ces rapports ne peuvent toujours se maintenir. L'être surhumain qui était en rapport avec la personne terrestre, était déjà monté en grade dans la hiérarchie céleste; il avait accompli une métamorphose, et déjà il ne pouvait plus correspondre avec la terre.

Sans multiplier davantage ces considérations, nous ajouterons que chez nos paysans français l'entretien avec les morts est dans les habitudes générales. Dans nos campagnes la mort n'entraîne aucune de ces idées lugubres qu'elle fait naître parmi les citadins. On cultive, on aime la mémoire de ceux qu'on a perdus. On trouve qu'ils sont heureux ceux qu'une faveur de la Providence a enlevés de bonne heure aux malheurs, aux amertumes, aux défaillances et aux chutes de l'existence terrestre. On les interpelle, on les prend à partie, et les morts, reconnaissants de ce pieux souvenir, répondent aux appels naïfs de ces cœurs.

Les Orientaux ont tous cette sereine aspiration

vers la mort, qui est, dans notre Europe, l'apanage exclusif des habitants des campagnes. Les Musulmans aiment à invoquer, à éveiller partout l'idée de la mort. On connaît le mélancolique proverbe des Arabes : « Il vaut mieux être assis que debout; il vaut mieux être couché qu'assis; il vaut mieux être mort que vivant! »

Nous avons déjà fait connaître les vues de Charles Bonnet, le premier des naturalistes qui ait pressenti la doctrine de la pluralité des existences humaines au delà de cette terre. Nous citerons ici un autre naturaliste philosophe, contemporain de Charles Bonnet, et qui a défendu la même doctrine avec un grand talent. Dupont de Nemours, dans son ouvrage *Philosophie de l'univers*, s'exprime en ces termes au sujet des communications qui peuvent s'établir entre nous et les êtres supérieurs, invisibles habitants des autres mondes, qu'il appelle des *anges* ou des *génies*.

« Pourquoi, dit Dupont de Nemours[1], n'avons-nous aucune connaissance évidente de ces êtres dont la convenance, l'analogie, la nécessité dans l'univers frappent la réflexion, qui peut seule nous les indiquer? de ces êtres qui doivent nous surpasser en perfections, en facultés, en puissance, autant que nous surpassons les animaux de la dernière classe et les plantes? qui doivent avoir entre eux une hiérarchie aussi variée, aussi graduée que celle que nous admirons entre les autres êtres vivants et intelligents que nous primons et qui nous sont subordonnés? dont plusieurs ordres peuvent être nos compagnons sur la terre, comme nous

1. Cité par Pezzani, *Pluralité des existences de l'âme*, pages 206-210.

sommes ceux des animaux qui, privés de vue, d'ouïe, d'odorat, de pieds, de mains, ne savent qui nous sommes au moment même où nous en faisons le bonheur ou le malheur? dont quelques autres peut-être voyagent de globe en globe, ou, de plus relevés encore, d'un système solaire à l'autre, plus aisément que nous n'allons de Brest à Madagascar?

« C'est que nous n'avons pas les organes et les sens qu'il nous faudrait pour que notre intelligence communiquât avec eux.

« C'est ainsi que les mondes embrassent les mondes et que sont classifiés les êtres intelligents, tous composés d'une matière que Dieu a plus ou moins richement organisée et vivifiée.

« Telle est la vraisemblance, et parlant à des esprits vigoureux qui ne plient pas devant les conceptions fortes, j'oserai dire que telle est la réalité.

« L'homme est capable de calculer qu'il a souvent intérêt à être utile aux autres espèces; et, ce qui vaut mieux encore, ce qui est plus moral et plus aimable, il l'est de leur rendre service pour sa propre satisfaction, sans autre motif que le plaisir qu'il y trouve.

« Eh bien! ce que nous faisons pour nos frères cadets, nous qui n'avons qu'une intelligence très-médiocre, et qu'une bonté très-limitée, les génies, les anges (permettez-moi d'employer des noms en usage pour désigner des êtres que je devine et que je ne connais pas), ces êtres, qui valent beaucoup mieux que nous, doivent le faire, et vraisemblablement le font pour nous, avec plus de bienfaisance, de fréquence et d'étendue dans les occasions qui les touchent.

« Nous savons parfaitement qu'il y a des intelligences, et peu nous soucie qu'elles soient, si l'on veut, formées d'une sorte de matière, composées d'un mélange ou sans mélange. Leur quotité d'intelligence est très-brillante, très-remarquable, très-démontrée, très-évidente; elle tranche vivement avec les propriétés mesurables, pondérables, calculables, analysées de la matière inanimée.

« Pour comprendre quelle peut être dans le monde et sur

nous l'action des intelligences surhumaines qui ne sauraient nous être connues que par l'induction, le raisonnement, la comparaison de ce que nous sommes à d'autres animaux, même assez intelligents, servis par nous avec efficacité et qui n'ont pas de nous la moindre idée, il faut pousser plus loin l'analogie.

« Ces intelligences ne sont au-dessus de nous et hors de la portée de nos sens que parce qu'elles sont douées d'un plus grand nombre de sens, et d'une vie plus développée et plus active. Ce sont des êtres qui valent mieux que nous et qui ont beaucoup plus d'organes et de facultés; ils doivent donc, en déployant leurs facultés disponibles suivant leur volonté, de même que selon notre volonté nous employons les nôtres, pouvoir disposer, travailler, manœuvrer la matière inanimée, et agir ainsi, tant entre eux que sur les êtres intelligents qui leur sont inférieurs, avec beaucoup plus d'énergie, de rapidité, de lumière et de sagesse que nous ne le faisons, nous qui cependant le faisons pour les bêtes qui nous sont subordonnées. Il est donc conforme à la marche et aux lois de la nature que les intelligences supérieures puissent ainsi, quand il leur plaît, nous rendre les services à la fois les plus importants et les plus ignorés.

« ..... Ces protecteurs inconnus qui nous observent et que nous n'apercevons pas, n'ont pas nos imperfections, et doivent mettre encore plus de prix à ce qui est beau et bien en soi-même.

« Nous ne pouvons donc espérer de plaire aux intelligences d'un grade supérieur par les actes que l'homme même trouverait odieux. Nous ne pouvons pas nous flatter davantage de les tromper comme les hommes par un extérieur hypocrite, qui ne fait que rendre le crime plus méprisable. Elles peuvent être instruites de nos soliloques, peut-être même de ceux qui ne sont point parlés. Nous ignorons combien elles ont de manières de lire ce qui se passe dans notre cœur, nous dont la misère, la grossièreté, l'ineptie bornent nos moyens de connaître à toucher, voir, entendre, et quelquefois analyser, conjecturer.

« Cette maison, qu'un Romain célèbre voulait faire bâtir,

ouverte à la vue de tous les citoyens, elle existe et nous y logeons. Nos voisins, ce sont les chefs et les magistrats de la grande république, revêtus du droit et du pouvoir de récompenser et de punir même l'intention, qui pour eux n'est pas un mystère. Et ceux qui en pénètrent le plus complétement les moindres variations, les inflexions les plus légères, ce sont les plus puissants et les plus sages.

« Tâchons donc d'avoir, autant qu'il peut dépendre de nous, affaire à ceux par rapport auxquels nous sommes petits, et surtout comprenons notre petitesse. S'il nous importe tant de n'admettre à notre complète amitié, à notre confiance entière, à notre société assidue, que des hommes de la première élite; si la douce lutte d'affection, de zèle, de bonté, de capacité qui se renouvelle sans cesse entre eux et nous, contribue à nous améliorer chaque jour, que ne gagnerons-nous pas à leur donner, pour ainsi dire, des adjoints meilleurs et plus parfaits encore, qui ne soient sujets ni à nos intérêts ignobles, ni à nos passions, ni à nos erreurs, et devant qui nous ne puissions nous empêcher de rougir!

« Ceux-là ne varient pas, ils ne nous abandonnent point, ils ne s'éloignent jamais, nous les trouvons dès que nous sommes seuls. Ils nous accompagnent en voyage, en exil, en prison, au cachot; ils voltigent autour de notre cerveau réfléchissant et paisible.

« Nous pouvons les interroger, et toutes les fois que nous le tentons, on dirait qu'ils nous répondent. Pourquoi ne le feraient-ils pas? Nos amis absents nous rendent bien un pareil service, mais seulement ceux de nos amis qui nous inspirent un grand respect. Nous pouvons même éprouver quelque chose de semblable d'un personnage imaginaire, s'il se présente à nous comme réunissant beaucoup de qualités héroïques et bonnes. Combien de fois dans les occasions épineuses, au milieu du combat des passions diverses, ne me suis-je pas dit : Que ferait en ce cas Charles Grandisson? que penserait Quesnay? qu'approuverait Turgot? que me conseillerait Lavoisier? qui est-ce qui pourra plaire à sa vertueuse compagne? comment aurai-je le suffrage des anges? quelle action sera le plus conforme à l'ordre, aux lois, aux vues bienfaisantes du roi majestueux et sage de l'univers? Car on peut ainsi porter jusqu'à Dieu l'invocation salutaire et pieuse, l'hommage, les élans d'une âme avide de bien faire et soigneuse de ne pas s'avilir. »

Le médecin suisse Lavater, l'auteur des *Essais physiognomoniques*, n'était pas un homme ordinaire. On lui a reproché seulement une certaine disposition à l'amour du merveilleux, qui le rendait accessible aux plus enthousiastes conceptions. Tenons compte de cette disposition naturelle de Lavater, mais enregistrons ici les vues qu'il a formulées touchant les rapports que peuvent avoir avec nous les êtres qui habitent un monde invisible.

On a publié à Saint-Pétersbourg, en 1868, des *Lettres inédites* adressées par Lavater à l'impératrice de Russie, en 1798, et qui renferment l'exposé des opinions du médecin de Zurich sur l'état de l'âme après la mort, et sur la manière dont les êtres invisibles peuvent communiquer avec nous. Ces lettres ont été traduites en français, et publiées sous ce titre : *Correspondance inédite de Lavater avec l'impératrice Marie de Russie sur l'avenir de l'âme*[1].

Dans les deux premières lettres Lavater expose, sur l'état de l'âme après la mort, des idées qui ne s'éloignent pas trop de celles que nous avons développées dans le chapitre V^e de cet ouvrage. Dans la dernière de ces lettres, Lavater suppose qu'un habitant du monde invisible écrit à un ami laissé sur la terre,

---

1. Paris, 1868, chez Lacroix et Verboeckhoven. Brochure de 32 pages.

pour l'instruire de la manière dont se fait la communication entre notre monde et le monde invisible. Cette lettre prouve, comme le remarque l'éditeur français, « que la croyance à la possibilité des rapports entre le monde spirituel et le monde matériel germait en Europe dès la fin du dernier siècle. »

Voici quelques extraits de la *Lettre du défunt à son ami* :

« Mes rapports avec toi ne sont basés que sur ton amour. Cette sagesse, cet amour personnifiés, nous poussent souvent, moi et mes mille fois mille convives, d'une félicité qui devient continuellement plus élevée et plus enivrante, vers les hommes encore mortels, et nous font entrer avec eux dans des rapports certainement agréables pour nous, quoique bien souvent obscurcis et pas toujours assez purs et saints. Prends de moi quelques notions au sujet de ces rapports.

« Je ne sais comment je parviendrai à te faire comprendre cette grande vérité, qui probablement t'étonnera beaucoup malgré sa réalité, c'est que : *notre propre félicité dépend souvent, relativement bien entendu, de l'état moral de ceux que nous avons laissés sur la terre et avec lesquels nous entrons dans des rapports directs.*

« Leur sentiment religieux nous attire ; leur impiété nous repousse.

« Nous nous réjouissons de leurs pures et nobles joies, c'est-à-dire de leurs joies spirituelles et désintéressées. Leur amour contribue à notre félicité ; aussi nous ressentons, sinon un sentiment pareil à la souffrance, au moins un décroissement de plaisir, quand ils se laissent ASSOMBRIR par leur sensualité, leur égoïsme, leurs passions animales ou l'impureté de leurs désirs.

« Mon ami, arrête-toi, je t'en prie, devant ce mot : *assombrir*.

« Toute pensée divine produit un rayon de lumière qui jaillit de l'homme aimant, et qui n'est vu et compris que par les natures aimantes et rayonnantes. Toute espèce d'amour a son rayon de lumière qui lui est particulier. Ce rayon, se réunissant à l'auréole qui entoure les saints, la rend encore plus resplendissante et plus agréable à la vue. Du degré de cette clarté et de cette aménité dépend souvent le degré de notre propre félicité ou du bonheur que nous ressentons de notre existence. Avec la disparition de l'amour, cette lumière s'évanouit, et avec elle l'élément de bonheur de ceux que nous aimons. Un homme qui devient étranger à l'amour *s'assombrit*, dans le sens le plus littéral et le plus positif de de ce mot; il devient plus matériel, par conséquent plus élémentaire, plus terrestre, et les ténèbres de la nuit le couvrent de leur voile. La vie, ou ce qui est la même chose pour nous, l'amour de l'homme, produit le degré de sa lumière, sa pureté lumineuse, son identité avec la lumière, la magnificence de sa nature.

« Ces dernières qualités rendent seules nos rapports avec lui possibles et intimes. La lumière attire la lumière. Il nous est impossible d'agir sur les âmes sombres. Toutes les natures non aimantes nous paraissent sombres. La vie de chaque mortel, sa véritable vie, est comme son amour; sa lumière ressemble à son amour; de sa lumière découle notre communion avec lui et la sienne avec nous. Notre élément, c'est la lumière dont le secret n'est compris d'aucun mortel. Nous attirons et sommes attirés par elle. Ce vêtement, cet organe, ce véhicule, cet élément, dans lequel réside la force primitive qui produit tout, la lumière, en un mot, forme pour nous le trait caractéristique de toutes les natures.

« Nous éclairons dans la mesure de notre amour; on nous reconnaît à cette clarté, et nous sommes attirés par toutes les natures aimables et rayonnantes comme nous. Par l'effet d'un mouvement imperceptible, en donnant une certaine direction à nos rayons, nous pouvons faire naître dans des natures qui nous sont sympathiques des idées plus humaines, susciter des actions, des sentiments plus nobles et plus élevés; *mais nous n'avons le pouvoir de forcer ou de dominer personne, ni d'imposer notre volonté aux hommes dont la volonté est tout à fait indépendante de la nôtre. Le libre ar-*

bitre *de l'homme nous est sacré*. Il nous est impossible de communiquer un seul rayon de notre pure lumière à un homme qui manque de sensibilité. Il ne possède aucun sens, aucun organe pour pouvoir recevoir de nous la moindre chose. Du degré de sensibilité que possède un homme, dépend son aptitude à recevoir la lumière, sa sympathie avec toutes les natures lumineuses, et avec leur prototype primordial. De l'absence de la lumière naît l'impuissance à s'approcher des sources de la lumière, tandis que des milliers de natures lumineuses peuvent être attirées par une seule nature semblable.

« .... Mon bien-aimé, il existe des rapports impérissables entre ce que vous appelez les mondes *visible* et *invisible*, une communauté incessante entre les habitants de la terre et ceux du ciel qui savent aimer, une action bienfaisante réciproque de chacun de ces mondes sur l'autre.

« En méditant et en analysant avec soin cette idée, tu reconnaîtras de plus en plus sa vérité, son urgence et sa sainteté.

« Permets-moi de t'adresser encore quelques paroles de confiance.

« Quand tu te fâches, la lumière qui rayonne de toi, au moment où tu penses à ceux que tu aimes ou à ceux qui souffrent, s'obscurcit, et alors je suis forcé de me détourner de toi, aucun esprit aimant ne pouvant supporter les ténèbres de la colère. Dernièrement encore, je dus te quitter. Je te perdis, pour ainsi dire, de vue, et me dirigeai vers un autre ami, ou plutôt la lumière de son amour m'attira vers lui : il priait, versant des larmes pour une famille bienfaisante, tombée momentanément dans la plus grande détresse et qu'il était hors d'état de secourir lui-même. Oh! comme déjà son corps *terrestre* me parut *lumineux!* ce fut *comme si une clarté éblouissante l'inondait*. Quel bonheur pour moi de pouvoir me plonger dans cette auréole, et, retrempé par cette lumière, être en état d'inspirer à son âme l'espoir d'un secours prochain! Il me sembla entendre une voix, au fond de son âme, lui dire : « Ne crains rien! Crois! tu goûteras la joie de pouvoir soulager ceux pour qui tu viens de prier Dieu. » Il se releva inondé de joie après la prière.

RAPPORTS AVEC LES ÊTRES SURHUMAINS.

« Tu peux juger, par cet exemple, si nous sommes toujours bien instruits de ce que font les amis que nous avons laissés sur la terre, et combien nous nous intéressons à leur état moral; tu dois aussi comprendre maintenant *la solidarité qui existe entre le monde visible et le monde invisible*, et qu'il dépend de vous de nous procurer des joies ou de nous affliger.

« Oh! mon ami, si tu pouvais te pénétrer de cette grande vérité, qu'un amour noble et pur trouve en lui-même sa plus belle récompense; que les jouissances les plus pures, la jouissance de Dieu, ne sont que le produit d'un sentiment plus épuré, tu t'empresserais de t'épurer de tout ce qui est égoïsme [1]. »

---

1. *Correspondance inédite de Lavater*, pages 29-31.

CHAPITRE XI.

Qu'est-ce que l'animal? — L'âme des animaux. — Migrations des âmes à travers le corps des animaux.

Nous avons jusqu'ici laissé les animaux à l'écart de notre plan, bien qu'ils jouent sur la terre, par leur nombre immense, par leur influence sur les milieux qu'ils habitent, un rôle de la plus haute importance. Le moment est venu de dire la place que nous leur assignons dans notre système de la nature.

Les animaux ont-ils une âme? Oui, selon nous, les animaux ont une âme; ils n'en sont pas réduits, comme le voulait Barthez, à la possession d'un principe vital inconscient. Seulement, chez les animaux de toutes les classes, l'âme est loin de jouir du même degré d'activité. Cette activité est tout autre chez le chien que chez le crocodile, chez l'aigle que chez la sauterelle. L'âme n'existe qu'en état de germe dans les animaux inférieurs, les zoophytes et les mollusques ; ce germe se développe et s'amplifie à mesure que les animaux s'élèvent dans la série de la perfection organique.

L'éponge et le corail sont des zoophytes (animaux-plantes). Dans ces êtres, les caractères de l'animalité, bien qu'ils existent très-positivement, sont obscurs et peu discernables. Le mouvement volontaire, qui est le caractère distinctif que l'on invoquait autrefois pour les animaux, leur manque : ils sont immobiles, comme les plantes. Cependant leur nutrition est la même que celle des animaux ; ils appartiennent donc aux animaux. On ne peut toutefois leur accorder une âme complète, mais seulement le germe, le point d'origine d'une âme.

Chez les mollusques (comme les coquillages marins et terrestres, l'huître, le colimaçon, la méduse, etc.), les mouvements et la conduite de la vie sont dictés par la volonté, et cela suffit, selon nous, pour déceler en eux l'existence d'une âme, toutefois d'une âme imparfaite et très-rudimentaire encore.

Chez les animaux articulés, et surtout chez les insectes, la volonté, la sensibilité, les actes qui dénotent un raisonnement, une délibération et une action résultant de la délibération, sont nombreux et se répètent à chaque instant. Ils dénotent une intelligence déjà active.

La petitesse du corps des insectes n'est pas un argument à invoquer contre le fait de leur intelligence. Il n'y a rien de grand et il n'y a rien de petit dans la nature ; la monstrueuse baleine et l'invisible puceron sont égaux devant ses lois ; l'un et l'autre ont reçu en partage le degré d'intelligence qui est en rapport avec ses besoins, et ce n'est pas avec l'échelle des grandeurs qu'il faut mesurer l'étendue de l'esprit chez les créatures vivantes. Personne n'ignore les prodiges d'intelligence que développent les abeilles en société, ainsi que les fourmis, réunies dans leurs campements et leurs retraites. Les mœurs de ces deux espèces d'insectes, qui n'ont été étudiées et mises en évidence que dans notre siècle, sont pour nous un sujet d'étonnement et presque de stupeur. Mais les abeilles et les fourmis ne peuvent constituer une exception dans la classe des insectes. Il est bien probable que dans toute cette classe l'intelligence existe au même degré que chez les abeilles et les fourmis, car on ne voit pas pourquoi deux espèces d'insectes hyménoptères auraient exclusivement ce privilége, les autres espèces du même ordre et les autres ordres de la classe des insectes en étant dépossédés. La vérité est que l'abeille a pu être étudiée d'une manière approfondie, parce que cet insecte est entre nos mains comme objet d'industrie agricole, et que, par conséquent, l'homme avait grand intérêt à découvrir ses mœurs. C'est pour cela que les difficultés qu'offrait l'étude des abeilles ont fini par être surmontées.

Nous pouvons ajouter que l'observateur à qui l'on doit la découverte des mœurs des abeilles, le Génevois Pierre Huber, qui publia ses beaux travaux à la fin du siècle dernier, était aveugle, et qu'il fut forcé d'avoir recours, pour toutes ses observations, aux yeux d'un serviteur illettré (François Burnens). ce qui prouve bien que ce genre d'étude n'était pas absolument difficile.

Les mœurs des autres espèces d'insectes qui nous sont encore inconnues doivent, d'après cela, nous cacher des merveilles tout aussi grandes que celles que les deux Huber nous ont révélées chez les abeilles et les fourmis.

Concluons que les insectes ont une âme, puisque l'intelligence est une des facultés de l'âme.

Nous ferons le même raisonnement pour les poissons, les reptiles et les oiseaux. Dans ces trois classes d'animaux, l'intelligence va en se perfectionnant, la faculté du raisonnement est manifeste, et le degré de l'intelligence paraît marcher progressivement du poisson au reptile et du reptile à l'oiseau.

Les mammifères nous présentent un degré évident d'avancement de l'intelligence sur les classes d'animaux que nous venons de nommer.

Devons-nous pourtant calquer le degré d'intelligence des différents mammifères sur les ordres que les naturalistes ont établis dans cette classe d'animaux? Devons-nous dire que la puissance de l'intelligence croît en suivant la distribution zoologique de Cuvier, c'est-à-dire qu'elle s'élève des cétacés aux carnassiers, des carnassiers aux rongeurs, des rongeurs aux pachydermes, des pachydermes aux ruminants, etc.? Évidemment non. Il serait absurde de décerner aux animaux un diplôme d'esprit calculé sur la place qu'ils occupent dans la classification zoologique. On ne possède aucun moyen assuré pour procéder à une telle appréciation de détail. Nous restons dans les termes d'une thèse philosophique très-acceptable en avançant, d'une manière générale que les facultés intellectuelles des animaux augmentent depuis le mollusque jusqu'au mammifère, en suivant à peu près l'échelle progressive des classes de la zoologie ; mais pénétrer dans les particularités des ordres serait s'exposer à des démentis certains. L'âme existe en germe chez les zoophytes ; ce germe se développe et s'accroît chez les mollusques, puis chez les articulés et les poissons. L'âme acquiert certaines facultés, plus ou moins obscures et voilées, en entrant dans le corps d'un reptile, et ces facultés augmentent d'une façon manifeste dans le corps de l'oiseau. L'âme est pourvue de facultés encore plus perfectionnées quand elle arrive dans le corps d'un mammifère. Tel est l'esprit général de notre système.

Allons maintenant jusqu'au bout de ce système. Nous avons avancé, dans les premières pages de ce livre, que l'âme humaine, à la fin de son existence terrestre, passe dans l'éther planétaire, où elle va se loger dans le corps d'un être nouveau, supérieur à l'homme par l'intelligence et la moralité. Si cette théorie est exacte, si cette migration de l'âme de l'homme dans le corps de l'être surhumain est réelle, l'analogie nous force à établir la même relation entre les animaux, puis entre les animaux et l'homme.

Nous croyons fermement, en effet, qu'il s'opère une transmigration, une transmission d'âmes, ou de germes d'âmes, à travers toute la série des classes d'animaux. Le germe d'âme sensible qui existait dans le zoophyte et le mollusque passe, à la mort de ces êtres, dans le corps d'un animal articulé. Dans cette première station du voyage, le germe animé se perfectionne et s'améliore. L'âme naissante acquiert quelques facultés rudimentaires. Du corps de l'animal articulé, quand ce rudiment d'âme sensible est arrivé chez le poisson ou le reptile, il subit un nouveau degré d'élaboration, et sa puissance s'accroît. Lorsque, s'échappant du corps du reptile ou du poisson, elle s'est logée dans l'enveloppe matérielle de l'oiseau, elle reçoit d'autres impressions, qui deviennent l'origine de perfectionnements nouveaux. Enfin l'oiseau transmet au mammifère l'élément spirituel, déjà beaucoup agrandi et modifié. Du mammifère, l'âme ayant encore gagné en puissance, ayant vu s'augmenter le nombre de ses facultés, passe dans le corps de l'homme.

Il est probable, quand il s'agit des animaux inférieurs, que plusieurs germes animés se réunissent pour former l'être supérieur. Par exemple, les principes animateurs d'un certain nombre de petits zoophytes, de ces êtres qui vivent par milliers dans les eaux, peuvent, en quittant le corps de ces êtres, se réunir pour former l'âme d'un seul individu d'ordre supérieur.

Spécifier de quel mammifère en particulier l'âme doit s'échapper, pour pénétrer dans un organisme humain, serait impossible. Décider si, avant d'arriver à l'homme, l'âme a traversé successivement le corps de plusieurs mammifères, d'une organisation de plus en plus compliquée, si elle est passée par le corps d'un cétacé, puis d'un carnassier, puis d'un quadrumane, dernier terme de la série animale, nous serait impossible. La prétention du détail serait l'écueil d'un système comme le nôtre.

Soutenir, par exemple, que c'est un Quadrumane qui nous transmet l'âme serait inexact. L'intelligence du Quadrumane est inférieure à celle de beaucoup d'animaux placés plus haut que lui dans l'échelle zoologique. Les singes, qui ne composent qu'une seule famille dans l'ordre, très-nombreux, des Quadrumanes, sont des animaux d'une intelligence médiocre. Méchants, rusés et grossiers, ils n'ont de l'homme que quelques traits de la face, traits qui n'existent, d'ailleurs, que dans un très-petit nombre d'espèces. Tout le reste des Quadrumanes est bestial au plus haut degré.

Ce n'est donc pas dans le Quadrumane qu'il faudrait chercher l'âme transmissible à l'homme. Mais il est des animaux d'une intelligence à la fois puissante et noble, qui auraient des titres plus sérieux à un tel honneur. Ces animaux doivent d'ailleurs varier suivant les parties habitées du monde. En Asie, le sage, le noble et grave éléphant, est peut-être le dépositaire du principe spirituel qui doit passer à l'homme. En Afrique, le lion, le rhinocéros, les nombreux ruminants qui remplissent les forêts, pourraient être les ancêtres des populations humaines. En Amérique, le cheval, fier habitant des pampas, partout le chien, ami fidèle, compagnon dévoué de l'homme, sont peut-être chargés d'élaborer le principe spirituel qui, transmis à l'enfant, doit se développer, grandir chez cet enfant, et devenir l'âme humaine. Un écrivain de nos jours a appelé le chien « un candidat à l'humanité » : il ne croyait pas parler si juste.

On nous objectera que l'homme ne peut avoir

reçu l'âme d'un animal, par la raison qu'il n'a aucunement le souvenir d'une pareille généalogie. Nous répondrons que la faculté de la mémoire manque à l'animal, ou qu'elle est chez lui tellement fugitive, que nous devons la considérer comme nulle. L'enfant ne peut donc recevoir de l'animal qu'une âme dépourvue de mémoire. Et de fait, l'enfant est totalement privé de cette faculté. Au moment de sa naissance il ne diffère en rien d'un animal, sous le rapport des facultés de l'âme. Ce n'est qu'au bout de douze mois environ que peu à peu la mémoire apparaît chez lui ; elle se perfectionne ensuite par l'éducation. Comment donc l'enfant se rappellerait-il l'existence qu'il a menée avant sa naissance? Nous rappelons-nous le temps que nous avons passé dans le sein maternel?

Nous ajouterons que l'ordre progressif que nous venons de signaler pour la migration des âmes à travers le corps des différents animaux, est précisément celui que la nature a suivi dans la création première des êtres organisés qui peuplent notre globe. On verra dans un des chapitres suivants, (chap. XIV, page 280) que les plantes, les zoophytes, les mollusques et les articulés sont les premiers êtres vivants qui aient apparu sur notre globe. Ensuite sont venus les poissons, puis les reptiles. Après les reptiles ont paru les oiseaux, et plus tard les mammifères. L'homme est le dernier venu sur la terre. Ainsi notre système répond à la marche que la nature a suivie dans la création des plantes et des animaux.

L'embryologie humaine a fait une découverte qui vient à l'appui de cette vue générale. Quand on a pu suivre le développement du germe dans l'ovaire de la femme, on a constaté que l'être humain en voie de formation, avant de présenter la structure de l'homme, revêt successivement le type extérieur de différentes classes d'animaux. Il apparaît d'abord comme un poisson par son mode d'organisation pulmonaire. Ensuite il ressemble à un mammifère, car il présente un rudiment de queue pendant une assez longue période de sa croissance. En un mot, s'il faut en croire les ovologistes, il paraît traverser une partie de la série des types organiques qui précèdent l'homme dans la série animale. Si le fait est exact pour l'organisation anatomique, pourquoi ne pas l'admettre pour l'élément immatériel, c'est-à-dire pour l'âme? Quoi qu'il en soit, cette concordance était assez curieuse pour être signalée ici.

Tel est le système que nous admettons concernant le rôle de l'animal sur notre globe.

Ce système a pour base, on le voit, l'intelligence accordée aux animaux. Nous nous écartons en cela de la doctrine généralement professée, qui refuse l'intelligence aux bêtes, et la remplace par on ne sait quelle obscure faculté, que l'on nomme *instinct*. Mais cette théorie ne donne la raison de rien; elle met un mot à la place d'une explication. Avec un simple terme du langage on s'imagine résoudre un des grands problèmes de la nature. La timide et banale philosophie de notre temps s'est accommodée jusqu'ici de cette manière d'esquiver les grandes difficultés ; mais le moment paraît venu d'approfondir davantage les problèmes de la nature, et de ne plus se contenter des mots mis à la place des choses

L'antiquité accordait sans hésitation l'intelligence aux animaux. Aristote et Plutarque s'expliquent nettement sur ce point ; ils ne mettent pas en doute que les bêtes raisonnent. Parmi les modernes, des philosophes illustres, Leibniz, Locke, Montaigne ; des naturalistes éminents, Charles Bonnet, Georges Leroy, Dupont de Nemours, Swammerdam, Réaumur, etc., accordaient l'intelligence aux animaux Charles Bonnet comprenait le langage de beaucoup d'animaux ; Dupont de Nemours nous a donné la traduction des *Chansons du rossignol* et le *Dictionnaire de la langue des corbeaux*. On ne s'explique donc pas très-bien comment, dans notre siècle, la thèse contraire a prévalu, comment les idées de Descartes et de Buffon, adversaires déclarés de l'intelligence chez les animaux, ont fini par prendre tant de faveur de nos jours.

On sait que Descartes considérait les animaux comme de pures machines, comme des automates pourvus de rouages et qui n'agissent que par le jeu de ces appareils mécaniques. Il est difficile d'être plus absurde que notre grand philosophe quand il raisonne sur les animaux-machines [1] : *Quandoque bonus dormitat Cartesius!* On connaît aussi les erreurs systématiques de Buffon sur le même sujet.

Ce sont les partisans de Descartes et de Buffon qui

---

1. C'est dans le *Discours sur la méthode* que Descartes traite particulièrement cette question.

ont popularisé l'idée de l'instinct mis à la place de l'intelligence, le mot remplaçant la chose. Mais, de bonne foi, quelle différence y a-t-il entre l'intelligence et l'instinct? Aucune. Ces deux mots ne représentent que deux degrés différents d'une même faculté. L'instinct, c'est tout simplement l'intelligence à un degré affaibli. Lisez les écrits des naturalistes de notre siècle qui se sont occupés de cette question, Frédéric Cuvier, (frère de Georges Cuvier) et Flourens[1], qui n'a fait que commenter le mémoire de Frédéric Cuvier; parcourez le livre, plus approfondi, d'un savant naturaliste, Fée, de Strasbourg[2], ou celui de M. Alfred de Nore[3] et même celui de Virey[4], vous reconnaîtrez sans peine que nulle distinction de fond ne peut être établie entre l'intelligence et instinct, et que tout le secret de nos philosophes et naturalistes consiste à appeler *instinct* l'intelligence, plus faible que la nôtre, qui est propre aux animaux.

Un naturaliste belge, M. J. C. Houzeaux, a fait paraître en 1872 un ouvrage intitulé *Études sur les facultés mentales des animaux comparées à celles de l'homme*[5]. C'est le résumé des observations d'un voyageur qui a étudié les animaux dans leur état de liberté, au sein des forêts et dans les plaines

---

1. *De l'instinct et de l'intelligence des animaux.* In-18, 4ᵉ édition. Paris, 1861.

2. *Études philosophiques sur l'instinct et l'intelligence des animaux.* In-12, Strasbourg. 1853.

3. *Les animaux raisonnent.* 1 vol. in-8°, Paris, 1844.

4. *Histoire des mœurs et des instincts des animaux.* 2 vol. in-8°, Paris, 1822.

5. 2 vol. In-8°, Mons, 1872, chez Manceaux.

du Texas. Ce livre contient une foule de faits nouveaux et d'obervations originales sur les actes intellectuels des différentes espèces animales. Les idées qui ont cours communément sur le prétendu instinct des animaux sont étrangement modifiées par cette quantité de faits certains, qui établissent, à n'en pas douter, l'existence de l'intelligence, du raisonnement et de la mémoire chez les animaux.

C'est donc l'orgueil de l'homme qui a prétendu poser ici entre nous et l'animal une barrière, qui en réalité n'existe pas. L'intelligence de l'animal est moins développée que celle de l'homme, parce que ses besoins sont moindres, ses organes moins achevés, et parce que le cercle de son activité est plus borné; mais c'est là tout. Et quelquefois même, ne l'oublions pas, l'animal l'emporte en intelligence sur l'homme. Voyez le grossier et brutal charretier, à côté du bon et docile cheval, qu'il accable de coups et rudoie avec fureur, pendant que son auxiliaire fidèle accomplit sa tâche avec calme et exactitude; et dites si ce n'est pas l'homme qui est la brute et l'animal qui est l'être intelligent. Quant à la bonté, cette douce émanation de l'âme, les animaux l'emportent souvent sur l'homme. Vous savez l'histoire de cet individu qui s'approche de la rivière pour y noyer son chien. Le pied lui glisse, il tombe à l'eau et va périr. Mais le chien, le même animal que notre homme allait jeter à la mort, se précipite au secours de son maître en péril, et ramène vivant sur la berge celui qui voulait être son meurtrier. Ce dernier, du reste, prenant mieux, cette fois, ses précautions, ressaisit son sauveur et le rejette à l'eau.

En résumé, d'après notre système, l'âme humaine vient d'un animal appartenant aux ordres supérieurs. Après avoir reçu, dans le corps de cet animal, un degré d'élaboration et de perfectionnement convenable, elle va s'incarner dans le corps, nouveau-né, d'un enfant des hommes.

Nous disions, dans un précédent chapitre : « La mort n'est pas une fin, mais un changement; nous ne mourons pas, nous éprouvons une métamorphose. » Il nous faut donc ajouter : « La naissance n'est pas un commencement, c'est une suite. Naître n'est pas commencer à vivre, c'est continuer une existence antérieure. »

Il n'y a donc, à proprement parler, pour l'espèce humaine, ni naissance ni mort; il n'y a qu'une suite d'existences qui s'enchaînent, et qui, du monde visible, vont, à travers l'espace, se relier aux mondes interdits à nos regards.

CHAPITRE XII.

Qu'est-ce que la plante? — La plante est sensible. — Combien il est difficile de distinguer les plantes des animaux. — Chaîne générale des êtres vivants.

Linné a dit : « La plante vit ; l'animal vit et sent ; l'homme vit, sent et pense. » Cet aphorisme représentait l'état de la science au temps de Linné. Mais depuis l'année 1778, c'est-à-dire depuis la mort du grand botaniste d'Upsal, les sciences naturelles ont marché ; la botanique et la zoologie se sont enrichies de faits innombrables et de découvertes fondamentales, de sorte que la formule linnéenne ne répond plus à l'état présent des sciences de l'organisation. Nous croyons qu'on peut lui substituer la proposition suivante : « La plante vit et sent ; l'animal et l'homme vivent, sentent et pensent. »

Accorder aux plantes la sensibilité, c'est sortir des règles classiques de l'histoire naturelle. Aussi croyons-nous devoir exposer avec quelque soin les considérations et les faits qui nous paraissent justifier cette proposition.

1° La plante a la sensation du plaisir et de la douleur. Le froid, par exemple, l'impressionne péniblement ; on la voit, sous l'influence d'un abaissement brusque ou excessif de la température, se contracter, et, pour ainsi dire, frissonner. Un excès anormal de température la fait souffrir, car chez beaucoup de végétaux, quand la chaleur est trop forte, on voit les feuilles retomber le long des tiges, se plisser et paraître flétries; quand vient la fraîcheur du soir, les feuilles se redressent, et la plante reprend une physionomie et un port sereins. La sécheresse occasionne aux plantes une souffrance manifeste. Ceux qui lisent d'un œil attendri le livre touchant de la nature, savent que la plante arrosée après une longue sécheresse, donne des signes de plaisir. Par contre, une plante blessée, un arbre amputé d'une grosse branche, paraissent éprouver de la douleur. Un liquide pathologique exsude de la blessure : c'est comme le sang qui coule de la plaie d'un animal ; la plante est malade et elle meurt si on ne l'entoure pas des soins nécessaires. Aussi les personnes sensibles qui aiment les plantes, évitent-elles de couper les tiges des fleurs ; elles préfèrent respirer leurs parfums et contempler leurs brillantes couleurs sur le végétal entier, sans blesser, par un retranchement douloureux, les êtres charmants qu'elles admirent.

La Sensitive touchée par le doigt, ou frappée seulement par un courant d'air, désagréable, replie ses folioles, et se contracte. Le botaniste Desfontaines vit une Sensitive qu'il transportait en voiture, replier ses feuilles pendant que la voiture marchait, et les rouvrir quand la voiture venait à s'arrêter, preuve que c'était bien le mouvement qui incommodait la plante. Une goutte d'un liquide acide ou âcre, déposée sur une feuille de la Sensitive, détermine sa constriction. Tous les végétaux présentent le même phénomène : leurs tissus se crispent quand on les met en contact avec une substance irritante. Il suffit d'exciter les sommités d'une laitue pour en faire jaillir un suc.

La sensibilité végétale est du même titre que la sensibilité animale, puisque l'électricité tue et foudroie les plantes comme les animaux, puisque les poisons narcotiques endorment et tuent les plantes comme les animaux. On endort une plante en l'arrosant avec de l'opium dissous dans l'eau, et MM. Goppaire et Macaire ont reconnu que l'acide cyanhydrique tue aussi rapidement les plantes que les animaux.

2º Les plantes dorment la nuit. Elles développent, pendant le jour, toute leur activité vitale, et la nuit venue, ou quand elles se trouvent dans l'obscurité, leurs feuilles prennent une position nouvelle, qui est un signe de repos : elles se replient. Quand on sait que la situation des feuilles dans le jour est telle que la face supérieure regarde le ciel et la face inférieure la terre, et que la face inférieure percée de trous, ou *stomates*, est la partie par laquelle se fait l'absorption et l'exhalation, tandis que la face supérieure, dépourvue de ces ouvertures, n'est qu'une sorte d'écran destiné à protéger la face absorbante, on comprend que cette horizontalité des feuilles soit une véritable position d'activité vitale, et que le reploiement de ces mêmes feuilles, pendant la nuit, soit l'indice d'un état de repos. C'est ainsi que pendant la nuit nous abandonnons à un état complet de relâchement, de résolution, nos muscles, tendus pendant la journée.

Le *sommeil des plantes*, qui fut, dit-on, découvert par la fille de Linné, et qui, dans tous les cas, a été décrit, pour la première fois, dans une des *Thèses de botanique d'Upsal*, et parfaitement élucidé par Linné, n'est pas un phénomène borné à quelques familles de plantes. Il est bien peu de végétaux qui, pendant l'obscurité, ne replient leurs feuilles, et ne présentent la nuit une autre physionomie que le jour. La Sensitive est la plante classique dans laquelle on aime à montrer ce phénomène dans toute son intensité; mais cette petite légumineuse ne fait qu'exagérer à nos yeux ce qui existe, à un plus faible degré, chez presque tous les végétaux pourvus de feuilles aériennes.

Que l'on nous permette de rappeler ici ce que nous avons écrit, dans un autre de nos ouvrages, à propos de ce phénomène.

« Le sommeil des plantes rappelle vaguement le sommeil des animaux. Circonstance remarquable, la feuille endormie semble, par ses dispositions, vouloir se rapprocher de l'époque de son enfance. Elle se replie à peu près comme elle l'était dans le bourgeon, avant d'éclore, lorsqu'elle dormait du sommeil léthargique de l'hiver, abritée sous de robustes écailles, ou calfeutrée dans son chaud duvet. On dirait que la plante cherche chaque nuit à reprendre la position qu'elle occupait dans son jeune âge, comme l'animal endormi se replie et se ramasse sur lui-même, ainsi qu'il l'était dans le sein de sa mère[1]. »

Peut-on refuser la sensibilité à des êtres qui nous donnent des signes alternatifs de repos et d'activité, et qui savent s'accommoder aux différentes impressions du dehors? La fatigue ne peut être que la suite d'une impression ressentie.

3° De nombreuses fonctions physiologiques s'accomplissent dans les plantes, aussi bien que chez les animaux; et quand on voit le nombre, la variété de ces fonctions, on a quelque peine à comprendre que les animaux jouissant de la sensibilité, au dire de tout le monde, les plantes en soient, au dire également de tout le monde, destituées. Un philosophe de l'antiquité définissait les plantes *des animaux enracinés;* nous allons voir, en examinant la variété des fonctions qui se passent au sein des végétaux, si ce philosophe n'était pas un homme très-clairvoyant.

On aurait peine à découvrir quelque fonction dévolue à l'animal qui n'appartienne pas au végétal, à un degré plus ou moins affaibli.

La *respiration*, par exemple, est aussi bien l'apanage des plantes que celui des animaux. Chez ces derniers, la respiration consiste dans l'absorption de l'oxygène de l'air et l'émission de gaz acide carbonique et de vapeur d'eau; chez les plantes, la respiration consiste dans l'émission de gaz acide car-

---

[1]. *Histoire des plantes.* Grand in-8 illustré, 2ᵉ édit., 1874, p. 110.

bonique et de vapeur d'eau pendant la nuit, et pendant le jour (sous l'influence de la lumière du soleil) dans l'émission d'oxygène, provenant de la décomposition de l'acide carbonique. La fonction est évidemment de même nature dans l'un et l'autre règne.

L'*exhalation* est une fonction commune aux végétaux et aux animaux. Par les *stomates* des feuilles, comme par les pores de la peau des animaux, il se dégage constamment de la vapeur d'eau et différents gaz, selon les phénomènes vitaux qui se passent à l'intérieur des tissus.

L'*absorption* se fait également dans l'un et l'autre règne. Posez sur l'eau la face inférieure d'une feuille, vous verrez avec quelle activité l'eau sera absorbée. Aspergez d'eau un bouquet de fleurs, et la fraîcheur reviendra aux corolles flétries. L'absorption est même plus active et plus prompte dans les tissus végétaux que dans ceux des animaux.

La *circulation* des liquides à l'intérieur des plantes se fait par un système riche et compliqué de canaux et vaisseaux de tout ordre et de tout calibre : cette multiplicité de vaisseaux dénote une fonction circulatoire aussi compliquée peut-être que celle des animaux.

Est-il nécessaire de rappeler enfin le fait si curieux découvert et étudié de nos jours, des *plantes carnivores*, c'est-à-dire se nourrissant quelquefois, comme les animaux, de proie vivante ?

Les végétaux ont donc à peu près les mêmes fonctions physiologiques que les animaux; seulement nous connaissons encore fort mal ces fonctions. Il est bien étrange que, tandis que la physiologie animale est aujourd'hui si avancée, la physiologie végétale soit encore à peu près dans l'enfance. Nous savons fort bien comment s'opère, chez l'homme et les animaux, la digestion des aliments; nous savons comment notre sang circule dans un double système de vaisseaux, dits artériels et veineux, et nous connaissons l'organe central, le cœur, où se réunissent les deux liquides charriés par ce double système de vaisseaux. Nous voyons et nous touchons les organes de la sensibilité et du mouvement, c'est-à-dire les nerfs. Bien plus, nous distinguons, par leur aspect, les nerfs affectés à la sensibilité des nerfs qui président au mouvement : nous distinguons les nerfs *sensibles* des nerfs *moteurs*. Nous savons que le centre de l'action nerveuse, chez l'homme et l'animal, est double : que son siége est à la fois dans le cerveau et dans la moelle épinière.

En un mot, la science a éclairé de ses plus vives lumières toutes les fonctions propres à l'organisme animal, tandis que la physiologie végétale ne nous offre qu'obscurités. Malgré les travaux innombrables que les naturalistes ont exécutés depuis deux siècles, nous ne pouvons rien expliquer avec certitude dans la vie des plantes. Nous ne pouvons dire avec assurance comment la séve, ce sang végétal, circule dans leurs canaux. Nous ne savons pas même exactement si un arbre s'accroît du dehors au dedans ou du dedans au dehors. Toutes les fonctions physiologiques, dans le règne végétal, sont couvertes, pour nous, d'un voile épais, et ce n'est que par quelques coins de ce voile, soulevé à grand'peine, que nous pouvons saisir quelques lueurs, quelques éclaircies, dans obscurité de ces phénomènes.

Cependant, tout inexpliquées qu'elles soient encore, les fonctions physiologiques existent dans les plantes. En présence de ces nombreuses fonctions, il nous paraît impossible que les plantes n'aient pas reçu le don de la sensibilité. Il **nous paraît bien difficile qu'elles aient uniquement,** comme le voulait Linné, la vie, et rien de plus.

On nous dira que les végétaux n'ont pas de nerfs, et qu'en l'absence de tout organe de sensibilité, on ne peut leur accorder cette faculté. Nous répondrons que l'imperfection de l'anatomie et de la physiologie végétale interdisent de rien conclure touchant l'existence ou l'absence des nerfs chez la plante. Nous sommes convaincu que ces organes existent ou que des organes particuliers exercent les fonctions de la sensibilité, mais que les botanistes ne savent pas les reconnaître, ou qu'ils n'ont aucun moyen de les distinguer d'autres organes.

4° Le mode de multiplication et de reproduction offre tant d'analogie chez les plantes et chez les animaux, qu'il paraît impossible, en présence de cette ressemblance extraordinaire dans la plus importante des fonctions, de refuser la sensibilité aux plantes et de l'accorder aux animaux.

Considérons, en effet, les modes divers de reproduction propres aux végétaux. La reproduction, ou plutôt la fécondation qui la précède, s'exécute, chez les végétaux dits *phanérogames*, au moyen d'un appareil qui a la même forme typique que dans le règne animal, c'est-à-dire qui se compose d'un organe mâle, l'étamine, renfermant la poussière fécondante (pollen), et d'un organe femelle, le pistil, qui communique avec l'ovaire. Le pollen féconde l'ovule contenu dans l'ovaire, comme la semence du mâle féconde l'ovule contenu dans l'œuf de l'animal. L'un et l'autre fruit de la fécondation se développent ensuite, avec l'aide de la chaleur et du temps. L'œuf végétal s'accroît et mûrit, comme s'accroît de mûrit l'œuf animal.

Ajoutons que l'analogie entre les deux modes de reproduction, dans les deux règnes végétal et animal, ne se borne pas à ces conditions d'ensemble : on peut observer des ressemblances dans les particularités de la fonction.

Une activité vitale toute particulière, une turgescence des tissus, accompagnée d'une élévation locale de température, se remarquent au moment de la floraison, c'est-à-dire de la fécondation, chez certaines plantes, en particulier dans les espèces de la famille des Aroïdées. Un thermomètre placé, à cette époque, dans la vaste enveloppe florale des Arums (vulgairement *gouet* ou *pied de veau*) dénote un excès de 1 à 2° sur la température de l'air ambiant, circonstance extraordinaire pour les végétaux, qui sont toujours plus froids que l'air extérieur. Comment croire que la plante qui est le siége de tels phénomènes d'excitation, n'ait point le sentiment de cet état ? La plante a, comme l'animal, sa saison des amours, et vous voulez qu'elle n'en ait aucune conscience? Vous voulez que cette plante qui s'échauffe, chez laquelle la vie s'exalte au moment de la fécondation, n'éprouve rien dans l'intimité de son être ! qu'elle n'ait pas plus de sentiment que la pierre ! Tel n'est point notre avis. Nous ne comprenons pas la vie sans la sensibilité : l'une nous paraît l'indice de l'autre.

L'analogie dans la fonction de reproduction entre la plante et l'animal n'est nulle part plus évidente ni plus curieuse que dans le végétal qui abonde dans les eaux du Rhône, et qui a reçu le nom de *Vallisneria spiralis*. Cette plante est *dioïque*, ce qui veut dire, en français, que les organes mâles et les organes femelles se trouvent sur deux pieds différents de la même plante. Or, les fleurs femelles sont fixées au sol par de longues tiges, qui s'enroulent en spirales sur elles-mêmes. Au moment des amours, les spirales de la tige femelle se déroulent, et les fleurs viennent s'épanouir sur l'eau. Mais les fleurs mâles, qui ne sont pas portées, comme les fleurs femelles, sur une tige élastique, ne peuvent venir s'épanouir à la surface de l'eau. Que font-elles ? Elles brisent leur enveloppe, et viennent flotter sur l'eau, autour des fleurs femelles. Après cela, le courant de l'eau emporte les fleurs mâles coupées ; et la tige femelle, se repliant, redescend au fond de l'eau, pour y mûrir ses ovules fécondés[1].

N'abandonnons pas la fonction de la reproduction chez les plantes, car elle est fertile en conclusions à l'appui de notre thèse. Les plantes dites *phanérogames* ne se reproduisent pas seulement par la fécondation au moyen des organes sexuels apparents, c'est-à-dire au moyen du pistil et de l'étamine ; elles se multiplient encore par greffe, par bouture et par rejetons. Les plantes *cryptogames*, auxquelles manquent

---

1. Dans son poëme sur les *Plantes*, Castel a donné des amours de

les organes sexuels des phanérogames, se multiplient soit par des *spores* qui se détachent de l'individu, à une certaine époque de la végétation, comme on l'observe dans les fougères, les algues, les champignons, etc., soit par des fragments de l'individu même, qui, jetés en terre, ont la propriété de germer et de se multiplier.

Les animaux nous représentent, dans leurs diverses classes, tous ces modes de reproduction ; il n'en est pas un seul qu'on ne retrouve chez eux. L'animal ne se multiplie pas seulement par des œufs, intérieurs ou extérieurs, et par des petits vivants, il se multiplie également, comme les végétaux, par *rejetons*, par *bouture* et par *greffe*.

La multiplication par *rejetons* se voit dans le polype d'eau douce. Du corps de cet animal sortent de petits boutons, qui grossissent et s'allongent. Pendant que ce bouton s'allonge, il pousse lui-même d'autres rejetons plus petits, lesquels en poussent de plus pe-

---

la Vallisnerie une description charmante autant qu'exacte, et que l'on trouvera peut-être ici avec plaisir :

> Le Rhône impétueux, sous son onde écumante,
> Durant dix mois entiers nous dérobe une plante
> Dont la tige s'allonge en la saison d'amour,
> Monte au-dessus des flots, et brille aux feux du jour.
> Les mâles, jusqu'alors dans le fond immobiles.
> De leurs liens trop courts brisent les nœuds débiles,
> Voguent vers leur amante, et libres dans leurs feux,
> Lui forment sur le fleuve un cortége nombreux.
> On dirait d'une fête, où le dieu d'hyménée
> Promène sur les flots sa pompe fortunée.
> Mais les temps de Vénus une fois accomplis,
> La tige se retire en rapprochant ses plis,
> Et va mûrir sous l'eau sa semence féconde.

tits encore. Tous ces rejetons sont autant de petits polypes, qui tirent leur nourriture du polype principal. Parvenus à une certaine grandeur, ces rejetons se séparent de l'individu primitif, et constituent autant de polypes nouveaux.

Le corail se multiplie de la même manière. De la branche principale partent les branches secondaires, qui ont eu pour origine un bouton ou bourgeon, et ces branches, s'insérant sur la tige principale, composent de nouveaux individus. Aussi le corail, vu extérieurement, ressemble-t-il plutôt à un arbuste qu'à un animal.

Les madrépores, autres zoophytes, ressemblent si bien à des arbustes que pendant des siècles on les a pris pour des plantes marines : ils se reproduisent, comme le corail, par rejetons.

La multiplication par *bouture* nous est offerte par le polype ou hydre d'eau douce. Prenez une hydre d'eau douce, coupez-la en autant de fragments que vous le voudrez. Chacun de ces fragments, abandonné à lui-même, deviendra une hydre. Ces nouveaux individus vous pouvez les diviser à leur tour en morceaux, qui produiront autant de nouveaux polypes. C'est là une véritable multiplication par *bouture* semblable à la bouture des plantes, de sorte que la génération du polype d'eau douce ne diffère pas de celle d'un de nos arbres fruitiers.

Ce n'est pas seulement l'hydre d'eau douce entière qui, ainsi fragmentée, peut fournir un nouvel individu ; la peau seule de cet animal peut donner un ou plusieurs individus nouveaux. N'est-ce pas là une *greffe* végétale ?

La même génération par greffe nous est offerte, dans un autre cas, par l'hydre d'eau douce. Réunissez bout à bout, ou appliquez les unes sur les autres, différentes portions d'une même hydre d'eau douce ou celles de différentes hydres, vous les combinerez d'une façon si intime, qu'elles se nourriront réciproquement et parviendront à ne former qu'un même tout individuel. C'est encore ici une véritable *greffe végétale* réalisée chez un animal.

5° D'autres points de ressemblance existent entre les plantes et les animaux. Si on ne les remarque pas, en général, c'est que les auteurs des ouvrages classiques d'histoire naturelle ne dirigent point sur ces faits l'attention du lecteur. Nous allons suppléer à leur silence, et faire ressortir ces analogies entre les deux règnes de la nature.

C'est d'abord une commune et également étonnante fécondité. Chez la plante, comme chez les animaux, un même individu peut donner naissance à des milliers d'individus semblables à lui. Les végétaux sont même plus féconds que les animaux supérieurs. Les arbres produisent tous les ans, et cela quelquefois pendant un siècle. Les mammifères, les oiseaux et les reptiles produisent infiniment moins que les arbres ; leurs portées sont peu nombreuses, et elles ne se font que pendant une certaine période de la vie de l'animal. L'orme donne chaque année plus de 300 000 graines, et cela peut continuer cent ans. Les poissons et les insectes se rapprochent des végétaux par leur fécondité. Une tanche pond 10 000 œufs par an, une carpe 20 000. D'autres poissons produisent jusqu'à 1 million d'œufs par an. Parmi les insectes, une mère-abeille pond de 40 à 50 000 œufs ; le gallinsecte, 4 à 5000. A cette fécondité des animaux on peut opposer, parmi les végétaux, celle du coquelicot, de la moutarde, de la fougère, qui produisent des quantités incalculables de graines. N'oublions pas d'ailleurs que les végétaux se multiplient par plusieurs voies, tandis que chaque animal n'a, en général, qu'un seul mode de reproduction.

Ce que nous voulons constater, ce qui est évident, c'est que la fécondité est, chez les animaux et les plantes, égale et également prodigieuse.

Citons encore, au point de vue de l'analogie des plantes et des animaux, la grandeur des espèces, qui est extrêmement variable dans l'un et dans l'autre règne, car l'un et l'autre produisent tout à la fois et des espèces naines et des espèces géantes. Parmi les animaux, il en est d'une taille monstrueuse, tels sont la baleine et le cachalot, tel est l'éléphant. Tels étaient encore les reptiles gigantesques de l'ancien monde : l'ichthyosaure, qui était plus long que la baleine, le mégalausore et l'iguanodon, qui étaient aussi gros que l'éléphant.

A ces colosses du règne animal, opposons les colosses du règne végétal : le monstrueux baobab africain, qui couvre de son ombre des centaines de mètres carrés ; l'orme, qui peut devenir aussi grand qu'une baleine ; l'*Eucalyptus globulus*, arbre australien que l'on a réussi à acclimater en Algérie et dans le midi de la France ; le *Sequioxa gigantea*, géant des forêts californiennes.

Si les deux règnes de la nature ont leurs colosses, ils ont aussi leurs nains et leurs infiniment petits.

Il est des végétaux cryptogamiques que l'on ne peut voir qu'au microscope, et il est des *animalcules* qui ne sont également visibles qu'au verre grossissant. Par conséquent, si le règne animal peut varier, dans son échelle de grandeur, de la baleine au microscopique *acarus*, le règne végétal possède la même gamme décroissante du baobab à la moisissure.

Ajoutons que les mêmes lieux sont habités ou recherchés par les plantes et les animaux. Les uns et les autres vivent sur le même terrain, comme pour s'entr'aider réciproquement. Les deux règnes de la nature entrelacent mutuellement leurs rameaux sur tous les points du globe. On pourrait citer une foule de lieux dans lesquels se plaisent, en même temps, certaines plantes et certains animaux. Le chamois et l'érable aiment les mêmes montagnes et les mêmes lieux élevés; la truffe et le ver de terre (lombric) vivent dans les mêmes régions souterraines ; le lièvre et le bouleau se voient dans les mêmes parages ; le singe et le palmier se suivent ; l'hermine et le genseng s'accompagnent l'un l'autre ; la sangsue et la conferve vont de compagnie ; le nénufar croît dans les mêmes eaux douces que la teigne aquatique ; la morue et les algues prospèrent dans les mêmes fonds sous-marins, etc.

Végétaux et animaux ont tous une patrie d'origine; mais les uns et les autres peuvent, par l'industrie humaine, s'acclimater sous d'autres cieux. Le marronnier et le coq d'Inde, le pêcher et le dindon, transportés en Europe, ont chacun oublié leur pays natal.

Dans les animaux, comme dans les plantes, il est des êtres amphibies. La grenouille et les autres batraciens vivent, aussi bien que les joncs, dans l'eau et sur la terre.

Animaux et plantes peuvent vivre en parasites. Si le règne animal a ses parasites, tels que le pou, la chique, l'acarus, le règne végétal a ses lichens et ses champignons.

Ainsi, égale fécondité, même variation dans l'échelle de la grandeur, analogie dans l'habitation, ce qui implique identité d'organisation, possibilité de transplantation et d'acclimatation hors de la patrie d'origine, possibilité d'une existence amphibie, vie parasitaire, toutes conditions générales qui supposent une grande analogie d'organisation, voilà ce que l'on constate quand on met en parallèle les plantes et les animaux. Comment donc, si l'on accorde la sensibilité à l'un des deux règnes, refuserait-on cette faculté à l'autre ?

6° Les plantes **ont leurs maladies, comme les animaux.** Nous ne parlons pas des maladies causées par de simples parasites, comme les maladies de la vigne, dues à l'*oïdium Tuckerii* ou au terrible *phylloxera*, la maladie de la pomme de terre occasionnée par de petits champignons, celles du blé, du rosier, de l'olivier, etc., provoquées par divers cryptogames parasitaires, qui viennent se fixer sur la plante et altérer le cours normal de sa vie ; nous parlons d'affections morbides proprement dites. L'état pathologique et ses conséquences existent chez la plante comme chez l'animal. Arrêt ou accélération anormale et fébrile de la sève chez le végétal, rappelant la stase du sang ou son accélération pendant la fièvre chez l'animal ; — excroissances diverses de l'écorce, analogues aux affections de la peau chez l'animal ; — avortements d'organes entiers et développement vicieux d'autres organes ; — sécrétion de liquides pathologiques qui coulent au dehors — voilà un aperçu très-abrégé des maladies auxquelles sont sujets les arbres, les arbustes et les végétaux herbacés. Une plante qui passe trop vite ou trop souvent d'un froid intense à une chaleur extrême, devient bientôt malade et périt nécessairement, comme un animal qu'on exposerait à ces dangereuses alternatives. Un arbuste qu'on laisse dans un courant d'air froid, ne peut pas plus vivre qu'un animal qui serait maintenu dans le même lieu. (C'est ce qui arrive, pour le dire en passant, à toutes les plantes que je veux placer dans le vestibule du rez-de-chaussée de ma maison.) En un mot, la plante présente l'état de santé ou celui de maladie, selon les conditions qu'elle rencontre. Comment admettre que l'être chez lequel se passent de tels changements, en soit le sujet passif ; que passant de l'état de maladie à celui de santé, et réciproquement, il n'éprouve aucune sensation, ni de douleur, ni de bien-être ?

7° Les maladies, ou toute autre cause, produisent dans les plantes, comme dans les animaux, des anomalies de forme et des irrégularités de structure. De même qu'il existe dans le règne animal, des *monstruosités*, de même il y a des monstruosités dans le règne végétal. On appelle *tératologie* la science qui s'occupe des monstruosités chez les animaux. Geoffroy-Saint-Hilaire a attaché son nom à de belles études sur les causes de la production des monstres dans les différentes classes d'animaux. Mais, de nos jours, on s'est aperçu qu'il fallait créer une science analogue pour l'explication des monstruosités propres au règne végétal et Moquin-Tandon a publié un ouvrage sur la *tératologie végétale*.

8° La vieillesse et la mort existent pour les plantes comme pour les animaux. La plante, après avoir résisté aux différentes maladies qui la menacent, n'échappe pas à une lente vieillesse, et la mort suit nécessairement la vieillesse. Avec le temps, ses vaisseaux se durcissent, leur calibre, après s'être rétréci, s'oblitère, et ne peut plus donner passage à la séve ni aux autres liquides qui doivent les traverser. Les liqueurs ne sont plus aspirées avec la même régularité; elles ne transsudent plus à travers le tissu végétal avec la même précision. Restant en stagnation à l'intérieur des vaisseaux, elles se corrompent, et leur décomposition se transmet aux vaisseaux qui les renferment. Dès lors les fonctions vitales cessent de s'accomplir, et la plante meurt.

Les choses se passent de la même manière chez les animaux. L'épaississement des vaisseaux, l'obstruction de leur calibre, amène l'état de vieillesse, dans lequel les fonctions sont troublées et ralenties; puis arrive la mort, qui est l'inévitable fin de tout, dans chaque règne de la nature.

Ainsi quand on compare les animaux et les plantes, surtout avec l'attention de s'adresser aux êtres inférieurs dans l'un et l'autre règne, il est impossible d'établir entre eux une ligne de démarcation précise. Les caractères que les anciens naturalistes avaient posés pour distinguer les plantes des animaux, sont aujourd'hui reconnus sans valeur, et cette distinction devient de plus en plus difficile à mesure que l'on pénètre davantage dans la connaissance de ces êtres. Le mouvement volontaire était regardé autrefois comme le caractère distinctif par excellence entre les deux règnes de la nature, mais aujourd'hui ce caractère ne saurait plus être invoqué. Les ouvrages de botanique élémentaire parlent longuement de la *Dionée attrape-mouches*, qui saisit les insectes qui se promènent sur ses feuilles, absolument comme l'araignée s'empare des mouches, et de la *Desmodie oscillante*, dont les feuilles jouissent d'un mouvement volontaire, plus accentué que celui qui appartient à beaucoup d'animaux. Des observations récentes ont généralisé ces faits, et obligé d'admettre, comme nous l'avons déjà dit, une catégorie de *plantes carnivores*.

Outre ces exemples, tirés des ouvrages classiques, nous demanderons ce que devient l'argument de l'immobilité des plantes, considérée comme caractère distinctif de l'ordre végétal, quand on voit des zoophytes être fixés au sol, tandis que, d'autre part, certaines plantes jeunes, ou leurs germes, comme les germes des algues, des mousses et des fougères, ont la faculté de se mouvoir.

Les *sporés* ou organes reproducteurs des algues, et les *corpuscules fécondateurs* des mousses et des fougères, ont le caractère fondamental de l'animalité, car ils sont pourvus d'organes locomoteurs (*cils vibratiles*), et ils exécutent des mouvements volontaires. On voit ces êtres singuliers aller et venir au sein des liquides, chercher à pénétrer dans des cavités, s'en éloigner, y revenir et s'y introduire définitivement avec un apparent effort.

Aussi les botanistes allemands regardent-ils ces germes végétaux comme appartenant au règne animal. Considérant que les animaux seuls ont des organes de mouvement, et que les spores des algues et les corpuscules fécondateurs des mousses et des fougères sont pourvus d'organes de mouvement, c'est-à-dire des cils vibratiles, ils n'hésitent pas à déclarer qu'au début de leur vie, les algues, les mousses et les fougères sont de véritables animaux, qui ne deviennent des plantes qu'en se fixant et en commençant à se développer.

Les botanistes français n'ont pas encore osé entrer dans cette voie : ils se contentent d'appeler *anthérozoïdes* les corpuscules fécondateurs mobiles des algues, des mousses et des fougères, mais ils n'osent se prononcer sur leur animalité.

C'est ce qui fait dire à F. Pouchet, dans son livre l'*Univers :*

« La motilité se manifeste spontanément avec une extraordinaire intensité dans les *animalcules polliniques* de diverses plantes, qui ont à cet effet des organes spéciaux, des cils à l'aide desquels ils nagent de tous côtés dans le liquide qui les recèle !

« Les uns, vrais animalcules-plantes, ont la forme d'anguilles et se meuvent à l'aide de deux longs filaments qu'ils portent sur la tête : c'est ce que l'on voit dans le Chara commun. Les autres ressemblent absolument à des têtards de grenouilles et pirouettent dans les cellules des mousses.

« Et cependant, ce sont de tels êtres, dont on aperçoit si ostensiblement les organes locomoteurs, et que le micrographe voit cabrioler sous ses yeux aussi lestement que nos saltimbanques dans leurs sauts périlleux, que certains botanistes s'obstinent, par pure théorie, à considérer comme insensibles et immobiles. Quelques savants aussi ont-ils donc des yeux pour ne point voir[1] ? »

---

1. *L'Univers,* grand in-8 illustré, Paris, 1872, 3ᵉ édition, page 442.

Il y a donc de jeunes plantes qui marchent, et d'un autre côté, presque tous les zoophytes adultes, l'éponge, les coraux, les madrépores, les étoiles de mer, les byssus, etc., etc., auxquels on pourrait joindre beaucoup de mollusques (tous les mollusques à coquille), sont fixés au sol. On prendrait donc ici la plante pour l'animal et réciproquement, si l'on voulait s'en rapporter au mouvement volontaire comme caractère distinctif des animaux et des plantes.

Sur la limite des deux règnes, c'est-à-dire quand on considère les zoophytes dans le règne animal, et les cryptogames dans le règne végétal, il n'y a plus, pour ainsi dire, ni plante, ni animal ; les deux règnes se confondent.

Si, avant la découverte du polype, ou hydre d'eau douce, on eût présenté cet être vivant à un naturaliste, il eût été fort embarrassé pour le classer. En le voyant se multiplier par bourgeons, par rejetons, par bouture, par greffe, il eût sans doute déclaré que cet être organisé était une plante. Mais si on lui eût fait remarquer que ce même être se nourrit de proie vivante, qu'il peut lui-même saisir et avaler ; qu'il a, pour s'en emparer, des bras longs et flexueux, dont il forme une sorte de filet ; enfin qu'il engloutit cette proie à l'intérieur d'un canal digestif, notre naturaliste se fût empressé de ranger l'hydre d'eau douce parmi les animaux. On lui eût fait observer, toutefois, que le polype présente l'étrange propriété de pouvoir être retourné comme un gant, de manière que sa peau extérieure devienne sa peau intérieure, et que d'ailleurs, ainsi retourné, il vit, croît et se multiplie absolument comme avant ce renversement. Fort embarrassé, en présence d'un fait aussi insolite, notre naturaliste eût sans doute alors cherché entre les animaux et les plantes quelque règne intermédiaire, pour y caser cet être paradoxal, qui ne peut être rapporté, avec certitude, ni aux plantes, ni aux animaux.

C'est qu'en effet les classifications sont des produits de la science humaine : la nature ne les connaît pas. On descend, par degrés insensibles, d'un règne à l'autre ; on va de l'homme au polype, et du polype au rosier, par des dégradations infinies, et, sur les confins des deux règnes, il est toute une série de créatures que l'on ne peut ranger qu'avec de grandes difficultés dans l'un ou l'autre règne. Combien de temps les naturalistes n'ont-ils pas hésité avant de considérer comme des animaux les infusoires, le corail, l'éponge, l'étoile de mer, les gorgones, les anémones de mer (actinies), les madrépores? De nos jours encore, les micrographes qui étudient les êtres microscopiques propres aux infusions végétales et animales, tels que les bactéries, les monades, les vibrions, les volvoces, les diverses moisissures, éprouvent souvent des difficultés à classer ces êtres dans tel ou tel règne, et quand ils découvrent un de ces êtres nouveaux, ils décident quelquefois assez arbitrairement d'en faire un animal ou une plante.

De toutes les considérations, de tous les faits qui viennent d'être exposés, nous concluons qu'on ne saurait contester la sensibilité aux végétaux, puisqu'on ne songe pas à refuser ce privilége aux zoophytes, au corail, à l'éponge, à l'étoile de mer, aux madrépores, etc., qu'il est souvent si difficile de distinguer des végétaux.

Voici un arbre imposant, un chêne aux robustes rameaux, qui croît aux bords de la mer. Non loin de là, sur le sable du rivage, s'étale une actinie (étoile de mer) que la vague a rejetée. A quelques mètres au-dessous de la surface de l'eau, on voit une éponge, une branche de corail, un madrépore. Quand soufflera la bise glacée, ou quand l'ouragan viendra soulever les flots, quel est, de l'animal ou de la plante, l'être qui se montrera sensible à la tempête déchaînée ? L'éponge, le corail, le madrépore, demeureront aussi indifférents à la fureur des éléments que le rocher sur lequel ils sont incrustés, ou que le galet sur lequel l'étoile de mer étend ses quatre bras de marbre. Au contraire, le chêne majestueux, qui couvre de ses immenses rameaux une partie du rivage, frissonnera aux rafales de la tempête ; il reploiera ses branches et fermera ses feuilles, pour se garantir de la bise glaciale ou du vent impétueux ; et d'après sa seule attitude vous pourrez comprendre qu'une perturbation anormale règne dans l'atmosphère. Direz-vous sérieusement dans ce cas, que le végétal ne sent rien et que l'animal est sensible? Ne serez-vous pas, au contraire, plutôt porté à déclarer que c'est l'arbre qui est l'être sensible, et que l'étoile de mer, l'éponge, le madrépore sont les êtres privés de tout sentiment?

Arrêtez-vous au bord d'une eau dormante, pour y chercher le polype, ou hydre d'eau douce, dont nous parlions tout à l'heure. Vous vous trouverez embarrassé de démêler ce zoophyte au milieu des joncs et des roseaux qui l'entourent. Vous finirez par découvrir une sorte de long tube membraneux, long de quelques centimètres à peine. Mais est-ce là l'hydre d'eau douce que vous cherchez ? N'est-ce pas plutôt le chaume d'une plante graminée ou d'un jonc ? Cette tige vivante, que rien ne distingue, en apparence, d'une plante herbacée, est fixée constamment à la même place, comme un végétal aquatique. Elle exécute quelques mouvements obscurs, consistant seulement à ouvrir et à refermer l'orifice du tube membraneux qui constitue tout son être. Quelquefois elle s'allonge, puis se resserre, en étendant ses tiges secondaires, espèces de bras membraneux, fins comme des fils, au moyen desquels elle saisit et attire à soi les insectes d'eau que le hasard fait passer dans son voisinage. Voilà le seul caractère de son animalité. A ce compte, une plante aérienne, la *Dionée attrape-mouches*, dont nous avons déjà parlé, serait tout aussi animal que notre hydre d'eau douce, puisqu'elle prend au piége les insectes qui s'aventurent sur ses feuilles.

Il y a au fond des eaux de la mer un zoophyte bien curieux, c'est l'*actinie*, ou *anémone de mer*. Longtemps on a confondu cet être avec les plantes. On y voyait les fleurs de l'Océan. Celui qui admire, dans les aquariums du Jardin d'acclimation de Paris, les belles actinies aux vives couleurs, qui se balancent sur leur tige flexible, en agitant les appendices colorés et les franges qui ornent leur tête, a de la peine à ne pas considérer comme de véritables fleurs ces charmantes reines des eaux. Et de fait, pendant des siècles, on a considéré les *anémones de mer* comme des plantes marines.

Le corail était regardé, au siècle dernier, comme un arbuste marin, et l'on crut même avoir découvert les *fleurs* du corail. Un membre de l'Académie des sciences de Paris, le comte de Marsigli, s'était fait, avec cette découverte, une réputation européenne. Peyssonnel, naturaliste provençal, eut toutes les peines du monde à combattre cette idée, et à établir que les prétendues *fleurs* n'étaient que de jeunes coraux. Il eut contre lui toute l'Académie des sciences ; et son opposition aux idées de Marsigli lui **valut une disgrâce telle**, qu'il fut obligé de quitter la France, et d'aller mourir obscurément aux Antilles, comme médecin. Le tout pour avoir prétendu que le corail n'est pas une plante, et ne produit pas de fleurs !

Le célèbre naturaliste génevois, Charles Bonnet, devançant de plus d'un siècle la science de nos jours, a donné, dans son ouvrage *Contemplation de la nature*, une forme saisissante au parallèle entre les animaux et les plantes. Nous ne pouvons résister au plaisir de citer le passage suivant de ce livre, dans lequel Charles Bonnet montre d'une manière très-piquante les difficultés que l'on éprouve à distinguer la plante de l'animal, et combien on est embarrassé quand on veut contester à la plante la sensibilité.

« Tout est gradué dans la nature, dit Charles Bonnet ; en privant les plantes de sentiment, nous faisons faire un saut à la nature, sans en assigner de raison. Nous voyons le sentiment décroître par degrés de l'homme à l'ortie et à la moule, et nous nous persuadons qu'il s'arrête là, en regardant ces derniers animaux comme les moins parfaits. Mais il y a peut-être encore bien des degrés entre le sentiment de la moule et celui de la plante. Il y en a peut-être encore davantage entre la plante la plus sensible et celle qui l'est le moins. Les gradations que nous observons partout devraient nous persuader cette philosophie : le nouveau degré de beauté qu'elle paraît ajouter au système du monde, et le plaisir qu'il y a à multiplier les êtres sentants, devraient encore contribuer à nous la faire admettre. J'avouerai donc volontiers que cette philosophie est fort de mon goût. J'aime à me persuader que ces fleurs qui parent nos campagnes et nos jardins d'un éclat toujours nouveau; ces arbres fruitiers dont les fruits affectent si agréablement nos yeux et nos palais; ces arbres majestueux qui composent ces vastes forêts que les temps semblent avoir respectées, sont autant d'êtres sentants qui goûtent à leur manière les douceurs de l'existence.

« .... Les plantes nous offrent quelques faits qui sembleraient indiquer qu'elles ont du sentiment; mais je ne sais si nous sommes bien placés pour voir ces faits, et si la forte persuasion où nous sommes depuis si longtemps, qu'elles sont insensibles, nous permet d'en bien juger. Il faudrait pour cela faire table rase sur la question, et rappeler les plantes à un nouvel examen plus impartial et plus exempt de préjugés. Un habitant de la lune qui aurait les mêmes sens et le même fond d'esprit que nous, mais qui ne serait point prévenu sur l'insensibilité des plantes, serait le philosophe que nous cherchons.

« Imaginons qu'un tel observateur vienne étudier les productions de notre terre, et qu'après avoir donné son attention aux polypes et aux autres insectes qui multiplient de bouture, il passe à la contemplation des végétaux; il voudra sans doute les prendre à leur naissance. Pour cet effet, il sèmera des graines de différentes espèces, et il sera attentif à les voir germer. Supposons en même temps que quelques-unes de ces graines aient été semées à contre-sens, la radicule tournée vers le haut, la plumule ou la petite tige tournée vers le bas; supposons en même temps que notre observateur sait distinguer la radicule de la plumule, et qu'il connaît les fonctions de l'une et de l'autre; au bout de quelques jours il remarquera que la radicule se sera élevée à la surface de la terre, et que la plumule se sera enfoncée dans l'intérieur. Il ne sera pas surpris de cette direction si nuisible à la vie de la plante : il l'attribuera à la position qu'il avait donnée à ces graines en les semant. Il continuera d'observer, et il verra bientôt la radicule se replier sur elle-même, pour gagner l'intérieur de la terre, et la plumule se recourber pareillement pour s'élever dans l'air. Ce changement de direction lui paraîtra très-remarquable, et il commencera à soupçonner que l'être organisé qu'il étudie est doué d'un certain discernement. Trop sage néanmoins pour prononcer sur ces premières indications, il suspendra son jugement et il poursuivra ses recherches.

« Les plantes dont notre physicien vient d'observer la germination, ont pris naissance dans le voisinage d'un abri. Favorisées de cette exposition, et cultivées avec soin, elles ont fait en peu de temps de grands progrès. Le terrain qui les environne à quelque distance est de deux qualités très-opposées. La partie qui est à la droite des plantes est humide, grasse et spongieuse; la partie qui à la gauche est sèche, dure et graveleuse. Notre observateur remarque que les racines, après avoir commencé à s'étendre assez également de tous côtés, ont changé de route, et se sont toutes dirigées vers la partie du terrain qui est grasse et humide. Elles s'y sont même prolongées, au point de lui faire craindre qu'elles n'interceptent la nourriture aux plantes voisines. Pour prévenir cet inconvénient, il imagine de faire un fossé qui sépare les plantes qu'il observe de celles qu'elles menacent d'affamer, et par là il croit avoir pourvu à tout. Mais ces plantes, qu'il prétend ainsi maîtriser, trompent sa prudence; elles font passer leurs racines sous le fossé, et les conduisent à l'autre bord.

« Surpris de cette marche, il découvre une de ces racines, mais sans l'exposer à la chaleur; il lui présente une éponge imbibée d'eau; la racine se porte bientôt vers cette éponge. Il fait changer de place plusieurs fois à celle-ci; la racine la suit et se conforme à toutes ses positions.

« Pendant que notre philosophe médite profondément sur ces faits, d'autres faits aussi remarquables s'offrent à lui, presque en même temps. Il observe que toutes les plantes ont quitté l'abri et se sont inclinées en avant, comme pour présenter aux regards bienfaisants du soleil toutes les parties de leur corps. Il observe encore que les feuilles sont toutes dirigées de manière que leur surface supérieure regarde le soleil ou le plein air, et que la surface inférieure regarde l'abri ou le terrain. Quelques expériences qu'il a faites auparavant lui ont appris que la surface supérieure des feuilles sert principalement de défense à la surface inférieure, et que cette dernière est principalement destinée à pomper l'humidité qui s'élève de la terre, et à procurer l'évacuation du superflu. La direction qu'il observe dans les feuilles lui paraît donc très-conforme à ses expériences. Il en devient plus attentif à étudier cette partie de la plante.

« Il remarque que les feuilles de quelques espèces semblent suivre les mouvements du soleil, en sorte que le matin elles sont tournées vers le levant, le soir vers le couchant. Il voit d'autres feuilles se fermer au soleil dans un sens, et à la rosée dans un sens opposé. Il observe un mouvement analogue dans quelques fleurs.

« Considérant ensuite que, quelle que soit la position des plantes relativement à l'horizon, la direction des feuilles est toujours à peu près telle qu'il l'a d'abord observée, il lui vient en pensée de changer cette direction, et de mettre les feuilles dans une situation précisément contraire à celle qui leur est naturelle. Il a déjà eu recours à de semblables moyens pour s'assurer de l'instinct des animaux et pour en connaître la portée. Dans cette vue, il incline à l'horizon des plantes qui lui étaient perpendiculaires, et il les retient dans cette situation. Par là, la direction des feuilles se trouve absolument changée : la surface supérieure, qui auparavant regardait le ciel ou l'air libre, regarde la terre ou l'intérieur de la plante ; et la surface inférieure, qui auparavant regardait la terre ou l'intérieur de la plante, regarde le ciel ou l'air libre. Mais bientôt toutes ces feuilles se mettent en mouvement : elles tournent sur leur pédicule comme sur un pivot, et au bout de quelques heures elles reprennent leur première situation. La tige et les rameaux se redressent aussi et se disposent perpendiculairement à l'horizon.

« Chaque portion d'une étoile, d'une ortie, d'un polype, a essentiellement en petit la même structure que le tout a plus en grand. Il en est de même des plantes. Notre observateur, qui ne l'ignore pas, veut s'assurer si des feuilles et des rameaux détachés de leur sujet, et plongés dans des vases pleins d'eau, y conserveront les mêmes inclinations qu'ils avaient sur la plante dont ils faisaient partie, et c'est ce que l'expérience lui prouve, de manière à ne lui laisser aucun doute.

« Il place sous quelques feuilles des éponges mouillées; il voit ces feuilles s'incliner vers les éponges et tâcher de s'y appliquer par leur surface inférieure.

« Il observe encore que quelques plantes qu'il a renfermées dans son cabinet, et d'autres qu'il a portées dans une cave, se sont dirigées vers la fenêtre ou vers les soupiraux.

« Enfin, les phénomènes de la sensitive, ses mouvements variés, la promptitude avec laquelle elle se contracte lorsqu'on la touche, sont le sujet intéressant qui termine ses recherches.

« Accablé de tant de faits qui paraissent tous déposer en faveur du sentiment des plantes, quel parti prendra notre philosophe? Se rendra-t-il à ces preuves? ou suspendra-t-il encore son jugement en vrai pyrrhonien? Il me semble qu'il embrassera le premier parti[1]? »

Charles Bonnet croit, en résumé, que la plante jouit de la sensibilité, tout aussi bien que l'animal.

D'après le système que nous avons développé, l'animal est en possession d'une âme, très-imparfaite encore, et douée seulement des facultés en rap-

---

1. *Contemplation de la nature* (*Œuvres d'histoire naturelle de Charles Bonnet*), Neufchâtel, 1781, in-8, t. VIII, p. 472-484).

port avec ses besoins. Mais puisque l'animal possède, outre la sensibilité dont la plante jouit, l'intelligence dont la plante ne jouit pas, il faut en conclure que la plante n'est pas dotée, comme l'animal, d'une âme proprement dite, mais seulement d'un rudiment, d'un commencement, en d'autres termes, d'un *germe* d'âme.

Et comme nous savons que le soleil a le privilége de faire naître la vie organique sur notre globe, ses rayons ayant la puissance de provoquer la formation des tissus vivants, plantes ou zoophytes, quand ils tombent sur la terre ou dans les eaux, nous devons tirer de tout ce qui précède cette dernière conclusion, que le soleil envoie sur la terre, sous la forme de ses rayons, des *germes animés*, émanant des êtres spiritualisés qui habitent l'astre radieux.

Ainsi se complète notre système de la nature ; ainsi se rattachent, grâce à la radiation solaire, les deux extrémités de l'échelle immense des êtres organisés dont nous avons essayé de fixer le rôle et la place sur le vaste théâtre des mondes. La vie commence dans les eaux ; elle débute par les plantes et les zoophytes ; car ces deux classes d'êtres vivants obéissent aux mêmes lois et paraissent avoir la même origine. Le soleil, en envoyant sur la terre et dans les eaux ses rayons vivificateurs, y provoque la formation des plantes et des zoophytes, qui sont les points de départ de l'organisation. Le *germe animé* déposé par le soleil dans les plantes et les zoophytes, s'accroît, en passant du zoophyte au mollusque ou à l'articulé ; puis il se développe davantage en passant du mollusque ou de l'articulé au poisson. Ce germe d'âme devient ainsi une âme rudimentaire, pourvue de quelques facultés. Elle n'avait que la sensibilité dans le zoophyte et le mollusque; elle a, chez le poisson, puis chez le reptile ou l'oiseau, l'attention, le jugement. Les facultés augmentent à mesure que l'animal s'élève davantage dans l'échelle organique. Arrivée au sommet de cette échelle, c'est-à-dire à l'être humain, l'âme est en possession de toutes ses facultés et surtout de la mémoire, qui était obscure et incertaine dans l'échelle animale.

Accorder la sensibilité aux plantes nous permet donc de rattacher les uns aux autres tous les êtres de la création vivante, et de compléter ainsi notre système général de la nature terrestre.

CHAPITRE XIII

L'homme existe-t-il ailleurs que sur la terre? — Description des planètes. — Pluralité des mondes habités.

Dans tout ce qui précède nous avons raisonné comme si la terre était à elle seule tout l'univers. C'est d'ailleurs ce que presque tous les hommes ont pensé depuis l'établissement des sociétés jusqu'au siècle dernier. Il faut une grande science mathématique, de longues études et des instruments d'optique perfectionnés, pour rectifier les idées fausses, les erreurs, les illusions, qui résultent pour nous de la simple vue de la terre et du ciel. De grands efforts d'esprit et une lutte très-difficile contre le témoignage de nos sens sont nécessaires pour reconnaître que la terre se meut et que le soleil est immobile. Pour démêler, au milieu de l'aspect uniforme des astres qui brillent pendant la nuit, la place et le rôle véritable de chacun de ces globes doucement éclairés, il faut de patientes et sévères observations, transmises et répétées de siècle en siècle ; il faut, de plus, une excellente méthode scientifique. Ne soyons donc pas surpris que les hommes aient mis tant de temps à pénétrer l'ordonnance de l'univers, et que l'on n'ait eu à cet égard, pendant des milliers d'années, que des conceptions enfantines.

Les anciens, c'est-à-dire les Grecs, les Romains, les Égyptiens, les Orientaux (à l'exception de quelques hommes vraiment savants qui, par des méthodes que nous ignorons, avaient deviné le mécanisme général de l'univers, mais qui cachaient leur science au profane), ne connaissaient de l'univers que la terre. Encore ne pouvaient-ils parler que d'une faible partie de la terre : l'Europe, l'Asie et le nord de l'Afrique. Le reste était lettre morte pour les peuples de l'antiquité.

Après eux, et à leur exemple, les premiers chrétiens réduisirent l'univers à ce qu'ils en connaissaient ; ils crurent qu'il n'y avait qu'un monde, parce qu'ils n'en voyaient qu'un seul. La terre était pour eux l'univers. Dans les étoiles ils ne voyaient que des points brillants, et comme des clous d'argent qui piquaient la voûte céleste, pour en relever l'azur, et charmer les yeux des hommes pendant la tranquillité des nuits. La lune était le fanal naturel de la terre. Dans le ciel était une ornière étincelante, que le soleil parcourait ; et le flambeau du jour n'était pas plus grand que le fanal de la nuit. La région du ciel qui s'étendait au delà du soleil et de la lune, avait été pour les anciens l'Empyrée ; elle fut le Paradis pour les chrétiens et les Musulmans. C'était à la fois le séjour des nuages et de la lumière, l'habitation des élus de Dieu, l'asile des bienheureux et des justes. Au-dessous et à l'intérieur de la terre, s'ouvraient d'immenses abîmes, gouffres et cavités, séjour ténébreux des damnés. On sait que le Christ, après sa mort, descend aux enfers ; après sa résurrection, il repasse sur la terre, et monte, glorieux, au ciel, où l'attend son divin Père.

Cette cosmogonie naïve, qui ne fait que traduire ce que nous montrent nos yeux, a été celle de tous les peuples dans l'enfance. Chez les tribus sauvages de l'Amérique et de l'Afrique, comme dans l'ancien Orient, chez les Romains, comme chez les Égyptiens et les anciens Grecs, le monde a été conçu avec cette simplicité grossière, avec cette ignorance absolue de sa constitution. C'est sur cette base, si profondément fausse, que toutes les religions ont été assises, et nous pouvons ajouter qu'elles y reposent encore. Les coutumes sociales des peuples modernes sont fondées sur ces mêmes erreurs. Le langage les a consacrées, car partout encore on appelle la terre le *monde*, comme l'appelaient les anciens (*mundus*, κόσμος) ; partout on dit que le Soleil *marche*, ou *se dirige* d'orient en occident, et que les astres *se lèvent* ou *se couchent*. La poésie a mis son sceau éternel sur ce vicieux système, et l'a, pour ainsi dire, consacré, en le revêtant de tout le prestige de l'imagination et du génie.

L'astronomie moderne a brisé les cieux menteurs de l'antiquité ; elle a fait évanouir la prétendue voûte céleste semée de points radieux ; elle a mis à sa place une simple masse d'air coloré. Elle a dévoilé le véritable rôle de chacun des astres que nous apercevons le jour et la nuit. Elle a fixé, d'une manière irrécusable, la place de la terre dans l'univers ; et, il faut le dire, cette place s'est trouvée singulièrement petite.

Nous savons aujourd'hui que la terre, loin d'être à elle seule l'univers, n'est qu'un point imperceptible de cet univers. Pour ne la comparer qu'au Soleil, on sait que notre globe est un million trois cent mille fois plus petit que le Soleil ! Nous voilà bien loin de l'idée des anciens Grecs, qui croyaient beaucoup s'avancer en disant que le Soleil était grand comme le Péloponèse !

La terre a été, en outre, dépossédée de tout privilége. On la croyait autrefois unique et sans rivale ; on sait aujourd'hui qu'il y a une infinité d'autres globes tout semblables à la terre : de sorte qu'elle n'est plus autre chose qu'un individu dans un groupe d'autres individus, qui lui ressemblent. On sait que la terre figure parmi les planètes, qu'elle n'est qu'une planète de notre système solaire.

Qu'est-ce donc qu'une planète ? dira le lecteur. Un coup d'œil attentif jeté sur les astres de la nuit le lui fera comprendre. Qu'il examine, par une belle soirée, l'astre qu'un observateur instruit lui désignera comme étant Mars ou Jupiter, et qu'il s'assure, à une heure donnée, de sa position. Puis, quelques heures après, qu'il vienne chercher de nouveau Mars ou Jupiter, et il reconnaîtra que ces deux astres auront changé de place par rapport aux autres. Qu'il fasse mieux : qu'il regarde Mars ou Jupiter à travers le télescope d'un observatoire, ou dans la lunette d'un de ces astronomes en plein vent qu'on trouve sur les places publiques de Paris et des grandes villes, il verra alors Jupiter ou Mars se déplacer sous ses yeux. Tandis que les autres astres qui sont dans le champ de la lunette resteront immobiles, Jupiter ou Mars sortira du champ de la lunette.

Il y a donc des astres mobiles et des astres fixes. Les astres mobiles sont les planètes (πλανήτης, de πλάνος, errant), les astres fixes sont les étoiles.

Disons, en passant, qu'il n'est pas difficile de distinguer à l'œil nu les planètes des étoiles. Vues au télescope, les planètes paraissent plus grosses, parce qu'elles sont plus rapprochées de nous ; au contraire, les étoiles, en raison de leur excessif éloignement, ne changent pas de dimensions quand on les regarde avec la lunette astronomique. Les étoiles jettent des feux étincelants (d'où est venu leur nom, tiré du latin *stellare*, briller) ; leur lumière semble s'agiter. Les planètes ont une clarté toujours tranquille et non vacillante.

C'est que les étoiles jettent de la lumière par elles-mêmes. Comme il sera dit plus loin, les étoiles sont autant de soleils semblables au nôtre. Elles éclairent des mondes semblables au nôtre et que leur prodigieux éloignement nous empêche seul d'apercevoir. Les planètes ne brillent pas par elles-mêmes ; elles ne font que réfléchir, comme de gigantesques miroirs, la lumière du soleil qui les éclaire et les rend visibles pour nous.

Ainsi les planètes sont des astres qui marchent. Elles tournent autour du Soleil. La terre, étant une planète, est un astre qui marche, qui tourne autour du Soleil.

Mais la Terre n'est pas la seule planète de notre système solaire. Il y en a sept autres, qui ne diffèrent pas essentiellement de la Terre. Voici le nom des huit planètes (en y comprenant la terre) qui composent notre système solaire, en les rangeant dans l'ordre de leur éloignement du Soleil : Mercure, Vénus, la Terre, Mars, Jupiter, Saturne, Uranus et Neptune. Il faut ajouter qu'il existe entre Mars et Jupiter un amas de petits corps qui paraissent des fragments de planètes brisées ; on les nomme *astéroïdes*. On en connaît aujourd'hui (c'est-à-dire en 1878) 180, et il n'y a pas un demi-siècle qu'on s'est avisé de les chercher dans le ciel. Les *astéroïdes* peuvent être réunis par la pensée, et former un groupe unique, qui serait la neuvième planète, placée entre Mars et Jupiter.

Nous allons jeter un coup d'œil rapide sur les planètes qui composent notre système solaire.

Les figures 3 et 4 qui accompagnent ces pages, suffiront pour donner une idée de la dimension relative des planètes. Dans ces deux figures, les planètes sont rangées selon l'ordre de leur distance au Soleil. Dans la figure 3, on a réuni Mercure, Vénus, la Terre et Mars ; dans la figure 4 (p. 269), les astéroïdes, puis Saturne, Uranus et Neptune.

Mercure est la planète la plus rapprochée du Soleil, dont elle n'est distante que de 14 millions de lieues, ce qui est un véritable voisinage en astronomie.

Cette planète tourne sur elle-même avec la même rapidité que la Terre. La journée de Mercure n'a que 3 minutes de plus que la nôtre (24 h. 3 m.).

Fig. 3. Grandeur comparée des planètes Mercure, Vénus, la Terre et Mars.

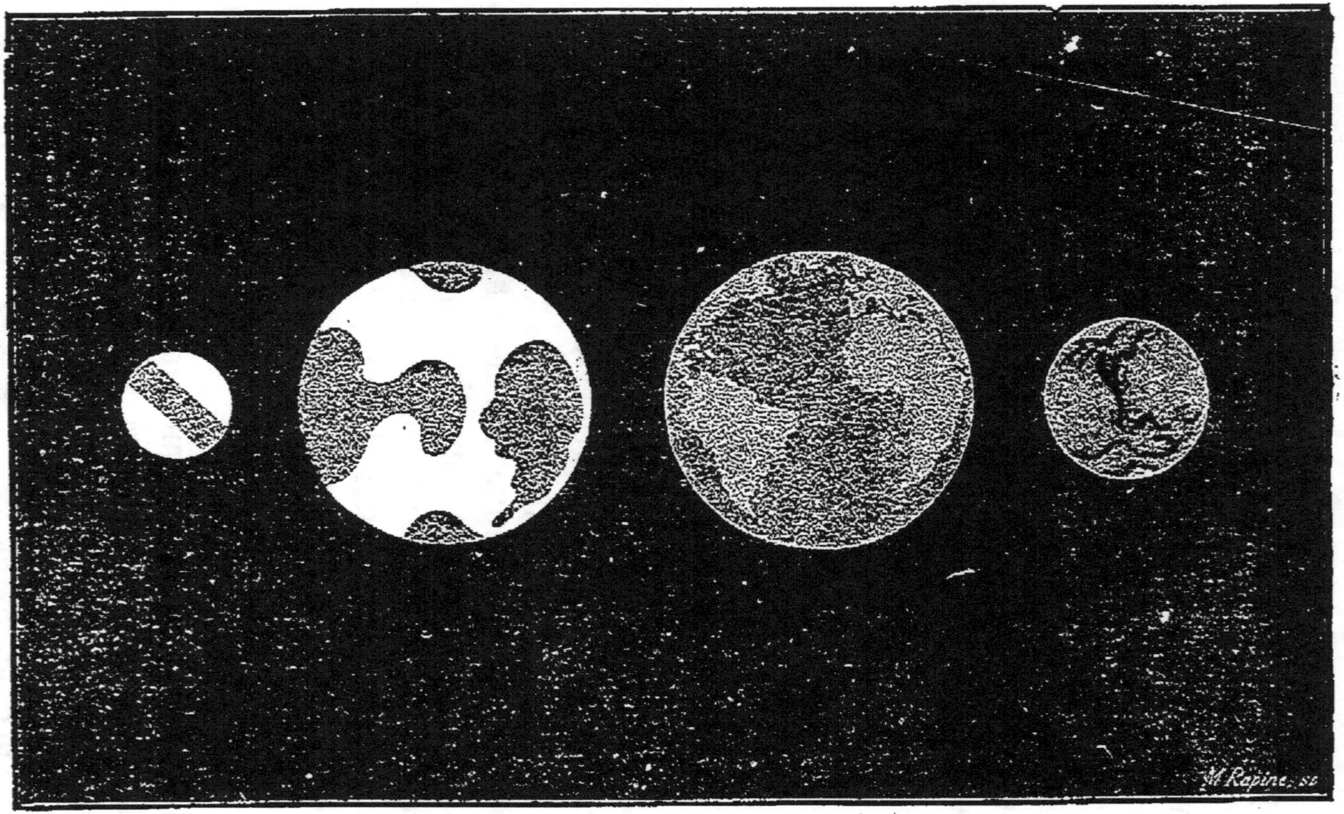

Mercure. Vénus. Terre. Mars.

SOLEIL

Étant plus rapproché du Soleil que la Terre, Mercure tourne plus vite autour du Soleil; aussi son année n'est-elle que de 88 jours, tandis que la nôtre est de 365.

On sait que la seule cause de l'inégalité des saisons, ainsi que des jours et des nuits, sur les planètes, tient uniquement à l'inclinaison de l'astre sur son axe de rotation. Si les planètes tournaient autour du soleil en conservant la verticalité de l'axe qui joint leurs deux pôles nord et sud, il y aurait une égalité parfaite de distribution de la lumière et de la chaleur solaire sur les mêmes latitudes ; il y aurait, le long de chaque parallèle, une égalité, une régularité complètes dans l'éclairage et l'échauffement de la planète ; les différences de chaud et de froid ne dépendraient plus que de leur plus ou moins grand éloignement du soleil. Mais cette verticalité n'existe que pour deux ou trois planètes de notre système. Les autres, et parmi elles Mercure, Vénus, la Terre et Mars, sont fortement inclinées sur leur axe de rotation. Elles tournent toutes penchées, dégingandées, pour ainsi dire, comme si elles eussent reçu un gigantesque coup d'épaule qui les eût fait dévier de leur situation primitive et régulière. De là résulte une distribution très-variable de la durée de la lumière, et par conséquent de la chaleur que ces planètes inclinées reçoivent des rayons horizontaux de l'astre solaire. Voilà d'où provient à la fois l'inégalité dans la durée des jours et des nuits et la diversité des quatre saisons sur un même parallèle [1].

---

1. Milton, dans le *Paradis perdu*, dit qu'avant le péché de nos

L'inclination de l'axe de rotation du sphéroïde terrestre est de 23° : ce qui est une déviation considérable et ce qui occasionne de grandes différences dans la durée des jours et des saisons sur les différents points de notre globe. Pour la planète Mercure, l'inclinaison est vraiment énorme : elle est de 70°. Cette planète penche sur elle-même comme si elle allait tomber. De là résulte une prodigieuse variabilité d'échauffement et d'éclairage sur un même parallèle, et des saisons dont les brusques changements doivent être difficiles et pénibles à supporter pour les habitants de cette planète, si ces habitants existent.

Mercure est cinq fois plus petit que la Terre. C'est ce que l'on voit sur la figure 3.

Vénus vient après Mercure, en s'éloignant du Soleil.

Distante du soleil de 27 millions de lieues, Vénus reçoit deux fois plus de chaleur et de lumière que n'en reçoit notre globe. Ses journées durent à peu

---

premiers parents, un printemps perpétuel régnait sur la Terre ; mais qu'aussitôt qu'Adam et Ève eurent mangé le fruit défendu, des anges, aux glaives flamboyants, furent dépêchés du Ciel, pour aller incliner les pôles de la Terre de plus de 20 degrés. Il est heureux pour nous que les anges n'aient pas davantage incliné le globe, car les saisons seraient encore plus tranchées et plus défectueuses.

On sait que Fourier a prétendu qu'il serait possible à l'humanité de produire un effet assez grand pour redresser le globe sur son axe, et lui restituer l'égalité des saisons et le printemps perpétuel. Ce philosophe n'oubliait d'indiquer qu'une chose : le procédé mécanique à employer par l'homme pour produire cet effet. C'est ainsi qu'un noyé s'imaginait se sauver lui-même en se saisissant par les cheveux, pendant qu'il se débattait dans l'eau.

près autant que les nôtres (23 heures 21 minutes). L'année de Vénus est nécessairement plus courte que celle de la Terre, puisque cette planète est plus rapprochée du soleil que la Terre : elle ne dure que 224 jours. Ses saisons ne durent chacune que deux mois. Ce globe a presque le même volume que la Terre.

Des nuages enveloppent presque toujours Vénus, et ils y déversent des pluies, qui doivent former des fleuves et des mers. Ces eaux doivent rafraîchir les plaines, échauffées par l'ardeur d'un soleil brûlant. Les saisons sont encore plus brusques et plus disparates dans la planète Vénus que dans Mercure. Son axe de rotation est, en effet, incliné de 75°.

Après Vénus vient la Terre. Placée à 28 millions de lieues du soleil, la Terre a le même volume que Vénus. Son diamètre est de 3000 lieues environ (exactement 12 732 814 mètres). Entourée d'une atmosphère, elle accomplit sa révolution sur son axe en 24 heures ($23^h 56^m 4$), et en 365 jours 6 heures sa translation autour du soleil.

L'inclinaison de l'axe de rotation de la Terre sur l'écliptique est de 23°, ce qui produit, ainsi que nous l'avons dit, les différences des jours et des nuits, et l'inégalité des saisons, selon les latitudes.

La Terre a le privilége, refusé aux planètes Mercure et Vénus, d'être pourvue d'un astre secondaire, que l'on appelle son satellite : c'est la Lune. Placée à 96 000 lieues seulement de la Terre, la Lune accomplit en 27 jours son mouvement de révolution autour de la Terre.

Ce serait sortir de l'objet de cet ouvrage que de donner une description quelconque de notre globe. Nous le supposons connu de nos lecteurs, et nous passons à la planète qui le suit.

Après la Terre, en s'éloignant du Soleil, vient la planète Mars.

Une ressemblance vraiment extraordinaire existe entre Mars et la Terre. Conditions physiques, géographiques et climatologiques, nuits et jours, saisons, perspectives célestes, tout est semblable pour ces deux planètes, avec cette différence que le globe de Mars est plus petit de moitié que celui de la Terre et qu'il a deux satellites, au lieu d'un seul que possède la Terre.

On peut tout supposer, n'est-ce pas, ami lecteur? Supposez donc qu'un globe aérostatique s'élevât à la hauteur d'environ 15 millions de lieues de la Terre, dans la direction du Soleil, à l'époque de la conjonction de Mars, et cela sans que l'aéronaute emporté sur cet hypothétique ballon eût perdu la vie; qu'arriverait-il? Il arriverait qu'à cette distance de 15 millions de lieues de la Terre[1], le ballon, cédant à la pesanteur qui l'entraînait vers Mars, serait tombé sur cette dernière planète. Or, et c'est là que nous voulons en venir, l'aéronaute, en prenant pied dans

---

[1]. La planète Mars étant éloignée du soleil de 20 millions de lieues, il faut placer le ballon à cette distance, puisque la masse de Mars est la moitié de celle de la Terre, et que l'attraction diminue en raison inverse des masses.

Mars, se serait cru sur la Terre, et rien n'aurait pu le tirer de son erreur. Sol, montagnes et collines, fleuves et mers, végétation même, il aurait trouvé tout cela dans la planète que ses pas auraient foulée ; si bien qu'il lui aurait été impossible de savoir s'il se trouvait dans un coin de la Terre peu fréquenté et peu connu, comme l'Australie ou la Polynésie, ou sur une planète étrangère à notre globe.

Nous avons employé ce détour pour faire mieux comprendre la ressssemblance qui existe entre Mars et la Terre. Ces deux planètes ne paraissent différer l'une de l'autre que par leurs dimensions : Mars est, comme nous l'avons dit, moitié plus petit que notre globe.

Voici d'ailleurs les données de la géométrie céleste de Mars.

Éloigné de la Terre de 20 millions de lieues, et distant du Soleil de 58 millions de lieues, Mars a un diamètre de 1650 lieues, le diamètre de la Terre étant, comme nous l'avons dit, de 3000 lieues en nombre rond. Ses journées sont de 24 heures 39 minutes, et son année plus longue que celle de la Terre, puisqu'il est plus loin du soleil que ne l'est notre globe. L'année de Mars dure 22 mois 11 jours.

Comme l'inclinaison de l'axe de rotation de Mars diffère peu de celui de la Terre (28° au lieu de 23°), les saisons, ainsi que les heures du jour, sont distribuées dans Mars à peu près comme sur la Terre. Seulement, comme il est plus loin que nous du Soleil, il est moins éclairé et moins chauffé : Mars ne reçoit qu'environ la moitié de la chaleur et de la lumière solaire qui nous sont départies.

Une atmosphère, que l'on reconnaît assez facilement dans nos télescopes, grâce aux effets qu'elle produit, environne Mars. Souvent des nuages le couvrent en entier.

Du reste, l'existence d'une atmosphère a été mise hors de doute pour toutes les planètes qui composent notre monde solaire.

Continuant notre voyage dans le ciel, en nous éloignant du soleil, nous rencontrerons, après Mars, le groupe des *astéroïdes*. Nous ne nous arrêterons pas à cet amas de petits astres, qui n'est sans doute autre chose que l'ensemble des fragments dissociés de quelque planète qui existait en ce point de l'espace, et qui fut mise en pièces par quelque formidable accident de l'univers. On a donné à ces petits astres des noms, comme aux planètes importantes. Citons *Vesta*, *Pallas*, *Circé*, etc., etc. *Maximiliana* et *Feronia* sont placées aux deux extrémités, si l'on considère la distance au Soleil.

Ces restes d'un astre brisé continuent de tourner autour du Soleil, comme les planètes qu'ils composaient primitivement.

Après les *astéroïdes* vient le gros Jupiter.

Jupiter est la sphère planétaire la plus volumineuse de notre système solaire ; elle est 1400 fois plus grosse que la Terre. Elle est éloignée du soleil de plus de 200 millions de lieues. En raison de cet éloignement, son année, c'est-à-dire le temps de sa révolution complète autour du soleil, dure 12 des nôtres. Malgré cette dimension colossale, Jupiter

Fig. 4. Grandeur des planètes Jupiter, Saturne, Uranus et Neptune, comparée à la terre.

tourne si rapidement sur son axe, que 10 heures lui suffisent pour faire un tour entier ; de sorte qu'il n'a que 5 heures de jour et 5 heures de nuit.

La brièveté des jours sur le globe de Jupiter est compensée par l'existence, autour de cette planète, de quatre *lunes,* ou satellites, qui lui procurent une lumière permanente. Cette illumination par réflexion, jointe à de très-longs crépuscules, doit donner à Jupiter des nuits tellement claires qu'elles ne doivent pas le céder de beaucoup à l'éclairage des jours.

Si Jupiter a le désagrément de jours très-courts, il a, en revanche, l'inappréciable avantage d'une égalité parfaite dans la durée de ses jours et de ses nuits, et dans la longueur des quatre saisons sur tous ses parallèles. C'est que l'obliquité de l'axe de rotation qui cause, dans les planètes Mercure, Vénus, la Terre et Mars, la fâcheuse inégalité que nous avons signalée quant à la durée comparée des jours et des nuits, ainsi que des saisons, pour une même latitude, est à peu près nulle dans Jupiter. Cette planète tourne sur son axe géométrique presque sans aucune obliquité. De là, résulte pour elle, comme d'ailleurs pour la planète Saturne, une sorte de printemps éternel, c'est-à-dire une distribution de la chaleur et de la lumière solaires se faisant avec une égale proportion le long des mêmes degrés de latitude.

Jupiter n'a donc pas, comme la Terre et Mars, comme Mercure et Vénus, de vicissitudes saisonnières, de brusques et pénibles variations du froid au chaud dans le même lieu. Les climats y sont constants pour chaque latitude et les saisons à peine sensibles.

Placé à 364 millions de lieues du soleil, le globe de Saturne est 734 fois plus gros que la Terre. Il met 30 ans à parcourir son orbite autour du Soleil. Son année est donc de 30 fois la nôtre.

Comme Jupiter, Saturne a des jours très-courts : en 10 heures il tourne sur lui-même ; ses jours et ses nuits ne sont donc chacun que de 5 heures. Mais huit *lunes*, ou satellites, qui l'accompagnent, l'éclairent pendant les nuits et, comme pour Jupiter, suppléent à la brièveté de ses jours.

L'obliquité de l'axe de rotation étant à peu près nulle pour le globe de Saturne, les jours sont toujours égaux aux nuits. Il y a *équinoxe* perpétuel, et les climats sont constants, les variations de saisons à peu près nulles. Comme dans Jupiter, on trouve dans Saturne le printemps en permanence.

Saturne présente une particularité géodésique qui n'est accordée à aucun autre globe de notre système solaire. Il est placé au centre d'un anneau de même nature que lui-même et qui l'environne de toutes parts. Cet anneau, comme on le voit sur la figure 4, est enveloppé par un second, tout semblable, et celui-ci par un troisième : ce sont les *anneaux de Saturne,* selon le terme employé en astronomie. Cette enveloppe circulaire est extrêmement mince (elle n'a que 10 lieues d'épaisseur), et elle est, au contraire, très-large (12 000 lieues de largeur). Elle n'est pas immobile, mais tourne autour du globe qu'elle environne.

La disposition étrange des *anneaux de Saturne* prouve bien toutes les inépuisables richesses de la nature, toute la variété de formes que le Créateur a réalisée dans le vaste domaine de l'univers. Elle doit nous tenir en garde contre notre continuelle tendance à modeler sur le type de la Terre les mondes autres que ceux que nous connaissons.

On ne sait presque rien sur les particularités géodésiques d'Uranus, planète qui n'est que 82 fois plus grosse que la Terre, et qui pourtant roule à 732 millions de lieues du soleil, et met 84 ans à accomplir sa révolution autour de l'astre central. Uranus reçoit, conséquemment à sa distance du soleil, 360 fois moins de chaleur solaire que n'en reçoit la Terre. Il est escorté de 8 satellites.

On peut voir sur la figure 4 les rapports de grandeur entre Uranus et la Terre.

La prodigieuse distance qui sépare Uranus de notre globe, jointe à sa petitesse, fait que ce globe est à peu près inaccessible aux instruments d'observation céleste.

C'est pour la même raison que l'on ne peut rien savoir quant aux conditions physiques et géographiques de Neptune, la dernière planète de notre système, astre découvert de nos jours par Le Verrier, grâce à la seule force du calcul, et qui a fourni la preuve la plus éclatante que l'on ait jamais donnée de l'utilité des sciences mathématiques. Neptune est si petit et placé si loin de nous, qu'il est bien probable que la simple observation du ciel ne l'aurait jamais fait découvrir. Ici l'analyse mathématique fut plus puissante que le télescope.

Il nous serait impossible de donner des renseignements analogues à ceux que nous avons esquissés pour les planètes précédentes, sur un astre 105 fois plus gros seulement que la Terre, qui circule à la distance d'*un milliard* 150 *millions de lieues du Soleil !* et dont l'année dure 164 fois l'année terrestre ; si bien que si l'on comptait les siècles de l'ère chrétienne d'après la chronologie neptunienne, au lieu de notre dix-neuvième siècle on aurait seulement 12 années d'ère chrétienne. Tout ce que nous pouvons dire dès lors de Neptune, c'est qu'il termine le domaine de notre monde visible.

On ne peut pourtant déclarer que notre monde solaire finisse à cette limite. Sans doute la portée de nos lunettes astronomiques s'arrête à Neptune, mais telles ne sont pas assurément les frontières de l'empire du Soleil. On sait, en effet, que des comètes nous reviennent après avoir parcouru, comme l'indique leur courbe géométrique, une profondeur de l'espace égale à 32 *milliards de lieues*. Ainsi la distance d'un milliard 150 millions de lieues, qui est celle de Neptune au soleil, ne représente nullement les confins de notre monde solaire ; elle n'exprime que les bornes de la portée de nos télescopes.

Ce coup d'œil rapide jeté sur l'ensemble de notre système solaire prouve bien que la Terre n'est en possession d'aucun privilége. Le rôle qu'elle joue dans l'économie de l'univers, d'autres astres semblables le remplissent, et rien ne justifie la prééminence que les anciens lui accordaient. Elle n'est ni la plus grosse, ni la plus chaude, ni la plus éclairée des neuf planètes. Elle fait tout simplement partie d'un groupe d'astres, elle n'est qu'un individu de ce groupe.

Ces considérations vont nous amener à une déduction bien importante. Puisque la Terre n'a rien qui la distingue des autres planètes de notre système solaire, on doit retrouver sur les autres planètes ce qu'on observe sur notre globe. Il doit exister dans ces globes planétaires, de l'air, de l'eau, un sol rigide, des fleuves et des mers, des montagnes et des vallées. On doit même y trouver une végétation et des forêts, des régions couvertes de verdure et d'ombrages. Il doit enfin y exister des animaux et jusqu'à des hommes, ou du moins des êtres supérieurs aux animaux, et correspondant à notre type humain.

Mais cela est-il possible, cela est-il vrai? Les planètes qui tournent, comme la Terre et en même temps que la Terre, autour du Soleil, sont-elles constituées physiquement comme notre globe? Sont-elles couvertes de végétaux, sont-elles habitées par des animaux et par des êtres appartenant au type humain?

Cette grave question a été traitée d'une manière approfondie par M. Flammarion, dans un ouvrage intitulé *Pluralité des mondes habités*[1], et dans une publication postérieure, *les Mondes imaginaires et les Mondes réels*[2]. Ce serait sortir de l'objet de ce livre que de suivre M. Flammarion dans les considérations scientifiques diverses par lesquelles il établit que les

---

1. 1 vol. in-12, Paris, chez Didier.
2. 1 vol. in-12, Paris, chez Didier.

planètes qui font partie de notre système solaire sont, comme la **Terre**, le théâtre de la vie, de l'organisation, du sentiment et de la pensée. Déjà au dix-septième siècle Fontenelle et Huygens avaient abordé avec succès ce séduisant problème ; M. Flammarion l'a, de nos jours, traité avec un soin et un développement tout particuliers, en invoquant les données de l'astronomie et de la physique contemporaines qui se rapportent à ce sujet. En conséquence, nous renvoyons aux deux ouvrages de ce savant auteur pour s'édifier complétement sur la question de l'*habitabilité des planètes*.

CHAPITRE XIV

Ce qui s'est passé sur la terre pour la création des êtres organisés a dû se passer également dans les autres planètes. — Ordre successif d'apparition des êtres vivants sur notre globe. — Cette même succession doit avoir eu lieu dans chaque planète. — L'*homme planétaire*. — L'homme planétaire, comme l'homme terrestre, se transforme, après sa mort, en être surhumain et passe dans l'éther.

Nous croyons que des êtres organisés existent dans toutes les planètes. Mais les êtres qui vivent dans ces mondes lointains sont-ils accompagnés d'un type supérieur, analogue à l'homme terrestre? Voilà ce qu'il nous faut examiner.

Guidé par l'analogie, le seul moyen de recherche dont on puisse faire usage, en l'absence de l'observation, **nous admettons** que ce qui s'est passé sur la Terre, depuis l'époque de sa formation, a dû se produire également sur toutes les autres planètes, **ses** congénères.

On sait parfaitement aujourd'hui comment les créations végétale et animale ont apparu et se sont succédé sur notre globe depuis son origine. La Terre ne fut d'abord qu'un amas de gaz et de vapeurs enflammées, qui circulaient autour du Soleil. Cet amas de gaz et de vapeurs se refroidissant par sa course rapide à travers l'espace, prit d'abord l'état liquide, passa ensuite à l'état pâteux, enfin à l'état solide, par les progrès du refroidissement. Sa consolidation commença par la surface, parce que la circonférence d'une sphère est plus exposée que le reste de la masse aux causes de refroidissement. Alors l'eau et les vapeurs qui flottaient encore sur ce globe un peu solidifié se condensèrent, et tombant en pluies brûlantes sur le sol rigide, elles formèrent les premières mers.

Ce qui prouve que la Terre a été primitivement à l'état liquide ou demi-pâteux, c'est que quand on prend une sphère plastique, par exemple une boule d'argile un peu fluide, et qu'on la fait tourner avec rapidité sur son axe, on observe sur cette sphère un renflement aux parties médianes, et un aplatissement aux deux pôles ou aux extrémités de l'axe : c'est l'effet de la force centrifuge engendrée par le mouvement de rotation. Or la Terre est précisément aplatie à ses deux pôles et un peu renflée à l'équateur.

Ce qui s'est passé pour la Terre a dû se produire également pour toutes les autres planètes au moment de leur formation. Elles étaient composées, au début, d'amas de gaz et de vapeurs, qui, par le refroidissement, devinrent liquides, ensuite pâteuses, enfin solides Le refroidissement se faisant surtout sentir à leur surface, elles commencèrent par offrir une écorce, ou enveloppe extérieure, solide : ce fut le sol de la planète. Sur ce sol résistant tombèrent ensuite et s'accumulèrent les liquides provenant de la condensation de la vapeur d'eau, et ainsi furent formées les premières mers dans les planètes.

Aux personnes qui révoqueraient en doute cette théorie, nous rappellerions que le globe de Saturne et celui de Jupiter présentent des pôles beaucoup plus aplatis que ceux de la Terre. Pourquoi ce plus grand aplatissement? Parce que la vitesse de rotation de ces deux planètes sur leur axe est plus considérable que celle de la Terre. Nos jours sont de 24 heures, tandis que ceux de Jupiter et de Saturne ne durent que 10 heures : une plus grande rapidité de rotation a dû amener une plus grande dépression aux extrémités des deux axes. Ce résultat géométrique démontre bien la justesse de l'assimilation que nous établissons entre la Terre et les autres planètes, au point de vue de leur origine.

C'est dans les eaux encore chaudes du bassin des mers qu'apparurent les premiers êtres vivants qui aient existé sur notre globe. La vie animale a commencé dans les eaux. Les zoophytes et les mollusques sont les animaux qui apparurent les premiers, car ce sont des zoophytes et des mollusques, qui, joints à quelques articulés, composent les débris animaux que l'on trouve dans les terrains de transition, qui font suite aux terrains primitifs.

Quant aux végétaux, les premiers qui aient apparu, ceux dont on trouve les empreintes dans les mêmes terrains de transition, sont des acotylédones, ou cryptogames, c'est-à-dire des mousses, des algues et des fougères.

Quand la terre fut un peu plus refroidie, des végétaux phanérogames (monocotylédones et dicotylédones) apparurent sur les continents. De nombreuses espèces végétales furent créées simultanément, car la flore des terrains secondaires est extrêmement riche et variée.

Il en fut de même pour les animaux. Aux zoophytes, aux mollusques, aux poissons, qui existent dans les terrains de transition, succédèrent, dans les terrains secondaires, les reptiles, qui se montrèrent autant dans les mers que sur les continents. C'est alors qu'apparurent ces monstrueux reptiles sauriens dont les formes extraordinaires, autant que les colossales dimensions, nous frappent aujourd'hui de surprise et presque d'effroi. C'est alors que le gigantesque Mosasaure ravageait les mers, que le terrible Ichthyosaure semait la terreur parmi les habitants des eaux, et que le gigantesque Iguanodon dépeuplait les forêts. Les terrains secondaires, tout remplis de leurs débris osseux, nous montrent qu'à l'époque secondaire les reptiles tenaient le haut du pavé dans la création.

Plus tard, l'atmosphère s'étant épurée, les oiseaux commencent à sillonner les airs. On trouve dans les terrains secondaires (période jurassique) les restes de diverses espèces d'oiseaux ; et ces vestiges, que l'on ne rencontre pas dans les terrains antérieurs, nous disent suffisamment que c'est pendant l'époque secondaire que les oiseaux firent leur première apparition sur le globe terrestre.

Plus tard, c'est-à-dire à l'époque tertiaire, les mammifères entrent en scène pour la première fois.

Faisons remarquer que toutes les espèces animales ne se remplacent pas mutuellement, qu'elles ne s'excluent pas toujours les unes les autres. Beaucoup d'anciennes espèces animales persistent après qu'ont apparu des espèces toutes nouvelles. Nous pourrions citer tels groupes d'animaux, comme les Lingules (mollusques), le Corail (zoophyte), l'Huître (mollusque), parmi les animaux, et parmi les végétaux, les algues, les fougères, les lycopodes, qui ont apparu sur notre globe dès les premiers temps du règne organisé et qui n'ont pas cessé de s'y maintenir depuis ce moment jusqu'à nos jours.

Ce n'est qu'à la dernière époque de l'histoire de la Terre, c'est-à-dire pendant l'époque quaternaire, qu'apparaît enfin l'homme, le degré le plus élevé de la création vivante, le terme ultime du progrès organique, intellectuel et moral, le couronnement, sur notre globe, de l'édifice visible de la nature.

Aujourd'hui, l'homme vit en compagnie des animaux qui ont vu le jour pendant l'époque quaternaire, et d'un assez grand nombre d'autres espèces de mammifères qui avaient été créées pendant l'époque tertiaire.

Voilà, en abrégé, quelle a été, sur la terre, la marche progressive de la création végétale et animale.

Ces phases diverses qu'a suivies le développement du règne végétal et du règne animal sur notre globe, ces espèces organiques perfectionnées, qui s'ajoutent l'une à l'autre, et qui aboutissent au type supérieur qui s'appelle l'homme, ont dû, selon nous, se produire, dans le même ordre, sur les autres planètes de notre monde solaire. M. Flammarion, dans l'ouvrage que nous avons cité, a prouvé que la constitution physique et climatologique des planètes est à peu près la même que celle de notre globe. Il n'y a pas de raison pour que les choses se soient passées autrement dans Mercure, dans Vénus ou dans Jupiter, que sur la Terre, en ce qui concerne l'ordre successif de la création et de l'apparition des êtres vivants.

Il y aurait donc eu, selon nous, dans ces planètes, apparition successive de végétaux et d'animaux, dont le type allait se perfectionnant d'âge en âge. Les plantes et animaux de Mercure, de Jupiter, de Saturne, etc., n'étaient pas assurément identiques, ni peut-être même en rien semblables, aux espèces qui se sont montrées sur la Terre; mais tous, dans leur apparition successive, obéissaient au principe de progrès et de perfectionnement. Commencée dans les ondes brûlantes des premières mers planétaires, la vie s'est ensuite manifestée sur les continents. Des animaux à organisation aérienne ont vécu sur ces continents; leurs espèces se sont peu à peu perfectionnées dans leur type; enfin, et comme dernier terme, est apparu dans ces planètes, un être plus achevé, supérieur en organisation, en intelligence, en sensibilité, à tout le reste de la création animale qui formait la population de ce globe.

Cet être supérieur, ce dernier degré de l'échelle ascendante dans la création vivante propre aux mondes planétaires, et qui est le correspondant, l'analogue, de l'homme terrestre, on nous permettra de l'appeler l'*homme planétaire*.

Dans toutes les planètes il existe donc, comme sur la terre, des *hommes*, en même temps que des animaux inférieurs à ce type noble et privilégié.

D'après les vues que nous avons développées au commencement de cet ouvrage, l'homme terrestre éprouve, après sa mort, une métamorphose glorieuse. Laissant ici-bas sa misérable enveloppe matérielle, son âme s'élance dans l'espace, et va s'incarner dans un être nouveau, dont le type est infiniment supérieur, par ses perfections morales, à celui de notre infirme humanité. Il devient ce que nous avons appelé l'*être surhumain*. Si ce principe est vrai pour l'homme terrestre, il doit l'être également pour l'homme planétaire. De sorte que l'être surhumain doit provenir, non-seulement de la terre, mais de toutes les autres planètes.

Les êtres surhumains viennent donc des âmes humaines qui ont vécu soit sur la Terre, soit dans Mercure, dans Jupiter, dans Vénus, dans Saturne, etc. Et de même que l'être surhumain qui arrive de la Terre, passe dans l'éther environnant la terre, de même l'homme planétaire sortant de Mars, de Mercure, de Jupiter, etc., passe dans l'éther qui environne sa propre planète, s'y incarne dans un être surhumain, et vit dans les portions d'éther qui avoisinent la planète d'où il est sorti.

Tous ces êtres supérieurs flottent dans les couches d'éther qui, dans chaque planète, font suite à l'atmosphère de cette planète.

Ainsi, les principes que nous avons posés pour l'humanité terrestre, se généralisent et s'appliquent à toutes les humanités planétaires. Ce n'est pas seulement de la Terre que sortent les âmes qui vont s'incarner dans des êtres nouveaux, au sein des espaces éthérés; ces âmes viennent de tous les globes qui composent avec la Terre le cortége du Soleil.

CHAPITRE XV

Preuves de la pluralité des existences humaines et des réincarnations. — On ne peut expliquer, en dehors de cette doctrine, la présence de l'homme sur la terre, ni les tristes et inégales conditions de la vie humaine, ni le sort des enfants morts en bas âge.

La doctrine de la pluralité des existences et des *réincarnations*, qui rattache l'un à l'autre, comme autant d'anneaux d'une même chaîne, tous les êtres vivants, depuis le plus infime animal jusqu'aux créatures bienheureuses à qui il est donné de contempler Dieu dans sa gloire; — qui donne à l'humanité terrestre des frères dans les diverses planètes; — qui fait des habitants de notre globe une simple nation de l'univers; — qui voit dans toutes les populations des mondes une même famille, la famille planétaire, où chacun peut s'élever, par son mérite et ses combats, dans la hiérarchie du bonheur, —

cette doctrine est appuyée de tant de preuves, que nous n'avons d'autre embarras que de choisir parmi celles qui parlent en sa faveur. Si nous voulions les énumérer toutes, nous allongerions beaucoup cet ouvrage; aussi nous contenterons-nous de mettre en relief les plus saisissantes.

Pourquoi sommes-nous sur la terre? Nous ne l'avons pas demandé; nous n'avons pas exprimé le désir de naître. Si l'on nous eût consultés, nous aurions probablement souhaité, ou de ne pas venir en ce monde, ou d'y paraître à une autre époque. Nous aurions peut-être aussi demandé pour séjour une planète autre que la Terre. Notre globe est, en effet, très-désagréable à habiter. Par suite de son inclinaison sur son axe, les climats y sont distribués d'une façon déplorable : il faut ou succomber au froid, si l'on n'est pas défendu contre ses rigueurs, ou être calciné par la chaleur. Au point de vue moral, les conditions de l'humanité sont fort tristes. Le mal domine sur la terre, le vice est presque partout en honneur, et la vertu si maltraitée que l'honnêteté de la vie n'est ici-bas qu'un gage certain d'infortune. Les affections ne sont pour nous que des causes de déchirements et de larmes. Si nous goûtons un moment les joies de la paternité, de l'amitié, de l'amour, ce n'est que pour voir les objets de notre tendresse ravis par la mort, ou séparés de nous par les accidents d'une vie misérable. Les organes que nous recevons pour l'exercice de cette vie, sont lourds, grossiers, sujets aux maladies. Nous sommes cloués au sol, et pour déplacer notre pesante masse, il faut de la fatigue et des efforts. S'il y a quelques hommes bien organisés, doués d'une bonne constitution et d'une santé robuste, combien n'y en a-t-il pas d'infirmes, d'idiots, de sourds-muets, d'aveugles de naissance, de manchots, de crétins et de fous! Mon frère est beau et bien fait, et je suis, moi, laid, malingre, rachitique et bossu ; pourtant nous sommes tous deux fils de la même mère. Les uns naissent dans l'opulence, les autres dans le plus affreux dénûment. Pourquoi ne suis-je pas prince et grand seigneur, au lieu d'être pauvre travailleur de la terre ingrate et rebelle ? Pourquoi suis-je né en Europe et en France où, à force de civilisation et d'art, la vie est rendue supportable et facile, au lieu d'avoir vu le jour sous les cieux brûlants des tropiques, où, affublé d'un museau bestial, la peau noire et huileuse, les cheveux crépus, j'aurais été exposé aux doubles tourments d'un climat meurtrier et de la barbarie sociale ? Pourquoi un de ces malheureux nègres d'Afrique n'est-il pas à ma place, dans des conditions de bien-être ? Nous n'avons rien fait, ni l'un ni l'autre, pour occuper le lieu qui nous est assigné sur la terre ; nous n'avons ni mérité cette faveur, ni encouru cette disgrâce. Pourquoi donc cette répartition inégale de maux affreux qui pèsent sur certains hommes, en épargnant les autres ? En quoi ont-ils mérité la partialité du sort, ceux qui vivent en d'heureuses contrées, tandis que beaucoup de leurs frères souffrent et pleurent en d'autres régions du monde ?

Certains hommes sont doués de tous les avantages de l'esprit ; d'autres, au contraire, sont sans intelligence, sans pénétration, sans mémoire. Ils trébuchent à chaque pas dans la carrière difficile de la vie. Leur esprit borné, leurs facultés incomplètes, les exposent à tous les déboires et à tous les malheurs. Ils ne peuvent réussir à rien, et la destinée semble les prendre pour le point de mire constant de ses coups les plus funestes. Il est des êtres qui, depuis le moment de leur naissance jusqu'à celui de leur mort, ne jettent qu'un cri de souffrance et de désespoir. Quel crime ont-ils commis? Pourquoi sont-ils sur la terre? Ils ne l'ont pas demandé, et s'ils avaient été laissés libres, ils auraient supplié que l'on écartât de leurs lèvres cette coupe fatale. Ils sont ici-bas malgré eux, contre leur volonté. Cela est si vrai que quelques-uns, dans un accès de désespoir, tranchent eux-mêmes le fil de leur existence. Ils s'arrachent de leurs propres mains une vie que des tourments affreux leur rendent insupportable.

Dieu serait donc injuste et méchant s'il imposait à des êtres qui n'ont rien fait pour l'encourir, et qui ne l'ont point sollicitée, une vie aussi misérable. Mais Dieu n'est ni injuste, ni méchant; les qualités contraires sont l'attribut de sa parfaite essence. Par conséquent la présence de l'homme sur tel ou tel point de la terre, et l'inégale distribution des maux sur notre globe, ne peuvent trouver d'explication.

Si vous connaissez, lecteur, une doctrine, une philosophie, une religion, qui résolvent ces difficultés, je déchire ce livre et je m'avoue vaincu.

Si, au contraire, vous admettez la pluralité des existences humaines, et les *réincarnations*, c'est-à-dire le passage d'une même âme en plusieurs corps différents, tout s'explique. Notre présence en tel ou tel lieu du globe n'est plus l'effet d'un caprice du sort, ou le résultat du hasard; c'est la simple station d'un long voyage que nous accomplissons à travers les mondes. Avant de naître sur la terre, nous avons déjà vécu, soit à l'état d'animal supérieur, soit à l'état d'homme. Notre existence actuelle n'est que la suite d'une autre, soit que nous portions en nous l'âme d'un animal supérieur, que nous devons épurer, perfectionner, ennoblir, pendant notre séjour sur la terre, soit qu'ayant déjà rempli une existence imparfaite et mauvaise, nous soyons condamnés à la recommencer sur de nouveaux frais. Dans ce dernier cas, la carrière de l'homme recommence, parce que son âme n'est pas encore assez pure pour s'élever au grade d'être surhumain.

Notre passage sur la terre n'est donc qu'une sorte d'épreuve qui nous est imposée par la nature, et pendant laquelle nous devons polir notre âme, la débarrasser des liens terrestres, la dépouiller des défauts qui l'alourdissent et l'empêchent de s'élever, radieuse, vers les sphères éthérées. Toute existence humaine mal remplie est à recommencer. Ainsi le collégien qui a travaillé, qui a été laborieux, s'élève à la fin de l'année, dans une classe supérieure; mais s'il n'a fait aucun progrès dans ses études, il *redouble* sa classe. Les hommes pervers, les êtres vicieux *redoublent* leur vie. Ils la redoublent jusqu'au jour où leur âme est en état de monter en grade dans la hiérarchie des êtres, c'est-à-dire de passer, après leur mort, à l'état d'être surhumain.

Autant la cause de notre existence ici-bas est obscure et même inexplicable dans les idées ordinaires, autant elle est simple et lumineuse dans la doctrine de la pluralité des existences.

Il faut ajouter que cette doctrine est conforme à la justice de Dieu. En faisant de la vie terrestre une épreuve pour l'homme, Dieu est équitable et bon, comme un père de famille. Ne vaut-il pas mieux, en effet, soumettre une âme à une épreuve, qui peut recommencer si elle a donné un mauvais résultat, que de s'en tenir à une seule, qui entraînerait l'irréparable condamnation du coupable? A une créature dégradée il vaut mieux offrir la possibilité d'une réhabilitation par ses propres efforts, par ses luttes personnelles, que de la briser toute souillée encore de ses imperfections ou de ses crimes. La justice et la bonté de Dieu se reconnaissent à cet arrangement paternel, bien mieux qu'à la sévère juridiction qui condamnerait sans retour une âme après une seule épreuve ayant tourné à son désavantage.

Si la vie humaine est une épreuve, une période dans laquelle nous nous préparons à une existence nouvelle et plus heureuse, il n'y a plus à chercher pourquoi nous sommes ici-bas, pourquoi nous vivons aujourd'hui plutôt que de vivre demain, et sous telle latitude du globe plutôt que sous telle autre; il n'y a plus à se demander pourquoi nous sommes nés sur la Terre, et non dans Mercure, dans Saturne ou dans Mars. Que nous vivions aujourd'hui, ou que nous devions naître plus tard ; que nous ayons vu le le jour sur la Terre, dans Mercure ou dans Mars ; que nous habitions l'Europe ou l'Afrique, tout cela est indifférent pour notre destinée. En effet, nous subissons une période de préparation qu'il nous faut nécessairement accomplir avant de passer à l'état d'être surhumain ; et le lieu, le moment de notre voyage, le pays dans lequel nous séjournons, la planète qui nous est assignée comme théâtre de cette épreuve, sont sans aucune importance pour le rôle que nous avons à remplir d'après les vues de la nature. Nous faisons un voyage à travers les mondes, et une courte station sur la Terre fait partie de notre vaste itinéraire. Quel que soit donc le coin de l'univers sur lequel nous sommes jetés, nous y trouverons toujours à accomplir l'épreuve qui nous est imposée par Dieu, épreuve de souffrances et de combats, période de douleurs physiques et morales, qu'il nous faut subir avant de nous élever dans la hiérarchie des créatures. Dès lors, le temps, le lieu, les conditions morales bonnes ou mauvaises, tout cela doit nous être indifférent. Ce qu'il nous faut, c'est un séjour rapide sur une planète où cette épreuve puisse s'accomplir, et elle peut s'accomplir sur la Terre, comme dans Mars ou dans Mercure, et sur tel point de la Terre qu'on veuille imaginer.

Bien plus, il n'est pas impossible que la planète que nous habitons devienne quelque jour inhabitable pour l'homme. Le soleil qui l'échauffe et l'éclaire peut se refroidir ou s'éteindre, et ses habitants peuvent périr de froid. L'eau peut disparaître de notre globe, et la vie s'en retirer avec elle. Un cataclysme céleste peut réduire la Terre en morceaux. Qu'importe ? L'humanité subira dans une autre planète les épreuves qu'elle doit traverser.

Si pendant le cours de cette épreuve nous rencontrons le mal moral, si nous voyons le vice triomphant et la vertu persécutée, si nous sommes les victimes innocentes de l'injustice, de la cruauté ou de l'ignorance des hommes, nous n'avons pas à murmurer contre la Providence, nous n'avons pas à lancer des malédictions contre la douleur, à déplorer le scandale du crime heureux et triomphant devant la vertu qui souffre et qui pleure. Nous n'avons pas davantage à regretter les infirmités de notre corps, les maladies qui nous prennent au berceau, et qui nous affligent pendant notre vie entière. Nous n'avons à nous plaindre ni de la faiblesse de notre esprit, ni des défaillances de nos facultés. Toutes ces conditions, contraires au bonheur terrestre, font partie du programme d'épreuves que nous avons à subir ici-bas. Que mille maux nous accablent, que l'injustice nous frappe, que des mains cruelles s'abattent sur nous: il faut bénir ces maux, il faut applaudir à ces iniquités, il faut baiser ces mains sanglantes. Ce sont les instruments de notre rédemption naturelle, et plus ils seront perçants, acérés et douloureux, plus sera avancée l'heure de notre délivrance, le moment heureux de notre sortie de ce globe impur et fangeux que nos pas foulent un moment. D'ailleurs, justice sera bientôt faite. Le méchant ne tardera pas, en punition de ses fautes, à recommencer ici-bas une nouvelle existence; tandis que le bon s'élèvera dans les régions supérieures, où l'attend une vie nouvelle, plus large, plus heureuse, plus savante, mieux en harmonie avec les aspirations de notre nature, que l'existence précaire et misérable que nous traînons ici-bas. Là nous renaîtrons, radieux et forts, avec toute notre mémoire, avec tout notre cœur et toute notre liberté !

Ainsi s'évanouissent les difficultés, ainsi se résolvent les problèmes, ainsi tombent les incertitudes, ainsi s'éclairent les mystères, qu'aucune doctrine, aucune religion, aucune philosophie ne pouvaient dissiper, et qui allaient jusqu'à faire douter de la justice de Dieu. La doctrine des réincarnations et des existences antérieures nous semble expliquer tout, et répondre à tout.

Nous passons à l'une des plus intéressantes questions de la doctrine de la préexistence des âmes : à la question des enfants morts en bas âge. Que deviennent les enfants des hommes qui meurent à l'âge de quelques jours, qui meurent en naissant, ceux qui n'atteignent que l'âge de huit à dix mois ? Jusqu'à cette dernière époque de la vie l'âme humaine n'a pris aucun développement ; elle est à peu près au même état rudimentaire qu'à l'heure de la naissance. Quel est donc le sort des jeunes enfants après leur mort ? Voilà la pierre d'achoppement de toute religion et de toute philosophie. Et voilà, au contraire, comme on va s'en convaincre, le triomphe de la doctrine des réincarnations.

La religion chrétienne est la seule dont nous ayons intérêt à connaître les principes sur cette question. Voyons ce qu'elle formule à cet égard, au point de vue du dogme, comme au point de vue du culte.

La religion chrétienne déclare que les enfants morts en bas âge vont au Paradis, s'ils ont reçu le sacrement du baptême. Mais c'est là juger arbitrairement, car nul ne peut dire la conduite que ces enfants auraient tenue si leur existence avait suivi son cours régulier. Dieu, en accordant le bonheur éternel à une âme, pour un séjour sur la terre de quelques heures seulement, pendant lesquelles l'enfant n'a pu faire ni bien ni mal, serait injuste. Il serait injuste pour le reste des hommes, auxquels il imposerait toute une vie de pénibles épreuves, tout en décernant un brevet de félicités éternelles à un être qui aurait passé, inconsciemment, quelques heures à peine ici-bas. Pour jouir du bonheur éternel, il faut l'avoir mérité.

On ne peut donc s'expliquer cette décision de l'Église à moins que de supposer Dieu injuste et partial. Créer une âme pour une existence de dix minutes, et lui accorder ensuite l'éternité des récompenses, voilà ce que Dieu ne saurait faire dans son équité.

Mais poursuivons. Voilà ce que deviennent les enfants baptisés. Que deviennent, aux yeux de l'Église, les enfants morts sans baptême? Quelques théologiens féroces, qui écrivaient avant saint Augustin, n'hésitaient pas à les condamner aux flammes éternelles. Cependant leur opinion n'a pas prévalu, et la doctrine de saint Augustin fait loi. L'Église envoie les enfants morts en bas âge et sans baptême dans un purgatoire spécial, qui s'appelle les *limbes*. C'est un séjour mitoyen entre le Paradis et l'Enfer. On n'y est pas soumis aux tourments éternels, mais on n'a pas la contemplation de Dieu : c'est un juste-milieu entre les deux extrêmes des peines et des récompenses éternelles.

Cela est fort bien, mais les enfants qui meurent pourvus du sacrement du baptême sont peu nombreux, si l'on considère l'humanité tout entière. La religion chrétienne n'est professée que par moins du tiers de la population de la terre[1] et tous les chrétiens ne baptisent pas leurs enfants. D'un autre côté, beaucoup d'enfants meurent par accident, avant qu'on ait pu les ondoyer. Les cinq sixièmes des enfants des hommes meurent certainement sans avoir reçu le sacrement salutaire. Les cinq sixièmes des enfants iraient donc se perdre dans l'immobilité des *limbes*, ce froid tombeau, ce somnolent séjour des âmes, qui, par essence, sont tout activité et tout mouvement! Dieu créerait des âmes sensibles pour en jeter les cinq sixièmes dans une espèce d'anéantissement!

Ce n'est pas tout. L'institution du baptême est récente : elle date à peine de dix-huit siècles. Avant le christianisme, tous les enfants étaient nécessairement privés de cette cérémonie sacramentelle, et dès lors, tous, sans exception, ils allaient droit aux limbes!

L'humanité est bien ancienne; elle est beaucoup plus vieille que ne l'ont cru les théologiens, et même, jusqu'à nos jours, les savants. Au lieu des cinq à six mille ans classiques, l'humanité compte certainement plus de cent mille années d'existence. Ainsi, pendant cent mille années, les enfants auraient été condamnés au séjour des limbes, et ce n'est que depuis dix-huit cents ans qu'un petit nombre d'entre eux pourraient, grâce au baptême, entrer au Paradis! Pendant quatre-vingt-dix-huit mille ans la totalité

---

[1]. La population totale du globe est de 1 300 millions d'hommes, et l'on compte 380 millions de chrétiens.

des âmes des jeunes enfants serait allée peupler ces tristes nécropoles ! Et remarquez que toutes ces victimes n'avaient rien fait pour mériter un pareil sort; car ce n'était évidemment pas leur faute si le baptême n'avait pas encore été institué. De sorte que ces pauvres êtres étaient punis pour une négation dont ils n'avaient pas même conscience !

On voit ce que devient, devant le raisonnement, l'explication que donne la théologie catholique du sort des enfants morts en bas âge. Voyez maintenant combien la même question se simplifie dans la doctrine de la pluralité des existences. On admet, dans cette doctrine, que lorsqu'un enfant meurt en bas âge, c'est-à-dire avant l'âge d'un an (qui est celui de la dentition achevée), son âme reste sur la terre, et ne passe pas, comme celle des hommes faits, à l'état d'être surhumain. L'âme d'un enfant de douze mois est encore à l'état rudimentaire ; elle est à peu près ce qu'elle était au jour de la naissance. Si l'enfant meurt à cet âge, c'est une partie à recommencer. Et la partie recommence, c'est-à-dire que l'âme de l'enfant mort avant l'âge d'une année, se dégageant du corps, au moment du dernier soupir, va se loger dans le corps d'un autre enfant nouveau-né. Après cette nouvelle incarnation, il recommence sa vie.

S'il arrive que la nouvelle existence ne dure pas plus d'un an, rien n'empêche que, de nouveau, l'âme aille encore subir dans un troisième corps d'enfant une troisième incarnation, jusqu'au moment où elle aura franchi le terme qui la place dans les conditions communes.

Il est impossible que l'âme d'un enfant qui n'a pris aucun développement, qui n'a rien ajouté à ce qu'elle avait reçu, soit traitée comme les âmes perfectionnées, épurées par l'exercice de la vie, par les souffrances physiques et morales, qui font de notre séjour sur cette terre un temps de préparation et d'assouplissement. L'enfant en bas âge ne saurait donc être admis dans les domaines supra-terrestres ; il recommence l'épreuve interrompue. La mortalité des enfants du jour de la naissance à l'âge de douze mois, est tellement considérable, que la nature a dû se réserver le moyen d'annuler cette cause de dérangement dans la suite et l'enchaînement de ses opérations.

L'explication que nous donnons ici de la destinée des jeunes enfants est conforme à l'économie que l'on remarque dans les opérations de la nature. La nature veut que rien de ce qui est créé ne soit perdu. L'âme d'un homme criminel est mauvaise, mais c'est une âme, elle existe, et elle est éternelle : elle ne doit pas se perdre. Seulement il faut qu'elle se perfectionne et se corrige. C'est ce qui arrive, grâce à de nouvelles existences auxquelles la nature convie cette âme imparfaite, pour lui donner les moyens de se relever de sa déchéance. Ainsi, le principe de l'âme est conservé, et rien n'est détruit de ce qui était créé. L'âme de l'enfant mort en bas âge ne doit pas périr non plus. Une seconde incarnation dans un autre enfant lui permettra de reprendre le cours de son évolution, interrompu accidentellement par la mort. Ainsi l'âme se conservera et rien ne sera perdu.

La chimie, depuis Lavoisier, a mis en lumière une

grande vérité : c'est que rien ne se perd des éléments de la matière ; c'est que les corps changent de forme, mais que l'élément matériel, le corps est impérissable, indestructible, et qu'on peut toujours le retrouver intact, malgré ses mille transformations. S'il est vrai que dans le monde matériel, rien ne se perde, il est également certain que dans le monde spirituel rien ne se perd non plus, et que tout ne fait que se transformer.

Ainsi, rien ne se perd, ni dans les êtres matériels ni dans les êtres immatériels, et nous pouvons poser ce principe nouveau de philosophie morale à côté du principe de philosophie chimique établi par le génie de Lavoisier.

CHAPITRE XVI

Les facultés spéciales à certains enfants, les aptitudes et les vocations naturelles chez les hommes, sont d'autres preuves de réincarnations. — Explication de la phrénologie. — Les *idées innées* des Leibniz et Descartes, ainsi que le *principe de causalité* de Dugald-Stewart ne s'expliquent que par la pluralité des vies. — Vagues souvenirs de nos existences antérieures.

S'il n'y a pas de *réincarnations*, si notre existence actuelle est, comme le veulent les croyances vulgaires et la philosophie moderne, un fait unique, qui ne peut se renouveler, il faut que notre âme soit formée en même temps que notre corps, et qu'à chaque naissance d'un être humain une âme nouvelle soit créée, pour animer ce corps. Nous demanderons alors pourquoi ces âmes ne sont pas toutes calquées sur le même type, et pourquoi, lorsque tous les corps humains sont semblables, il y a une si grande diversité dans les âmes, c'est-à-dire dans les facultés intellectuelles et morales qui les constituent ?

Nous demanderons pourquoi les aptitudes naturelles sont si diverses et tellement prononcées qu'elles résistent souvent à tous les efforts de l'éducation qui tente de les réformer, de les redresser, de les diriger dans un autre sens? D'où viennent, chez certains enfants, ces instincts précoces de vice et de vertu, ces sentiments innés de fierté ou de bassesse, qui souvent contrastent d'une manière si frappante avec les conditions sociales des familles? Pourquoi certains enfants se plaisent-ils à voir les souffrances? Pourquoi les voit-on prendre un cruel plaisir à maltraiter les animaux, tandis qu'on en voit d'autres s'émouvoir, pâlir et trembler à la vue d'un être souffrant? Pourquoi, si l'âme est faite sur le même moule chez tous les hommes, l'éducation ne produit-elle pas les mêmes effets sur tous les jeunes gens? Deux frères suivent les mêmes classes du même lycée, ils ont les mêmes maîtres et ont sous les yeux les mêmes exemples. Cependant l'un profite à merveille des leçons qu'il reçoit, et son instruction, son éducation, ses manières, sont irréprochables. Au contraire, son frère demeure toujours ignorant et grossier. Si la même semence jetée dans ces deux sols a produit des fruits si différents, n'est-ce pas que le sol qui a reçu le grain, c'est-à-dire l'âme, diffère chez l'un et chez l'autre?

Les dispositions naturelles, les vocations, se manifestent dès les premières années de la vie. Cette extrême diversité dans les aptitudes n'existerait pas si les âmes étaient toutes créées d'après le même type. Le corps des animaux, le corps de l'homme, les feuilles des arbres, sont fabriqués d'après le même type, car peu de différences s'y remarquent. Le squelette d'un homme est toujours semblable au squelette d'un autre homme ; le cœur, l'estomac, les reins, la vessie, ont la même forme chez tous les hommes. Il en est tout autrement des âmes ; elles diffèrent considérablement d'un individu à l'autre. On entend dire tous les jours qu'un enfant a des dispositions pour le calcul, un autre pour la musique, un troisième pour le dessin. On remarque chez d'autres des instincts farouches, violents et même criminels, et c'est dès les premières années de la vie que ces dispositions naturelles éclatent.

Quand ces aptitudes sont poussées à un degré tout à fait hors ligne, on a les exemples célèbres que l'histoire a retenus et que l'on aime à invoquer. C'est Pascal, découvrant à l'âge de douze ans, la plus grande partie de la géométrie plane, et sans avoir reçu aucune leçon, aucune teinture de calcul, traçant sur le parquet de sa chambre toutes les figures du premier livre du *Traité de Géométrie* d'Euclide, en évaluant très-exactement les rapports mathématiques de toutes ces figures entre elles, c'est-à-dire découvrant à lui seul une partie de la Géométrie descriptive ; — c'est Rembrandt, dessinant d'une façon magistrale avant de savoir lire ; — c'est le pâtre Mangiamelo, calculant, à l'âge de cinq ans, aussi vite qu'une machine arithmétique ; — c'est Mozart, exécutant une sonate de piano avec ses doigts de quatre ans et composant un opéra à huit ans ; — c'est Thérésa Milanollo, jouant du violon à quatre ans avec tant d'art et de supériorité, que Baillot disait qu'elle avait dû jouer du violon avant que de naître ; — c'est

Victor Hugo, qualifié par Chateaubriand « d'enfant sublime », etc.

Ces exemples sont restés dans les souvenirs de tout le monde; mais il faut bien savoir qu'ils ne constituent pas des exceptions. Ils ne font que traduire pour nous un fait général, qui seulement est poussé, dans ces cas particuliers, assez loin pour attirer l'attention publique. Ils ont l'avantage de faire comprendre au vulgaire une véritable loi de la nature, à savoir, la diversité des aptitudes et la prédominance, chez certains enfants, de facultés particulières.

Il y a dans la langue française une expression consacrée pour caractériser les enfants doués de ces vocations extraordinaires et précoces: on les appelle de *petits prodiges*. Il faut ajouter que cette qualification est quelquefois prise en mauvaise part. On accuse, en effet, les *petits prodiges* de ne pas tenir ce qu'ils promettaient. On fait remarquer que ces aptitudes éclatantes qui apparaissent durant les jeunes années, ne sont nullement les garants de succès hors ligne pour l'individu pendant le cours de sa carrière d'homme. Tel enfant qui dessinait, à l'âge de quatre ans, d'une manière surprenante, est devenu un triste barbouilleur quand il a embrassé la carrière des arts. Tel musicien qui à huit ans ravissait un auditoire, n'est dans l'âge mûr qu'un médiocre exécutant.

Cette remarque est juste, et voici l'explication qu'il faut donner du fait. Si les petits prodiges ne sont pas devenus de grands génies, c'est qu'ils n'ont pas cultivé leurs aptitudes, c'est qu'ils ont laissé s'éteindre leur talent, par le défaut de travail et d'exercice. Il ne suffit pas d'avoir des dispositions naturelles pour une science ou un art, il faut encore que le travail et l'étude viennent renforcer et développer cette aptitude. Les *petits prodiges* sont souvent dépassés dans leur carrière par les grands travailleurs; cela est tout simple : ils sont arrivés sur la terre avec des facultés remarquables, qu'ils avaient acquises pendant une vie antérieure; mais ils n'ont rien fait pour développer ces aptitudes, ils sont restés toute leur vie au point où ils en étaient au moment de leur naissance. L'homme de génie est celui qui cultive et perfectionne sans cesse les grandes aptitudes naturelles qu'il a apportées en naissant.

Ces aptitudes, cette prédominance des facultés particulières que l'on remarque chez certains enfants, ne peuvent s'expliquer dans la philosophie ordinaire, qui veut qu'une âme nouvelle soit créée à chaque naissance d'enfant. Elles s'expliquent très facilement, au contraire, dans la doctrine des réincarnations, et ne sont même qu'un corollaire de cette doctrine. Tout se comprend si l'on admet une vie antérieure à la vie présente. L'individu apporte, en naissant, l'intuition qui résulte pour lui des connaissances qu'il avait acquises pendant sa première existence. Les hommes sont plus ou moins avancés en intelligence et en moralité, selon la vie qu'ils ont menée avant d'apparaître sur la terre.

Cela est évident quand il s'agit d'un homme qui recommence sa vie. Cet homme avait acquis, durant sa première existence, des facultés qui lui profitent dans la seconde. Il ne possède peut-être pas dans leur intégrité toutes les facultés qu'il possédait dans sa vie passée, mais il a, comme disent les mathématiciens, la *résultante* de ces facultés, et cette résultante c'est l'aptitude spéciale, c'est la *vocation*. Il est calculateur, peintre ou musicien de vocation, parce qu'il a eu dans sa première carrière humaine le talent du calcul, du dessin ou de la musique. Il est impossible, nous le croyons, de trouver une autre explication à nos aptitudes naturelles.

On dira sans doute qu'il est étrange que nous ayons des aptitudes et des facultés résultant d'une vie antérieure, alors que nous n'avons aucun souvenir d'une existence précédente. Nous répondrons que l'on peut avoir perdu le souvenir des événements accomplis, et conserver néanmoins certaines facultés de l'âme qui sont indépendantes de tout fait particulier et concret, surtout quand ces facultés sont puissantes. On voit tous les jours des vieillards qui ont perdu toute mémoire des événements de leur vie, qui ne savent plus rien de l'histoire de leur temps, ni de leur propre histoire, et qui n'ont pas perdu pour cela leurs facultés, ni surtout leurs simples aptitudes. Linné, dans sa vieillesse, aimait à relire ses propres ouvrages. Oubliant qu'il en était l'auteur, il s'écriait: « Que c'est intéressant et beau ! je voudrais avoir écrit cela ! »

Rien ne s'oppose donc à ce que l'enfant, après la réincarnation, conserve les aptitudes qu'il avait pendant sa première existence, tout en ayant perdu le souvenir des faits qui se sont passés et dont il a été témoin pendant cette période. Ces facultés reparaissent et se font jour chez l'enfant, comme le feu d'un incendie mal éteint se rallume au souffle du vent. Ici le souffle qui fait briller de nouveau la flamme éclipsée des facultés humaines, c'est celui d'une seconde existence.

On peut objecter aux réincarnations dans le corps d'un enfant, l'absence du souvenir ; mais cet argument ne peut être invoqué s'il s'agit de l'incarnation de l'âme d'un animal dans un corps humain. En effet, l'animal étant à peu près sans mémoire, on comprend que les aptitudes seules doivent passer de l'animal à l'homme. Les instincts bons ou mauvais, tendres ou farouches, que les âmes humaines manifestent de si bonne heure, s'expliquent par l'espèce d'animal qui a transmis son âme à l'enfant. Un enfant aux dispositions musicales peut avoir reçu l'âme du rossignol, chantre mélodieux de nos bosquets. Un enfant qui ressent la vocation d'architecte peut avoir hérité de l'âme d'un castor, l'architecte des bois et des eaux.

En résumé, les aptitudes diverses, les facultés naturelles, les vocations, s'expliquent sans la moindre difficulté si l'on admet la doctrine de la transmigration des âmes. Pour rejeter ce système il faudrait accuser Dieu d'injustice, puisqu'il accorderait à certains hommes des facultés utiles qu'il refuserait à d'autres, puisqu'il nous distribuerait inégalement l'intelligence et la moralité, ces fondements de la conduite et de la direction de la vie.

Ce raisonnement nous semble inattaquable, car il ne repose pas sur une hypothèse mais sur un fait :

à savoir, l'inégalité des aptitudes, de l'intelligence et de la moralité, parmi les hommes. Ce fait, inexplicable dans toutes les théories philosophiques qui ont cours, ne s'explique que dans la doctrine des réincarnations, et il sert de base à notre raisonnement.

On a beaucoup discuté pour et contre la phrénologie, et l'on a fini par n'y plus songer, faute de pouvoir en donner une bonne théorie dans les idées de la philosophie ordinaire. On a trouvé plus court de fermer les yeux sur les travaux de Gall que de chercher à les expliquer. La vérité est que Gall a commis quelques erreurs de détail, ainsi qu'il arrive à tout fondateur d'une doctrine nouvelle, qui ne peut achever à lui seul une œuvre sans précédents ; mais ses successeurs ont fait disparaître les taches du système, et l'on est forcé de reconnaître aujourd'hui que la théorie de Gall est exacte. Elle ne se compose, en effet, que de pures observations, que chacun peut répéter.

Quand on l'applique plus particulièrement aux animaux, la théorie de Gall, ou la *phrénologie*, est d'une étonnante évidence. Chez l'homme les faits confirment presque toujours cette théorie. Il est certain que le crâne de l'assassin présente les développements anormaux assignés par Gall, et que, selon la doctrine de l'anatomiste allemand, les sentiments d'affection, d'amour, de cupidité, de discernement, etc., peuvent se reconnaître au dehors par les reliefs de la lame osseuse du crâne humain. Il est rare qu'en palpant la tête d'un scélérat, d'un Papavoine ou d'un Troppmann, le phrénologiste ne retrouve l'assemblage affreux qui décèle les mauvaises passions et la brutalité.

Malheureusement, la phrénologie embarrasse beaucoup nos moralistes, dont les vues sont altérées par la philosophie banale de notre époque. Les moralistes classiques se demandent si un homme qui porte sur son crâne les bosses du meurtre, est responsable de son crime, s'il est en possession de sa liberté, et s'il est aussi coupable qu'on le pense, quand il obéit aux penchants cruels que lui assigne la marâtre nature. Faut-il se montrer impitoyable pour un homme qui ne fait qu'obéir à son organisation physique, à peu près comme un fou obéit aux déréglements de sa pensée malade? Il semblerait donc qu'il y ait injustice à punir l'assassin, et l'on se demande si nos cours d'assises, ainsi que nos échafauds, ne devraient pas être supprimées, et si le véritable criminel ne serait pas le juge lui-même qui envoie à la mort un invididu n'ayant aucune conscience de ses actions.

Le même raisonnement, les mêmes incertitudes se dressent pour les actes vertueux. Faut-il savoir beaucoup de gré à l'homme exact à remplir ses devoirs, au citoyen consciencieux et fidèle, à l'individu honnête et bon, si dans sa conduite il ne fait qu'obéir aux bonnes impulsions que lui ont tracées d'avance son organisation physique et la structure de son crâne?

Ces conséquences de la phrénologie étaient, on le voit, fort embarrassantes et presque immorales. Barbarie de la société qui punit les coupables, absence de mérite pour l'homme vertueux, tout cela était fâcheux et pénible à admettre. On s'est tiré d'embarras en rejetant la phrénologie.

Il n'est aucunement nécessaire de rejeter la phrénologie ; si l'on est partisan de la doctrine des existences antérieures, on peut la retenir, et s'applaudir d'une conquête nouvelle des sciences d'observation. La phrénologie s'explique très-naturellement, en effet, dans cette doctrine. En venant occuper un corps humain, l'âme imprime à la matière cérébrale qui est le siége de la pensée, une modification, une prédominance en harmonie avec les facultés que cette âme apporte en naissant, et qu'elle avait acquises dans une existence antérieure, humaine ou animale. Le cerveau est pétri par l'âme conformément à ses propres aptitudes, à ses facultés acquises ; puis l'enveloppe osseuse du crâne, qui se moule sur la substance cérébrale contenue dans sa cavité, reproduit et exprime au dehors ces signes des facultés prédominantes. Les anciens qui disaient : *Corpus cordis opus* (le corps est l'œuvre de l'âme, ou l'âme fait son corps), exprimaient cette même idée avec une énergique concision.

Il n'y a donc plus à excuser le meurtrier ; il n'y a plus à lui refuser le libre arbitre ; il n'y a plus à lui épargner le juste châtiment de son crime. Ce n'est pas parce qu'il porte sur son crâne des protubérances particulières que le meurtrier a trempé ses mains dans le sang de ses victimes. Ces protubérances ne faisaient que déceler au dehors, comme pour l'avertir lui-même et l'inviter à s'en corriger, les penchants vicieux et mauvais qu'il avait apportés en naissant, et dont il aurait pu triompher par la volonté, par le désir ardent de redresser son âme déformée et vicieuse. Il est toujours possible de surmonter, par des efforts suffisants, les mauvais penchants de sa nature; et chacun de nous sait bien triompher de l'orgueil, de la paresse ou de l'envie. L'homme qui n'a pas su corriger les dispositions vicieuses de son âme, est coupable, et rien ne peut faire excuser un crime qu'il a accompli dans la pleine possession de son libre arbitre. Ainsi, ni la société, ni Dieu ne sont en cause avec la phrénologie quand on accepte la doctrine de la pluralité des existences.

En dépit des arguments de Locke et de Condillac, l'école philosophique moderne adopte presque unanimement la doctrine de Descartes, de Leibniz et de Platon sur l'origine de nos idées. Elle admet avec Leibniz que « l'âme à sa naissance n'est pas vide, comme des tablettes où l'on n'aurait rien écrit (*tabula rasa*), » mais qu'elle contient les principes des notions que les objets extérieurs viennent plus tard lui révéler.

« La logique et la métaphysique, la morale, la théologie, sont pleines, dit Leibniz, de ces vérités, et leurs preuves ne peuvent venir que de principes internes, qu'on appelle *innés*. Il ne faut point, il est vrai, s'imaginer qu'on puisse lire, à livre ouvert, dans l'âme, ces éternelles lois de la raison, comme l'édit du préteur se lit sur la table de marbre; mais c'est assez qu'on puisse les découvrir en nous à force d'attention, et les occasions en sont données par les sens[1]. »

---

1. *Nouveaux essais sur l'entendement humain*, livre I.

On sait que Leibniz a corrigé très-heureusement la doctrine de Locke sur l'origine des idées qui, selon le logicien anglais, nous viendraient uniquement des sens.

« Il est bien vrai, a dit Leibniz, que rien n'existe dans l'entendement qui n'ait été auparavant dans les sens; mais il faut en excepter l'entendement lui-même[1]. Les idées de l'être, d'une seule et même substance, du vrai, du bon et de beaucoup d'autres, ne sont *innées* à notre âme que parce que notre âme est *innée* à elle-même, et qu'elle découvre toutes ces choses en elle-même[2]. »

Oui, il est certain que nous apportons en naissant des idées que nous ne saurions acquérir par nos sens ou par les opérations de l'esprit, des vérités premières, que nous tirons de nous-mêmes et qui ne sauraient nous être transmises par l'éducation ou le langage. Sur ce point, l'accord des philosophes modernes est complet, et il faut ajouter que, de tout temps, les grands esprits ont également été d'accord sur ce principe.

Aristote lui-même, dont on invoque souvent l'autorité en opposition avec celle de Platon, était beaucoup moins contraire qu'on ne le pense à l'*innéité* des idées de l'âme.

« Ces choses-là, dit Aristote dans son *Traité des animaux*, sont en quelque sorte dans l'âme même. « Ταυτὶ δὲ ἐν αὐτῇ πους ἐστὶ τῇ ψυχῇ. »

Cicéron, commentant la doctrine platonicienne, appelle le principe de nos connaissances ébauchées,

---

1. *Nihil est in intellectu quod non prius fuerit in sensibus,.... nisi ipse intellectus.*
2. *Nouveaux essais sur l'entendement humain.* Livre V.

prima invitamenta naturæ[1] (la première notion des choses). Il dit, dans le même ouvrage : *ingenuit sine doctrina notitias parvas rerum maximarum*[2] (l'esprit trouve sans enseignement de faibles notions des grandes choses).

Quintilien dit, à son tour : « L'âme a une certaine nature qui lui est innée (*animi quædam ingenita natura*), l'étude ne fait que lui donner l'essor (*studio exercitata velocitas*[3]). »

Platon, interrogeant un esclave, lui fait trouver par lui-même la solution de plusieurs opérations de géométrie assez compliquées, et il en conclut que nous naissons géomètres.

Les notions premières du vrai, du bien, du juste, et les axiomes qui s'y rattachent, la notion de l'infini, les principes de la morale, du droit, de la religion, sont innés à notre âme : l'éducation ne fait que les développer et les stimuler. C'est ce qu'ont reconnu le plus grand nombre des philosophes de tous les temps, qui, d'accord sur le fond, ne diffèrent entre eux que par le nom qu'ils donnent aux notions innées. Platon appelle ces idées inhérentes à notre âme des *réminiscences d'une vie antérieure*. Les stoïciens les appelaient *notions communes* ou *raisons séminales*. Chez les modernes, Descartes et Leibniz les appellent *idées innées*; Reid, *principes du sens commun* ; Kant, *formes de la raison*, etc.

Dans notre siècle, un philosophe écossais, Dugald-Stewart, a précisé avec beaucoup de bonheur l'es-

1. *De Finib.* V, 6.
2. Ibid., 21.
3. *Inst. oratoris*, lib. V, cap. 10.

pèce d'idées que nous apportons en naissant. Il a prouvé que la principale, la dominante parmi ces idées « intrinsèques de l'âme, » comme disait Lebniz, celle qui existe chez tous les hommes dès leur naissance, c'est l'idée ou le *principe de causalité*, principe qui nous fait dire et penser qu'il n'y a point d'effet sans cause, ce qui est le commencement de la raison. En France, Laromiguière et Damiron se sont faits les échos, les vulgarisateurs, de cette découverte du philosophe écossais. Aussi les ouvrages classiques de philosophie moderne inscrivent-ils cette proposition comme une vérité à l'abri de tous les doutes.

Nous admettons sans réserve le principe de causalité comme l'idée innée par excellence, et nous prenons acte du fait. Seulement nous demandons à la philosophie régnante comment elle peut l'expliquer. Oui, il est dans notre âme des idées *innées*, et le *principe de causalité*, qui nous porte invinciblement à remonter de l'effet à la cause, est la plus évidente de ces idées qui semblent faire partie de nous-mêmes ; mais pourquoi avons-nous des idées innées et comment sont-elles arrivées dans notre âme? Voilà ce que ne peut nous apprendre la philosophie classique, la philosophie de Descartes, qui règne toujours en France, c'est-à-dire à l'École normale et chez les professeurs sortis de l'Université de Paris. On répondra peut-être, pour employer l'argument favori de Descartes, que nous avons des idées innées parce que telle est la volonté de Dieu, qui a créé notre âme. Mais une telle réponse serait arbitraire et banale ; on peut l'invoquer et on l'invoque à propos de tout, elle ne constitue pas un argument logique.

Les idées innées et le principe de causalité s'expliquent très-simplement dans la doctrine de la pluralité des existences, et ne sont même que des déductions de cette doctrine. Notre âme ayant déjà existé, soit dans le corps d'un autre homme, soit dans le corps d'un animal, a conservé la trace des impressions qu'elle avait reçues pendant cette existence. Elle a perdu, il est vrai, le souvenir des actions accomplies pendant sa première incarnation; mais le principe abstrait de la causalité étant indépendant des faits particuliers, n'étant que le résultat général de la pratique de la vie, doit persister dans l'âme à sa seconde incarnation.

C'est absolument, du reste, ce que pensait Platon, qui disait : « apprendre, c'est se souvenir. »

Le principe de causalité, dont on ne peut fournir aucune théorie satisfaisante avec la philosophie actuelle, s'explique de la manière la plus simple dans l'hypothèse des réincarnations et de la pluralité des existences.

Nous venons de parler du souvenir, et déjà, dans un autre chapitre (page 216), nous nous sommes expliqué sur le souvenir à propos des réincarnations. Nous avons dit pourquoi nous naissons sans aucune conscience d'une vie antérieure. Si nous venons d'un animal, avons-nous dit, nous sommes sans mémoire, parce qu'un animal n'en a pas, ou parce qu'il n'a qu'une mémoire très-courte. Il faut ajouter que si nous venons d'une âme humaine reparaissant aux clartés de la vie, nous sommes sans mémoire parce que cette mémoire aurait troublé et même rendu impossible l'épreuve de notre vie terrestre, parce qu'il entre dans les vues de la nature de nous faire recommencer l'épreuve de l'existence sans aucune trace, présente à notre esprit, de nos actes antérieurs, qui gêneraient notre libre arbitre.

Nous ne terminerons pas cependant sans faire remarquer que le souvenir d'une existence antérieure ne nous fait pas toujours défaut d'une manière absolue. Quel est l'homme qui, retiré au fond de lui-même, pendant ses heures intimes de contemplation et de solitude, n'ait vu renaître à ses yeux tout un monde enseveli dans les replis lointains d'un passé mystérieux? Quand, absorbés par une rêverie profonde, nous nous laissons aller à la dérive de l'imagination, qui nous emporte dans le vague et l'infini, nous croyons apercevoir de magiques tableaux qui ne sont pas absolument inconnus à nos yeux, nous croyons entendre des harmonies célestes qui ont déjà charmé nos cœurs. Ces secrètes évocations, ces contemplations involontaires dont chacun de nous peut témoigner, ne seraient-elles pas de véritables souvenirs d'une existence antérieure à notre vie d'ici-bas?

L'amour ou la simple sympathie que ressentent subitement et mutuellement l'une pour l'autre deux personnes d'un sexe différent ou du même sexe, et qui ne se sont jamais vues, peuvent être invoqués comme une sorte de preuve à l'appui d'une vie antérieure. Cette sympathie, cette attraction subite de deux âmes ne tient-elle pas à ce que ces deux âmes se sont déjà connues et aimées dans une vie précédente?

Nous lisons ce qui suit dans un ouvrage sans nom d'auteur, publié en 1827, sous le titre de *Caritcas* :

« Comment concevoir ce fait certain, à moins d'admettre une sorte de préexistence, une espèce d'antériorité, par laquelle les phénomènes énergiques de l'amour seraient le développement et la suite des actes de l'âme humaine qui ont précédé cette vie..... Faut-il donc admettre que les puissances de l'âme que chacun de nous a reçues en dépôt se sont déjà entendues, se sont déjà vues pour ainsi dire, et que l'amour, le saint amour, est la suite terrestre de ce nœud éternel? Pourquoi être surpris alors de son intensité, de sa force, de son énergie, de son dévoûment, de son instantanéité? Dans l'amour, les puissances séparées se rejoignent et comme des voyageurs qui se sont égarés se retrouvent avec délices, elles continuent ensemble leur course infinie [1]. »

L'amour qu'éprouvent instantanément et mutuellement deux personnes qui ne se sont jamais vues, n'est donc peut-être que la rencontre et la reconnaissance de deux âmes qui se sont aimées ou connues dans une vie précédente. N'aurions-nous pas déjà connu ce vaillant capitaine, cet artiste, cet homme de bien, dont nous aimons à lire et à relire les hauts faits ou les vertus ; et notre sympathie pour lui ne pourrait-elle être simplement une réminiscence de nos rapports avec lui dans une vie antérieure?

Ne pourrait-on également attribuer à un vague souvenir, à une sympathie inconsciente, le plaisir réel et profond que nous cause la seule vue des plan-

---

[1]. Chez Sautelet, éditeur, chap. XI, p. 225.

tes, des fleurs et de la végétation? L'aspect d'une forêt, d'une belle prairie, de coteaux verdoyants, nous touche, nous émeut quelquefois jusqu'aux larmes. Les grandes masses de verdure, aussi bien que l'humble pâquerette des champs, parlent à nos cœurs. Chacun de nous a sa plante de prédilection, la fleur dont il aime à respirer les senteurs, ou l'arbre dont il recherche particulièrement les émanations et les ombrages. Rousseau s'attendrissait à la vue d'une pervenche, et Alfred de Musset aimait les saules, au point d'exprimer le vœu, qui a été accompli, qu'un saule ombrageât sa tombe. Cet amour de la végétation a dans nos cœurs de profondes et mystérieuses racines. Ne faut-il pas voir, dans ce sentiment si naturel, une sorte de vague souvenir de notre première patrie, une secrète et involontaire évocation de ce vert milieu où le germe de notre âme est pour la première fois éclos à la lumière du soleil, le puissant promoteur de la vie?

Outre le souvenir indécis et voilé de tableaux qui semblent appartenir à nos existences antérieures sur le globe, nous ressentons quelquefois de vives aspirations vers une destinée plus douce et plus calme que celle qui est notre partage ici-bas. Sans doute les êtres grossiers, tout attachés aux intérêts et aux appétits matériels, n'éprouvent pas ces élans secrets vers une destinée inconnue et plus heureuse; mais les âmes poétiques et tendres, celles qui souffrent des tristes conditions dont la nature humaine est le martyr et l'esclave, se complaisent à ces mélancoliques aspirations. Elles entrevoient dans l'infini radieux de célestes demeures qui seront un jour leur résidence fortunée, et elles sont impatientes de briser les liens qui les attachent à la terre. Lisez dans le poëme de *Mignon*, de Gœthe, l'émouvant épisode où Mignon, errante et exilée, répand sa jeune âme en aspirations vers le ciel, en sublimes élans vers un avenir inconnu et bienheureux qu'elle pressent et qui l'attire, et vous vous demanderez si les beaux vers du grand poëte, qui fut aussi un grand naturaliste, ne traduisent pas une vérité : à savoir la vie nouvelle qui nous attend au sein des plaines de l'éther.

Pourquoi, chez tous les hommes, chez tous les peuples, élève-t-on les yeux vers le ciel, dans les moments solennels, dans les élans de la passion, dans les angoisses de la douleur? A-t-on jamais vu personne, dans ces circonstances, contempler avec la même insistance la terre, ou ce qui s'étend sous nos pieds? C'est toujours vers le ciel que s'élancent nos yeux et nos cœurs. Les mourants tournent vers le ciel leurs regards défaillants, et c'est vers les espaces célestes que nous portons nos regards quand nous sommes sous l'empire de l'une de ces vagues rêveries que nous décrivions tout à l'heure. Il est permis de croire que cette tendance universelle à porter notre vue dans cette direction est une intuition de ce qui nous attend après notre vie terrestre, une révélation naturelle du domaine qui sera un jour le nôtre, dans l'empyrée des cieux.

CHAPITRE XVII

L'hypothèse des vies successives comparée au matérialisme et à la destinée de l'homme selon le dogme chrétien. — Les peines et les récompenses dans le christianisme et dans la doctrine des vies successives.

Pour apprécier convenablement la doctrine des vies successives et des réincarnations, il faudrait la comparer à l'idée que l'on se fait de la destinée de l'homme dans les principaux systèmes philosophiques ou religieux. Nous ne pouvons entrer dans un examen approfondi de toutes les conceptions philosophiques ou religieuses qui ont tenu une place dans l'histoire de l'esprit humain, mais nous aurons un résumé de ces doctrines en nous adressant au matérialisme d'une part, au dogme chrétien de l'autre, pour leur demander comment ils expliquent tous les deux l'origine et la fin de l'humanité.

Le matérialisme ne distingue aucunement l'homme

de la brute. En supprimant l'âme humaine, ou n'en faisant, ce qui est la même chose, qu'une faculté qui dépend de l'organisation et qui périt avec elle, le matérialisme ne distingue point la vie de l'homme de celle des animaux. Entre l'homme qui vit en société dans les villes et l'ours taciturne et farouche qui se cache au fond des bois, le matérialisme n'établit aucune différence de nature. Et comme on ne s'inquiète pas de savoir si l'ours est passible de peines ou de récompenses après sa mort, on n'a pas à s'inquiéter davantage de cette difficulté en ce qui concerne l'homme.

Cette doctrine, nous n'avons pas besoin de le dire, étouffe toute pensée grande et généreuse, tout élan vers le bien. A quoi servirait l'amour de son prochain, la philanthropie, l'élan d'une âme sensible vers ses semblables malheureux, si l'homme n'était rien de plus que les autres êtres de la nature, et, comme eux, destiné à terminer ici-bas sa carrière? Quelle récompense serait offerte à ses bonnes actions, quelle punition réservée à ses crimes ou à ses chutes?

C'est en vain que quelques matérialistes ont cherché dans la subtilité du raisonnement un fantôme de peines et de récompenses qui s'exercerait pendant notre vie. La récompense de la vertu, disent-ils, réside dans notre satisfaction à faire le bien; la punition dans le remords de nos fautes, ou dans la privation de cet intime bonheur que l'on éprouve à satisfaire les élans d'un cœur honnête. Hélas! la récompense du bien à attendre dans cette vie est un déplorable leurre; qui ne le sait? Et quant au plaisir abstrait que l'on éprouverait à faire le bien et qui serait par lui-même une récompense, il implique la possession d'une âme d'élite, c'est-à-dire d'une exception tellement rare qu'elle ne saurait être invoquée à titre d'argument logique.

Si le matérialisme est le fléau de la société, la religion en est le salut; si l'un désole les cœurs, l'autre les relève et les fortifie. Le matérialisme ne s'inquiète nullement de cette question des peines et des récompenses après cette vie. Au contraire, les religions s'en préoccupent beaucoup; car le code des récompenses et des peines après la mort tient une grande place dans toutes les religions anciennes et modernes, particulièrement dans la religion chrétienne.

Malheureusement le dogme des peines et des récompenses dans le christianisme, conçu plus de deux mille ans avant Jésus-Christ, porte le stigmate de l'ignorance propre à ces temps reculés. Il fait Dieu à l'image de l'homme; il prête au créateur de l'univers nos mesquines passions, notre justice étroite et bornée. Fondé à une époque où l'astronomie n'était pas même soupçonnée, où l'on ne connaissait du monde que ce qu'en connaissait le vulgaire, ne s'inspirant que des trompeuses données des yeux et des erreurs populaires, le dogme chrétien reflète toutes les naïves conceptions de l'enfance des peuples; il néglige l'univers, pour ne s'occuper que de la terre, sans tenir aucun compte du reste des mondes.

Les Pères de l'Église, qui, après Jésus-Christ, furent appelés à donner aux dogmes religieux une forme définitive, les respectèrent jusqu'au scrupule. Le véritable mécanisme du monde était alors ignoré, car le système astronomique de Ptolémée était seul en honneur. Les saint Augustin et les saint Jérôme, ne pouvant saisir, à cause du vicieux arrangement des mondes imaginé par Ptolémée, l'immensité de l'univers, et étant eux-mêmes étrangers à l'astronomie, ne s'occupèrent que de restaurer des parties secondaires du dogme biblique.

C'est ainsi que les peuples modernes qui professent le christianisme, ou l'une de ses nombreuses dérivations, conservent encore aujourd'hui, concernant la destinée de l'homme après sa mort, les mêmes croyances enfantines que l'imagination des Orientaux conçut il y a 4000 ans, à une époque d'ignorance universelle et de barbarie sociale.

Quoi qu'il en soit, voici comment l'Église catholique formule le dogme des récompenses et des peines au delà du tombeau.

Après la mort, notre corps demeure sur la terre, et y subit la décomposition qui détruit toute substance matérielle. Notre âme comparaît devant Dieu, qui, assis à son tribunal, la juge souverainement. Les âmes des justes se rendent dans le Paradis, où elles doivent jouir des félicités éternelles. Les âmes des réprouvés descendent aux Enfers, où elles sont soumises à des tourments sans fin. Les âmes de ceux qui n'ont pas transgressé d'une manière trop criminelle les lois du Seigneur, se rendent au Purgatoire, où elles sont tenues en réserve, et d'où elles peuvent sortir par l'intercession et les prières des saints.

Les corps de tous les hommes sont restés sur la terre après leur mort; mais ils n'y demeureront pas toujours. Quand viendra la fin du monde, la trompette de l'ange de Dieu retentira partout. A ses accents tous les tombeaux s'ouvriront, les corps reprendront leurs formes premières, et les âmes qui les avaient abandonnés rentreront en possession de ces mêmes corps. Alors seulement sera fixé le sort définitif des hommes. Réintégrés dans leur premier corps, les élus de Dieu demeureront éternellement dans le Paradis, où ils chanteront sans fin les louanges de Dieu, tandis que les damnés, rejetés dans la sombre géhenne des enfers, y seront soumis à toutes les angoisses, à tous les tourments d'une souffrance éternelle.

On reconnaît à ce tableau les traits de la mythologie grecque et romaine. Le paradis des Chrétiens et les champs Élysées des Romains et des Grecs sont tout un, comme l'enfer du christianisme est le même que celui de la mythologie.

Les religions modernes autres que le christianisme, ont d'ailleurs également leur paradis et leur enfer, calqués sur l'antiquité grecque et romaine. Le paradis des mahométans est même plus humain et plus gai que celui des chrétiens. Dans toutes les religions modernes, on trouve, comme dans l'ancienne mythologie, un Dieu institué en magistrat judiciaire, qui prononce sur le sort des hommes après leur mort, et qui les voue à des peines ou à des récompenses éternelles, dans un enfer ou un paradis.

Ces naïves conceptions ne sont que des légendes poétiques, gracieuses ou terribles, et propres à l'enfance des civilisations. On pense bien que nous n'allons pas entreprendre de les réfuter gravement. Le dogme chrétien relatif aux peines et récompenses est un rêve de l'imagination orientale, et il serait superflu de le combattre par des arguments logiques. Assez d'autres se sont chargés de ce soin. Après Diderot, Voltaire et les encyclopédistes du dix-huitième siècle, il n'y a pas même à glaner dans le champ battu du scepticisme, et il ne servirait à rien de rajeunir leurs démonstrations, ou de réchauffer leurs sarcasmes refroidis. Il nous répugnerait d'ailleurs de soumettre à une dissection cruelle des idées qui ont encore le privilège de consoler bien des âmes, qui sont professées par des esprits honnêtes, nobles, vertueux et sincères, qui sont encore aujourd'hui la seule digue que l'on ait à opposer aux odieux principes du matérialisme, et qui ont enfin le plus touchant et le plus louable but : guider les hommes dans la route du devoir, de la vertu et de l'espérance en une autre vie.

Donc, laissons de côté, ou considérons comme de simples mythes de l'imagination orientale, ces corps humains tombés en putréfaction, disparus, réduits en poussière ou brûlés, qui, au jour du jugement dernier, se retrouvent pourtant intacts et prêts à recevoir leur âme, laquelle arrive de l'enfer ou du paradis, pour reprendre sa vieille enveloppe matérielle, et qui retournera, affublée de son ancien corps, dans le séjour des délices ou des tourments éternels ; — ce jugement dernier fixé à l'époque de la fin du monde, lequel, bien probablement, qu'il s'agisse de la terre seule ou de tous les mondes planétaires, n'aura jamais de fin ; — ces âmes qui, dans les enfers, et en attendant le jugement dernier, sont soumises aux plus pénibles souffrances, bien qu'étant privées de corps, étant de purs esprits, elles ne puissent souffrir ; — ces tourments infligés à des êtres humains, sans aucune nécessité, sans aucun but, puisqu'ils ne doivent pas amener le repentir du coupable, ni son retour au bien ; puisqu'il n'y a rien au bout de cette épouvantable expiation ; puisque la rémission ne doit pas suivre ces châtiments atroces, les damnés devant, toujours et sans fin, être torturés, sans que cela provoque autre chose que leurs blasphèmes et leurs douleurs ; — cette criante injustice qui fait que l'on inflige un châtiment d'une durée infinie pour une faute d'une courte durée, pour une seule vie mal employée, quelquefois même pour une faute involontaire et ignorée ; — ce paradis somnolent, où les âmes, rangées sur des gradins, ne font autre chose que contempler Dieu dans sa gloire et chanter ses louanges ; où l'immobilité constante est la loi, tandis que la véritable loi des êtres, c'est le mouvement, c'est l'incessante activité, c'est la continuelle tendance au progrès, c'est l'élévation par le travail, par le travail qui est la règle de la nature et l'essence même de Dieu, et qui doit être aussi la règle, la loi, le principe des âmes parvenues aux célestes demeures : — ce jugement qui dispose de l'éternité comme de la chose la plus simple, qui vous destine, d'un trait de plume, à l'éternité des félicités ou des tourments, comme si l'éternité était un élément que l'esprit humain puisse, non pas seulement subir, mais comprendre ; comme si l'éternité n'était pas un abîme redoutable où la raison se perd ; comme si l'homme était capable de dépasser, dans son imagination, les bornes du fini ; comme s'il n'aurait pas suffi d'imposer un châtiment d'une durée inconnue, incalculable, ou mieux encore proportionnée aux fautes, sans aller ouvrir la perspective inutile de cet infini devant lequel l'esprit humain recule épouvanté, quand il a le courage de se pencher sur les profondeurs de cet abîme de mystères ; — ce Dieu fait à l'image de l'homme, à qui l'on prête les mauvais sentiments de l'humanité, que l'on fait cruel, vindicatif et jaloux, tantôt irrité, tantôt apaisé, comme s'il y avait en Dieu aucun sentiment analogue à ceux de nos faibles cœurs ; comme si le mal n'était pas le partage unique de l'impuissance et de la faiblesse humaines ; comme s'il pouvait y avoir du mal en Dieu, qui est tout-puissant parce qu'il est tout ordre et harmonie ; comme si tout le mal de la terre ne provenait pas d'autre chose que de l'abus que les hommes font de leur liberté ; — enfin ce dogme scientifique où de l'univers entier, avec ses innombrables mondes, on ne voit, on n'embrasse que la Terre et ses habitants, la Terre, faible atome perdu dans l'immensité, grain de poussière comparé aux millions de globes dont l'espace est rempli !

Comparez ces idées au système de la pluralité des existences et des réincarnations, et dites-nous si ce dernier système ne satisfait pas davantage, non-seulement l'esprit, mais le cœur ; si, au mérite d'être en harmonie avec nos connaissances scientifiques sur la multiplicité des mondes planétaires, la doctrine des vies successives ne joint pas l'avantage d'être conforme à la justice, à l'équité et à la morale, c'est-à-dire à l'idée que nous nous faisons de Dieu.

Dans cette doctrine, la terre ne résume pas tout. Notre existence sur ce globe n'est que la suite d'une autre existence, et ce que nous n'avons pu accomplir dans une vie terrestre, nous l'accomplirons dans la vie suivante, soit sur le même globe, soit dans un autre, soit dans l'espace éthéré. Notre vie actuelle n'étant qu'une période pendant laquelle nous devons perfectionner, épurer et ennoblir notre âme, nous serons traités, après cette épreuve, selon nos actes et nos mérites. Les hommes criminels et méchants, les âmes basses et viles recommenceront leur existence ici-bas; telle est leur punition et la ressource que leur laisse la nature pour se relever de leur chute. Les hommes bons et sensibles, les âmes élevées et polies par la pratique des vertus, quitteront ce globe imparfait, et sous la forme d'êtres surhumains, elles entreront dans les plaines de l'éther, en conservant leur individualité entière, leur conscience, leur mémoire et leur liberté. Les connaissances que l'homme aura acquises pendant sa première vie, demeureront son apanage durant la vie suivante. Il entrera dans le domaine de l'éther tel qu'il sera sorti du domaine terrestre, avec les facultés de son âme telles qu'elles étaient au moment de sa mort. Comme l'a dit Charles Bonnet, « les progrès que nous aurons faits ici-bas dans la connaissance et dans la vertu, détermineront le point d'où nous commencerons à partir dans l'autre vie, et la place que nous y occuperons [1].

---

1. *Palingénésie philosophique*.

Le savant et l'ignorant ne seront donc pas sur le même pied dans l'autre vie ; il y aura entre eux l'inégalité de puissance intellectuelle et morale qui résultera de l'inégalité de leurs connaissances acquises pendant l'existence terrestre ; et, comme le dit Charles Bonnet, ils partiront de là, l'un et l'autre, pour fournir leur nouvelle carrière.

Un homme a passé sa vie courbé sur les livres. Après avoir meublé son esprit des connaissances les plus variées, il a ouvert des voies nouvelles à l'étude de la nature ; il a ajouté à la puissance de l'esprit humain. Et vous voulez que cet homme ait à parcourir, après sa mort, exactement la même destinée que l'ignorant, l'être abruti et dégradé, qui n'a rien acquis, n'a rien appris, et a laissé dégénérer son âme? Cela ne saurait être. La science acquise à un individu est un bien qui ne doit pas périr, qui doit se retrouver quelque part. La nature ne gaspille rien. Une force une fois créée ne s'anéantit point, elle se retrouve toujours. Le vaste tribut de connaissances qu'a réunies le savant dont nous parlons, doit donc lui profiter à lui-même, après sa mort.

Cela revient à dire que l'homme vertueux et l'homme criminel ne feront jamais partie de la même promotion céleste ; que le bourreau et la victime ne se donneront pas la main dans les sublimes parages. Toutefois, le méchant ne sera pas à jamais déshérité de l'Éden réservé aux âmes sans tache ; il ne verra pas indéfiniment se fermer sur lui la porte des cieux. Il y parviendra, il entrera dans ce royaume de paix et de félicités suprêmes, quand la pureté de sa vie terrestre l'aura rendu digne d'une telle élévation.

Tout cela, on doit le reconnaître, est marqué au coin de la morale et de la justice. Ne vaut-il pas mieux, en effet, que l'homme, quelque vicieux, quelque dégradé qu'on le suppose, persiste dans son individualité, en conservant l'espoir d'une rénovation salutaire? Ne vaut-il pas mieux qu'il lui soit permis, par son retour au bien, de s'élever dans la hiérarchie des créatures, que s'il était condamné sans rémission, d'après une seule vie mal employée? Il est d'un Dieu équitable et débonnaire de laisser au méchant la chance de réussir dans une tentative qui doit sauver son être, lequel, sans cette condition, serait perdu sans retour. Dieu ne bâtit pas pour détruire ensuite, il ne veut pas que des âmes sensibles, qu'il a créées dans sa puissance souveraine, puissent s'anéantir. Il leur laisse la possibilité de se relever de leurs chutes et de rentrer dans le sein de la nature, dans le cercle de l'activité de la vie. Il ne désespère pas de son ouvrage. Il veut qu'aucune force ne soit perdue, qu'aucune de ses créations ne demeure inutile et stérile pour elle-même ni pour lui. Un ouvrier habile ne jette pas au rebut, comme manquée, une ébauche sortie de ses mains; il la reprend et l'achève. Ainsi Dieu reprend et perfectionne un premier essai mal venu.

Nous nous sommes interdit de soumettre à aucune discussion critique le dogme chrétien des peines et des récompenses; nous nous sommes contenté d'en bien préciser les termes, pour le mettre en parallèle avec la pluralité des existences. Cependant nous ne pouvons nous empêcher de faire remarquer, en terminant ce chapitre, combien le dogme chrétien est moins consolant que la doctrine que nous exposons dans cet ouvrage. Si ce dogme était l'expression de la vérité, les liens de nos affections seraient brisés d'une manière souvent cruelle et irréparable. Nous avons des fils, des frères, des amis, qui nous sont aussi chers que nous-mêmes, et qui, pour ainsi dire, vivent dans nos âmes. Le jugement de Dieu, qui s'exerce après une seule vie terrestre, vie dans laquelle les chances de mal faire sont si nombreuses et si fatales, expose à séparer deux personnes que rattache pourtant la parenté ou l'amitié la plus vive. L'un, s'il a encouru la colère de Dieu, sera précipité dans les abîmes infernaux, tandis que l'autre, en récompense de sa vertu, sera appelé aux félicités éternelles du paradis. Voilà donc le père et le fils, voilà la femme et l'époux, voilà les deux amis, voués à des destinées contraires; les voilà séparés pour l'éternité. Au milieu de la félicité parfaite du séjour des élus, le père sera torturé par la pensée désolante que le fils qu'il a tant aimé est à jamais séparé de lui, et que cet être, objet de tant de sollicitude et d'amour, est condamné à une éternité de peines, à des tourments sans fin. Ainsi les sentiments d'affection qui auraient ici-bas fait le bonheur de ces deux êtres, feraient, dans les mondes supérieurs, leur désespoir éternel. Ils n'auraient, l'un et l'autre, connu le sentiment de la tendresse paternelle ou de la mutuelle amitié que pour en regretter à jamais l'anéantissement.

Cette bizarre inconséquence ne saurait être reprochée à la doctrine des vies successives. Si le dogme chrétien menace de nous séparer des objets de notre affection, de condamner à une séparation éternelle des âmes qui se sont aimées sur la terre, la doctrine des vies multiples ne fait que reculer le moment de la réunion de ces âmes. Si l'une d'elles s'attarde un peu dans son exil sur la terre, en raison des chutes et des faux pas de son existence, elle peut se relever dans la vie suivante, et aller rejoindre bientôt l'âme qui l'attend dans les régions célestes. La réunion finit donc toujours par s'opérer, et l'instant n'en est retardé que pour laisser à l'être imparfait et déchu le temps de se rendre digne de celui qu'il aime, de devenir son égal en esprit et en perfections.

Ainsi la pluralité des existences nous donne la certitude que, quoi qu'il arrive, nous serons un jour réunis aux êtres que nous aimons. Elle nous dit même que cette réunion sera immédiate, qu'elle se fera aussitôt après la mort, si nous avons fait l'un et l'autre un emploi de notre vie conforme aux lois générales de l'ordre moral.

Cette doctrine offre donc les plus sûres et les plus réconfortantes consolations aux malheureux en proie à la douleur que cause la perte d'un être chéri. C'est le baume souverain des tristes blessures de nos cœurs. Nous savons que ceux que nous aimons et que la mort nous a ravis, ne sont pas perdus. Nous les voyons à travers les bienfaisantes lumières de cette consolante doctrine. Ils ne sont que voilés pour un moment à nos regards attristés, mais nous les reverrons bientôt, entourés de l'éblouissante lumière où baignent les mondes d'en haut. Nous savons qu'ils nous attendent au seuil de ce radieux domaine, et qu'ils nous frayeront la voie de ces lieux sublimes qui doivent être la récompense de nos mérites et l'expiation de nos souffrances vaillamment supportées, comme ils ont été la récompense et le couronnement des mérites de ceux que nous pleurons. Nous avons la certitude de passer auprès d'eux l'existence infinie qui doit, après notre propre mort, se dérouler pour nous à travers les espaces, et nous n'ignorons pas que cette réunion bienheureuse avec ceux que nous avons aimés et que nous aimons toujours, ne sera traversée par aucun des accidents, entravée par aucun des obstacles qui ont arrêté et attristé ici-bas les mutuels épanchements de nos cœurs. Est-il une doctrine plus consolante et plus douce pour les âmes affligées?

CHAPITRE XVIII

Résumé du système de la pluralité des existences

Nous croyons devoir résumer en quelques propositions sommaires les traits principaux du système de la nature que nous venons d'exposer.

I. Le soleil est le premier agent de la vie et de l'organisation.

II. Aux temps primitifs de notre globe, la vie commença à paraître dans les plantes aquatiques et aériennes, ainsi que dans les zoophytes. Le même ordre se reproduit encore aujourd'hui dans le point de départ et dans le développement de la vie et des âmes. Les rayons solaires, tombant sur la terre et dans les eaux, y provoquent la formation des plantes et celle des zoophytes. C'est en déposant dans ces milieux des *germes animés*, émanant des êtres spiritualisés qui habitent le soleil, que les rayons solaires provoquent la naissance des plantes et des zoophytes.

III. Les plantes et les zoophytes sont doués de la vie et de la sensibilité. Ils renferment un germe animé, comme la graine renferme l'embryon.

IV. Le germe animé contenu dans la plante et dans le zoophyte passe, à la mort de chaque animal, dans le corps de l'animal qui vient après lui dans l'échelle ascendante du perfectionnement organique. Du zoophyte le germe animé passe au mollusque, de là à l'animal articulé, au poisson ou au reptile. Du corps du reptile il passe dans celui de l'oiseau, puis du mammifère.

Dans les êtres inférieurs, dans les zoophytes par exemple, plusieurs germes animés peuvent se réunir, pour former l'âme d'un être unique, d'un ordre supérieur.

V. En traversant toute la série des animaux, cette âme rudimentaire se perfectionne et acquiert des commencements de facultés. Au sentiment se joint la conscience, la volonté, le jugement. Quand l'âme est parvenue dans le corps du mammifère, elle a acquis un certain nombre de facultés. Outre le sentiment, elle a la base de la raison, c'est-à-dire le *principe de causalité*. D'un animal mammifère appartenant aux ordres supérieurs, l'âme passe dans le corps d'un enfant nouveau-né.

VI. L'enfant naît sans mémoire, comme l'était l'animal supérieur d'où il provient. Il acquiert, vers l'âge d'un an, cette faculté, et il s'enrichit peu à peu de facultés nouvelles : l'imagination, la pensée se développent; la raison se fortifie; la mémoire s'affermit et s'étend.

VII. Si l'enfant meurt avant l'âge de douze mois environ, son âme, encore très-imparfaite, et dépourvue de facultés actives, passe dans le corps d'un autre enfant nouveau-né, et elle recommence une nouvelle vie.

VIII. A la mort de l'homme, son corps, demeurant sur la terre, son âme s'élève, à travers l'atmosphère, jusqu'à l'éther qui environne toutes les planètes, et elle entre dans le corps de l'*ange*, ou *être surhumain*.

IX. Si pendant son séjour sur cette terre, l'âme humaine n'a pas reçu un degré suffisant d'épuration et d'ennoblissement, elle recommence une seconde existence, en passant dans le corps d'un enfant nouveau-né et en perdant le souvenir de son existence première. Ce n'est que lorsqu'elle a atteint le degré convenable de perfectionnement que cette âme, après s'être réincarnée une ou plusieurs fois, peut quitter notre globe, aller prendre un nouveau corps au sein des plaines éthérées, et constituer un être surhumain, qui retrouve la mémoire de toutes ses existences passées.

X. Ce qui arrive sur la terre arrive également sur les autres planètes de notre système solaire. Dans Mercure, dans Vénus, dans Mars, dans Jupiter, dans Saturne, dans Uranus, etc., les mêmes actions se produisent. Dans ces planètes, le soleil provoque la naissance de végétaux, ou d'êtres analogues à nos végétaux. Par l'action des rayons solaires tombant dans ces globes et y jetant des germes animés, il se produit des plantes et des animaux inférieurs. Puis ces germes animés contenus dans les plantes et les animaux inférieurs, passant successivement dans toute la série des animaux, finissent par produire un être supérieur, par l'intelligence et la sensibilité, à tout le reste des êtres vivants. Cet être supérieur, qui est l'analogue de l'être humain, nous l'appelons l'*homme planétaire*.

XI. L'*homme planétaire* qui habite Mercure, Vénus, Mars, Jupiter, Saturne, etc., étant mort, son enveloppe matérielle reste sur le globe planétaire, et son âme, pourvu qu'elle ait acquis le degré convenable d'épuration, passe dans l'éther qui environne chaque planète. Elle vient s'incarner dans un corps nouveau et produire un être surhumain.

XII. Des phalanges d'êtres surhumains flottent donc dans l'éther planétaire. C'est la réunion de toutes les âmes épurées venues tant de notre globe que des autres planètes. Le type organique de ces êtres est d'ailleurs le même, quelle que soit leur patrie planétaire.

XIII. L'être surhumain est pourvu d'attributs spéciaux, il est doué de facultés puissantes, qui le placent à un degré infiniment au-dessus de l'humanité terrestre ou planétaire. Dans cet être, la matière est réduite, comparativement au principe spirituel, à une proportion beaucoup plus faible que chez l'homme. Son corps est vaporeux et léger. Il a des sens qui nous sont inconnus, et les sens que nous possédons sont chez lui prodigieusement perfectionnés, accrus et subtilisés. Il peut se transporter, en un court espace de temps, à toutes distances, et voyager, sans fatigue, d'un point à l'autre de l'espace. Sa vue porte à d'incommensurables étendues. Il a l'intuition de beaucoup de faits de la nature qui sont couverts pour les faibles humains d'un voile impénétrable.

XIV. L'être surhumain qui vient de la terre peut se mettre en rapport avec les hommes qui sont dignes de recevoir ses communications. Il dirige leur conduite, veille sur leurs actions, éclaire leur raison, inspire leur cœur. Quand les hommes ressuscités en gloire arrivent, à leur tour, dans le domaine céleste, il les reçoit au seuil de ces régions nouvelles, et leur facilite l'exercice de la vie bienheureuse qui les attend au delà du tombeau.

XV. L'être surhumain est mortel. Quand il a terminé au sein des espaces éthérés le cours normal de son existence, il meurt, et son principe spirituel entre dans un corps nouveau, celui de l'*archange* ou *être archi-humain*, dans lequel la proportion du principe spirituel domine de plus en plus, comparativement à la matière.

XVI. Ces réincarnations, au plus profond des espaces éthérés, se reproduisent un nombre de fois qu'il est impossible de déterminer, et donnent une série de créatures de plus en plus actives par la pensée et puissantes par l'action. A chacune de ces promotions dans les hautes hiérarchies de l'espace, ces êtres sublimes voient s'augmenter l'énergie de leurs facultés intellectuelles et morales, leur puissance de sentir, leur pouvoir d'aimer et leur initiation aux plus profonds mystères de l'univers.

XVII. Quand il est arrivé au degré ultime de la

hiérarchie céleste, l'*être spiritualisé* est absolument parfait en puissance et en intelligence. Il est alors entièrement dépouillé de tout alliage matériel: il n'a plus de corps, c'est un pur esprit. En cet état il pénètre dans le soleil.

XVIII. Le soleil, l'astre-roi, est donc le séjour final et commun de tous les *êtres spiritualisés* qui sont venus des différentes planètes, après avoir parcouru la longue série des existences qui se sont écoulées au milieu des plaines infinies de l'éther.

XIX. Les *êtres spiritualisés* réunis dans le soleil envoient sur la terre et sur les planètes des émanations de leur essence, c'est-à-dire des *germes animés*. Les rayons du soleil sont porteurs de ces *germes animés* qui distribuent sur les planètes la vie, l'organisation, le sentiment et la pensée, en même temps qu'ils président à toutes les grandes actions physiques et mécaniques qui s'accomplissent sur la terre et sur les autres planètes de notre monde solaire.

XX. La formation des plantes aériennes et aquatiques et la naissance des animaux inférieurs, ou zoophytes, tel est, avons-nous dit, le résultat de l'action des rayons solaires sur notre globe. Puis commence la série des transmigrations des âmes à travers les corps des différents animaux, qui doit aboutir à l'homme, à l'être surhumain, et à toute la guirlande des métempsycoses célestes, dont le dernier terme est l'être spiritualisé ou l'habitant du soleil.

Ainsi se ferme et se complète ce grand cerlce de la nature, cette chaîne non interrompue de l'activité vitale, qui n'a ni commencement ni fin, et qui relie tous les êtres en une seule famille, la famille universelle des mondes!

La nature n'est donc pas une ligne droite, mais un cercle, et l'on ne peut dire où commence ni où finit ce cercle admirable. La sagesse égyptienne, qui représentait le monde comme un serpent enroulé circulairement sur lui-même, donnait, par cette image, le symbole d'une grande vérité que vient remettre au jour la science de notre temps.

CHAPITRE XIX

Réponse à quelques objections. 1° Nous n'avons aucun souvenir d'existences antérieures. 2° Ce système n'est que la métempsycose des anciens. 3° Ce système se confond avec le darwinisme.

Après ce résumé, qui met en relief l'ensemble de notre système des vies successives et des réincarnations, nous croyons devoir aller au-devant de quelques objections qu'a pu faire naître l'énoncé de ces propositions, et donner à ces objections une réponse qui aura l'avantage de compléter sur divers points l'exposition de nos idées.

Première objection. — On dira d'abord: *Nous n'avons aucun souvenir d'avoir existé avant notre entrée dans cette vie.*

Voilà, nous en convenons, le plus grand, le plus sérieux argument contre notre doctrine. Seulement il faut se hâter d'ajouter que si cette difficulté n'existait pas, si nous avions réellement le souvenir d'une vie antérieure à notre vie présente, la doctrine de la pluralité des existences n'aurait pas besoin du renfort de preuves que nous demandons au raisonnement, aux faits d'observation et à l'induction logique. Elle serait évidente par elle-même, elle sauterait aux yeux. Tout notre mérite, toute notre tâche, dans cet ouvrage, c'est d'essayer de faire prévaloir la pluralité des existences, alors que nous n'avons aucun souvenir de nos vies passées.

Nous avons déjà traité incidemment cette question dans d'autres chapitres, mais il sera bon de rassembler ici tout ce que nous avons dit pour expliquer l'absence du souvenir de nos anciennes existences.

Si l'âme, avons-nous dit, est à sa première incarnation humaine, si elle provient d'un animal supérieur, elle ne saurait avoir le souvenir, puisque chez l'animal cette faculté est d'une très-courte portée. S'il s'agit d'une seconde ou d'une troisième incarnation humaine, la difficulté est sérieuse, car il faut que l'homme qui a vécu et qui renaît ait oublié sa vie première.

Mais d'abord, cet oubli n'est pas absolu. Nous avons fait remarquer qu'il y a toujours dans l'âme humaine quelques résultats d'impressions reçues antérieurement à la vie terrestre. Les aptitudes naturelles, les facultés spéciales, les vocations, sont les traces de ces impressions anciennement reçues, de ces connaissances déjà acquises, et qui, se révélant dès le berceau, ne peuvent s'expliquer que par une vie déjà écoulée. Nous avons perdu le souvenir des faits, mais il nous en est resté la conséquence morale, la *résultante*, la philosophie, pour ainsi dire, et c'est ainsi que s'expliquent les *idées innées* signalées par Platon, Descartes et Leibniz, et qui existent dans notre âme dès la naissance, ainsi que le *principe de causalité*, noté par Dugald-Stewart, qui nous apprend que tout effet a une cause. Ce principe ne peut dériver que de faits, car une abstraction ne peut se baser que sur des faits concrets, sur des événements accomplis, et cette abstraction, ou cette idée métaphysique que nous apportons en naissant, implique des faits antérieurs. Cette antériorité ne peut remonter qu'à une vie passée.

Nous avons dit plus haut que lorsque notre âme, dégagée des préoccupations, se laisse aller librement à la rêverie, nous entrevoyons, dans un lointain nuageux, des spectacles mystérieux et mal définis, qui semblent appartenir à des mondes qui ne nous sont pas étrangers, et qui pourtant ne ressemblent en rien à ceux de la terre. Dans cette vague contemplation, il y a comme un souvenir confus d'une vie antérieure.

L'amour que nous portons aux fleurs, aux plantes, à la végétation, est peut-être aussi, avons-nous dit, comme un souvenir reconnaissant de ce qui fut notre première origine.

La sympathie, l'amour subit, qu'éprouvent quelquefois, à première vue, deux personnes qui ne se sont jamais connues avant ce moment, est encore un argument à l'appui de cette même thèse.

Du reste, si ces considérations n'étaient pas acceptées comme valables, il en est une autre qui, à nos yeux, explique parfaitement l'absence, chez l'homme, du souvenir de son existence ou de ses existences antérieures. C'est, croyons-nous, par une vue préméditée de la nature que le souvenir de nos vies passées nous est refusé sur la terre. M. André Pezzani auteur d'un excellent livre, la *Pluralité des existences de l'âme*, qui nous a été du plus grand secours pour nos études sur cette question, répond en ces termes à l'argument de l'absence, chez l'homme, du souvenir d'une existence passée :

« Le séjour terrestre n'est qu'une épreuve nouvelle, comme l'a dit Dupont de Nemours, ce prodigieux écrivain qui, au dix-huitième siècle, a devancé toutes les croyances modernes. Or, s'il en est ainsi, ne voit-on pas que le souvenir des vies antérieures gênerait extraordinairement les épreuves en leur enlevant la plupart de leurs difficultés et partant de leur mérite, ainsi que de leur spontanéité? Nous vivons dans un monde où le libre arbitre est tout-puissant, loi inviolable de l'avancement et de l'initiation progressive des hommes. Si les existences passées étaient connues, l'âme saurait la signification et la portée des épreuves qui lui sont réservées ici-bas; indolente et paresseuse, elle se raidirait quelquefois contre les desseins de la Providence et serait paralysée par le désespoir de les surmonter, ou bien, mieux trempée et plus virile, elle les accepterait et les accomplirait à coup sûr. Eh bien ! il ne faut ni l'une ni l'autre de ces positions, il convient que l'effort soit libre, volontaire, à l'abri des influences du passé; le champ du combat doit être neuf en apparence, pour que l'athlète puisse y montrer et y exercer sa vertu. L'expérience qu'il a précédemment acquise, les énergies qu'il a su conquérir lui servent pour la lutte nouvelle, mais d'une manière latente et sans qu'il s'en doute, car l'âme imparfaite vient dans ces réincarnations pour développer ses qualités manifestées déjà antérieurement, pour dépouiller les vices et les défauts qui s'opposent à la loi ascensionnelle. Qu'arriverait-il si tous les hommes se souvenaient de leurs vies antérieures? l'ordre de la terre en serait bouleversé, ou du moins il n'est pas présentement fait dans ces conditions. Le *Léthé*, comme le libre arbitre, sont les lois du monde actuel[1]. »

On répondra à cela que l'identité est détruite si l'on n'a point de souvenir. On dira que l'expiation, pour être profitable à l'âme coupable, devrait exister avec le souvenir des fautes commises dans l'existence antérieure, et que celui-là n'est pas puni qui ne sait pas pourquoi il est puni. Mais faisons remarquer qu'il s'agit moins d'une expiation comme l'entendent les théologiens, que d'une nouvelle mise en demeure pour que l'âme reprenne le cours interrompu de son perfectionnement. Dans le passage que nous avons cité de M. Pezzani, il y a encore trop de préoccupation du dogme catholique de l'expiation. Nous ne sommes pas ici-bas pour expier des péchés; le mot et l'idée de péché sont de vieilles conceptions du christianisme, mais n'ont aucun fondement dans la nature. Selon nous, la vie terrestre recommence ici-bas pour que le perfectionnement de l'âme, qui n'a pas su se faire dans une première existence mal conduite, se reprenne et soit mené à bien dans une nouvelle carrière. Mais en tout cela il n'y a ni péché, selon le terme de la religion, ni expiation de péché.

Hâtons-nous d'ajouter que ce souvenir de nos existences antérieures, qui nous est refusé sur la terre, nous reviendra quand nous serons parvenus dans l'heureux séjour de l'éther, où doivent s'écouler les existences qui feront suite à la vie terrestre. Au nom-

---

[1]. La *Pluralité des existences de l'âme*, in-18, Paris, 1865. 3ᵉ édition, p. 405.

bre des perfections et des puissances morales qui seront l'attribut de l'être surhumain, figurera le souvenir de toutes ses vies antérieures. L'être surhumain, planant dans les régions sereines de l'éther, verra se peindre dans sa mémoire, agrandie et devenue d'une énergie incomparable, tout ce qu'il a fait sur la terre. Il aura le souvenir de toutes les actions qu'il aura accomplies ; l'identité renaîtra pour lui. Un moment éclipsée, son individualité lui sera rendue, avec sa conscience et sa liberté.

Écoutons Jean Reynaud, nous peignant, dans son beau livre *Terre et Ciel*, les merveilles de cette mémoire restituée à l'homme, après une série de changements de son être :

« La restitution intégrale de nos souvenirs nous paraît à bon droit, dit Jean Reynaud, une des conditions principales de notre bonheur futur. Nous ne pouvons jouir pleinement de la vie que nous ne devenions, comme Janus, les rois du temps, et que nous ne sachions concentrer en nous, avec le sentiment du présent, ceux de l'avenir et du passé. Donc, si la vie parfaite nous est un jour donnée, la mémoire parfaite nous sera donnée en même temps. Et maintenant représentons-nous, si nous le pouvons, les trésors infinis d'un esprit enrichi par les souvenirs d'une innombrable série d'existences, entièrement différentes les unes des autres, et cependant admirablement liées toutes ensemble par une continuelle dépendance ! A cette merveilleuse guirlande de métempsycoses traversant l'univers avec un fleuron dans chaque monde, ajoutons encore, si cette perspective nous semble digne de notre ambition, la perception lucide de l'influence particulière de notre vie sur les changements ultérieurs de chacun des mondes que nous aurons successivement habités ; agrandissons notre vie tout en l'immortalisant, et marions noblement notre histoire avec l'histoire du ciel ; rassemblons avec confiance, puisque la bonté toute-puissante du Créateur nous y engage, tous les matériaux nécessaires au bonheur, et nous en construirons l'existence de l'avenir réservé aux âmes vertueuses; plongeons donc dans le passé par notre foi, en attendant des illuminations meilleures, comme nous plongeons par elle dans l'avenir; bannissons de la terre l'idée du désordre en ouvrant les portes du temps au delà de la naissance, comme nous avons banni l'idée de l'injustice en ouvrant d'autres portes au delà du tombeau; allongeons-nous en toutes directions dans la durée, et malgré l'obscurité qui pèse sur nos deux horizons, élevons sans crainte notre existence terrestre au-dessus de l'existence imparfaite de ces élus du Christ, qui ont dépouillé l'espérance, et dont la mémoire n'est plus qu'un point dans l'abîme de l'éternité; glorifions le Créateur en nous glorifiant nous-mêmes, ministres de Dieu sur la terre, et rappelons-nous avec un saint orgueil, en contemplant les divins caractères de notre vie humaine, que nous sommes ici-bas les jeunes frères des anges[1]. »

A quelle condition notre âme reprend-elle le souvenir de tout son passé? Jean Reynaud distingue deux périodes : 1° celle qui s'accomplit dans le monde des voyages et des épreuves dont la terre fait partie; 2° la période pendant laquelle notre âme, débarrassée des misères et des vicissitudes de la vie terrestre, poursuit ses destinées dans le cercle du bonheur toujours croissant et progressif qui se passe hors de la terre. Dans la première période, il y a éclipse de mémoire, *à chaque passage dans un milieu nouveau;* dans la deuxième période, quels que puissent être les déplacements et les transfigurations de la personne, le souvenir se conserve et dure plein et entier.

1. *Terre et Ciel*, dernière page du IV° livre. Ce passage a été refait et abrégé par l'auteur, dans l'édition de ses *Œuvres choisies*, publiée en 1866 (in-8, pages 314, 315).

Cette théorie de Jean Reynaud est admise par M. Pezzani dans l'ouvrage que nous avons cité.

Sauf cette *éclipse de mémoire à chaque passage dans chaque milieu nouveau*, qui nous paraît peu compréhensible et inutile, nous pensons, avec Jean Reynaud et M. Pezzani, que le souvenir complet de nos existences antérieures reviendra à l'âme quand elle habitera les régions éthérées, séjour de l'être surhumain. C'est seulement de cette manière que peut être expliquée, dans notre système, l'absence chez l'homme du souvenir des existences antérieures.

Ainsi, l'argument de l'absence du souvenir ne reste pas sans réplique. Les écrivains qui nous ont précédé et qui ont médité sur cette question, avaient déjà trouvé la solution que nous en présentons ici. Cette objection n'est donc pas de nature à faire mettre en doute la doctrine de la pluralité des existences.

Concluons, avec M. Pezzani, que c'est par un dessein prémédité de la nature que l'homme, pendant cette vie, perd le souvenir de ce qu'il fut autrefois. Si nous avions le souvenir de nos existences antérieures, si nous avions devant nos yeux, comme dans un miroir, tout ce que nous avons fait pendant nos premières existences, notre carrière serait singulièrement troublée par ce souvenir, qui entraverait la plupart de nos actes et nous enlèverait notre entier libre arbitre.

Pourquoi avons-nous la crainte de la mort? Pourquoi cette horreur invincible du trépas, qui est commune à tous les hommes! La mort n'est pourtant pas, au fond, bien redoutable, puisqu'elle n'est pas une fin, mais un simple changement d'état. La terreur que la mort nous inspire est un sentiment que la nature nous impose dans l'intérêt de la conservation de notre espèce. De même la nature supprime chez l'homme le souvenir de ses existences passées, pour le laisser libre de parcourir sans entraves sa carrière nouvelle, pour ne point le gêner dans l'exercice de ses actions, dans l'accomplissement de l'épreuve qui lui est imposée sur cette terre.

Ainsi la terreur de la mort et l'absence du souvenir de notre vie antérieure tiennent, selon nous, à la même cause. La première est une illusion salutaire imposée par Dieu à la faiblesse de l'humanité, la seconde est le moyen d'assurer la liberté de ses actes.

Deuxième objection. — On fera à notre doctrine une autre objection. On dira : *La réincarnation des âmes n'est pas une idée nouvelle. C'est la métempsycose, qui, des Indiens, passa aux Égyptiens, des Égyptiens aux Grecs, et qui fut ensuite professée chez les Gaulois, par les Druides.*

La métempsycose est, en effet, la plus ancienne des conceptions philosophiques ; c'est la première théorie que les hommes aient imaginée pour expliquer l'origine première et le sort de notre espèce. Nous ne voyons pas dans cette remarque une objection contre notre système de la nature; nous y verrions plutôt sa confirmation. Une idée ne traverse pas les âges, n'est pas acceptée, professée pendant cinq ou six siècles, par les hommes d'élite de différentes générations, sans reposer sur des fondements sérieux. Il n'y á donc pas à se défendre de trouver ses opinions en harmonie avec des idées philosophiques qui remontent aux temps les plus reculés de l'histoire de l'esprit humain. Les premiers observateurs, et particulièrement les philosophes orientaux, qui sont les plus anciens penseurs dont nous possédions les écrits, n'avaient pas, comme nous, l'esprit altéré, prévenu ou dévoyé par la routine, enchaîné par la parole des maîtres. Placés près de la nature, ils en saisissaient les côtés réels, sans aucun parti pris d'éducation ou d'école. Nous ne pourrions, par conséquent, que nous applaudir de nous trouver ramenés par la déduction logique de nos idées, à l'antique conception de la sagesse indienne.

Nous devons pourtant signaler une différence profonde entre notre système de la pluralité des vies et le dogme de la métempsycose orientale. Chez les philosophes indiens, comme chez les Égyptiens, et dans la philosophie grecque, qui hérita des maximes de Pythagore, on admettait que l'âme, en sortant d'un corps humain, peut se rendre dans le corps d'un animal, à titre de punition. Nous écartons entièrement cet inutile pas en arrière. Notre métempsycose est ascendante et progressive; elle n'est jamais descendante, elle ne va pas à reculons.

Un tableau rapide du dogme de la métempsycose animale, tel qu'il fut professé dans les différentes sectes philosophiques de l'antiquité, ne sera pas déplacé ici. On comprendra en quoi le dogme oriental diffère de notre système, et l'on verra, en même temps, combien la métempsycose fut populaire dans l'antiquité, tant en Europe qu'en Asie.

Le plus ancien livre connu est peut-être celui de *Védas*[1], qui contient les principes religieux des Indiens, ou Hindous. On trouve dans ce code des premières religions de l'Asie, le dogme général de l'absorption finale des âmes en Dieu. Mais, avant d'arriver à cette fusion avec le grand Tout, il fallait que l'âme humaine eût traversé la vie dans toute son activité. L'âme effectuait donc une série de transmigrations et de voyages, en divers lieux, en divers mondes, et à travers le corps de plusieurs animaux différents. Les hommes qui n'avaient pas pratiqué de bonnes œuvres allaient dans la lune ou dans le soleil; ou bien ils revenaient sur la terre, pour prendre les corps de certains animaux, tels que chiens, papillons, vers, couleuvres, etc. Il y avait aussi des lieux intermédiaires entre la terre et le soleil, où les âmes qui n'avaient démérité qu'en partie allaient passer un temps d'épreuves. Le purgatoire des catholiques a été emprunté à la religion des Hindous.

Citons, à l'appui de cet énoncé général, quelques passages des Védas.

« Si l'homme a fait des œuvres qui conduisent au monde du soleil, l'âme se rend au monde du soleil; s'il a fait des œuvres qui conduisent au monde du créateur, l'âme va au monde du créateur. »

Le livre des Védas dit très-nettement que l'animal a, tout aussi bien que l'homme, le droit de passer

---

1. *La religion des Hindous selon les Védas*, par Lanjuinais, in-8, page 286.

en d'autres mondes, en récompense de ses bonnes œuvres. On voit que la sagesse orientale n'affectait pas, pour les animaux, le mépris immérité que leur ont voué la religion et la philosophie modernes.

« Tous les animaux, selon le degré de science et d'intelligence qu'ils ont eu dans ce monde, vont en d'autres mondes.... L'homme qui avait pour but la récompense de ses bonnes œuvres, étant mort, va au monde de la lune. Là il est au service des préposés de la moitié de la lune dans son croissant. Ceux-ci l'accueillent avec joie; pour lui, il n'est pas tranquille, il n'est pas heureux : toute sa récompense est d'être parvenu pour un temps au monde de la lune. Ce temps écoulé, le serviteur des préposés de la lune en son croissant redescend dans l'enfer; il renaît ver, papillon, lion, poisson, chien ou sous une autre forme (même sous une forme humaine).

« Aux derniers degrés de sa descente, si on lui demande : Qui êtes-vous ? il répond : Je viens du monde de la lune, prix des œuvres faites en vue de la récompense. Me voilà de nouveau revêtu d'un corps; j'ai souffert dans le ventre de ma mère et lorsque j'en sortais; j'espère enfin acquérir la connaissance de celui qui est tout, entrer dans la voie droite du culte et de la méditation sans vue de la récompense.

« Le monde de la lune est celui où l'on reçoit la récompense des bonnes œuvres faites sans avoir renoncé à leur fruit, à leurs mérites; mais cette récompense n'a qu'un temps fixé, après lequel on renaît dans un monde inférieur, un monde mauvais, un monde la récompense du mal.

« Au contraire, par la renonciation à tout plaisir et à la récompense des œuvres, cherchant Dieu avec une foi ferme, on parvient à ce soleil qui est sans fin, qui est le grand monde, et d'où l'on ne retourne point dans un monde la récompense du mal[1] »

1. *La religion des Hindous selon les Védas*, p. 324, 326.

Les Égyptiens, qui avaient emprunté cette doctrine aux Hindous, en firent la base de leur culte religieux. Hérodote nous apprend[1] que, d'après les Égyptiens, l'âme humaine, en sortant d'un cadavre en décomposition complète, entre dans le corps de quelque animal. L'âme emploie trois mille ans à passer du corps d'un animal dans une série d'autres; au bout de cet intervalle, la même âme, revenant à l'espèce humaine, entre dans le corps d'un enfant nouveau-né.

Les Égyptiens veillaient, avec d'excessives précautions, à la conservation des corps humains. Ils embaumaient les cadavres de leurs parents ou des personnages importants de l'État, et préparaient ainsi les momies, que tout le monde a vues dans nos musées. La pratique universelle des embaumements n'avait pas pour but, comme on le penserait naturellement, de tenir le corps humain prêt à recevoir, au bout de trois mille ans, l'âme venant se réincarner dans le corps qu'elle avait primitivement habité. En effet, les Égyptiens croyaient que l'âme viendrait se loger, non dans son ancien corps, mais, comme nous venons de le dire, dans celui d'un enfant nouveau-né. L'embaumement avait donc un autre but. On supposait que l'âme n'abandonnait le corps humain pour commencer ses migrations à travers le corps des animaux, que lorsque le cadavre humain était entièrement décomposé. De là les efforts des Égyptiens pour retarder le moment de cette séparation, en préservant le plus longtemps possible les

---

1. *Histoire*, t. 1, ch. CXXIII (traduit par Larcher).

cadavres de la destruction. C'est ce que nous apprend Servius.

« Les Égyptiens, dit cet auteur, renommés par leur sagesse, prolongent la durée des cadavres, afin que l'existence de l'âme, liée à celle du corps, soit conservée, et ne passe pas si promptement à d'autres. Au contraire, les Romains brûlent les cadavres, afin que l'âme, reprenant sa liberté, rentre tout de suite dans la nature [1]. »

Le plus ancien et le plus extraordinaire des philosophes de la Grèce,—nous avons nommé Pythagore, — avait recueilli dans ses voyages en Égypte le dogme de la métempsycose. Il l'apporta dans son école, et toute la philosophie grecque, qui se forma aux leçons du sage de Crotone, professa avec lui que l'âme des méchants passait dans le corps des animaux. De là l'abstinence de la chair que Pythagore prescrivait à ses disciples, précepte qu'il avait encore recueilli en Égypte, où le respect des animaux tenait à la persuasion générale que les corps des bêtes étaient habités par des âmes humaines, et que, par conséquent, en maltraitant les animaux, on s'exposait à malmener ses propres aïeux.

Le philosophe Empédocle adopta le système de Pythagore. Il dit, dans deux vers cités par Clément d'Alexandrie :

« Et moi aussi, j'ai été jeune fille,
« Arbre, oiseau, poisson muet au fond des mers. »

Platon, le plus illustre des philosophes de la Grèce,

[1]. *Virgilii Commentarius*, lib. III.

au milieu de ses conceptions sublimes sur l'âme et sur l'immortalité, accordait une assez grande place aux vues de Pythagore. Il admettait que l'âme humaine passe chez quelques animaux, en expiation de ses crimes. Platon disait que nous nous souvenons sur la terre de ce que nous avons fait pendant nos existences antérieures, et qu'apprendre, c'est se souvenir.

On lit dans le *Timée* :

« Les lâches sont changés en femmes ; les hommes légers et vains en oiseaux ; les ignorants en bêtes sauvages, d'autant plus rampantes et plus courbées sur la terre que leur paresse a été plus dégradante ; les âmes souillées et corrompues vont animer des poissons et des reptiles aquatiques[1]. »

On lit dans le *Phédon* :

« Ceux qui se sont abandonnés à l'intempérance, aux excès de l'amour et de la bonne chère, et qui n'ont eu aucune retenue, entrent vraisemblablement dans le corps d'animaux semblables. Et ceux qui n'ont aimé que l'injustice, la tyrannie et les rapines, vont animer les corps de loups, d'éperviers, de faucons. La destinée des autres âmes est relative à la vie qu'elles ont menée[2]. »

Platon avait réduit la durée du temps que les Égyptiens assignaient aux voyages des âmes à travers les corps d'animaux ; au lieu de trois mille ans, il la faisait de mille années seulement. Toutefois il

---

1. *Timée*. Dialogue de Phèdre.
2 *Phédon*, Œuvres de Platon, trad. de M. Cousin, in-8, t, I page 242.

voulait que ces mille années de voyage se répétassent dix fois, ce qui donnait un total de dix mille ans pour l'accomplissement du cercle entier des existences. Entre chacune de ces périodes, l'âme faisait un court séjour aux enfers. Pendant ce séjour aux enfers, elle buvait l'eau du fleuve Léthé, pour perdre le souvenir de son existence antérieure, et recommencer sa vie nouvelle, sans aucune mémoire des vies antérieures.

Platon rehaussait le dogme de la métempsycose animale par de grandes vues sur l'immortalité spirituelle et la liberté de l'homme, idées que l'on cite encore de nos jours avec admiration, mais qu'il serait trop long de rappeler ici.

La métempsycose avait tenu moins de place dans la doctrine de Platon qu'elle n'en avait occupé dans celle de Pythagore et dans la religion de l'ancienne Égypte. Elle reprit toute son importance chez les philosophes de l'école d'Alexandrie, qui allèrent continuer en Égypte l'École et les traditions de la philosophie platonicienne, et firent revivre sur la terre des Pharaons les beaux jours du Lycée d'Athènes.

Plotin nous a donné, dans ses *Ennéades*, une longue amplification des doctrines de Platon. Écoutons ce commentateur nous parlant de la doctrine de la transmigration des âmes :

« C'est un dogme reconnu de toute antiquité, nous dit Plotin, que si l'âme commet des fautes, elle est condamnée à les expier *en subissant des punitions dans les enfers ténébreux, puis elle est admise à passer dans de nouveaux corps, pour recommencer ses épreuves.* »

Ce passage prouve que le séjour dans l'enfer, aux yeux des anciens, n'était que temporaire et qu'il était toujours suivi de nouvelles épreuves plus terribles et plus douloureuses selon les fautes à réparer. C'est ce que dit ailleurs Plotin :

« Quand nous nous sommes égarés dans la multiplicité (c'est-à-dire, selon le langage de Plotin, quand nous nous sommes attachés à la matière et aux passions corporelles), nous en sommes punis d'abord par notre égarement lui-même ; puis, quand nous reprenons des corps, nous avons une condition moins heureuse. »

Plotin, dans un autre passage, s'exprime ainsi, à propos des migrations des âmes :

« L'âme, en sortant du corps, devient la puissance qu'elle a développée le plus. Fuyons donc d'ici-bas et élevons-nous au monde intelligible, pour ne pas tomber dans la vie purement sensitive, en nous laissant aller à suivre les images sensibles, ou dans la vie végétative, en nous abandonnant aux plaisirs de l'amour physique et à la gourmandise ; élevons-nous, dis-je, au monde intelligible, à l'intelligence, à Dieu.

« Ceux qui ont exercé les facultés humaines renaissent hommes. Ceux qui n'ont fait usage que de leurs sens passent dans des corps de brutes, et particulièrement dans des corps de bêtes féroces, s'ils se sont abandonnés aux emportements de la colère ; de telle sorte que, même en ce cas, la différence des corps qu'ils animent est conforme à la différence de leurs penchants. Ceux qui n'ont cherché qu'à satisfaire leur concupiscence et leurs appétits passent dans des corps d'animaux lascifs et gloutons. Enfin ceux qui, au lieu de suivre leur concupiscence ou leur colère, ont plutôt dégradé leurs sens par leur inertie, sont réduits à végéter dans des plantes, car ils n'ont dans leur existence antérieure exercé que leur puissance végétative, et n'ont travaillé qu'à devenir des arbres. Ceux qui ont trop aimé les jouissances de la musique, et ont d'ailleurs vécu purs, passent dans des corps d'oiseaux mélodieux. Ceux qui ont régné tyranniquement deviennent des aigles, s'ils n'ont pas d'ailleurs d'autre vice. Enfin, ceux qui ont parlé avec légèreté des choses célestes, tenant toujours leurs regards élevés vers le ciel, sont changés en oiseaux qui volent toujours vers les hautes régions de l'air. Celui qui a acquis les vertus civiles redevient homme ; mais s'il ne possède pas ces vertus à un degré suffisant, il est transformé en un animal sociable, tel que l'abeille ou tout autre être de cette espèce[1]. ».

Chez nos ancêtres, chez les Druides ou grands prêtres des Gaulois, la métempsycose était professée à peu près comme l'avaient comprise les Égyptiens et les Grecs.

Il serait trop long de rappeler les dogmes religieux et philosophiques des Druides. Nous renvoyons, pour l'exposé de ces doctrines, aux ouvrages publiés de nos jours par divers écrivains qui ont approfondi ce point intéressant de notre histoire nationale, c'est-à-dire à l'ouvrage de M. Gatien Arnould (*Philosophie gauloise*, t. I,) au premier volume de l'*Histoire de France* de M. H. Martin, au livre d'Alfred Dumesnil, *l'Immortalité*, enfin à un travail publié par M. Adolphe Pictet, dans la *Bibliothèque universelle de Genève*, dans lequel se trouvent énumérées et formulées les propositions, ou *triades*, qui résument la doctrine vaste et complexe des Bardes et des Druides sur le monde et la nature. Tout ce qu'il nous importe de rappeler ici, c'est que la métempsycose figure parmi les dogmes résumés par les *triades gauloises*. Cette doctrine

---

1. *Ennéades* de Plotin, traduction de Bouillet.

a donc pour nous quelque chose de national, pour ainsi dire. Elle a été en honneur et ses dogmes ont fleuri dans les contrées mêmes que nous habitons.

Nous n'avons rappelé tous ces faits, nous n'avons rapporté les passages des auteurs anciens, que pour bien préciser la manière dont les Égyptiens, aussi bien que les Grecs, et plus tard les prêtres des Gaulois, entendaient la métempsycose. Notre système diffère de la vieille conception orientale qui fut embrassée par les Égyptiens et les Grecs et plus tard par les Druides, en ce que nous n'admettons point que l'âme humaine puisse jamais revenir dans le corps d'un animal. L'âme humaine a, selon nous, traversé ce milieu préparatoire, mais elle n'y revient pas. L'animal n'a, en effet, dans la nature qu'un rôle inférieur à celui de l'homme; il est au-dessous de notre espèce par le degré de l'intelligence, et il ne peut avoir ni mérite ni démérite. Ses facultés ne lui accordent pas la responsabilité de ses actes. Il n'est qu'un chaînon intermédiaire entre la plante et l'homme; il a quelques facultés, mais on ne peut prétendre que ces facultés l'assimilent à l'homme moral.

Ainsi, nous condamnons ce retour de l'âme humaine aux routes qu'elle aurait déjà parcourues. La rétrogradation n'est pas notre doctrine. L'âme peut, dans sa marche progressive, s'arrêter un instant, mais elle ne revient jamais en arrière. Nous admettons que l'homme est condamné à recommencer une existence mal remplie; mais cette épreuve nouvelle se fait dans un corps humain, dans une nouvelle enveloppe du même type vivant, et non dans le corps d'un être inférieur. Le dogme oriental de la métempsycose méconnaît la grande loi du progrès, qui est, au contraire, le fond de notre doctrine.

Troisième objection. — On nous dira encore : *Vous avancez que notre âme a déjà existé dans le corps d'un animal; vous partagez donc l'opinion des naturalistes qui font dériver l'homme du singe ?*

Non, assurément! Les naturalistes français et allemands qui, appliquant à l'homme la théorie de Darwin sur la transformation des espèces, ont avancé que l'homme dérive du singe, invoquent uniquement des considérations anatomiques. MM. Vogt, Buchner, Huxley, Broca, comparent au squelette de l'homme primitif le squelette du singe; ils étudient la forme du crâne chez l'homme et chez le singe; ils examinent la profondeur des lignes qui servent, sur le fémur, aux insertions musculaires (c'est-à-dire la *ligne âpre* du fémur); ils mesurent la largeur et la proéminence des mâchoires, etc. De ces rapprochements ils tirent la conclusion que l'homme dérive anatomiquement d'une espèce de Quadrumane. L'âme n'est prise en aucune considération par ces savants, qui raisonnent absolument comme s'il n'existait rien de pensant dans les cavités anatomiques qu'ils explorent et mesurent. C'est, au contraire, en comparant les facultés de l'âme humaine aux facultés des animaux que nous arrivons à notre conclusion. Pour nous, les formes animales ne sont rien; l'esprit, dans ses diverses manifestations, est notre principal objectif.

Pourquoi, en effet, faire dériver l'homme du singe

plutôt que de tout autre mammifère, plutôt que du loup ou du renard? Croit-on qu'il y ait beaucoup de différence entre le squelette du singe et celui du loup, du renard ou de tout autre carnassier? Mettez ensemble ces trois ou quatre squelettes, et il ne vous sera pas facile de les distinguer les uns des autres, si, au lieu de prendre un singe dans les espèces supérieures, vous prenez un Quadrumane d'une espèce inférieure, un maki, un ouistiti, un macaque. Interrogez les fonctions physiologiques du singe, et celles du loup ou du renard, vous trouverez parfaitement semblables chez ces animaux les fonctions de la respiration, de la digestion, de la circulation du sang et de la lymphe, de l'innervation, etc. Examinez les organes qui servent à ces fonctions, vous verrez, chez tous ces animaux, ces organes identiques par leur structure. Pourquoi donc feriez-vous venir l'homme du singe, plutôt que du loup ou du renard? Est-ce parce que les singes de nos ménageries ont une ressemblance éloignée avec l'homme, par la station quelquefois verticale, et par certains traits de la physionomie, qui sont la caricature de la nôtre? Mais, dans l'immense famille des singes des deux mondes, combien y a-t-il d'espèces de singes présentant ces caractères? Cinq ou six espèces. Tout le reste de la famille des singes a le museau bestial au plus haut degré, et se montre très-inférieur en intelligence à la plupart des autres mammifères. Si vous faites dériver, au point de vue organique, l'homme du singe, parce que certaines espèces de ces Quadrumanes sont la caricature de l'homme, par leur physionomie, pourquoi ne pas faire venir l'homme du perroquet, puisque cet oiseau émet des sons articulés qui sont la caricature de la voix humaine, ou bien du rossignol, parce que ce chantre mélodieux de nos bois module des sons comme nos cantatrices ?

La considération des formes animales a pour nous peu d'importance, quand il s'agit de déterminer la place qu'un être vivant doit occuper dans l'échelle de la création, car ces formes ont le même type dans tous les animaux supérieurs; car la structure du corps varie fort peu dans toute la grande classe des mammifères; car les fonctions physiologiques se font chez tous de la même manière. Aussi la base que nous prenons pour nos recherches est-elle tout autre : c'est la base spirituelle. C'est aux facultés de l'âme que nous demandons nos moyens de comparaison.

On ne saurait donc prétendre que nous épousions les doctrines de Darwin et des transformistes, parce que nous avançons que l'âme a tenu domicile dans les corps de plusieurs animaux, avant de parvenir au corps humain; parce que nous admettons que le principe spirituel commence dans les plantes à l'état de germe, et que ce germe se développe et s'accroît en traversant les corps d'une série progressive d'espèces animales, pour aboutir à l'homme, où doit s'achever son élaboration et son perfectionnement. Les darwinistes, ou transformistes, ne considèrent que la structure anatomique et font abstraction de l'âme. Nous ne considérons, nous, que les facultés de l'âme. Nous sommes guidé, non par l'idée matérialiste, qui dirige et inspire ces savants, mais, au contraire, par un spiritualisme raisonné.

On pourra critiquer ou repousser notre système de la nature. Nous ne le présentons que comme une vue toute personnelle, et nous ne voudrions l'imposer à aucun lecteur. Le mérite de cette conception philosophique et scientifique, si elle en a un, réside dans la vaste synthèse par laquelle elle relie toutes les créatures vivantes qui peuplent le monde solaire, depuis la plante infime où apparaît le germe de l'organisation, jusqu'à l'animal, depuis l'animal jusqu'à l'homme, et depuis l'homme jusqu'à la série des êtres surhumains et archihumains qui habitent les sphères éthérées, enfin depuis ces derniers êtres jusqu'aux radieux habitants de l'astre solaire.

C'est en assemblant, d'une part, tout ce que la chimie moderne a acquis sur la composition des plantes et les phénomènes physiques de leur respiration, et d'autre part, ce que l'on sait sur les propriétés physiques et chimiques de la lumière solaire, que nous avons conçu l'idée de faire des rayons du soleil le véhicule des germes animés qui sont déposés dans les plantes par ces rayons. C'est en méditant ce qu'ont écrit sur les conditions physiques des êtres humains ressuscités, les philosophes Charles Bonnet, Dupont de Nemours et Jean Reynaud, c'est en invoquant nos propres méditations sur la destinée des hommes au delà du tombeau, en un mot, c'est en nous adressant aux sources les plus diverses que les sciences et la philosophie pouvaient nous fournir, que nous avons composé cet essai d'une philosophie de l'univers.

Ce système peut être erroné, et on pourra lui en

substituer un autre, plus logique ou plus savant. Mais ce qui restera, nous l'espérons, c'est la synthèse que nous avons réalisée de tous les faits de l'ordre physique et moral que nous avons rapprochés ; c'est le lien par lequel nous rattachons ensemble tous les êtres de la création, et qui comprend à la fois l'attribut organique de ces êtres et l'attribut moral ; c'est cette vaste échelle de la nature sur les degrés de laquelle nous plaçons tout ce qui a vie ; ce cercle sans fin par lequel nous soudons l'un à l'autre tous les anneaux de la chaîne des êtres vivants. L'explication théorique que nous avons formulée de tous les faits ainsi groupés, peut ne pas être acceptée, nous le répétons, mais nous croyons que les faits sont bien rassemblés et que c'est sur leur groupement qu'il faudrait établir toute théorie ayant la prétention d'expliquer l'univers. Si notre explication est contestée, notre synthèse des faits restera, nous l'espérons.

Et d'ailleurs, c'est seulement ainsi, c'est-à-dire en créant un système, que l'on fait progresser les sciences, tant les sciences physiques que les sciences morales. La chimie n'a pas été, comme on le prétend, créée par Lavoisier, elle a été fondée par Stahl : ce n'est pas la théorie pneumatique émise par Lavoisier, mais bien le *système du phlogistique* imaginé par Stahl, qui institua la chimie au siècle dernier. Stahl, on le sait, eut le mérite immense de réunir tous les faits connus de son temps dans une explication théorique générale, d'en composer un ensemble, et de créer le *système du phlogistique*. Ce système était inexact, sans aucun doute, mais les faits qu'il avait fallu réunir pour l'édifier, avaient été parfaitement choisis, et ne laissaient à l'écart aucun élément utile d'information ou de recherche. Aussi, lorsque Lavoisier vint, quarante ans après Stahl, il n'eut qu'à retourner, pour ainsi dire, le système de son devancier, comme on retourne un habit. Au phlogistique de Stahl, Lavoisier substitua l'oxygène; il conserva tous les faits, il ne changea que l'explication, et la chimie fut fondée.

C'est qu'une synthèse bien faite doit nécessairement précéder toute théorie de la nature. Descartes, en élaborant son *système des tourbillons*, formula une conception assurément très-inexacte; mais les faits sur lesquels cette théorie reposait étaient si bien choisis, ils répondaient si exactement aux besoins de la science, que quand Newton vint, avec son *système de l'attraction*, on n'eut qu'à appliquer la nouvelle hypothèse aux faits rassemblés par Descartes pour ses *tourbillons*, et l'on eut la véritable astronomie et la véritable physique. Lorsque Linné créa son *système de botanique* il fit une distribution excessivement artificielle des végétaux, et Linné lui-même connaissait bien tous les défauts de son système. Mais grâce à ce moyen il était parvenu à grouper toutes les plantes en un catalogue méthodique. Si le principe de sa classification était mauvais, le service que ce même catalogue rendait à la botanique était immense. Ce ne fut, en effet, qu'à partir de Linné qu'on put se reconnaître dans le confus dédale de noms et faits qu'il fallait rassembler et fixer dans sa mémoire, pour pouvoir pousser plus loin l'étude des végétaux. La botanique ne prit son essor qu'à partir de la publication du *Systema naturæ* de l'immortel naturaliste d'Upsal.

Notre prétention, dans cet ouvrage, n'est donc pas d'émettre une théorie de l'univers irréprochable, mais seulement de réunir et de grouper avec méthode les faits sur lesquels cette théorie doit reposer, les faits physiques aussi bien que les faits métaphysiques et moraux.

CHAPITRE XX

Suite des objections. On ne peut comprendre comment les rayons du soleil, substances matérielles, peuvent être des germes d'âmes, substances immatérielles.

On pourra faire à notre système de la nature une dernière objection. On nous dira : *Comment les rayons solaires, qui sont des corps matériels, peuvent-ils êtres porteurs de germes animés, substances immatérielles? Ces deux termes s'excluent.*

On trouve dans l'Écriture Sainte une magnifique comparaison, dont nous allons nous emparer pour arriver à donner une réponse à l'objection ou à la question qui vient d'être posée.

Saint Mathieu parle d'un grain de *sénevé*, c'est-à-dire d'une graine d'arbre, qui, jetée en terre, donne une plante herbacée, puis un arbre aux majestueux rameaux ; et il s'étonne de voir cette pauvre graine produire cet hôte imposant de nos forêts, qui, tout chargé de fleurs et de fruits, étale sa beauté au sein de la création, et donne sous ses ombrages un asile aux oiseaux fatigués. Non-seulement, dit l'évangéliste, il n'y a, dans cet arbre immense, rien qui rappelle l'humble graine d'où est sorti le grand végétal, mais il n'y a pas dans l'arbre un seul atome de la matière qui avait primitivement composé la graine.

Ce grain de sénevé est pour nous l'image des rayons du soleil qui, tombant sur la terre, y sèment les germes animés, lesquels produisent des plantes, lesquelles donneront ensuite naissance aux animaux. et plus tard à l'homme, ainsi qu'à toute la série des créatures, invisibles pour nous, qui lui font suite dans le domaine des cieux.

Ce n'est rien, en apparence, que cette graine d'arbre, cette petite et froide semence, sans arome ni couleur. Rien ne la distingue du fétu qui l'avoisine. Cependant elle contient ce levain mystérieux, cet être sacré, pour ainsi dire, qui s'appelle un germe. Et quelles merveilles vont naître de cet être sacré !

Dans le premier milieu où il est jeté, c'est-à-dire dans l'obscurité de la terre humide et froide, ce germe se transforme ; il devient un corps nouveau, sans aucune ressemblance avec la graine qui le renfermait. Il donne la *plantule*, être souterrain, mais parfaitement organisé, qui a sa racine, laquelle s'enfonce dans le sol, et sa tige, qui prend la direction inverse. Entre les deux parties gît la graine, éventrée, fendue, ayant laissé échapper le germe, dont le rôle se termine là.

La plantule souterraine est un être tout nouveau, elle n'a plus rien de commun avec la graine d'où elle est sortie. La plantule est terne et sans couleur; mais elle respire; elle a des canaux dans lesquels circulent déjà des liquides et des gaz.

Bientôt la plantule sort de terre; elle salue le jour, elle apparaît à nos yeux, et c'est alors un être fort différent de l'individu souterrain. Le végétal nouveau-né n'est plus terne et gris, comme il était au sein de la terre : il est vert; il respire à la façon des autres végétaux, c'est-à-dire en produisant, sous l'influence de la lumière, de l'oxygène, tandis qu'il dégageait de l'acide carbonique au sein de la terre. Au lieu de la morne et triste plantule souterraine, vous avez un bourgeon verdoyant, muni d'organes tout spéciaux. Où est le grain de sénevé?

Cependant notre **bourgeon** grandit et se fait jeune plante. Faible encore et cachée sous les ombrages du gazon, la jeune plante a pourtant son individualité complète. Elle ne ressemble ni au bourgeon ni à la plantule, son ancêtre souterrain.

Le bourgeon pousse et devient taillis, c'est-à-dire l'adolescent du règne végétal, la fougue et l'ardeur de la jeunesse herbacée.

En cet état la plante a déjà renouvelé plusieurs fois toute sa substance. **Il ne reste rien des éléments** organiques et minéraux qui existaient dans les différents êtres qui l'ont précédée sur ce même petit coin de terre où se passent les phases changeantes de ses curieuses métamorphoses.

Attendez quelques années, et vous verrez la tige principale du taillis, après avoir été convenablement débarrassée des pousses voisines par la main de l'homme, et rendue à son individualité propre, s'allonger et grandir. Sa respiration est devenue d'une activité considérable. Ses feuilles, largement étalées, absorbent vigoureusement le gaz acide carbonique de l'air. L'exhalaison de la vapeur de l'eau par toute sa surface foliacée se fait avec énergie. C'est un arbre, jeune et vigoureux, qui devient chaque jour plus robuste et plus beau.

Pendant cette croissance, pendant ce passage de l'arbrisseau à l'état de jeune arbre pourvu d'une tige unique et élancée, un être nouveau s'est formé. Des organes qu'il n'avait pas lui sont venus et en ont fait un individu particulier. Il a des fleurs, il a des bractées, il a des vaisseaux nouveaux pour la circulation de la séve et des sucs qu'il n'avait pas encore élaborés. La surface de ses feuilles a changé de structure, pour que l'absorption s'effectue avec plus de puissance.

Où est le bourgeon, l'être d'où est sorti notre jeune et vigoureux arbuste? Quel rapport physique, quelle ressemblance y a-t-il entre ces deux êtres? On ne voit que des différences. C'est un individu qui a succédé à un autre individu. Le végétal s'est renouvelé, non-seulement par la matière, qui a changé en lui, mais par la forme des organes. Une série de formes nouvelles se sont succédé chez l'arbuste, depuis le moment où il était simple bourgeon vivant au ras du sol.

C'est bien autre chose encore quand le jeune arbre est devenu adulte, quand, par les progrès des ans, son tronc s'est endurci et s'est incrusté de fortes épaisseurs de couches d'écorce accumulées; quand ses branches se sont multipliées à l'infini; quand la floraison et la fructification ont profondément modifié toutes ses parties internes et externes. C'est alors le cèdre imposant, qui couvre de son majestueux et bienfaisant ombrage une étendue considérable du sol, le chêne superbe qui étale au loin ses rameaux robustes et noueux, ou le châtaignier flexible qui allonge dans tous les sens ses branches brillantes et polies. Les organes propres à ces luxuriants végétaux, orgueil de nos bois, n'ont plus aucun rapport avec ceux qui leur étaient propres dans les premières années de leur vie. Les fleurs qui, au printemps, couronnent de leurs blancs panaches la cime des rameaux, les fruits qui succèdent aux fleurs, les graines renfermées dans l'épaisseur protectrice des fruits, voilà des particularités d'organisation qui font de ces arbres fiers et puissants des êtres sans analogues dans la nature.

Où est, comme le dit saint Mathieu, cette graine de sénevé qui autrefois pompait obscurément les sucs de la terre? Tout a changé; le lieu d'habitation (car le milieu c'est l'air, et non plus la terre), la forme et les fonctions physiologiques. Et non-seulement tout cela a changé, mais cela a changé un grand nombre de fois. Non-seulement il ne reste rien de la matière qui composait l'arbuste aux premiers temps de sa vie, mais rien n'a été maintenu des formes organiques qui étaient propres à l'enfance du végétal.

Cependant, ô mystère! ô nature! au milieu de tous ces changements, malgré cette continuelle succession d'êtres qui se sont mutuellement remplacés, il y a quelque chose qui est resté immuable, qui n'a jamais changé, qui a conservé son individualité constante : c'est la force secrète qui produisait tous ces changements, qui présidait à toutes ces mutations organiques. Cette force, c'est, à nos yeux, le germe animé que la jeune plante a reçu de la graine d'où elle est sortie. Au milieu de toutes les transformations qu'a subies l'être végétal, en dépit des phases nombreuses qu'il a traversées, et qui ont produit une série d'êtres différents, qui se sont succédé dans sa substance matérielle, le principe spirituel, cause et premier agent de toute cette longue activité, est demeuré le même. Ce germe animé, qui existe aujourd'hui dans le végétal adulte, est le même qui s'y trouvait pendant sa croissance, le même qui s'y trouvait pendant l'état de bourgeon, le même qui dormait dans la graine que l'on confia un jour à la terre humide et froide.

Dans cet arbre majestueux qui, sorti d'une graine imperceptible et infime, a vu se succéder tout une généalogie d'êtres qui se sont remplacés les uns les autres, différents de formes et de grandeur, et qui, malgré ses continuelles transformations, au milieu de son développement incessant, a toujours conservé le principe unique et immuable de son activité, nous voyons l'image fidèle de l'âme persistant, unique et indestructible, au milieu des êtres ou des corps divers qu'elle a successivement animés. Partie d'un germe, elle n'a cessé de grandir, de se développer, de s'amplifier, tout en restant elle-même.

Le grain de sénevé ou la graine de l'arbre, c'est, à

nos yeux, la plante ou l'animal inférieur, dans lesquels le soleil a jeté le germe animé. La plante souterraine, c'est l'animal qui a reçu la mission de perfectionner le germe transmis par la plante, et qui développe et amplifie ce germe. C'est, par exemple, le poisson ou le reptile perfectionnant le principe spirituel qu'ils ont reçu du zoophyte ou du mollusque. Le bourgeon qui, sorti de terre, croît à l'ombre du gazon et essaye ses organes aériens, c'est l'animal un peu plus élevé dans l'échelle organique, tel que l'oiseau, chez lequel le principe animateur, venu du reptile ou du poisson, s'accroît en puissance intellectuelle. Le jeune végétal, à l'état de taillis, qui vit d'une existence tout aérienne, c'est le mammifère. L'arbre à la tige élancée, qui pousse ses jeunes rameaux, c'est l'homme, perfectionnant l'âme qu'il a reçue d'un mammifère. Enfin le puissant et vigoureux doyen des forêts, qui dépasse tous les arbres voisins par sa grandeur et sa majesté, l'arbre à la cime immense, au branchage infini, aux fleurs splendides, c'est l'être surhumain qui vit au sein du fluide éthéré, et qui, plus tard, sera lui-même remplacé par une série de créatures supérieures encore, lesquelles remonteront de station en station, d'étape céleste en étape céleste, jusqu'au radieux domaine, c'est-à-dire jusqu'au soleil, où trônent les êtres absolument spirituels, dont l'essence est une immatérialité absolue et parfaite.

Ainsi le principe animateur reste immuable et identique à lui-même pendant toutes les transformations que subissent les êtres chargés de recevoir successivement ce précieux dépôt. Depuis le végétal, où il a pris domicile pour la première fois à l'état de germe, et à travers la série de créatures vivantes qui vont de la plante et du zoophyte jusqu'à l'homme et l'être surhumain, le même principe spirituel se conserve identique à lui-même, tout en se perfectionnant et s'amplifiant sans cesse.

Achevons la comparaison. Quand l'arbre des forêts a mûri ses fruits, les fruits s'entr'ouvrent, les graines s'en échappent et tombent sur le sol; ou bien elles sont dispersées par le hasard des vents. Si les graines tombent sur la terre humide, elles germent, et selon les lois de la nature, de jeunes végétaux prennent naissance, comme nous l'avons exposé plus haut. D'un seul chêne, d'un seul cèdre, d'un seul châtaignier, naissent des multitudes de végétaux semblables. Or, de même que l'arbre majestueux laisse tomber de ses mille rameaux sur le sol les graines qui doivent y germer, de même les êtres spiritualisés qui habitent le soleil, lancent sur toutes les planètes leurs émanations, c'est-à-dire les *germes animés*. Ce sont ces germes, envoyés sur la terre par les rayons du soleil, et tombant sur notre globe, qui produisent des végétaux, lesquels, plus tard, donneront naissance aux animaux divers que nous connaissons, par l'effet de la transmigration successive de la même âme dans les corps de ces êtres.

Nous pouvons maintenant répondre à l'objection inscrite en tête de ce chapitre, et qui est ainsi formulée : *Comment les rayons solaires, substances matérielles, peuvent-ils êtres porteurs de germes animés, substances immatérielles ?*

Quand les physiciens professaient la théorie de Newton sur la nature de la lumière, c'est-à-dire la théorie de l'*émission*, on devait nécessairement considérer la lumière, et par conséquent les rayons solaires qui la produisent, comme des corps matériels. Mais cette théorie est aujourd'hui rayée de la science; elle a été remplacée par la théorie des *ondulations*, fondée par Malus, Fresnel, Ampère, et toute la pléiade des grands physiciens et mathématiciens du commencement de notre siècle. Il n'est plus permis de dire aujourd'hui que les rayons solaires sont, comme le voulaient les partisans de la théorie de l'émission, une émanation matérielle de la substance du soleil. Les faits recueillis de toutes parts prouvent que les rayons solaires ne sont pas une matière qui se transporte du soleil jusqu'à la terre, mais que la lumière résulte, comme la chaleur, d'un ébranlement primitif imprimé par le soleil à l'éther qui est répandu dans tout l'espace. Cet ébranlement se communiquant, de molécule à molécule, depuis l'éther planétaire jusqu'à nous, produit les phénomènes calorifiques et lumineux. Nous n'avons pas à développer ici plus longuement, à expliquer plus scientifiquement la théorie des *ondulations* que l'on trouvera suffisamment démontrée et commentée dans les ouvrages de physique. Tout ce qu'il nous importe, c'est de bien établir que, d'après les principes de la science moderne, les rayons solaires ne sont pas des corps matériels, mais résultent d'un simple ébranlement, d'une vibration de l'éther planétaire. Si donc les rayons du soleil ne sont pas des substances matérielles, il ne peut y avoir de difficulté à admettre que ces rayons, substances immatérielles, soient porteurs des germes animés, substances immatérielles.

Que si maintenant on serre davantage encore le problème, si l'on nous demande d'expliquer avec plus de précision comment ces germes immatériels peuvent cheminer à travers l'espace, nous répondrons qu'il faut se défendre de l'ambition de vouloir tout expliquer. L'explication absolue est interdite à la faible portée de notre intelligence. Nous sommes forcés de confesser notre impuissance quand il s'agit de rendre compte avec rigueur des phénomènes les plus simples. Quelle est la véritable cause de la chute des corps, de la gravitation des astres, de la chaleur, de l'électricité ? Quelle est la cause de la circulation de notre sang, du battement de notre cœur ? L'obscurité la plus profonde couvre les causes premières de ces phénomènes, dont nous sommes pourtant les témoins chaque jour ; et plus nous voulons pénétrer leur secrète essence, plus les ténèbres s'épaississent dans notre esprit. Aussi les physiciens ont-ils posé, depuis Newton, un sage et excellent principe. Ils sont d'accord pour étudier avec soin les lois des phénomènes physiques, pour mesurer avec rigueur les effets de la chaleur, de la pesanteur, de l'électricité ou de la lumière, mais aussi pour négliger entièrement la recherche des causes essentielles de ces phénomènes. Plus on s'instruit, plus on s'avance dans la connaissance de l'univers et de ses lois, plus on se pénètre de cette vérité, que l'homme ne sait absolument rien sur les causes premières ; qu'il doit s'estimer heureux de connaître les lois suivant lesquelles se manifestent les effets de ces causes premières, c'est-à-dire les actions physiques et vitales qui se montrent à ses yeux, mais qu'il doit s'imposer, pour son repos, la règle de ne jamais chercher à deviner le pourquoi des choses.

Pline a dit, en parlant des causes premières : *Latent in majestate mundi* (elles sont cachées dans la majesté du monde). La pensée est aussi belle que l'expression est éloquente. Laissons donc à la nature ses secrets ; et si nous sommes amenés à croire que le soleil verse des germes animés sur la terre et les planètes, ne cherchons pas à pénétrer davantage l'essence de ce mystérieux phénomène. Ne demandons pas à la pierre pourquoi elle tombe, à la terre pourquoi elle tourne, à l'arbre pourquoi il grandit, à notre cœur pourquoi il palpite, aux rayons du soleil pourquoi ils produisent la vie sur la terre et l'immortalité dans les cieux.

CHAPITRE XXI

Règles pratiques découlant des faits et des principes développés dans cet ouvrage. — Ennoblir son âme en pratiquant les vertus, en cherchant à connaître, par la science, la nature et ses lois. — Rendre un culte public à la Divinité. — Imperfections des religions actuelles fondées il y a quatre mille ans, à une époque d'ignorance et de barbarie. — La religion de l'avenir aura pour base la science et la connaissance de l'univers.

Nous exposerons maintenant les règles pratiques qui découlent des faits et des principes que nous avons exposés dans cet ouvrage.

Puisque l'homme ne peut s'élever au rang d'être surhumain que lorsque son âme a acquis ici-bas le degré de purification nécessaire, il est évidemment de son intérêt de s'appliquer à la culture de son âme, d'en éloigner toute souillure, de la préserver de toute chute. Soyez bon, généreux, compatissant, reconnaissant des bienfaits, accessible aux faibles, ami des opprimés. Consolez ceux qui souffrent et ceux qui pleurent. Pratiquez la charité sous toutes ses formes. Attachez-vous à élever vos pensées par-dessus les choses terrestres. Combattez les instincts matériels, qui sont le cachet, le stigmate de l'existence terrestre. Aspirez au bien et au beau. Vivez dans les sphères les plus hautes, les mieux dégagées des liens d'ici-bas. Ce n'est qu'à ce prix que vous pourrez ennoblir votre âme, et la rendre propre à jouir de l'existence supérieure qui l'attend dans les régions éthérées, à revêtir la nouvelle enveloppe qui, sous des cieux plus profonds, lui ouvrira des horizons nouveaux. Car si votre âme est vicieuse et corrompue ; si pendant toute votre vie terrestre vous êtes resté enfoncé dans les intérêts matériels, livré exclusivement aux occupations et actes purement physiques, qui vous confondent avec les animaux ; si votre cœur a été dur, votre conscience muette, vos instincts bas et méchants, vous serez condamné à recommencer sur la terre une seconde existence. Vous traînerez une ou plusieurs fois encore le fardeau de la vie sur ce globe déshérité, où la souffrance physique et le mal moral ont élu domicile, où le bonheur est inconnu et le malheur l'universelle loi.

Il y a un autre motif pour cultiver avec soin les facultés de notre âme, et nous purifier sans cesse par la pratique du bien. Les personnes nobles et généreuses, les âmes d'élite sont les seules, avons-nous dit, qui soient aptes à communiquer avec les morts, avec les êtres chéris qu'elles ont perdus. Si donc nous sommes entachés d'indignité morale, nous ne recevrons aucune communication, aucun secours des êtres que nous aimions et qui nous ont quittés. Voilà un motif puissant de nous perfectionner sans cesse.

Un des meilleurs moyens de perfectionner et d'ennoblir notre âme, de l'élever au-dessus des conditions terrestres, de la rapprocher des hautes sphères, c'est la science. Étudiez, travaillez à connaître la nature, à comprendre les phénomènes et les milieux qui nous environnent, à vous expliquer l'univers dont vous faites partie, et votre âme s'agrandira. C'est vraiment un triste spectacle que celui de la honteuse ignorance dans laquelle vit l'humanité presque tout entière. La population de notre globe est de treize cents millions d'individus; sur ce nombre, on pourrait à peine en citer dix millions qui aient étudié les sciences et dont l'esprit soit vraiment cultivé. Tout le reste est livré à une passivité intellectuelle qui le rapproche des animaux. La terre n'est qu'un vaste champ d'ignorance. Sous le rapport du savoir, presque tous les hommes meurent tels qu'ils sont nés; ils n'ont pas ajouté une seule idée, une seule connaissance à celles que leurs parents, ignorants eux-mêmes, leur ont inculquées dans leurs jeunes années.

Pourtant, grâce aux travaux et aux veilles de quelques hommes d'élite, les connaissances que nous possédons aujourd'hui sont immenses; nous avons fait des pas de géant dans l'étude de la nature et de ses lois.

Nous connaissons le mécanisme et l'ordonnance

de l'univers; nous avons appris à rejeter le trompeur témoignage de nos sens, et nous avons discerné la marche réelle des différents astres, en apparence semblables, qui brillent au firmament des nuits. Nous savons que le soleil est immobile au centre de notre monde, et qu'un cortége de planètes, parmi lesquelles figurent la Terre, tourne autour du soleil, dans une orbite dont on a fixé parfaitement la courbe mathématique. Nous connaissons la cause des jours et des nuits, ainsi que celle des saisons, et nous pouvons prédire à une seconde près le retour des astres à un certain point de leur orbite, leurs rencontres, éclipses et occultations. Le globe que nous habitons a été parcouru et exploré avec tant de soin, qu'il n'est pas un de ses recoins qui nous soit ignoré. Nous savons quelle est la cause des vents et celle des pluies; nous pouvons désigner le trajet exact du plus faible courant des mers, et nous prédisons longtemps à l'avance l'heure et la hauteur des marées sur tout le globe. Nous savons pourquoi il existe des glaciers aux deux extrémités nord et sud de la terre, et pourquoi d'autres glaciers couronnent les grandes hauteurs. Les mouvements du sol, qui ont produit autrefois les chaînes de montagnes, et qui occasionnent encore aujourd'hui les éruptions volcaniques et les tremblements de terre, nous sommes parvenus à les expliquer. La composition de tous les corps qui existent sur notre sol, ou qui sont cachés dans ses profondeurs, a été fixée avec certitude. Nous savons ce que renferme l'air et ce qui constitue l'eau. Il n'est pas un minéral, il n'est pas une roche, pas une parcelle de terre dont nous ne puissions assigner la véritable composition. Bien plus, nous pouvons dire quelle est la composition du sol des planètes et de leurs satellites, ces astres qui roulent sur nos têtes, à des distances incalculables, et que nos yeux ne peuvent atteindre. La science a fait ce miracle, d'exécuter l'analyse chimique de corps qu'elle ne peut toucher, et qu'elle ne voit qu'à travers des millions de lieues.

Nous avons étudié, classé, dénommé tous les êtres vivants, animaux et plantes, qui peuplent la terre. Il n'est pas un insecte perdu sous le gazon des prairies que l'on n'ait décrit et mis à sa véritable place dans la création ; il n'est pas un brin d'herbe que n'ait reproduit le crayon du naturaliste.

Bien plus, la science a pénétré plus loin que la portée de nos yeux. Elle a inventé un instrument merveilleux qui a dévoilé à notre esprit ravi tout un monde, que l'on n'aurait jamais soupçonné sans son secours. Le monde qui nous a été ainsi révélé est celui des infiniment petits. Nous savons que dans une goutte d'eau il existe des myriades d'êtres vivants, animaux ou plantes ; que ces êtres, d'une si prodigieuse petitesse, ont une existence tout aussi remplie et sont aussi bien organisés que leurs analogues de grande taille, et que les fonctions physiologiques de tous ces imperceptibles êtres s'accomplissent tout aussi bien que les nôtres.

De même que nous faisons pénétrer la vue dans l'infinie petitesse, nous savons percer les profondeurs des espaces célestes, et scruter de nos yeux l'image agrandie des astres qui circulent à de prodigieuses distances de nous. Le télescope étale à notre vue la surface de la lune; il nous la montre creusée de profonds ravins et de rudes aspérités, hérissée de montagnes énormes, sillonnée de profondes crevasses circulaires. Nous pouvons parcourir des yeux le disque lunaire, comme si c'était un paysage lointain de notre propre globe. Les planètes mêmes qui se perdent dans l'infini des cieux, nous pouvons, grâce au grossissement de puissants télescopes, nous faire une idée de l'aspect de leur surface.

Après ce tableau, assurément très-incomplet, de ce qu'a pu rassembler la science humaine, on croirait que chaque habitant de la terre est impatient de s'approprier ces connaissances, que tout le monde doit être heureux et fier d'en meubler son esprit. Hélas ! la presque totalité de l'espèce humaine ignore le premier mot de tout cela. Otez les dix millions d'individus dont nous parlions tout-à-l'heure, et qui numériquement peuvent à peine compter, eu égard à la population du globe, tous les hommes s'imaginent que la terre est une surface plate, qui s'étend jusqu'aux limites de l'horizon, et que recouvre une coupole bleue qu'on appelle *ciel*. Si vous assurez que la terre tourne, on se met à rire, et l'on vous montre la terre immobile et le soleil qui se *lève* à droite, pour se *coucher* à gauche, preuve évidente que le soleil va et vient. Les poëtes disent, sérieusement, que le soleil sort de son lit le matin et s'y remet le soir! On croit, avec les mêmes poëtes, que les étoiles qui brillent la nuit, sur la voûte céleste, sont un objet de décor, un spectacle agréable, fait pour réjouir nos yeux, et que la lune est un fanal économique. La cause de la pluie et du beau temps, du froid et du chaud, du vent ou des marées, personne ne s'en inquiète. Chacun ferme les yeux à tous les phénomènes naturels, de peur d'avoir la peine de les expliquer. Si l'enfant curieux et naïf demande au père l'explication du fait le plus simple, la cause de la pluie, de la neige ou de la rosée, le père répond quelque sottise, ou détourne la conversation, ne sachant que dire. La nature est lettre close pour la majeure partie des hommes, qui vivent au milieu des phénomènes les plus curieux et les plus variés, comme un cheval qui a les yeux couverts de deux œillères, pour l'empêcher de voir ailleurs que devant lui, ou comme le mineur qui travaille au fond de son puits, et ne voit autre chose que sa tâche et son outil. Ce qui occupe l'homme, c'est le boire et le manger, et la recherche des moyens de nuire à son semblable.

Oui, c'est un spectacle bien triste que celui de l'humanité qui ne s'inquiète que de ses besoins matériels et se désintéresse entièrement de tout travail d'esprit; et l'on s'afflige à penser que telle est la condition de presque tous les habitants du globe. Combien donc est supérieur à la masse de ses semblables celui qui a su cultiver son esprit, l'enrichir de notions utiles et sérieuses, s'approprier une des branches de l'arbre si varié des connaissances exactes. Combien son âme ainsi fortifiée doit avoir acquis de puissance et de portée. Efforcez-vous donc, lecteur, d'étudier et d'apprendre. Initiez-vous aux secrets de la nature, rendez-vous compte de tout ce qui vous entoure; comprenez l'univers et ses productions infinies, admirez la puissance de Dieu en connaissant bien ses œuvres. Alors vous n'arriverez pas au tombeau l'âme aussi vide qu'elle l'était à votre naissance. A l'heure suprême de la mort, vous serez *sages*, mot qui, d'après l'étymologie latine, veut dire savant (*sapiens*), et vous trouvant plus rapproché de la sublime essence des êtres surhumains, vous serez apte à parcourir auprès d'eux les sphères éthérées.

Pour élever et perfectionner son âme, il ne faut pas seulement s'appliquer à pratiquer les vertus morales et à s'instruire ; il faut encore chercher à comprendre et à aimer Dieu, l'auteur de l'univers. Hommes, entrez dans les temples et prosternez-vous devant Dieu, selon les formes et les rites du culte où fut élevée votre enfance. Toutes les religions sont bonnes et respectables, parce qu'elles permettent de rendre à l'auteur de la nature l'hommage de la reconnaissance et de la soumission de nos cœurs. La religion chrétienne est bonne, parce qu'elle est une religion. La religion de Mahomet est bonne, parce qu'elle est une religion. La religion de Bouddha est bonne, parce qu'elle est une religion. Le judaïsme est bon, parce qu'il est une religion. La religion des sauvages indiens de l'Amérique, qui adorent le soleil, au fond de leurs forêts, est bonne, parce qu'elle est une religion.

Il y a dans toute religion le dogme et le culte ; c'est du culte qu'il est question ici. En effet, dans toutes les religions modernes, le culte est, en général, bien conçu ; il est en harmonie avec les habitudes, les mœurs, la dose d'imagination et de poésie de chaque peuple ; de sorte que les manifestations extérieures sont convenablement appropriées aux traditions et à l'esprit de chaque pays. Quant au dogme, c'est autre chose. Dans les religions diverses auxquelles obéissent aujourd'hui toutes les nations de la terre, le dogme est caduc et décrépit, il ne saurait résister à l'examen de la raison. Le dogme de la religion de Bouddha, qui borne la vie humaine à notre existence sur la terre, qui refuse à l'homme l'immortalité personnelle, en absorbant l'individu, après sa mort, dans le sein du grand *Tout*, est une monstrueuse immoralité, un panthéisme révoltant. Le dogme de la religion de Mahomet, qui n'a pour base que les sentences de son fondateur, réunies sous le nom de *Coran*, et regardées comme autant de révélations divines, n'est plus pris au sérieux par les Musulmans eux-mêmes. Le dogme de la religion judaïque, qui repose sur la venue, toujours vainement attendue, d'un *Messie* sauveur, dont la nécessité ne se fait aucunement sentir, frise le ridicule. Le dogme du péché originel, qui est la base du christianisme, est illogique et injuste. Rendre tout le genre humain, présent et avenir, responsable d'une prétendue indignité de notre race, vouloir lui faire porter la peine d'une faute commise il y a six mille ans, par un homme et une femme, en un coin ignoré de l'Asie ; dire que Dieu avait un fils, et qu'il a envoyé ce fils pour racheter les hommes de toute la terre, condamnés et déchus par suite du péché d'Adam, est contraire à la raison.

Une fatalité déplorable veut que la religion, ce suprême besoin des âmes, cet élément puissant de moralisation des masses, ce moyen précieux offert à l'homme éclairé et sensible de se rapprocher, par la pensée, du divin Auteur de l'univers, soit aujourd'hui, chez tous les peuples des deux hémisphères, assise sur les bases les plus inexactes.

C'est que toutes les religions ont été formulées dans leurs dogmes essentiels, il y a quatre mille ans, alors que les plus épaisses ténèbres environnaient l'esprit humain. Dans cette enfance de la civilisation, les hommes ne pouvaient avoir que des conceptions en rapport avec leur faible savoir. Ils firent un Dieu à leur image. Ils lui prêtèrent leurs mesquines passions : la jalousie, la haine, la vengeance, la dissimulation, la colère. Bien plus, ils lui donnèrent leur propre figure : ils firent de Dieu un beau vieillard, à la barbe blanche! Fontenelle a dit, spirituellement, que si Dieu a fait l'homme à son image, l'homme le lui a bien rendu.

A l'époque où les religions furent créées chez tous les peuples, on ne connaissait de l'univers entier que la terre, et même qu'une bien faible partie de son étendue. On croyait que la lune et les étoiles étaient comme de petites lampes suspendues à la voûte céleste, pour égayer le firmament et dissiper l'obscurité des nuits. Le soleil était le flambeau chargé d'éclairer la terre. Le reste des astres qui composent l'univers n'était rien pour les anciens peuples. Ils ne soupçonnaient pas même l'existence d'autres mondes. Pour les anciens, la terre était à elle seule le *monde*.

Conçues dans cette ignorance absolue de l'univers, les religions devaient succomber le jour où serait dévoilé l'arrangement véritable des mondes, le jour où l'on connaîtrait l'immensité sans bornes de l'univers, le jour où l'on saurait que la terre n'est qu'un point dans l'espace, et qu'elle ne remplit, parmi les corps célestes, qu'un rôle infiniment secondaire. Les religions anciennes, on peut le dire, sont mortes en 1610, lorsque, pour la première fois, le télescope, alors nouvellement inventé, fut dirigé vers la lune par Galilée. Ceci tuait cela !

Les prélats éminents, les hommes éclairés, qui présidaient alors aux destinées de l'Église romaine, ne s'y trompèrent pas, d'ailleurs. Les cardinaux et tout le Sacré Collège virent tout de suite les dangers qui les menaçaient; et leur conduite montre bien qu'ils comprenaient que les découvertes de l'astronomie allaient ébranler l'édifice des religions existantes. A peine les lueurs de la vérité scientifique commencent-elles à se faire jour, que les mains de de l'Église se dressent pour l'étouffer. Rome déclare une guerre à mort à la nouvelle astronomie. C'est Pierre d'Albano, auteur d'un *Traité sur l'astronomie*, qui est brûlé en effigie, à Bologne, en 1327, et Ceco d'Ascoli, qui est livré aux flammes, pendant la même année, à Florence, pour avoir proclamé la doctrine du mouvement de la terre, contraire aux Écritures. C'est Jordano Bruno, qui monte au bûcher à Rome, le 17 février 1600, pour avoir professé la doctrine de la fixité du soleil. C'est le savant physicien Antonio de Dominis, dont on déterre le cadavre, en 1625, au château Saint-Ange, à Rome, où il était mort prisonnier, pour jeter ce corps pourri aux flammes vengeresses ! C'est Campanella, torturé sept fois, prisonnier pendant vingt-sept ans, pour avoir professé une philosophie conforme à celle de Galilée.

Kopernik, chanoine, hélas ! n'avait pu être poursuivi par l'inquisition romaine, par la bonne raison qu'il était mort avant la publication de son livre, *Astronomia nova*, dont il n'avait pu que toucher à son lit d'agonie, et de ses mains défaillantes, le premier exemplaire sorti de la presse. On se vengea de n'avoir pu brûler Kopernik mort, en brûlant solennellement son livre, cause première de la révolte.

Keppler, l'immortel continuateur de l'œuvre de Kopernik, qui pourtant était protestant et ne quitta jamais la protestante Allemagne, fut pendant toute sa vie poursuivi par la haine des gens d'église. On l'accusa d'hérésie. Sa tante Gudelman avait été brûlée comme sorcière à Weil. Sa mère, accusée à son tour de sorcellerie, fut emprisonnée, en 1615, à Stuttgard. Elle resta cinq ans sous les verrous, et ne fut sauvée que grâce à des miracles de dévouement et au prix de mille fatigues, par son tendre et malheureux fils. Keppler lui-même mena d'ailleurs l'existence la plus inquiète et la plus tourmentée que puisse endurer un homme de génie.

Citons encore Roger Bacon, le savant moine d'Oxford, qui, devançant l'époque des découvertes scientifiques et des persécutions qu'elles attiraient sur leurs auteurs, passa la plus grande partie de son existence emprisonné, tantôt dans une cellule de son couvent, tantôt dans un cachot. Son crime était de s'occuper de physique et d'astronomie ! Deux siècles après, son homonyme François Bacon était mis à l'index par les ecclésiastiques anglais, et pour la même cause.

En France, notre illustre Descartes fut pendant sa vie entière errant et exilé. Il était poursuivi en tous lieux par la haine des dévots, lui l'homme religieux, le philosophe spiritualiste par excellence, lui dont l'orthodoxie était profonde et sincère, lui qui ne prononçait jamais ou n'entendait jamais prononcer le nom de Dieu sans se découvrir, en signe de respect. Mais il était astronome et partant considéré comme ennemi de l'Église.

Citons encore le savant jésuite Fabri, mis en prison, à Rome, pour avoir dit dans un discours que « le mouvement de la terre une fois démontré, l'Église devra interpréter dans un sens figuré les passages de l'Écriture qui sont contraires à ce principe. »

A la même époque, c'est-à-dire vers 1630, Galilée était poursuivi avec acharnement par les prélats romains. La publication de ses immortels *Dialogues*, où la doctrine du mouvement de la terre était établie conjointement avec d'autres vérités nouvelles de l'astronomie et de la physique, soulevait une tempête de fureurs, qui ne devait avoir de terme qu'à la mort du savant et malheureux Florentin. Et ce qui prouve bien que le pape Urbain VIII ne persécutait pas Galilée, comme on l'a dit, pour de mesquines et petites rancunes personnelles, mais que c'était la religion chrétienne que le pape voulait sauvegarder ou venger, c'est la correspondance que les hommes de l'entourage d'Urbain VIII entretinrent avec Galilée pendant son procès[1].

---

1. Voyez l'histoire du procès de Galilée, dans notre ouvrage *Vie des savants illustres*, t. IV (Savants du dix-septième siècle). In-8, Paris, 1869.

On trouve ces lettres réunies dans l'intéressante notice de feu Trouessart, professeur à la Faculté des sciences de Poitiers, qui a pour titre : *Galilée, sa mission scientifique, sa vie et son procès*, publiée à Poitiers en 1865.

Son abjuration solennelle et son humble attitude devant les juges du Sacré Collége, purent seules sauver Galilée des flammes. Le bûcher qui avait dévoré en 1625, le cadavre d'Antonio de Dominis, fumait encore au champ de Flore, et de l'église du couvent de Sainte-Minerve où il prononça son abjuration, le malheureux vieillard pouvait apercevoir le théâtre de ce supplice posthume. Le reste de la vie de Galilée s'écoula dans une demi-captivité, dans un exil perpétuel, à sa villa d'Arcetri, où toute liberté d'agir lui était interdite. L'Église ne pouvait pardonner à ce grand homme le coup funeste et irréparable qu'il lui avait porté en popularisant la nouvelle astronomie.

En France, les catholiques comprenaient fort bien également que les découvertes astronomiques devaient renverser la vieille théologie. Gassendi, professeur au Collége de France, l'oracle scientifique de son temps, croyait au mouvement de la terre, et le P. le Cazre, recteur du collége de Dijon, cherchait à le détourner de cette opinion, en lui en montrant les conséquences théologiques dans une curieuse lettre que M. Trouessart a traduite du latin, et publiée dans sa notice sur le procès de Galilée :

« Songe bien moins, écrivait le P. le Cazre à Gassendi, à ce que tu penses peut-être toi-même qu'à ce que penseront la plupart des autres qui, entraînés par ton autorité ou par les raisons, se persuaderont que *le globe terrestre se meut parmi les planètes.* Ils concluront d'abord que, si *la Terre est,* sans aucun doute, *une des planètes,* comme *elle a ses habitants,* il est bien à croire qu'*il en existe aussi dans les autres* et qu'il n'en manque pas non plus dans les étoiles fixes, qu'ils y sont même d'une nature supérieure et dans la même mesure que les autres astres surpassent la Terre en grandeur et en perfection. De là s'élèveront des doutes sur la *Genèse,* qui dit que la Terre a été faite avant les astres, et que ces derniers n'ont été créés que le quatrième jour, pour illuminer la Terre et mesurer les saisons et les années. Par suite *toute l'économie du Verbe incarné et la vérité évangélique seront rendues suspectes.* Que dis-je? Il en sera ainsi de *toute la foi chrétienne elle-même,* qui suppose et enseigne *que tous les astres ont été produits par le Dieu* créateur, non pour *l'habitation d'autres hommes* ou d'autres créatures, mais *seulement* pour éclairer et féconder la Terre de leur lumière. Tu vois donc *combien il est dangereux que ces choses soient répandues dans le public,* surtout par des hommes qui, par leur autorité, paraissent en faire foi. Ce n'est donc pas sans raison que, dès le temps de Kopernik, *l'Église s'est toujours opposée à cette erreur, et que,* tout dernièrement encore, *non pas quelques cardinaux,* comme tu dis, *mais le chef suprême de l'Église, par un décret pontifical,* l'a condamnée dans Galilée et a très-saintement défendu de l'enseigner à l'avenir, de vive voix ou par écrit [1]. »

Il est certain, comme le comprenait fort bien le recteur de Dijon, que les plus graves menaces se cachaient, pour l'Église et pour la société de ce temps, sous la question de la fixité du soleil. La terre n'étant plus le centre, ne formant plus le point de mire de l'univers entier, la terre se mouvant dans l'es-

---

1. *Galilée, sa mission scientifique, sa vie et son procès,* par Trouessart. Poitiers, 1865, pages 125-126.

pace au même titre et en même temps que d'autres astres semblables à elle, le soleil cessant de tourner autour de la terre, interrompant son office de vassalité à l'égard de notre globe, c'était là le renversement de toutes les idées qui, depuis des siècles, avaient pris racine dans les esprits. Où placer maintenant le paradis et l'enfer? Rien n'était plus simple autrefois. L'enfer, ou le théâtre des punitions, était au-dessous de la terre, caché dans ses profondeurs et ses ténèbres, comme l'avaient déjà dit les anciens; le paradis, ou le théâtre des récompenses, était au-dessus, dans le ciel. Au milieu était le séjour des épreuves. Cet échafaudage si simple et depuis si longtemps consacré par la docile imagination des masses, s'écroulait avec la multiplicité des globes planétaires semblables au nôtre. Comment concevoir un paradis ou un enfer unique dans le système compliqué de l'astronomie nouvelle et avec l'immense quantité de globes nouveaux semblables à la terre? Et puis, n'était-il pas à craindre qu'une fois la théorie de l'univers ébranlée par la science, l'esprit humain, cédant à l'impulsion de la critique et du libre examen, n'allât s'en prendre aux principes fondamentaux de la religion et aux bases mêmes de la société?

Voilà toutes les conséquences que l'on pouvait entrevoir de la vulgarisation dans le public du principe astronomique du mouvement de la terre, et l'on comprend que princes de l'Église, prélats, philosophes et gens en dignité, tout le monde se réunit pour essayer d'éteindre à leur aurore les lumières de la vérité scientifique qu'apportait le physicien de Florence, et la doctrine qu'il avait su populariser dans ses admirables *Dialogues*, où le bon goût et l'esprit ajoutaient un charme de plus à l'attrait de la nouveauté philosophique.

Mais vains efforts ! des idées émanant d'une époque de ténèbres et d'ignorance ne pouvaient subsister dans une période de lumières et avec la connaissance du monde réel. Elles devaient s'évanouir aux clartés nouvelles de la science. Aujourd'hui l'humanité raisonne. Il faut que les dogmes religieux, pour être sincèrement acceptés, s'appuient sur le véritable arrangement de cet univers sans bornes, que les religions anciennes ont méconnu. Il faut que le genre humain soit considéré, non plus comme le centre ou l'objectif de la nature entière, non plus comme dominant tout ce qui se voit sous les cieux, mais bien comme n'étant qu'une parcelle de la création, un membre obscur de la famille générale des mondes. Loin d'affirmer que tout est fait pour l'homme, il faut proclamer que l'univers est un tout continu, une chaîne non interrompue, dont l'espèce humaine n'est qu'un anneau. Il faut reconnaître que la terre n'est qu'un grain de sable perdu dans l'incommensurable étendue de l'espace infini.

Voilà sur quelles bases positives devra être fondée la religion de la science et de la nature. Cette religion nouvelle sera l'œuvre du vingtième siècle. Alors les esprits étant encore plus mûrs qu'ils ne le sont aujourd'hui pour cette révolution morale, les dogmes nouveaux seront acceptés sans peine ; ils n'entraîneront ni luttes ni combats. Tandis que les religions actuelles se sont élevées et ont grandi dans le sang et dans les larmes, par les persécutions et les supplices, au milieu des souffrances des martyrs et des cruelles répressions des détenteurs des vieux dogmes, la religion de l'avenir, préparée par un consentement unanime, par une universelle conversion, s'élèvera sans coûter une larme ni une goutte de sang. Elle se répandra rapidement sur la terre entière. Alors l'extrême facilité des communications ayant fait parvenir sans peine dans les différentes parties du monde ces idées simples et vraies, on verra tous les peuples adopter peu à peu la religion nouvelle. Ses avantages, sa conformité avec l'ordre de la nature, apparaîtront avec une telle évidence, que chaque nation des deux mondes l'adoptera, comme chaque nation aura déjà adopté, après en avoir reconnu les avantages, l'unité des poids et mesures, ainsi que l'unité des monnaies, fondées sur le système métrique.

Cependant nous ne sommes pas au vingtième siècle, nous sommes encore au dix-neuvième ; nous ne sommes pas en présence de la religion de la science et de la nature, nous sommes en face de religions nombreuses, diverses, toutes imparfaites quant au dogme, mais excellentes quant au culte public. Attachons-nous donc à ce culte, qui est la seule manière d'établir nos rapports avec la Divinité, d'entretenir en nos cœurs l'idée de l'Être suprême. Catholiques, entrez dans vos églises, et au milieu des pompes superbes de vos cérémonies sacrées, élevez vers Dieu vos âmes reconnaissantes, humiliez-vous devant le souverain maître des cieux. Protestants, entonnez, dans vos temples, vos psaumes et vos cantiques. Russes et Grecs, agenouillez-vous avec recueillement devant vos éblouissants et mystérieux tabernacles. Juifs, fréquentez vos majestueuses synagogues ; entretenez ces parfums qui, s'adressant aux sens les plus subtils, parlent de Dieu aux âmes attendries. Musulmans, rendez-vous aux tranquilles mosquées. Bouddhistes, apprenez le chemin des pagodes. Peuples sauvages des deux mondes, qui adorez le soleil dans la solitude des bois, élevez vers l'astre radieux vos cœurs réconfortés. Que tous les hommes, dans tous les pays, sous tous les cieux, pratiquent la religion dans laquelle le sort les a fait naître, en attendant que les progrès de la raison des peuples aient permis de créer la religion de la science et de la nature. Tout est bon et tout est beau quand il permet de rendre hommage à la Divinité. Le culte religieux est le premier besoin de nos âmes, comme il est la garantie de la paix et du bonheur des sociétés.

CHAPITRE XXII

Suite des règles pratiques. — Il faut entretenir le souvenir des morts. — On ne doit pas craindre la mort. — La mort n'est qu'une insensible transition d'un état à un autre; elle n'est pas une fin, mais une métamorphose. — Impressions des mourants. — Du plaisir de mourir, selon Barthez. — Faits à l'appui de cette thèse. — Ceux qui meurent jeunes sont aimés des dieux. — Ne craignons pas la mort. — Ne pleurons pas avec trop d'amertume ceux que le trépas nous a ravis.

La quatrième règle pratique que nous signalerons comme découlant des principes et des théories que nous avons exposés, c'est de conserver le souvenir et le culte des morts. N'effaçons pas de nos cœurs la mémoire de ceux que le trépas nous a ravis. Les oublier, c'est leur causer les plus cruels déchirements, et nous priver nous-mêmes des secours et de l'appui qu'ils peuvent nous fournir pour nous conduire ici-bas.

Les anciens entretenaient avec soin le souvenir des morts. Ils n'écartaient pas avec terreur, comme le font les peuples modernes, l'idée de la mort; ils aimaient, au contraire, à l'évoquer. Chez les Romains et les Grecs, les cimetières étaient des lieux de réunion qui servaient aux promenades et aux fêtes. Les Orientaux de nos jours ont conservé cette tradition de l'antiquité. Leurs cimetières sont des jardins parfaitement entretenus, et dans lesquels, chaque jour de fête, la foule se promène joyeuse et parée. On rend visite aux parents et aux amis ensevelis sous des bosquets et des corbeilles de fleurs; on se livre aux plaisirs de la vie dans ces riants asiles de la mort.

Dans notre Europe, nous sommes loin de cette coutume, inspirée par une saine philosophie. Seulement on peut remarquer que les paysans, plus rapprochés de la nature que les citadins, sont loin d'écarter l'idée de la mort et de fuir les cimetières où dorment les parents et les amis. Chez les habitants des campagnes, on aime à évoquer le souvenir des défunts. On parle d'eux, on les interpelle, on les consulte, comme s'ils étaient encore au foyer de la famille.

La coutume des repas funéraires, qui remonte à l'homme primitif, s'est conservée chez les paysans de beaucoup de contrées de l'Europe. Au retour du cimetière, on s'assied devant une table bien servie, dans la maison du défunt, et on lui souhaite un heureux voyage au pays des ombres.

Dans nos villes, le peuple se fait un devoir d'aller porter des fleurs aux tombes des parents. On s'exempte, en général, de ce soin pieux dans les hautes classes de la société, et c'est un tort. La piété envers les morts, le culte de leur mémoire, sont prescrits par les lois de la nature.

Nous dirons enfin au lecteur, comme conséquence et dernière règle pratique découlant de tout ce qui précède, qu'il ne doit point lui-même craindre la mort. Que ce moment si redouté de tous les hommes, soit envisagé par lui d'un œil ferme et tranquille. La mort, avons-nous dit, n'est pas une fin, c'est un changement; nous ne périssons pas, nous nous transformons. La chenille, qui semble mourir en se clôturant dans un froid tombeau, ne meurt pas : elle ressuscite bientôt, en un brillant papillon, qui se met à parcourir les airs. Le corps terne, immobile et glacé de la chrysalide, fait place à un être nouveau, étincelant, diapré de mille couleurs, et qui fend l'espace avec ses ailes d'azur. Il en sera de même pour nous. Si notre misérable enveloppe demeure sur la terre et restitue ses éléments au réservoir commun de la matière universelle, notre âme ne périra point. Elle renaîtra, papillon invisible, qui traversera les airs et ira planer dans les régions éthérées. Elle quittera une terre où la douleur et le mal sont la loi constante, pour un domaine béni où sont rassemblées toutes les conditions de bonheur. Pourquoi donc redouter la mort? Il faut, sinon la désirer, au moins l'attendre avec espoir et tranquillité. La mort doit nous réunir aux êtres que nous avons le plus aimés, à ceux que nous aimons et que nous aimerons toujours. Quelle source immense de consolation pendant le reste de notre vie! quelle provision de courage pour le moment terrible de notre propre fin ! O chers et doux morts, vous qui n'avez jamais cessé d'être présents à nos mémoires, votre départ nous a rendu, au prix, il est vrai, du plus cruel déchirement de nos cœurs, le suprême service d'adoucir les angoisses de notre future agonie. La tristesse de nos derniers moments sera calmée par cette pensée que vous attendez notre venue, que vous êtes prêts à nous recevoir au seuil de l'autre vie, et que vous allez nous guider dans le nouveau domaine qui s'ouvre pour nous au delà du tombeau ?

La crainte de la mort, qui glace les cœurs de la plupart des hommes, paraît, d'ailleurs, perdre beaucoup de sa gravité au moment suprême. Ceux qui, par profession, assistent les mourants, comme les prêtres des divers cultes, les médecins, les infirmiers, les sœurs de charité, savent que la plupart des agonies sont douces. Celui qui meurt après une noble et honorable existence, comprend, à ce moment solennel, qu'il marche vers un monde nouveau et meilleur. Il est heureux, et son bonheur se traduit par ses paroles ou par l'expression de ses regards. La seule pensée qui l'attriste, c'est la douleur que sa perte doit causer à ceux qu'il aime, et dont il va se séparer.

« Je crois, dit Montaigne, que ce sont les ruines et appareils effroyables dont nous entourons la mort qui nous font plus peur qu'elle. Une toute nouvelle forme, les cris des mères, des femmes et des enfants, la visitation de personnes étonnées et transies, l'assistance d'un nombre de valets pâles et éplorés, une chambre sans jour, des cierges allumés, notre chevet assiégé de médecins et de précheurs : somme toute, horreur et tout effroi autour de nous, nous voilà déjà ensevelis et enterrés. Les enfants ont peur de leurs amis même quand ils les voient masqués ; ainsi avons-nous. Il faut ôter ce masque aux choses aussi bien qu'aux personnes. »

Il faut ajouter que presque toujours la mort a été précédée d'un anéantissement graduel de la sensibilité, qui fait que l'individu n'a presque aucune conscience du changement qui va s'accomplir dans son être, et qu'il envisage le moment de la mort avec indifférence.

Un médecin de mes amis, dont je passerai le nom sous silence, s'est vu aux portes du tombeau. Plusieurs causes de mort le menaçaient, et son état paraissait sans ressources. Il revint comme par miracle à la vie, et il jouit aujourd'hui d'une santé parfaite. Or, quand il s'interroge sur les sensations qu'il éprouvait dans l'imminence d'une fin qui lui paraissait inévitable, il ne se rappelle qu'un état d'indifférence absolue, une absence de tout sentiment pénible. La lampe de la vie s'éteignait progressivement, et le malade n'avait conscience que de l'approche graduelle d'un état plus complet encore d'apaisement moral.

Buffon, dans un passage de son chapitre sur l'*homme*, a parfaitement exprimé cette dégradation successive de la sensibilité, qui doit rendre presque inappréciable l'instant du passage de la vie au trépas.

« La mort, dit Buffon, ce changement d'état si marqué, si redouté, n'est dans la nature que la dernière nuance d'un état précédent. La succession nécessaire du dépérissement de notre corps amène ce degré, comme tous les autres qui ont précédé. La vie commence à s'éteindre longtemps avant qu'elle s'éteigne entièrement, et dans le réel, il y a peut-être plus loin de la caducité à la jeunesse que de la décrépitude à la mort, et on ne doit pas ici considérer la vie comme une chose absolue, mais comme une quantité susceptible d'augmentation ou de diminution.

« Pourquoi donc craindre la mort, si l'on a assez bien vécu pour n'en pas craindre les suites? Pourquoi redouter cet instant, puisqu'il est préparé par une infinité d'autres instants du même ordre, puisque la mort est aussi naturelle que la vie, et que l'une et l'autre nous arrivent de la même façon, sans que nous le sentions, sans que nous puissions nous en apercevoir? Qu'on interroge les médecins et les ministres de l'Église accoutumés à observer les actions des mourants et à recueillir leurs derniers sentiments, ils conviendront qu'à l'exception d'un très-petit nombre de maladies aiguës, où l'agitation causée par des mouvements convulsifs semble indiquer les souffrances du malade, dans toutes les autres on meurt tranquillement, doucement et sans douleur. La plupart des hommes meurent sans le savoir, et dans le petit nombre de ceux qui conservent de la connaissance jusqu'au dernier soupir, il n'en est pas un qui ne conserve en même temps de l'espérance....

« La mort n'est donc pas une chose aussi terrible que nous nous l'imaginons. C'est un spectre qui nous épouvante à une certaine distance, et qui disparaît quand on vient à s'en approcher de près [1]. »

Barthez est allé bien plus loin que Buffon. Le célèbre Chancelier de l'Université de Montpellier, dans ses *Nouveaux éléments de la science de l'homme*, après avoir expliqué comment la sensibilité ayant beaucoup diminué chez l'agonisant, la douleur physique ou morale doit être presque nulle au moment de la

---

[1]. *Histoire naturelle* (*De la vieillesse et de la mort*), t. II p. 579, in-4°, imprimerie royale.

mort, va jusqu'à prétendre que dans certains cas « l'homme goûte un certain plaisir à mourir. » Écoutons l'illustre physiologiste :

« Quand même on supposerait, dit Barthez, que quelque douleur doit accompagner le moment de la mort (ce qui n'est pas probable), elle ne peut occuper qu'un instant comme indivisible.

« Si l'extinction de la sensibilité est soudaine, et si cette extinction est graduée, cette douleur doit, comme toutes les autres, s'affaiblir à mesure qu'on avance dans la mort.

« Cicéron a très-bien dit : *An ipse animi discessus a corpore non fit sine dolore? Ut credam ita esse, quam est id exiguum! et falsum esse arbitror, et fit plerumque sine sensu nonnemque etiam cum voluptate ; totumque hoc leve est, qualecoumque est, fit enim ad punctum temporis* [1].

« Lorsque l'âme conserve jusqu'à la fin ses forces dans un assez haut degré, elle peut sans doute quelquefois éprouver dans l'agonie des sentiments de douleur et d'angoisse, que la cause de la mort peut produire, ou bien se livrer elle-même à des affections tristes et inquiètes ; mais cette sorte d'agonie est plus rare, et elle est toujours séparée de la mort absolue par quelques instants qui peuvent être heureux.

« Il me paraît vraisemblable qu'en général, dans les moments qui précèdent immédiatement la mort, (lorsqu'elle n'est pas subite) l'homme goûte un certain plaisir à mourir. J'appuie cette conjecture sur ce qu'on ressent une manière d'être agréable aux approches du sommeil, auquel on se livre par degrés, et même lorsqu'on se laisse aller à une défaillance (ce que Sénèque dit qu'il a éprouvé sur lui-même). Le principe de la vie goûte alors avec une certaine douceur le repos qui le délivre des efforts qu'il devait faire pour continuer des sensations qui sont devenues trop actives, et les mouvements qui lui sont propres durant la veille et pendant l'état de santé.

1. *Tusculan.* I, cap. 34.

« Je ne veux point exagérer la douceur qu'on peut trouver à mourir, comme a fait Lucain, qui, dans sa manière souvent outrée, dit que les dieux ont caché aux hommes combien il est heureux de mourir, afin qu'ils puissent supporter la vie.

« Victurosque Dei celant, ut vivere durent,
« Felix esse mori... [1] »

« Mais je me bornerai à recueillir ici quelques-uns des faits qui démontrent que le moment même de la mort peut faire sentir un certain bien-être.

« Sénèque dit (Epist. 77.) que Tullius Marcellinus, voulant se faire mourir à cause de l'incommodité que lui donnait une longue maladie, s'abstint de manger pendant trois jours, qu'il entra ensuite dans un bain chaud, en éprouvant, disait-il, quelque sentiment de volupté qu'a coutume de produire la dissolution du corps vivant lorsqu'elle se fait sans violence.

« François Juarez, jésuite célèbre qui mourut à Lisbonne en 1717, dit peu de temps avant d'expirer : *Non putabam tam dulce, tam suave esse mori:* Je ne pensais pas qu'il fût si doux et si agréable de mourir.

« La Mettrie (*OEuvres philosophiques*, p. 352-354) dit qu'il a eu plusieurs fortes épreuves où il s'est vu près de passer de la vie au trépas, et il ajoute : « On dirait, autant que j'ai pu en juger par ses plus intimes approches, que la mort ne fait que passer au cou des mourants un nœud coulant qui serre moins qu'il n'agit avec une douceur narcotique. La vie s'en va peu à peu, avec une certaine nonchalance molle, non sans quelque volupté. »

« M. Baumé a publié l'observation suivante, dans le troisième volume de sa *Chimie* et dans l'*Histoire de l'Académie des Sciences pour* 1773. Un homme qui avait été asphyxié par l'impression d'une vapeur méphitique dans une cave, lorsqu'on l'eut fait revenir à lui, dit qu'à l'instant où il avait perdu connaissance, il avait éprouvé un sentiment de volupté. Un

---

1. *Pharsale*, liv. IV, vers 519.

délire inexprimable occupait doucement son imagination, et sur le bord du tombeau, non-seulement il était exempt d'oppression et de douleur, mais même il goûtait une satisfaction délicieuse.

« M. Simons, dans la *vie* qu'il a donnée de Guillaume Hunter, rapporte que Hunter, étant à ses dernier moments, dit à son ami M. Combes : « Si j'avais assez de force pour tenir la plume, j'écrirais combien il est facile et agréable de mourir. »

« L'idée de la mort n'affecte point ceux qui en approchent autant que le croit le commun des hommes, pour qui elle est la *terreur des terreurs*.

« L'attention de l'âme étant nécessairement bornée, cette idée effrayante, lorsqu'elle persévère un certain temps, perd beaucoup de sa force. L'attention nécessaire pour soutenir cette idée avec une grande énergie, doit tomber vite dans l'état de faiblesse générale qui précède la mort. La même cause énerve alors toutes les autres idées qui pouvaient tourmenter l'âme. C'est pour cette raison qu'on observe généralement, mais non toujours, que les mourants ne peuvent pleurer.

« La mort serait donc toujours heureuse, si les hommes ne voyaient dans cet état qui doit terminer la vie qu'un tribut qu'ils doivent à la nature, suivant l'ordre établi par son auteur. Mais ils sont détournés trop souvent de cette vue simple et courageuse par divers usages qui excitent vicieusement l'imagination et la sensibilité des mourants; de sorte qu'on peut dire que les institutions humaines ont corrompu, pour les hommes, jusqu'au bien de mourir [1]. »

On peut ajouter aux faits que cite Barthez, ceux

---

1. *Nouveaux éléments de la science de l'homme*, t. II, p. 333-336, et Notes. Paris, 1806, in-8.

Cette opinion de Barthez sur « le plaisir qu'on peut goûter à mourir, » étonna beaucoup au siècle dernier. Le satirique esprit français ne manqua pas de s'exercer à ce propos, et de soutenir que le médecin qui plaidait ainsi la cause de la mort, prêchait pour son saint. Le poëte Rulhière, dans une épigramme qui courut Paris, dit

que l'on lit dans plusieurs traités de médecine légale publiés de nos jours.

Il est bien connu que la mort par la pendaison s'accompagne d'une sensation voluptueuse. Ne voulant pas effaroucher de chastes oreilles, nous renvoyons au *Traité de médecine légale* de Devergie (t. III) pour être édifié à cet égard. Le phénomène auquel nous faisons allusion est tellement certain que Devergie l'élève au rang de symptôme pour le médecin légiste et l'expert, dans les cas de mort par suspension.

On a expliqué ce fait par l'action de la corde qui, comprimant la nuque et par là le cervelet, provoquerait le phénomène dont il s'agit. Nous répondrons que l'asphyxie par les gaz méphitiques, et particulièrement l'asphyxie par le charbon, dans laquelle la compression de la nuque ne saurait être invoquée, s'accompagne quelquefois d'un sentiment de bien-être et même de plaisir. On a lu plus haut, dans la citation de l'ouvrage de Barthez, le fait rapporté dans la *Chimie* de Baumé, relatif à un empoisonnement

---

à Barthez, vantant les douceurs du mourir : « Vous êtes orfèvre, monsieur Josse. »

Voici l'épigramme de Rulhière :

> Ce magistrat docteur en médecine,
> Ce chancelier de la gent assassine,
> Dans je ne sais lequel de ses fatras
> Prône beaucoup le moment du trépas.
> Agoniser est un plaisir extrême
> Et rendre l'âme est la volupté même.
> On reconnaît à l'œuvre l'ouvrier :
> Un jour de deuil lui semble un jour de noce;
> C'est bien avoir l'amour de son métier :
> Vous êtes bien orfèvre, monsieur Josse !

par un gaz méphitique, qui fut accompagné d'un sentiment voluptueux. L'asphyxie par la vapeur de charbon paraît le plus souvent être exempte de toute douleur, et ne consister qu'en un évanouissement graduel, avec abolition totale de la sensibilité.

Telle est l'opinion de la plupart des médecins légistes. Devergie fait remarquer à ce sujet (pour combattre l'opinion contraire) que les corps de la plupart des personnes que l'on trouve asphyxiées par la vapeur de charbon, sont dans des positions de parfait repos qui indiquent qu'aucun mouvement extraordinaire n'a agité leurs derniers instants; leur physionomie, calme et paisible, indique également une mort exempte de souffrances.

Le fait suivant, qui nous a été raconté par le sujet même de l'observation, confirme l'opinion générale sur le peu de douleur qui résulte de l'asphyxie par les gaz émanés du charbon en combustion.

Une artiste dramatique de Paris, Mme R..., a l'habitude de préparer son déjeuner dans une petite pièce sans cheminée, pourvue seulement d'une étroite fenêtre, ou vasistas, qu'elle a la précaution d'ouvrir lorsque brûle son petit fourneau. Pendant les froids excessifs du mois de décembre 1871, elle crut devoir fermer cette ouverture, sans songer au danger d'asphyxie auquel elle s'exposait. L'événement ne manqua pas de se produire; le petit réduit, bientôt rempli de gaz méphitiques, devint irrespirable, et Mme R... se sentit, sans en comprendre la cause, saisie d'une somnolence, d'une torpeur, puis d'un évanouissement complet, qui n'était que le résultat de l'asphyxie. Elle demeura deux ou trois heures en cet état, ne sentant rien autre chose qu'un sentiment de bien-être et de calme inexprimables. Elle serait morte, si une voisine, à laquelle elle avait prêté la veille une théière, n'était entrée chez elle, pour lui rendre l'objet prêté. La trouvant évanouie et demi-morte, la voisine s'empressa de l'arracher de ce lieu dangereux.

Chose singulière, et qui semble prouver que la souffrance physique est particulière à la vie, et le calme moral le propre des approches de la mort, Mme R..., qui n'avait ressenti que des impressions agréables au moment où elle était près d'expirer, fut prise de grands malaises une fois revenue à la vie. Quelques heures après, elle était affectée de vomissements, de crampes d'estomac, de brisure de membres : état qui persista plusieurs jours, et qui contrastait avec l'absence de toute douleur qui avait caractérisé le moment de l'intoxication.

L'asphyxie par submersion paraît également s'accompagner de sensations agréables. Tous les ouvrages de physiologie rapportent le fait de ce gentilhomme anglais qui, au moment de périr noyé, fut arraché à une mort imminente par un de ses amis. Notre gentilhomme ne pardonna jamais à cet ami de l'avoir tiré de l'eau au moment où il éprouvait, par le fait de la mort, les plus délicieuses voluptés. On assure qu'il ne pouvait jamais revoir, sans frémir de colère, le malencontreux sauveteur.

C'est un fait bien connu que l'éthérisation provoque presque toujours des sensations agréables; que les malades que l'on plonge dans le sommeil provoqué par l'éther ou le chloroforme, non-seulement ne souffrent point de cet état, mais ont en général, l'esprit occupé par de douces rêveries. Or, qu'est-ce que l'état d'anesthésie? qu'est-ce que l'éthérisation ? C'est une asphyxie, qui, poussée un peu plus loin, amènerait certainement la mort. C'est le commencement de la mort, c'est une imminence de mort par asphyxie. Voilà une nouvelle preuve que la mort par asphyxie n'est point douloureuse, et doit s'accompagner d'impressions morales qui n'ont rien que d'agréable.

Les syncopes, les évanouissements, arrivent sans douleur, et s'accompagnent d'une douce langueur, d'une sorte d'inconsciente volupté. Or, l'évanouissement, la syncope, n'est autre chose qu'un état de mort temporaire.

Nous ne voulons pas exagérer cette thèse, ni dire avec Rulhière : « agoniser est un plaisir extrême. » Nous espérons seulement que ces considérations, pour tant qu'on en rabatte, auront aux yeux de nos lecteurs l'avantage d'adoucir un peu l'horreur naturelle que fait éprouver l'idée de la mort. Le spectre de la mort ne saurait plus les effrayer autant, s'il est vrai que dans certains cas on puisse goûter quelque plaisir en ce moment si redouté, ou tout au moins n'éprouver aucune sensation pénible.

Les médecins qui ont observé les agonisants ont fait quelques remarques que nous allons résumer.

D'abord il faut écarter de ce genre d'observations les morts occasionnées par des maladies qui ôtent la conscience de soi-même. Ces cas sont nombreux.

Citons, par exemple, les morts par suite d'apoplexie cérébrale ou pulmonaire, les morts subites par rupture d'anévrisme ou par les affections du cœur entraînant un accident rapidement fatal. Dans tous ces cas, les organes de la parole étant paralysés, le mourant ne peut rien exprimer. Pour connaître les pensées qui occupent les agonisants, il faut donc considérer ceux qui conservent jusqu'au dernier souffle de la vie l'intégrité de leurs facultés intellectuelles, ceux qui ont toute leur tête, comme on dit. Il est certain que pour eux l'agonie est fort calme. Les phthisiques, les blessés, ceux qui succombent à une affection de l'estomac ou du tube intestinal, à ces fièvres lentes qui usent les forces sans altérer les facultés intellectuelles, les dyssentériques, les hydropiques, qui tous conservent jusqu'au dernier instant la pleine possession de leur intelligence, meurent avec une grande tranquillité et presque avec satisfaction [1].

M. de..., capitaine des francs-tireurs des Vosges, qui fut atteint, en 1870, dans un engagement contre les Prussiens, d'un éclat d'obus au bas-ventre, et mourut quelques heures après, disait, en expirant : « Quel bonheur, je vais donc retrouver ma pauvre petite femme ! »

Un de nos amis, le docteur T..., est mort, en 1868, d'une simple piqûre d'épingle qu'il s'était faite au doigt, pendant qu'il procédait à des vaccinations

---

[1]. On peut consulter sur ce sujet un ouvrage intitulé : *De l'agonie et de la mort*, par H. Lauvergne, 2 vol. in-8, Paris, 1842. C'est l'œuvre d'un observateur froid et méthodique, d'un médecin sans élévation d'esprit, mais les faits sont nombreux et bien classés.

d'enfant. La piqûre provoqua, on ne sait trop comment, une infection purulente. Le docteur T.... conserva jusqu'au dernier moment la pleine jouissance de ses facultés. Il analysait sa propre fin. Il lui semblait que son cerveau s'en allait progressivement, que la boîte crânienne se vidait peu à peu, et il annonça, à quelques minutes près, le moment du départ de l'âme pensante.

Le professeur B..., qui mourut au mois de décembre 1871, d'une fluxion de poitrine, conserva jusqu'à ses derniers moments sa parfaite connaissance. Il suivait les progrès de sa maladie, et en indiquait à ses enfants les phases de plus en plus graves. Il annonça même l'approche de l'agonie. « Je commence à râler, » dit-il !...

Nous lisons dans les *Lettres parisiennes* de la *Presse* du 20 février 1872, à propos de la mort du P. Gratry, le célèbre oratorien : « Le P. Gratry est mort sans avoir cessé de posséder un seul instant la plénitude de ses facultés. Son âme ardente et forte domina jusqu'au bout les défaillances de son corps. Il quitta la terre heureux presque de s'en éloigner. »

Haller mourant était préoccupé d'observer le dépérissement graduel de son être.

« Sa main gauche posée sur l'artère du bras droit, il suivait lui-même, disons-nous dans la *Vie de Haller* qui fait partie de notre ouvrage *Vies des Savants illustres*, la diminution des battements de son pouls. Tout d'un coup, il dit à son ami, le Dr Rosselet, qui l'assistait à ses derniers moments : « Mon ami, l'artère ne bat plus. » Ainsi, Haller constata scientifiquement le moment où il cessait de vivre [1]. »

1. *Vies des Savants illustres*, t. V. (Savants du dix-huitième siècle. Haller). In-8, Paris, 1870, p. 294.

Il y a certainement une période qui dure souvent plusieurs heures, et dans laquelle la vie s'étant complétement retirée du corps, c'est déjà un cadavre que les assistants ont sous les yeux, et ce cadavre s'agite et parle encore. Mais l'âme qui survit en ce corps déjà glacé et réellement mort, ce n'est pas l'âme de l'homme terrestre, c'est déjà celle de l'être surhumain. L'agonisant a la conscience et même peut-être le spectacle anticipé des ineffables bonheurs qui l'attendent dans ce monde nouveau dont il touche le seuil, et il exprime sa félicité par ses paroles ou l'expression de ses regards. C'est dans un élan de joie suprême que s'exhale son dernier soupir.

Beaucoup d'agonisants croient apercevoir de la lumière, et quelquefois comme un grand feu. On sait que Goethe mourant s'écriait : *De la lumière ! de la lumière !* Il apercevait certainement une clarté extraordinaire. N'était-ce pas la clarté des cieux nouveaux ?...

Un peintre célèbre, qui fut un littérateur distingué, Eugène Fromentin, mort en 1875, a écrit :

« Je ne crois pas à la mort. C'est un passage sombre que chacun de nous doit rencontrer à un moment donné de la vie. Beaucoup de gens s'en alarment, ceux à qui l'obscurité fait peur, comme aux enfants. Quant à moi, les trois ou quatre fois qu'il m'est arrivé de m'y trouver tout près, j'ai vu de l'autre côté une petite lumière, je ne sais trop laquelle, mais évidente, et qui m'a tout à fait tranquillisé. »

Une vieille servante de ma famille, la bonne M..., mourut, en 1870, de vieillesse et sans maladie apparente (elle avait 95 ans). On la voyait s'éteindre comme une lampe qui n'a plus d'aliment. Or, il fut facile de constater que chez elle la vie avait disparu bien avant l'âme. En effet, pendant deux jours son corps était froid et son pouls nul. Cependant cette bouche, déjà glacée par la mort, ne cessait de faire entendre les plus édifiantes paroles. La pauvre femme disait avoir un pied dans le paradis, et exprimait son impatience de retirer l'autre pied de la terre. Elle essayait de décrire les spectacles qu'elle entrevoyait dans l'infini céleste.... Elle parlait de son jeune maître.... qu'elle allait rejoindre.... qu'elle voyait.... à qui elle allait porter des nouvelles de ceux qu'il avait laissés ici-bas !...

Cet état extraordinaire dans lequel les mourants sont à moitié sur la terre et à moitié dans le domaine nouveau auquel ils sont destinés, qui ont, pour ainsi dire, un pied sur la terre et un autre dans le ciel, nous explique les paroles quelquefois sublimes qui sortent de leurs lèvres défaillantes. Un homme sans instruction et d'une condition misérable s'exprime, au lit de mort, avec une éloquence qui demeure un problème pour ceux qui l'écoutent.

Le vulgaire a donné un nom à ces éclairs de raison, d'esprit ou de génie que manifestent les mourants : on appelle proverbialement *le chant du cygne* ces dernières et brillantes expressions de la pensée d'un mourant.

Ainsi s'expliquent les prophéties faites par les agonisants et que les événements viennent plus tard ratifier. Les mourants ont la connaissance de faits dont ils n'auraient pas eu la moindre notion s'ils eussent participé des conditions communes de l'espèce humaine. C'est pour cela qu'il faut recueillir avec un soin religieux leurs dernières paroles, et se conformer scrupuleusement aux volontés qu'ils expriment.

Dans la Moldavie, quand un paysan vient d'échapper à une grave maladie, où il a paru frapper aux portes du tombeau, ses amis se pressent autour de son lit, pour lui demander ce qu'il a vu dans l'autre monde, et savoir des nouvelles de leurs parents défunts. Et le pauvre malade leur traduit, comme il le peut, ses visions.

Hippocrate, parlant des symptômes de la mort tranquille, termine sa description en faisant remarquer que dans cet instant suprême, chaque sens s'éclaircit et se purifie, l'intelligence devient plus vive et les facultés intellectuelles d'une telle lucidité prophétique, que les malades peuvent d'abord pronostiquer eux-mêmes le moment de leur propre départ de la vie, ensuite annoncer ce qui doit arriver aux personnes présentes.

Plutarque, racontant les derniers moments de Périclès, nous donne un exemple de l'exaltation des facultés intellectuelles qui accompagne quelquefois le moment de la séparation de l'âme et du corps.

La peste ravageait Athènes. Périclès fut une de ses victimes. On croyait qu'il venait de rendre le dernier soupir, et ses amis, rangés autour de son lit, suivant l'usage antique, parlaient de sa grandeur et de ses mérites. Ils énuméraient ses hauts faits, le nombre de ses victoires, ses triomphes comme général et comme homme d'État, ainsi que les neuf trophées qui lui avaient été décernés pour avoir été et le vainqueur des ennemis de la Grèce et le chef suprême d'Athènes. Périclès, que l'on croyait mort et dont on préparait les funérailles, avait entendu le discours de ses amis. Il se mit à leur parler. Il leur dit qu'il s'étonnait de les entendre vanter des exploits qui étaient le fait de bien des généraux, tandis qu'ils oubliaient de mentionner son titre principal à la reconnaissance du peuple, à savoir « qu'il n'avait fait prendre le deuil à aucun Athénien. » Bientôt après il expira [1].

Barthez, dans l'ouvrage que nous avons déjà cité, donne l'explication de cette exaltation intellectuelle qui arrive quelquefois aux approches de la mort, et il cite plusieurs exemples de ce phénomène mental.

« Si les dispositions particulières d'un malade qui est près de mourir, dit Barthez, font succéder à la cause de la mort qui éteint les forces dans l'organe le plus affecté une augmentation extraordinaire de force dans un autre organe, celui-ci peut exercer sa fonction propre avec une énergie singulière.

« C'est d'une manière semblable que dans les maladies aiguës et quelquefois dans les maladies chroniques, lorsque les forces de l'estomac deviennent tout à coup très-actives, il survient un grand appétit, qui, s'il n'est précédé et accompagné d'aucun autre signe avantageux, annonce une mort prochaine.

« Si, par une semblable conversion, les forces viennent à se porter alors vers le cerveau, en se concentrant vers les origines communes des nerfs, elles peuvent augmenter l'activité de ces parties, à laquelle correspond celle de l'âme pensante, suivant les lois de la connexion de cette âme avec le principe vital.

« Ainsi, lorsque l'organe du *sensorium commune* ne meurt

---

[1]. *Vies des hommes illustres*, traduction de Pierron, in-12, chez Charpentier. Paris, 1864, t. 1, p. 404.

qu'au bout d'un certain temps après que la mort a pénétré dans d'autres parties du corps, n'étant pas alors frappée aussi directement par la dissolution générale, ou y participant plus tard, l'action de cet organe, accrue même par son isolement, peut faire que les forces intellectuelles de l'âme, par une correspondance harmonique, soient singulièrement excitées et s'élèvent au plus haut degré.

« Cette excitation de l'intelligence peut renouveler des souvenirs qui étaient perdus depuis une longue suite d'années. Ainsi, Hagendorn a observé qu'il arrive quelquefois que les vieillards, accablés par les maladies chroniques, qui tendent à se terminer par la mort, se souviennent parfaitement des choses qui se sont passées dans leur première jeunesse, et auxquelles ils déclarent avec étonnement qu'ils n'ont pas pensé le moins du monde dans tout le cours de leur vie.

« Telle est la cause qui fait que certains hommes ont, aux approches de la mort, une élévation d'idées et une éloquence qu'ils n'avaient jamais eues auparavant.

« Gaubius cite l'exemple d'un jeune homme stupide, qui, dans une fièvre maligne, sortit du délire, pour parler avec beaucoup d'éloquence du néant des choses humaines, retomba immédiatement après dans le délire et mourut.

« Kloeckhof a remarqué que les hommes, aux approches de la mort, ont une éloquence extraordinaire, et se sentent même obligés d'arrêter ce torrent d'idées et d'expressions heureuses, par la crainte, trop fondée, qu'ils ont de tomber dans le délire.

« Sans doute, c'est alors que des mourants peuvent prédire l'avenir, autant qu'il peut l'être par les lumières naturelles, et non pas (comme ont dit Arétée et d'autres anciens) en tant que l'âme s'approche de la divinité; ni parce qu'étant alors ramassée en elle-même, elle a, par la force de son essence quelque prénotion de choses futures, ainsi que dans les songes et les extases, comme l'a pensé Bacon lui-même (*Tractat. de augment. scientiarum*, t. III, p. 87).

« L'âme qui possède son intelligence naturelle peut quelquefois, quoique très-rarement, être affectée de fortes passions dans les derniers temps de la vie ; et l'on a des exemples singuliers de l'influence que ces passions ont quelquefois pour retarder la mort.

« D'après une observation de Pechln, il est très-probable qu'un grand désir de voir, avant de mourir, une personne fort chère, peut prolonger l'agonie et retarder la mort pendant quelques jours.

« Rubinson, cité par Gaubius, a vu un homme moribond et manquant déjà de pouls, chez qui un accès de colère releva le pouls et les forces pendant une heure, et qui mourut très-promptement après que cette agitation de son âme eut été calmée [1]. »

Le poëte dramatique Casimir Delavigne, se rendait dans le midi de la France, au mois de décembre 1843, par le conseil de ses médecins. Il dut s'arrêter à Lyon, où il ne tarda pas à être pris de symptômes avant-coureurs de la mort. A neuf heures du soir, il n'était plus. Or, à huit heures, il avait demandé à sa femme de lui lire à haute voix un roman de Walter Scott. La figure du malade était déjà décomposée. Sa femme, dissimulant sa douleur, reprit sa lecture, que l'émotion rendait inintelligible. Casimir Delavigne s'en aperçut : « Mais, lui dit-il, vous passez des phrases entières. » S'adressant à son fils, il le pria de continuer lui-même la lecture à haute voix.

Une minute après, sa tête retombait sur son oreiller. La force physique était anéantie; mais l'esprit subsistait toujours, car le poëte se mit à réciter des vers d'une tragédie à laquelle il travaillait depuis quelque temps, et qui devait porter le nom de *Mélu-*

---

1. *Nouveaux éléments de la science de l'homme*, t. II, p. 330-333 et notes. In-8, Paris, 1806, 2ᵉ édition.

sine. Deux minutes après, l'auteur des *Messéniennes* rendait le dernier soupir, et l'œuvre presque achevée qui occupait sa pensée à ce dernier moment périssait avec lui, car Casimir Delavigne n'écrivait jamais ses pièces qu'après les avoir complétement terminées et au moment de les livrer au théâtre[1].

On trouve dans le numéro de janvier 1869 du *Journal de la science psychologique*, qui paraît à Philadelphie, un travail très-intéressant du Dr Laroche, intitulé *Recouvrement des facultés mentales à l'approche de la mort.*

L'auteur veut prouver que dans les cas où une personne malade, et depuis quelques heures, quelques jours même, en proie au délire, vient tout à coup à recouvrer la mémoire, quelque satisfaction que les assistants en ressentent, il faut regarder cette sorte de résurrection imprévue comme l'indice d'une mort prochaine.

Le Journal *les Mondes* a publié un extrait de la traduction du mémoire du médecin de Philadelphie. Nous extrayons de ce journal les lignes suivantes, qui montrent le *phénomène du recouvrement des facultés mentales* comme signe certain de la mort prochaine dans le cas particulier de la fièvre jaune, fièvre endémique dans les pays chauds, et qui y occasionne les plus grands ravages.

« Dans la fièvre jaune, dit le docteur Laroche, la période de réaction inflammatoire continue, avec peu ou point de rémission, de quelques heures à deux ou trois jours et même davantage, généralement de soixante à soixante douze heu-

---

1. *Constitutionnel*, du 31 décembre 1843.

res. Alors succède un état de rémission sans fièvre. Le pouls perd son excitation, devient presque naturel, plus lent qu'à l'état de santé, ou bien rapide, faible et presque imperceptible ; la peau reprend sa température naturelle, puis devient de plus en plus froide, et se couvre d'une sueur glaciale ; le mal de tête, de dos et de reins cesse ou se trouve grandement diminué. La rougeur et le brillant de la peau disparaissent et sont remplacés par une teinte jaune. Ces signes, dans le cours général de la maladie, présagent l'approche de la mort ; ils sont en outre accompagnés d'autres signes d'une singularité étonnante ; la divagation ou le délire violent, la sensibilité apparente ou le profond sommeil (coma) s'arrêtent plus ou moins complétement. Le patient, qui quelques instants auparavant extravagait comme un insensé, ou parlait d'une façon déraisonnable, ou ne pouvait être réveillé, retrouve la possession habituelle de ses facultés ; il pense et essaye de se rappeler ; il cause raisonnablement sur toute espèce de sujet ; il éprouve de la gaieté ; il s'assied sur son lit ou même se lève ; il marche d'un pas ferme ; il témoigne de l'appétit pour la nourriture et les friandises qu'il prend ; et après avoir joui quelque temps de cet état de repos, il tombe tout à coup, ou bien il est saisi d'une convulsion et expire. »

Le docteur Laroche, dans ce même travail, rapporte, d'après son expérience personnelle, que les mourants ont des intervalles très-lucides, après de longues périodes d'une existence inconsciente. Il prouve que, même dans l'inflammation des méninges, compliquée d'un changement survenu dans la substance du cerveau, il peut y avoir lucidité d'esprit avant la mort, et cela jusqu'au dernier moment.

Sans aller jusqu'au terme de l'agonie, il est facile de s'assurer que les hommes qui sont condamnés par la nature à une mort prématurée, que ceux qui doivent mourir jeunes, ont en partage une grande sérénité d'esprit. Cet apanage moral est, à nos yeux, l'indice qu'ils ont déjà le pressentiment ou même la possession anticipée de la vie nouvelle qui les attend après la mort.

Pourquoi les poitrinaires ont-ils cette douceur de caractère, cette vive sensibilité, ce cœur expansif et vibrant que tout le monde leur reconnaît, caractères si prononcés qu'ils figurent au nombre des symptômes qu'invoque le médecin pour diagnostiquer la phthisie pulmonaire? C'est, selon nous, parce que ce malades, déjà à moitié hors de cette terre, ont déjà en partie revêtu les attributs moraux des êtres surhumains. Les phthisiques, on le sait, sont toujours confiants dans leur destinée ; ils font des projets de bonheur et d'avenir alors que va sonner leur heure suprême ; ils ressentent l'espoir et la joie quand on songe à leurs funérailles. Pour expliquer cette anomalie, on a coutume de dire que les poitrinaires ignorent la gravité de leur mal. Nous croyons, nous, qu'ils ont, au contraire, quelque notion inconsciente et confuse de leur état ; nous croyons que la nature leur révèle l'approche d'une existence de bonheur sans nuage, et que c'est cette conviction secrète qui leur donne espoir et confiance dans l'avenir. L'avenir qu'ils entrevoient n'est pas celui de la terre, mais l'avenir des cieux

M. Alexandre Dumas fils a parfaitement exprimé cette vérité dans une page de son roman d'*Antonine*, que l'on nous permettra de citer :

« Avez-vous remarqué, dit cet écrivain, combien pour les poitrinaires la vie a des aspects inconnus à ceux qui ont une plus longue vie à parcourir? Leurs yeux, auxquels, par le pressentiment de la mort, Dieu dévoile déjà une partie de son éternité, perçoivent les êtres et les objets sous un jour tout particulier et qui les poétise. Ils voient avec leur âme plus qu'avec leur corps. Chez eux, les sensations ont une instantanéité électrique. La chose qui n'émeut les autres que par la déduction, les émeut à première vue. On dirait que leur âme, trop à l'étroit dans leur poitrine, tend perpétuellement à s'élever, et que, des hauteurs où elle arrive, elle distingue ce qui échappe au vulgaire. Elle vit plus haut que leur corps, c'est ce qui explique leur mort facile; car, lorsque l'heure suprême arrive, la partie immatérielle de leur être s'est séparée depuis si longtemps de son enveloppe corporelle, qu'elle s'en détache sans effort, sans douleur, et qu'elle l'abandonne ainsi que l'on fait d'un vêtement trop lourd [1]. »

Ce n'est pas seulement chez les poitrinaires que l'on peut faire ces remarques. Tout homme destiné à mourir jeune semble marqué de ce cachet intime de l'âme qui donne tantôt une douce et charmante mélancolie, tantôt une vivacité d'esprit ou une sensibilité que les parents admirent, et qui, trop souvent, hélas! n'est que l'indice d'une fin prochaine. Les qualités charmantes qui éclatent dans les jeunes gens ne sont quelquefois que les signes avant-coureurs de leur mort!

Quand ils ont tant d'esprit, les enfants vivent peu!

dit Casimir Delavigne, dans les *Enfants d'Édouard*.

Les Grecs disaient : « Ceux qui meurent jeunes sont aimés des dieux. »

1. *Antonine*, in-12, page 181.

Beati qui quiescant ! (Heureux ceux qui dorment là!) s'écriait Luther, en passant devant le cimetière de Würsbourg.

Donc, ne craignons pas la mort. Disons-nous que la vie est un songe pénible, dont la mort est le réveil. Attendons la mort, non comme la fin de notre existence, mais comme sa transformation. Sachons, par la pureté de notre vie, par nos vertus, par la culture de nos facultés, par notre savoir, par l'exercice de la religion de nos ancêtres, nous préparer à l'instant critique de cette révolution naturelle, qui nous fera pénétrer dans le bienheureux séjour des sphères éthérées.

Et de même que nous ne devons pas craindre la mort, en ce qui nous concerne, nous ne devons pas nous abandonner à un trop cruel désespoir devant le trépas de ceux qui nous sont chers. Il faut nous dire que la fin de ceux que nous aimons n'est qu'une séparation momentanée, qui prépare une réunion définitive. En effet, le sort qu'ils ont éprouvé est celui qui nous est réservé; le chemin qu'ils ont suivi, quel qu'il soit, est celui que nous suivrons. Ils ont pris les devants sur la grande route de l'univers, et ils nous attendent au bout de la voie ténébreuse qui mène à l'éternelle clarté.

Tu pleures, père infortuné, tu regrettes le fils adoré brusquement ravi, en un jour néfaste, à tes soins, à ta tendresse, et rien ne peut te consoler, ni te distraire de la douleur qui t'accable. Ami, sèche tes pleurs! Non, ton fils n'est pas mort. Il est parti pour le suprême voyage aux terres inconnues, et maintenant il coule sa seconde existence en des mondes lointains, au sein de l'inextinguible lumière. Mais un jour, tu le rejoindras dans les célestes parages ; vous vous rencontrerez au seuil de l'éternité, et vous recommencerez vos rapports de profonde et mutuelle affection, un moment suspendus. Familier avec le domaine planétaire qu'il a abordé et parcouru, il te recevra à ton arrivée dans ton nouveau séjour. Plus fort, plus éclairé que toi, il guidera ton inexpérience et diminuera tes étonnements. Tu étais le père ici-bas, tu seras le fils là-haut ; car c'est lui qui t'initiera aux détails de la vie nouvelle que tu mèneras quand tu auras quitté ce globe terrestre, où ton âme et ton corps ont souffert tant de maux.

Ainsi, ne pleurons pas avec trop d'amertume la mort de nos proches. Ne disons pas, comme Rachel, pleurant ses fils égorgés à Bethléem : *Nolo consolari, quia non sunt !*

ÉPILOGUE

Où l'on cherche Dieu, et où, chemin faisant, on décrit l'univers.

L'auteur demande la permission de consigner ici un grave entretien qu'il eut avec un sien ami, nommé Théophile, à qui il avait confié, pour lui en dire son avis et ses impressions, le manuscrit du *Lendemain de la Mort*. Les termes de cet entretien comblent une lacune qui existait dans cet ouvrage, ainsi qu'on va le voir. Nous laisserons les deux interlocuteurs s'exprimer dans la forme du dialogue.

THÉOPHILE (*entrant dans le cabinet de l'auteur, et jetant sur sa table le manuscrit*).

J'ai lu ton manuscrit tout entier, et je te dirai tout à l'heure mes impressions sur les points de détail ; mais je dois auparavant te signaler une grande lacune dans ce travail.

L'AUTEUR.

Qu'y manque-t-il ?

THÉOPHILE.

Il y manque Dieu.

L'AUTEUR.

Mais....

THÉOPHILE (*interrompant*).

Tu vas me dire que tu prononces bien souvent ce nom ; que les mots de Providence, d'Auteur de la nature, de Créateur des mondes, etc., reviennent bien des fois sous ta plume. Cela est vrai ; mais il est également vrai que tu ne sors pas de ces vagues dénominations, que tu ne dis rien de la personne de Dieu, et que tu ne cherches point sa place dans ce monde que tu parcours à si grandes enjambées, en compagnie des âmes, plus ou moins spiritualisées. Pourquoi cette réserve ? et puisque tu nous dis que les âmes entièrement spiritualisées habitent le soleil, pourquoi ne pas nous dire où siége, d'après ton système, Dieu, le souverain maître des âmes ? Quels motifs as-tu de laisser à l'écart une question d'une aussi grande importance ?

L'AUTEUR.

J'en ai beaucoup. J'ai d'abord les motifs de tout le monde. L'idée qu'il faut se faire de Dieu, pour le mettre en harmonie avec l'immensité sans bornes de cet univers qui est son œuvre, dépasse tellement la portée de l'intelligence humaine, elle est si écrasante pour notre esprit, qu'on s'arrête, impuissant, découragé et comme effrayé de son audace, quand on ose se demander en quoi consiste Dieu.

THÉOPHILE.

Je serais pourtant bien surpris que tu aies reculé ainsi. Quand on édifie tout un système de l'univers, on ne demeure pas en chemin. J'ai peine à croire qu'osant, comme tu le fais, fixer sur chaque degré de l'échelle de ta théorie tous les éléments du monde solaire, planètes et leurs satellites, astres et astéroïdes, plantes, hommes et animaux, êtres visibles et invisibles, âmes et corps, matière et esprit, tu n'aies pas assigné de place au Créateur; que dans cet immense édifice des mondes tu aies classé tout, excepté le grand architecte.

L'AUTEUR.

Tu ne te trompes pas, ami. Dieu a, en effet, sa place dans mon système.

THÉOPHILE.

Pourquoi donc ne pas le dire? Pourquoi rester muet sur ce point?

L'AUTEUR.

Il y a déjà, dans mon livre, tant d'assertions hardies; je m'expose si bénévolement à la fureur des matérialistes et à la haine des dévots, à la double animosité des savants et des ignorants, que je craindrais de fournir un prétexte de plus, une arme nouvelle à leurs diatribes.

THÉOPHILE.

Ce n'est pas là une raison. Pourquoi prends-tu la plume si tu redoutes les discussions et crains les détracteurs ? Tu étais libre de t'abstenir, et de garder pour toi tes idées sur l'origine et la destinée de l'homme ; mais, du moment que tu les soumets au public, tu dois dire ta pensée tout entière. Si ton système te paraît juste, il faut l'exposer sans réticences.

L'AUTEUR.

Ami, la sagesse parle par ta bouche. Je n'aurais donc qu'à m'incliner et à suivre ton conseil impératif.... Cependant je n'ose pas m'y résoudre tout à fait. Je vais donc te proposer un moyen terme, un *mezzo termine*.... En confidence et dans la liberté du tête-à-tête, je vais t'expliquer ma pensée sur Dieu ; je vais te dire en quelle partie de l'immense univers je place cette éblouissante personnalité. Si l'idée te paraît absurde, insoutenable, ou seulement téméraire, ta franchise ne me le laissera pas ignorer et, dûment averti, je garderai pour moi ma théorie ; sinon....

THÉOPHILE (*interrompant*).

Parfait ! Il n'y a rien à dire à cela ; il n'y a qu'à l'écouter. Je t'écoute.

(*Ici l'ami Théophile s'assied dans un bon fauteuil. Il place sous ses pieds un tabouret, sous son coude un livre, pour le soutenir, à ses lèvres une cigarette de tabac turc, et il se met en devoir d'écouter, avec un recueillement grave, relevé d'une certaine dose de sévérité soupçonneuse, comme il convient à un arbitre en matière littéraire et philosophique*).

L'AUTEUR.

Tu veux savoir, mon cher Théophile, où je place Dieu ? Je le place au centre de l'univers, ou, pour mieux dire, au foyer central, qui doit exister quelque part, de tous les astres qui composent l'univers, et qui, emportés dans un mouvement d'ensemble, gravitent, de concert, autour de ce foyer central.

THÉOPHILE.

Pardon ! Je ne saisis pas bien....

L'AUTEUR.

Tu comprendras mieux ma pensée plus tard. Retiens seulement, pour commencer, que je place Dieu au foyer commun du mouvement des astres de l'univers entier. Mais où est ce foyer commun ? Pour le savoir, il faut d'abord connaître l'univers, et toute l'ordonnance de ses mouvements.

THÉOPHILE.

Cela est exposé dans le courant de ton ouvrage.

L'AUTEUR.

Tu te trompes, ami. Je n'ai parlé dans mon ouvrage que du système solaire, et l'on aurait une idée bien incomplète, bien insuffisante, de l'univers, si l'on s'en tenait à notre système solaire. Il ne faut pas confondre, comme on le fait trop souvent, le *monde* et l'*univers*. Le *monde*, c'est notre monde, c'est-à-dire le système solaire dont nous faisons partie ; l'*univers*, c'est la réunion de tous les mondes ou systèmes semblables à notre monde ou à notre système solaire. Je n'ai pu faire connaître, dans le manuscrit que tu viens de lire, qu'un petit coin, une fraction insignifiante de l'univers.

THÉOPHILE.

Tu appelles un petit coin le monde solaire! Ce monde où se trouve Neptune, qui circule à un milliard 150 millions de lieues du soleil; Uranus, qui roule à 732 millions de lieues; Saturne, à 364 millions de lieues, et dans lequel il y a des comètes parcourant des milliards de lieues, comme celle de 1811, qui emploie trois siècles à parcourir son orbite, ou comme celle de 1680, qui n'achève son immense révolution qu'après une durée de 88 siècles : le premier de ces astres s'éloignant à plus de 13 milliards de lieues du soleil, le second à 32 milliards de lieues !

L'AUTEUR.

Oui, mon ami, notre système solaire tout entier, le soleil, avec son immense cortége de planètes et d'astéroïdes, avec les satellites de ces planètes, avec les comètes qui viennent de temps en temps tomber dans la fournaise ardente de l'astre radieux, tout cela, comparé à l'univers, n'est pas plus qu'une parcelle de sable sur le rivage des mers, pas plus qu'un grain de blé dans un grenier d'abondance, pas plus qu'une goutte d'eau dans l'Océan, pas plus qu'un atome de poussière flottante, comparé à la masse entière de l'air. L'univers est tel, par ses effrayantes dimensions, qu'il est absolument inaccessible à nos mesures, et qu'il est pour nous l'image de l'infini, ou l'infini lui-même....Maintenant, ami, écoute bien.... Assurément, Dieu est, quant à sa nature, absolument inconcevable pour notre esprit. Son essence nous échappe et nous échappera toujours. Nous pouvons seulement affirmer qu'il est infini dans ses perfections morales et dans sa puissance intellectuelle. Mais si, d'une part, Dieu est l'infini dans l'ordre moral, et si, d'autre part, l'univers est l'infini dans l'ordre physique, si l'un est l'infini dans l'esprit, l'autre l'infini dans l'étendue, ces deux idées, quoique inaccessibles en elles-mêmes à l'intelligence humaine, sont pourtant du même ordre, et l'on peut les rapprocher l'une de l'autre. Il est donc permis, sans être taxé d'absurdité ou de présomption, de placer l'infini qui s'appelle Dieu dans l'infini qui s'appelle l'univers, c'est-à-dire de fixer la personne de Dieu au foyer commun des mondes qui composent l'univers.

THÉOPHILE.

Le raisonnement est juste. Il reste seulement à prouver, ou si tu veux, à m'enseigner, que l'univers est vraiment l'infini par son étendue. Je ne saurais admettre cette assertion sans preuves bien convaincantes.

L'AUTEUR.

Eh bien ! prête-moi toute ton attention, et excuse moi si la démonstration que tu me demandes ressemble à une leçon ou à une conférence d'astronomie.

(*Ici l'ami Théophile s'enfonce un peu plus dans son fauteuil. Il remet à sa bonne place le tabouret qui avait glissé de ses pieds, et allumant une nouvelle cigarette, il se met à écouter son interlocuteur, en le regardant fixement, avec des yeux très-grands, et en ouvrant à demi la bouche, ce qui est le signe d'une attention concentrée et en même temps bienveillante*).

L'AUTEUR (*reprenant*).

Je te disais que notre soleil avec tout son cortége de planètes, de satellites, d'astéroïdes et de comètes qu'il traîne et emporte avec lui dans l'espace, en les couvrant de ses vivifiants rayons, comme un père emporte sa famille en l'enveloppant de sa bienfaisante protection, n'est qu'un petit coin de l'univers. Tu vas le comprendre.... Quand par une nuit claire et sereine tu contemples la voûte du ciel, tu la vois parsemée d'étoiles, et il te serait assurément impossible de compter tous ces astres qui scintillent au firmament. Mais ce que tu vois à l'œil nu n'est rien. Prends un bon télescope et regarde une portion quelconque du ciel. Là où tout à l'heure tu n'apercevais rien, tu verras des points lumineux se détacher sur le fond noir de l'espace, comme des diamants se détachent sur le velours noir d'un écrin. Ces points brillants que te révèle le télescope, sont des étoiles, parfaitement semblables à celles que nous apercevons la nuit sur la voûte céleste.... Je te demanderai maintenant si tu sais bien ce que c'est qu'une étoile ?

THÉOPHILE.

Oui ; j'ai lu dans ton manuscrit, et je savais déjà,

d'ailleurs, que les étoiles que nous voyons briller au ciel, la nuit, et que nous apercevrions également dans le jour, n'était la grande illumination du ciel par le soleil, qui efface pour nous leur lumière, je sais que ces étoiles sont des astres lumineux par eux-mêmes. Comme notre soleil, les étoiles sont à la fois le foyer d'attraction et le flambeau du monde particulier qu'elles éclairent et qu'elles font graviter autour d'elles. De même que tout un bataillon de planètes, avec leurs satellites, d'astéroïdes et de comètes, circule autour de notre soleil, recevant de cet astre central la chaleur, le mouvement et la vie, de même les étoiles qui sont répandues dans l'espace communiquent le mouvement et l'activité à un ensemble de planètes et de satellites. Ces planètes, qui circulent autour des étoiles, constituent des *mondes stellaires* analogues à notre monde solaire. Nous ne pouvons voir les planètes qui accompagnent ces étoiles, à cause de leur petitesse, aux prodigieuses distances qui nous en séparent, et qui nous empêchent de les discerner, même avec les plus puissants télescopes ; nous ne voyons que les soleils qui les gouvernent, c'est-à-dire les étoiles. Mais l'existence de ces étoiles, *fixes* comme notre soleil, implique l'existence de planètes circulant autour de ces étoiles.

L'AUTEUR.

Fort bien. Ainsi notre monde solaire n'est pas unique ; il n'est que le membre particulier d'une famille immense, la famille des mondes stellaires, qui sont semblables à notre monde solaire par la disposition et les mouvements des astres qu'ils renferment. L'univers se compose de la réunion de tous ces mondes. Tu sais tout cela, je le vois ; mais ce que tu ignores peut-être, car nous ne devons la connaissance de ces faits qu'à des découvertes assez récentes, c'est la grande variété de dispositions et d'aspect physique que présentent certaines étoiles. Il y a là une sorte de bouleversement de ce qui constitue la nature sur notre globe. On se trouve dans des sphères à part, étranges, invraisemblables. Tout en demeurant pareils à notre monde solaire par l'ordre de leurs mouvements, certains mondes stellaires en diffèrent beaucoup par les forces qui y dirigent la nature.

THÉOPHILE.

Explique-toi, je te prie.

L'AUTEUR.

Tandis qu'un seul astre central régit notre système solaire, il est des systèmes stellaires qui sont gouvernés par deux soleils, d'autres par trois et même par quatre. Il y a, en d'autres termes, des étoiles accouplées deux à deux ou réunies au nombre de trois et de quatre, et qui agissent sur un même ensemble de planètes, dont les mouvements s'entremêlent sans se nuire. Il est évident que les mondes qui jouissent de deux ou trois foyers calorifiques et lumineux doivent présenter, dans leurs conditions physiques et mécaniques, des particularités dont nous n'avons aucune idée ici-bas.

Voici encore d'autres particularités propres à plusieurs mondes stellaires. La lumière de notre soleil et celle de la plupart des étoiles est constante dans son éclat; elle ne subit jamais ni accroissement ni diminution. Il en est autrement pour beaucoup de ces soleils lointains que nous appelons étoiles. Chez quelques-uns on voit la lumière alternativement s'affaiblir et se raviver. Brillantes aujourd'hui, elles seront plus tard à peine perceptibles; puis on les verra se rallumer et briller comme auparavant. Il en est qui s'éteignent à jamais. Les diminutions d'éclat de plusieurs étoiles ont été notées par divers astronomes[1]. Des étoiles que l'on a observées autrefois n'existent plus de nos jours[2]. D'autres ont apparu subitement; elles ont jeté un éclat très-vif, et au bout de quelques années on a cessé de les apercevoir.

Ces augmentations et ces affaiblissements successifs d'éclat lumineux ne sont pas très-rares d'ailleurs dans les étoiles que nous connaissons. L'étoile o de la *Baleine* varie beaucoup dans son intensité lumineuse, et elle-même disparaît souvent. L'étoile χ du *Cygne* passe, sous nos yeux, de la cinquième à la dixième grandeur; la trentième étoile de l'*Hydre*, qui est de la quatrième grandeur, disparaît à peu près tous les cinq cents jours. D'autres étoiles varient périodiquement dans leur éclat, et ces périodes sont très-courtes : δ de *Céphée* passe en cinq jours de la troisième à la cinquième grandeur; β de la *Lyre* varie en six jours de la troisième à la cinquième grandeur; η d'*Antinoüs* passe en sept jours de la quatrième à la cinquième grandeur[3].

---

1. Voir Arago, *Astronomie populaire*, t. I, p. 372-376.
2. *Ibidem*, pages 376-380.
3. Flammarion, *Pluralité des mondes habités*, p. 195.

Les variations d'éclat qui se produisent dans quelques-uns des soleils qui éclairent les mondes lointains, doivent produire, comme le fait remarquer M. Flammarion, d'étranges résultats. Aujourd'hui, l'astre radieux déverse sur les planètes qu'il gouverne des flots de lumière et de feu, et le sol de cette planète demeure échauffé par ses brûlants rayons. Quelques mois après, sans qu'il existe au ciel le moindre nuage, l'éclat du soleil commence à s'affaiblir; sa lumière devient de plus en plus terne, il n'envoie plus qu'une pâle et blafarde clarté. L'obscurité arrive peu à peu, enfin la planète est plongée dans d'épaisses ténèbres. Quand la diminution d'éclat du soleil est périodique, cette nuit universelle dure un temps bien déterminé, au bout duquel la clarté renaît; sinon c'est au bout d'un temps variable que les ténèbres se dissipent. La lumière s'accroît peu à peu, et l'on finit par revoir, avec son éclat primitif, l'astre radieux. Les beaux jours, les brillantes illuminations reparaissent, jusqu'au moment où le même affaiblissement se produira dans la lumière et ramènera les ténèbres[1].

Se figure-t-on à quelles étranges alternatives doit être soumise la nature dans des régions vouées tour à tour à des chaleurs torrides et à des températures glaciales? Je suis convaincu que cette *période glaciaire* que les géologues ont établie dans l'histoire de notre globe, et pendant laquelle un abaissement notable et subit de température fit périr quantité d'êtres vivants, et couvrit l'Europe

---

1. Flammarion, *Merveilles célestes*, in-2, p. 131.

de glaciers descendus des montagnes dans les plaines, tenait à un affaiblissement momentané de l'intensité de la lumière du soleil. Revenu plus tard à son éclat ordinaire, le soleil fit disparaître les glaces qui avaient couvert la terre d'un manteau de mort[1].

J'ai dit qu'il est des étoiles doubles, c'est-à-dire des mondes éclairés par deux soleils, quelquefois par trois ou quatre. Ce qu'il y a de curieux, c'est que presque toujours l'un de ces soleils est blanc comme le nôtre, mais que le second est coloré : il est bleu, rouge, jaune ou vert. Dans la constellation de *Persée*, par exemple, on peut s'assurer facilement, avec un bon télescope, qu'il existe une étoile double. L'étoile η est, en effet, accompagnée d'une seconde, qui fait partie du même système solaire. Or cette seconde étoile est bleue. Dans la constellation d'*Ophiuchus* il y a un pareil système d'étoiles doubles; l'une de ces étoiles est rouge et l'autre bleue. Cette même particularité se remarque dans une étoile de la constellation du *Dragon*. Une étoile double de la constellation du *Taureau* est également rouge et bleue. La même disposition se retrouve dans l'étoile η d'*Argo*. Il est des systèmes solaires doubles rouges et verts; tels sont ceux de la constellation d'*Hercule*, de la *Chevelure de Bérénice* et de *Cassiopée*. D'autres systèmes solaires doubles sont jaunes et verts, et quelquefois jaunes et bleus. A cette catégorie appartiennent les étoiles doubles de la *Baleine*, de l'*Éri-*

---

1. Voir notre ouvrage la *Terre avant le déluge*, in-8 illustré 7ᵉ édition, 1874 (Période glaciaire, pages 443-456).

dan, de la *Girafe*, d'*Orion*, de la *Licorne*, des *Gémeaux*, du *Bouvier* et du *Cygne*[1].

Dans tous les mondes éclairés par ces soleils bleus, rouges, jaunes et verts, la lumière doit présenter des effets bien étranges, effets que la science des peintres peut à peine se représenter, ou plutôt dont nous ne pouvons nous faire aucune idée, nous qui ne connaissons que la lumière blanche de notre soleil, nous qui ne comprenons la nature qu'avec l'apparence qu'elle revêt à nos yeux sur le globe où nous sommes confinés. Qu'est-ce donc si nous devons nous figurer des planètes qui soient éclairées, pendant le même jour, par deux soleils, lesquels se suivent et sont d'une couleur différente ? Il est midi et un soleil bleu inonde la planète des flots de sa lumière indigo. Les parties très-éclairées par le soleil qui les frappe, sont d'un bleu éclatant, d'un resplendissant azur; les parties non éclairées sont d'un bleu noir; les demi-teintes sont d'un bleu sombre. Les nuages, les eaux, la végétation, participent de cette teinte générale. Les étoiles s'aperçoivent dans le jour, à cause de la faible illumination du ciel. Mais, pendant que le soleil descend, voici un second soleil qui apparaît au bord opposé de l'horizon. Il est rouge et des radiations purpurines annoncent son aurore. Les lueurs augmentent et l'on croirait qu'un immense incendie s'allume à l'orient. Pendant que de ce côté la coloration pourpre s'étend de plus en plus sur le ciel, au couchant les rayons bleus s'accumulent et colorent de reflets d'azur les courbes

---

[1]. Flammarion, *Merveilles célestes*, in-12, page 146.

de l'horizon. Quel contraste entre ces deux illuminations des deux côtés du ciel! Et dans l'intervalle, dans la partie moyenne du ciel, quelle étrange combinaison ne doit pas produire la fusion, le mélange, de ces deux lumières aux tons si opposés! Il faut renoncer à décrire des tableaux dont rien, autour de nous, ne saurait donner l'idée. Le coloriste le plus audacieux, le peintre le plus inventif, seraient impuissants à deviner les résultats merveilleux que la palette de la nature réalise dans ces paysages enchantés.

M. Flammarion a fait ressortir les curieux contrastes dont nous parlons. Il dit, en parlant des effets que doivent produire deux soleils, l'un rouge et l'autre vert, venant successivement éclairer la même terre :

« A quels charmants contrastes, à quelles magnifiques alternatives doivent donner lieu un jour rouge et un jour vert, succédant tour à tour à un jour blanc et aux ténèbres? Quelle nature est-ce là? Quelle inimaginable beauté revêt d'une splendeur inconnue ces terres lointaines[1]? »

On devine, en effet, les brillantes et curieuses alternatives que doivent produire deux soleils, l'un jaune et l'autre vert, venant successivement éclairer le même sol. Le mélange qui s'opère à certains moments, de la lumière verte et rouge ou de la lumière jaune et bleue, doit produire de bien étranges effets d'illumination. O nature! quels merveilleux aspects, quelles perspectives sublimes tu dois revêtir dans ces mondes mystérieux, pour charmer les yeux de leurs fortunés habitants!

1. *Merveilles célestes*, page 148.

Et les satellites, les lunes qui éclairent les nuits de ces planètes, quel aspect curieux ne doivent-ils pas présenter dans ces régions où la fête des yeux est éternelle! La lune revêt tour à tour la couleur des deux soleils qui se réfléchissent l'un après l'autre sur son disque éclatant. Les différentes phases de la lune qu'aperçoivent les habitants de ces mondes, sont tantôt rouges et tantôt bleues ; de sorte qu'il y a le quartier rouge de la lune et le quartier bleu. Telle lune a un croissant jaune, que vient remplacer un croissant vert. Quand elle est dans son plein, la lune de ces parages ressemble à un énorme fruit vert qui se promènerait dans les cieux. Il y a des lunes aux nuances de rubis, qui se détachent sur le fond noir du firmament. D'autres ont des reflets d'opale ou d'azur. Certaines étincellent comme des diamants dans le cercle qu'elles décrivent autour des planètes, plongées elles-mêmes dans l'ombre[1].

THÉOPHILE.

Ces particularités des mondes stellaires sont fort intéressantes, et je te remercie de me les avoir fait connaître. Mais je ne vois pas bien où tu veux en venir, et je crains que cette longue digression, que ce voyage à travers les étoiles ne nous ait écartés de notre sujet.

L'AUTEUR.

Non. Après t'avoir fait comprendre que le système solaire dont nous faisons partie n'est pas unique, qu'il n'est qu'un simple membre d'une immense fa-

---

1. Flammarion, *Merveilles célestes*, page 148.

mille d'autres mondes solaires, qu'il n'est qu'une très-petite fraction de l'univers, j'ai voulu te montrer, par la diversité de ces mondes, la facilité avec laquelle la nature fait varier les forces et les conditions physiques propres aux mondes stellaires, et par conséquent varier aussi les types vivants et animés qui font partie de ces différents mondes solaires. Maintenant que te voilà bien fixé sur la prodigieuse diversité des mondes solaires qui composent l'univers, j'arrive à notre objet principal. Je ne perds pas de vue que mon dessein est ici de te prouver que l'univers est sans bornes, que, par son étendue, il est vraiment l'infini. J'aborde donc cette grande question.

Par la seule considération des étoiles, que tu connais bien maintenant, je vais mettre en relief l'incommensurable étendue de l'univers. Je te parlerai d'abord des effroyables distances qui séparent les étoiles de la terre; et les chiffres te montreront que par ce côté nous tombons vraiment dans l'infini. Je te parlerai ensuite du nombre des étoiles qui peuplent l'espace, et de ce côté encore, ce sera l'abîme de l'infini qui s'ouvrira devant nous.

(Ici l'ami Théophile pâlit légèrement. Il est évident que la considération de l'infini l'inquiète, comme il arrive à toute personne qui, pour la première fois, arrête sa pensée sur cette insondable profondeur. Cependant il fait bonne contenance et écoute.)

L'Auteur, *reprenant.*

J'ai donc à parler d'abord des distances qui séparent les étoiles de la terre, d'où l'on peut inférer logiquement les distances qui séparent ces mêmes étoiles les unes des autres. Et d'abord il faut savoir que si, pour exprimer les distances des étoiles, on employait l'unité ordinaire, c'est-à-dire la lieue de 4 kilomètres, les chiffres qu'il faudrait énoncer ou écrire dépasseraient toutes limites, et par le fait même de leur excessive longueur, n'auraient aucune signification utile. Pour exprimer ces distances, les astronomes emploient une unité de longueur immense, et qui peut dès lors servir à mesurer des distances immenses elles-mêmes. L'unité que l'on a choisie pour représenter les intervalles qui séparent les étoiles, c'est la distance de la terre au soleil, en d'autres termes la longueur du rayon de l'orbite, à peu près circulaire, que la terre décrit en tournant autour du soleil. La distance de la terre au soleil est de 38 millions de lieues, comme il a déjà été dit. Cette longueur de 38 millions de lieues sera notre unité, notre étalon de mesure, pour apprécier l'éloignement des étoiles.

Je ne sais pas, pour le dire en passant, si tu te fais, mon cher Théophile, une idée exacte de cette étendue de 38 millions de lieues qui nous sépare du soleil. En général, on ne peut se figurer des distances prodigieuses comme celles que l'on considère en astronomie, qu'en les représentant par l'intervalle de temps que certains mobiles, à nous connus, mettraient pour parcourir ces distances. Ayons donc recours à des comparaisons de ce genre. Un boulet de canon pesant 12 kilogrammes, lancé par 6 kilogrammes de poudre, et animé d'une vitesse uniforme de 500 mètres par seconde, emploierait dix ans pour arriver de la terre au soleil. Pour franchir cette même distance, le son, en lui accordant la même vitesse qu'à la surface de la terre, dans l'air, et en supposant cette vitesse uniforme (340 mètres par seconde), emploierait quinze années à ce voyage. Si un chemin de fer reliait, à travers l'espace, la terre et le soleil, un train voyageant avec la vitesse-express (50 kilomètres ou 12 lieues et demie par heure) n'arriverait à destination qu'au bout de 338 ans. Parti de la terre en janvier 1872, ce convoi hypothétique n'arriverait au soleil qu'en l'année 2210. Ajoutons que la lumière du soleil, qui parcourt 77 mille lieues par seconde, doit employer $7^m 13^s$ pour arriver à la terre.

THÉOPHILE.

Ainsi la distance de la terre au soleil, soit 38 millions de lieues, voilà quelle est notre unité de mesure pour les distances des étoiles. Arrivons maintenant à ces distances.

L'AUTEUR.

Pour aller par gradations très-ménagées, je prendrai d'abord les étoiles les plus rapprochées de nous. Telle est une des étoiles de la constellation du *Cygne*. Cette étoile est éloignée de la terre de 551 000 fois notre unité de mesure, c'est-à-dire qu'il faudrait ajouter à elle-même 551 000 fois la distance de la terre au soleil, pour représenter l'éloignement de l'étoile que nous considérons, et qui est, je le répète, l'une des plus rapprochées de la terre. Si l'on veut se figurer cette même distance par le temps que sa lumière mettrait à la parcourir, en supposant que cette lumière voyage comme celle de notre soleil, à raison de 77 mille lieues par seconde, cette lumière mettrait neuf ans et demi à venir de l'étoile jusqu'à nous.

Si tu veux maintenant connaître la distance d'autres étoiles, et je ne parle toujours, bien entendu, que de celles qui sont le plus rapprochées de nous, jette les yeux sur ce tableau, que je trouve dans un traité d'astronomie.

(Ici l'auteur passe à Théophile un volume d'astronomie, contenant le tableau suivant.)

DISTANCE DE QUELQUES ÉTOILES A LA TERRE.

Noms des étoiles.	Distances de la Terre en orbites terrestres.	Temps que la lumière emploie à parcourir cette distance.
α du Cygne	551 000	9 ans 1/2.
α de la Lyre	1 330 700	21 ans
α du Grand Chien	1 375 000	22
α de la Grande Ourse	1 550 800	25
α du Bouvier	1 622 800	26
Étoile polaire	3 078 600	50
α du Cocher	4 484 800	72

L'AUTEUR.

Ainsi l'étoile α de la Lyre est éloignée de nous de plus de 1 million 330 000 fois la distance de la terre au soleil, et sa lumière emploie 21 ans à nous parvenir. La lumière que nous envoie l'étoile α du *Cocher* met 72 ans à nous arriver. Si, par une catastrophe céleste, l'étoile α de la Lyre venait à disparaître, à s'anéantir, nous la verrions encore pendant 21 ans, puisque sa lumière met cet intervalle de temps à parvenir jusqu'à nous. Quant à l'étoile α du Cocher, elle serait visible pour nous pendant 72 ans après le jour de son anéantissement.

THÉOPHILE.

Il est donc possible que nos astronomes observent aujourd'hui des étoiles qui n'existent plus, et qui ne sont visibles pour nous que parce que la lumière qu'elles émettaient voyage encore en ce moment pour parvenir jusqu'à la terre.

L'AUTEUR.

Assurément. Mais poursuivons.... Afin d'aller graduellement, j'ai choisi, pour commencer, les étoiles les plus rapprochées de la terre. Ce sont des étoiles de première et de deuxième grandeur.... Tu sais, je pense, ce que signifie, en astronomie, le mot de première, de deuxième, ou de troisième grandeur, etc.?

THÉOPHILE.

Oui ; ce mot de grandeur ne s'applique qu'à l'apparence lumineuse de l'astre, et non à son volume réel. Il ne désigne que son éclat lumineux. Une étoile de première grandeur est celle qui fait partie du groupe des étoiles les plus lumineuses ; une étoile de deuxième grandeur est celle qui vient ensuite sous le rapport de l'éclat.

L'AUTEUR.

Remarque seulement, circonstance assez rare dans les sciences exactes, et surtout dans l'astronomie, la science exacte par excellence, qu'ici le mot de *grandeur* signifie tout l'opposé de ce qu'il énonce; en effet, plus une étoile nous paraît lumineuse, plus elle est rapprochée de nous; au contraire, plus elle est pâle et peu visible, plus elle est éloignée. Les mots augmentatifs de première, deuxième, troisième grandeur, etc., représentent donc des éclats qui vont en décroissant. L'éclat diminue à mesure que le chiffre grossit. C'est là une interversion de termes assez exceptionnelle pour la noter en passant, et pour s'en souvenir, crainte d'erreur.

Nous n'avons considéré jusqu'ici que des étoiles de première et de deuxième grandeur. Si nous abordons les astres de troisième, quatrième, cinquième et sixième grandeur, nous arriverons à des éloignements bien autres que ceux que nous considérions tout à l'heure. Ces distances sont tellement énormes à partir des étoiles de première grandeur, que l'unité de mesure que nous avons adoptée, tout immense qu'elle soit, c'est-à-dire l'intervalle de la terre au soleil, n'est plus de mise. Les instruments d'observation céleste qui peuvent s'appliquer à l'examen et à la mesure des étoiles de première et de deuxième grandeur ne sauraient plus servir pour les étoiles de troisième grandeur et les suivantes. En raison du trop faible diamètre apparent de ces astres, qui n'apparaissent plus que comme de simples points lumineux, les instruments de mesure ne peuvent plus être employés. Pour évaluer les distances des étoiles à partir de la troisième grandeur, on se sert d'une méthode de comparaison basée sur le pouvoir amplificateur des télescopes dont on fait successivement usage. Je ne peux entrer ici dans aucun détail sur cette méthode, que l'on doit à l'astronome W. Herschel. Je me bornerai à en faire connaître les résultats.

Voici donc le résultat auquel on est arrivé avec cette méthode, pour les étoiles de sixième grandeur. Pour certaines étoiles de cette classe, la lumière mettrait 1042 ans à nous arriver. La lumière d'autres étoiles de la même classe emploierait 2700 ans pour le même voyage. Après la sixième grandeur, les étoiles ne sont plus visibles qu'au télescope. Et pour ces étoiles *télescopiques*, les distances vont devenir véritablement stupéfiantes. Certaines de ces étoiles sont tellement éloignées de la terre, que leur lumière ne peut nous parvenir que cinq mille ans et même dix mille ans après être partie du centre lumineux. Pour les étoiles de la dernière catégorie (quatorzième grandeur), la lumière mettrait cent mille ans à parvenir jusqu'à la terre, toujours en supposant que la lumière de ces étoiles ait la même vitesse que la lumière de notre soleil, c'est-à-dire qu'elle parcoure 77 mille lieues par seconde.

THÉOPHILE.

Mais l'homme existe sur la terre depuis cent mille années, s'il faut s'en rapporter aux travaux récents des naturalistes, et quelques étoiles ont pu s'éteindre il y a cent mille ans. L'humanité aurait donc pu pendant cent mille ans contempler ces étoiles alors qu'elles n'existaient plus ! A quelles étranges conséquences nous conduit une science un peu approfondie !

L'AUTEUR.

En effet, les rayons lumineux que nous envoient les astres perdus au plus profond des espaces, c'est-à-dire les étoiles télescopiques, nous portent les émanations de systèmes solaires qui aujourd'hui peut-être n'existent plus. Le présent ne nous montre que le passé. Je n'aurai maintenant aucune peine à te faire comprendre qu'il puisse exister des étoiles si profondément perdues dans l'immensité, que leur lumière n'ait pas encore eu le temps de parvenir jusqu'à nous. Elles existent, mais nous ne pouvons les voir; non que le télescope soit impuissant à nous les faire découvrir, mais bien parce que le voyage de leurs rayons lumineux jusqu'à notre globe exige des milliers de siècles, et que ces milliers de siècles ne sont pas encore écoulés : de sorte que c'est seulement à nos descendants, après des milliers de siècles, que ce spectacle est réservé.

Je suppose maintenant, ami Théophile, que tu reconnais avec moi que l'univers, considéré seulement par les distances qui nous séparent des étoiles, et qui doivent aussi les séparer les unes des autres, est véritablement l'infini.

THÉOPHILE.

Oui, c'est l'infini qui se déroule à mes yeux.... Je demande à respirer un moment....

L'AUTEUR.

Tu viens de contempler l'infini dans les distances

qui séparent les étoiles de la terre. Tu auras également la perspective de l'infini, si nous considérons le nombre des étoiles. Quand on cherche à compter ces multitudes de soleils qui parsèment la voûte des cieux, comme des gouttes de rosée parsèment l'herbe des prairies, on voit qu'à mesure que l'on s'enfonce davantage dans les profondeurs de l'espace, il devient de plus en plus difficile de les dénombrer. Si on pousse plus avant dans ces noirs abîmes, les soleils deviennent tellement pressés les uns contre les autres, qu'il faut renoncer à l'entreprise, décidément impossible, d'évaluer leur nombre. Il faut laisser cette poussière de soleils, cette graine de mondes, se perdre dans le vague ténébreux de l'espace infini. C'est là ce que je vais essayer de te faire concevoir, ami Théophile, pour que tu donnes finalement raison à mon argumentation.

Je disais tout à l'heure que les astronomes distinguent les étoiles, d'après leur éclat, en différentes catégories, en classes, que l'on nomme *grandeurs*, et qui ne sont que des apparences dépendant du degré d'éloignement de ces astres. J'ai dit également que notre œil cesse de voir les étoiles à partir de la sixième grandeur, et que les catégories d'étoiles au-dessous de ce chiffre ne sont visibles qu'au télescope. Il est facile de compter les étoiles de première grandeur, c'est-à-dire les plus rapprochées de nous. Elles sont au nombre de 20. Celles de deuxième grandeur sont au nombre de 65 ; celles de la troisième grandeur, au nombre de 170. Le nombre des étoiles augmente à mesure que leur visibilité diminue, et cela dans une proportion très-rapide. On a reconnu que le nombre des étoiles de chaque classe de visibilité, en grandeur apparente, est trois fois plus grand que celui des étoiles de la classe précédente. On compte, d'après cette remarque, 500 étoiles de quatrième grandeur, 1500 de cinquième, 4500 de la sixième. En faisant la somme des étoiles de ces six catégories, qui représentent les étoiles visibles à l'œil nu, pour une bonne vue, on arrive à un total de 6000. Un œil exercé pourrait donc arriver à compter jusqu'à 6000 étoiles tour à tour dans les deux hémisphères.

Mais le télescope permet de pousser bien plus loin le dénombrement des soleils ; il nous ouvre toute la profondeur des cieux. Au lieu du petit nombre d'étoiles que nos yeux peuvent contempler, il nous en dévoile une myriade d'autres semblables, pressées à tel point qu'elles semblent couvrir le ciel d'un fin sable d'argent. Voici, par exemple (fig. 5), l'aspect que présente à l'œil nu, un coin de la constellation des Gémeaux.

Fig. 5. Un coin de la constellation des Gémeaux, vu à l'œil nu.

Et voici (fig. 6) comment se voit dans le champ du télescope la même portion du ciel.

On comprend que l'on ait pu, à l'aide du télescope, distinguer, après la sixième grandeur, d'autres grandeurs successivement décroissantes, et compter le nombre d'étoiles propres à chacune de ces classes. On a distingué jusqu'à des étoiles de treizième et même de quatorzième grandeur, c'est-à-dire treize à quatorze fois moins brillantes que Sirius, ou Véga. Le nombre des étoiles de la douzième grandeur est de 9 556 000, ce qui, joint au nombre des mêmes astres propres aux catégories précédentes, porte le nombre total, jusqu'à la douzième grandeur, à plus de 14 millions. Dans la treizième grandeur on admet, d'après la règle qui prescrit de tripler le

Fig. 6. Un coin de la constellation des Gémeaux vu au télescope.

nombre des étoiles d'une classe pour représenter le nombre des étoiles de la classe suivante, un nombre total de 42 millions d'étoiles.

En réunissant toutes les étoiles visibles au télescope et à l'œil nu, on aurait donc 56 millions de soleils. Et remarquons bien que si nous nous arrêtons à cette limite, c'est que les télescopes que l'on construit aujourd'hui ne permettent pas de voir des étoiles plus petites que la treizième ou quatorzième grandeur; mais que l'on perfectionne davantage encore tous ces instruments, et l'on verra toutes les régions du ciel se couvrir de ce sable argenté, de cette poussière de diamant, dont chaque point est un soleil. Et telle sera l'accumulation de ces soleils au plus profond des espaces, que l'on ne verra plus dans le champ de la lunette astronomique qu'une sorte de réseau lumineux, formé par la réunion des soleils rapprochés les uns des autres au point de paraître se toucher.

THÉOPHILE.

Allons, c'est l'infini qui recommence. Laisse-moi fermer les yeux.

L'AUTEUR.

Attends encore, je n'ai pas tout dit; je ne fais même que commencer. J'arrive aux *nébuleuses*. C'est là que tu pourras craindre le vertige.... Je suppose que tu sais ce que les astronomes appellent une *nébuleuse?*

THÉOPHILE.

A peu près. C'est, je crois, un amas diffus, nuageux, que l'on aperçoit en quelques portions du ciel, et dont je ne m'explique pas bien la nature. La *Voie lactée*, par exemple, ou le *Chemin du paradis* comme on l'appelle dans les campagnes, voilà, je pense, ce que les astronomes appellent une *nébuleuse*. C'est quelque amas vaporeux de matière lumineuse.

L'AUTEUR.

Oui, tu crois, comme le croyaient les anciens, qu'une *nébuleuse* est un assemblage de vapeurs qui flottent dans l'espace, une sorte de matière cosmique et lumineuse appelée à former un jour des mondes. Tu crois qu'une nébuleuse est un monde en voie de formation. A moins que tu ne te demandes, avec un auteur anglais, Derham, l'auteur de l'*Astro-Theology*, si ce n'est pas la clarté de l'empyrée chrétien que l'on aperçoit à travers une fente du ciel? Au dix-huitième siècle, l'astronome Halley exprimait, en termes scientifiques, une erreur du même genre, quand il écrivait, à propos de la nébuleuse d'*Andromède :* « Ces taches ne sont que de la lumière venant d'un espace immense situé dans la région de l'éther, espace qui est rempli d'un milieu diffus et lumineux. » Le télescope a mis un terme à toutes les hypothèses que l'on pouvait hasarder sur ces apparences célestes, et il a ouvert ainsi des horizons nouveaux à la science, comme à la philosophie. Dirigé vers ces amas lumineux, le télescope nous en a dévoilé la véritable nature; il a montré que les nébuleuses ne sont que la réunion d'un nombre très-considérable d'étoiles. Ces étoiles, par leur nombre excessif, paraissent tellement rapprochées les unes des autres, qu'elles ne forment plus qu'un seul tout, une seule clarté, vague et continue. Mais quand leurs dimensions et leurs distances viennent à être ampliflées par le télescope, cette clarté diffuse se transforme en un pointillé brillant, analogue à celui que présente dans le même télescope, le ciel tapissé d'un fond de petites étoiles. Une nébuleuse n'est donc que le groupement d'une énorme quantité de soleils très-rapprochés les uns des autres. Le rapprochement de ces étoiles n'est du reste qu'une apparence. Les étoiles sont, en réalité, séparées les unes des autres par des distances énormes. Il ne faut pas se figurer, en effet, qu'elles soient toutes sur un même plan; elles appartiennent, au contraire, à des profondeurs très-inégales dans l'espace, et ce n'est qu'un effet d'optique qui les rassemble ainsi pour nous sur un même plan apparent dans le champ de la lunette.

L'une des nébulosités qui donne l'idée la plus juste de ces agglomérations d'étoiles est celle du *Centaure*. Cette nébuleuse, vue à l'œil nu, ne constitue qu'un point du ciel vaguement éclairé ; mais si on la regarde dans un bon télescope, elle prend l'aspect que représente la figure 7.

L'inspection de cette figure montre bien qu'une nébuleuse ne résulte pas d'une réunion d'étoiles simplement étalées sur un plan de l'espace, mais bien un assemblage d'étoiles placées toutes à des distances inégales, et composant à peu près une sphère. En effet, les étoiles sont pressées au centre, et, au contraire, de plus en plus distantes les unes des autres quand on se rapproche des bords. Si l'on observait de loin un assemblage sphérique d'étoiles il aurait ce même aspect, c'est-à-dire que quand on regarderait les bords, le rayon visuel n'ayant à tra-

verser qu'une faible épaisseur, rencontrerait peu
d'étoiles; quand on regarderait le centre, le rayon
visuel ayant à traverser toute l'épaisseur de la masse,
rencontrerait, au contraire, beaucoup d'étoiles. C'est
ce qui porte à conclure que la nébuleuse du *Centaure*,
comme la plupart des agglomérations de ce genre,

Fig. 7. Nébuleuse du Centaure.

est sphérique, c'est-à-dire que les étoiles qui constituent par leur réunion cette nébuleuse sont groupées en forme de sphère.

Est-il possible de compter le nombre d'étoiles qui composent une nébuleuse? On ne peut arriver, sous ce rapport, qu'à des approximations. Arago, en appréciant l'espacement des étoiles situées près des bords d'une nébuleuse, dans une position où elles ne se projetaient pas les unes sur les autres, et comparant ensuite le nombre des étoiles qui existaient en ce point au volume total de l'agglomération, a reconnu qu'une nébuleuse qui n'est pas plus grande que le dixième du disque apparent de la lune, contient au moins vingt mille étoiles. Ce résultat peut donner une idée de la fourmilière de soleils que les nébuleuses contiennent ; car ces amas stellaires sont en très-grand nombre dans le ciel.

Au sein même des nébuleuses il est des points lumineux dont le télescope n'a pas encore dévoilé la nature, qu'il n'a pas pu résoudre en étoiles ; mais l'analogie porte à croire que ce sont là d'autres nébuleuses encore plus éloignées et qui échappent, par leur petitesse apparente, à la portée de nos instruments. Mais un jour viendra où, grâce à de nouveaux perfectionnements apportés à nos télescopes, on reconnaîtra que ces nébulosités ne sont elles-mêmes que des agglomérations de soleils, encore plus éloignées que la nébuleuse qui les renferme, c'est-à-dire qu'elles sont, comme les nébuleuses, des amas stellaires situés à de prodigieuses profondeurs dans l'espace.

Les étoiles qui composent les nébuleuses sont quelquefois groupées de manière à présenter des figures régulières : des sphères, des ellipses plus ou moins allongées. Quelquefois la sphère est évidée au centre, et forme comme un anneau.

Outre ces dispositions géométriques, on rencontre dans les nébuleuses des dispositions tout à fait irrégulières et bizarres. Dans la constellation du *Taureau*, il existe une nébuleuse qui, vue au télescope se résout en un amas d'étoiles offrant la curieuse disposition que reproduit la figure 8.

Fig. 8. Nébuleuse de l'écrevisse.

Lord Ross, qui le premier analysa cette nébuleuse, à l'aide du puissant télescope qu'il avait fait construire, lui donna le nom de *nébuleuse de l'Écrevisse*, parce qu'elle présente, en effet, l'apparence de ce crustacé; les antennes, les pattes et la queue sont figurées sur le fond noir du ciel par une traînée d'étoiles.

Rien de plus varié, rien de plus bizarre que les

Fig. 9. Ecu de Sobieski.

formes des nébuleuses qui ont été étudiées jusqu'ici, et dont le nombre dépasse un million; il n'en est pas deux qui se ressemblent.

Certaines nébuleuses semblent doubles, ou associées. D'autres s'allongent en serpents, comme celle de *l'Ecu de Sobieski*, que représente la figure 9.

Lord Ross est le premier qui ait découvert la curieuse disposition des nébuleuses dites en *spirale*. On ne sait comment expliquer une forme pareille, mais il est certain que les soleils qui composent les nébuleuses sont groupés souvent, non plus autour d'un centre, non en amas informes, mais en courbes très-régulières, d'après un système qui semble révéler l'existence de quelque force mystérieuse s'exerçant sur ces étoiles. Les étoiles s'y trouvent distribuées le long de lignes qui représentent des spirales de diamètre différent.

J'ai dit, en parlant des étoiles, qu'il y a des étoiles ou des soleils colorés. J'ajouterai ici que l'on observe des nébuleuses colorées en rouge, en vert, en jaune, ce qui donne une preuve de plus que les nébuleuses ne sont que des agglomérations d'étoiles.

THÉOPHILE.

Je comprends maintenant que la *Voie lactée* ne soit pas, comme le veulent les bonnes gens, le *chemin du paradis*, mais une longue suite de nébuleuses.

L'AUTEUR.

Cela ne fait aucun doute. Cette immense bande demi-lumineuse qui traverse la voûte céleste, en l'entourant comme d'une ceinture argentée, n'est pas, ainsi qu'on l'a pensé si longtemps, un amas diffus de matière lumineuse. Le télescope, en analysant la Voie lactée, a montré qu'elle consiste en une longue série de nébuleuses. C'est une agglomération immense de soleils prodigieusement éloignés, et que nous voyons assemblés d'une manière à peu près régulière, en forme d'un ovale très-allongé et aplati. La longueur de la Voie lactée est de 700 à 800 fois

Fig. 10. La Voie lactée.

la distance de **Sirius au Soleil**, distance qui est elle-même, de 1,373,000 fois la distance de la Terre au Soleil[1]

THÉOPHILE.

Connaît-on, peut-on apprécier le nombre des étoiles qui entrent dans la Voie lactée?

L'AUTEUR.

Il existe sur cette question un travail de W. Herschel. Cet observateur, qui au dix-huitième siècle avait fait construire le plus puissant télescope que l'on eût encore vu, et qui fit transporter au cap de Bonne-Espérance ce co-

[1] Flammarion, *Pluralité des mondes habités*, page 203.

lossal instrument, s'occupa, dans ce lieu d'observation pour le ciel de l'hémisphère austral, de compter les étoiles de la Voie lactée. En appliquant ses observations à la totalité de la Voie lactée, Herschel trouva que cette immense nébuleuse doit contenir plus de 18 millions de soleils.... Je viens de te dire quelle est l'étendue en longueur de la Voie lactée. Si l'on veut se représenter cette étendue par l'intervalle de temps que la lumière mettrait à la franchir, je dirai qu'un rayon de lumière partant de l'une de ses deux extrémités et volant à l'extrémité opposée, emploierait 15 000 ans à parcourir ce chemin. Comme la Terre et notre système solaire se trouvent au milieu de la Voie lactée, il en résulte que, lorsque nous observons au télescope un des soleils de cette nébuleuse, nous recevons l'impression d'un rayon lumineux qui est parti de cet astre il y a 7 ou 8000 ans, c'est-à-dire bien antérieurement à l'aurore des temps historiques[1].

THÉOPHILE.

Je vois que nous voguons en plein infini.

L'AUTEUR.

Si nous n'y sommes pas encore, au moins nous y touchons. Un dernier coup de rame, et nous voilà dans l'abîme. Écoute plutôt.... Nous venons de mesurer l'étendue en longueur de la Voie lactée, en disant que la lumière mettrait 15 000 ans à la parcourir. Ce résultat permet de mesurer l'étendue

1 *Ibid.*, même page.

d'autres nébuleuses encore plus éloignées de nous, et voici comment. Il y a quelquefois, ai-je dit, au milieu de nébuleuses que le télescope résout en étoiles, des amas de lumière diffuse, qui ne sont probablement que d'autres nébuleuses beaucoup plus distantes. On peut arriver à fixer l'éloignement réel de cet amas lumineux. Si l'on se demandait, en effet, à quelle distance notre Voie lactée devrait être transportée pour nous offrir l'aspect d'une nébuleuse ordinaire (laquelle sous-tend un angle de 10° environ), Arago nous répondrait, d'après ses recherches sur ce point, qu'il faudrait porter notre Voie lactée à 334 fois sa longueur. Or cette longueur est telle, ai-je dit, que la lumière emploie, pour la traverser d'une de ses extrémités à l'autre, un intervalle de 15 000 ans. A 334 fois cette distance, la nébuleuse de la Voie lactée serait vue de la terre sous un angle de 10°, et sa lumière, pour parcourir cette distance, emploierait 334 fois 15 000 ans, c'est-à-dire 5 010 000 années[1].

Ainsi, *plus de cinq millions d'années,* tel est le temps que la lumière mettrait à voyager, en partant d'une des nébuleuses télescopiques dont nous parlons, pour arriver jusqu'à nous. Voilà les distances qui peuvent séparer les unes des autres les agglomérations de soleils suspendues dans l'espace, voilà

---

1. M. Flammarion, dans sa *Pluralité des mondes habités* (p. 203), donne ce chiffre, qui est plus fort que celui que donne Arago dans son *Astronomie populaire* (t. II, p. 18). Le chiffre donné par Arago est de 1 002 000 ans seulement. C'est que la base du calcul prise par Arago est cinq fois plus faible que la base du calcul refait par M. Flammarion.

les intervalles qui existent dans l'univers, et que nos instruments peuvent apprécier. Il me semble que nous sommes bien maintenant aux bords de l'infini.

THÉOPHILE.

C'est de toute évidence.

L'AUTEUR.

Maintenant, ami Théophile, quand on sait que ces distances effroyables qui épouvantent notre imagination, ne sont que les résultats des observations faites dans nos instruments, mais que ces résultats de l'observation on peut, par la pensée, les augmenter, les étendre, les ajouter sans cesse les uns aux autres; qu'à ces *cinq millions d'années* de voyage de la lumière, on peut, par l'imagination, ajouter, si on le veut, des milliards de milliards d'années; quand on se dit que ces mondes innombrables que les instruments nous révèlent doivent continuer plus loin encore, et toujours de plus en plus loin; que de nouvelles agglomérations de soleils doivent faire suite à celles que nous pouvons voir et mesurer; qu'ainsi les soleils, les terres planétaires et leurs satellites s'ajoutent les uns aux autres, sans trêve et sans fin, — car, une fois atteintes les limites assignées par l'imagination, un nouvel effort de l'esprit peut reculer plus loin encore ces limites et pousser jusqu'au plus profond des insondables espaces cette course aux abîmes vertigineux, — alors, mon cher Théophile, on comprend, comme je le disais au début de cet entretien, que l'univers soit vraiment infini !.. Et si tu considères que ces bataillons san fin de systèmes solaires ont chacun leur cortége obligé de planètes et de satellites, le tout rempli de créatures vivantes, de plantes, d'animaux, d'hommes et d'êtres surhumains ; si tu te rappelles que des comètes flamboyantes viennent, par intervalles, traverser l'orbite de chaque monde, et s'abîmer dans la fournaise ardente de son soleil ; que ces milliards de soleils varient de toutes manières, qu'il en est de doubles, de triples, qu'il en est de colorés, qui versent sur leurs planètes des torrents de lumière rouge, bleue, verte ou jaune ; et que tous les mouvements compliqués de ces systèmes divers s'accomplissent avec un ordre parfait, sans se troubler mutuellement, sans que jamais les astres se brisent les uns contre les autres, tu trouveras qu'il n'y a pas seulement dans l'univers l'infini par l'étendue, mais qu'il y a aussi l'infini par l'ordre, par l'harmonie, par l'équilibre des mouvements et des lois !...

THÉOPHILE.

L'esprit se perd en de telles pensées ; car l'idée de l'infini n'est pas faite pour notre faible intelligence. C'est une conception qui lui est interdite. Ne poussons pas plus loin, ami, notre excursion dans ce domaine où chancelle la raison.

L'AUTEUR.

Il faut pourtant que j'arrive au terme de mon long raisonnement. Il faut que je dise qu'au milieu de cet espace sans bornes, par-dessus cet immense cortége d'astres, qui sont en même temps la demeure d'êtres vivants et d'âmes sensibles, il y a le suprême auteur, il y a l'ordonnateur souverain, d'où dérivent, comme de leur source sacrée, tout ce que contemplent nos yeux, tout ce que sentent nos âmes, tout ce que notre intelligence admire, tout ce que bénit la reconnaissance de nos cœurs.

THÉOPHILE.

Te voilà parvenu au véritable but de notre entretien. Et le chemin a été assez long pour qu'il soit temps d'y arriver. Ce voyage dans l'espace avait pour objet de prouver que Dieu, étant l'infini en perfections morales, on peut le placer dans cet infini en étendue, qui s'appelle l'univers. Il ne te reste plus qu'à me dire en quel lieu précis tu places le séjour de la Divinité, car je ne vois pas bien ce que peut être le milieu de l'infini. N'ayant point de bornes, n'ayant ni commencement ni fin, l'infini peut-il avoir un milieu ?

L'AUTEUR.

Je vais m'expliquer sur ce dernier point.... La fixité absolue du soleil et des étoiles était un principe astronomique qui, au temps de Newton, paraissait hors de doute. Mais la science ne s'arrête jamais. Des observations faites dans notre siècle ont prouvé que la fixité, l'immobilité du soleil n'est que relative. La vérité est que le soleil, et avec lui tout le système de planètes, d'astéroïdes, de satellites et de comètes, qu'il entraîne à sa suite, se déplace. Ce déplacement est très-faible sans doute, mais il est appréciable, et on a pu le mesurer. Notre soleil paraît se diriger lentement, lui et toute sa famille planétaire, vers le point du ciel où se trouve la constellation d'*Hercule*, et cela avec la vitesse de 62 millions de lieues par an, ou de 2 lieues par seconde, ce qui représente, pour le chemin parcouru, une fois et demie le rayon de l'orbite terrestre. Le soleil doit décrire une orbite qui comprend des millions de siècles. Mais ce qui est vrai pour le soleil doit être vrai pour les autres soleils, c'est-à-dire pour les étoiles. Ce mouvement général de translation qui a été constaté dans notre système solaire, les systèmes stellaires doivent y obéir également, et l'on sait, à n'en pas douter, que ces milliards de systèmes solaires qui sont suspendus dans l'espace infini, sont animés d'un mouvement qui les emporte, avec plus ou moins de vitesse, vers un point inconnu du ciel. Or rien ne nous dit que tous ces cercles ou ces ellipses tracés par les myriades de systèmes solaires n'aient pas un foyer commun, et que le foyer d'attraction auquel obéit, dans son déplacement, notre système solaire tout entier, ne fasse pas graviter au même point toutes les autres étoiles et leurs systèmes. Ainsi tous les corps célestes, sans exception, toute cette fourmilière de mondes que nous venons d'énumérer, peut tourner autour d'un même point, autour du même foyer d'attraction.... Qui nous dit maintenant que Dieu ne réside point à ce foyer général, à ce centre universel d'attraction des mondes qui remplissent l'espace entier ?

THÉOPHILE.

Voilà où tu voulais en venir, et maintenant je comprends ta pensée. Elle me frappe par sa grandeur. Ce Dieu, placé au centre mathématique des mondes qui composent l'univers, cette intelligence infinie siégeant au centre de l'univers infini et présidant aux mouvements de toutes les innombrables phalanges de corps célestes que notre imagination peut concevoir et rassembler, répondent bien à l'idée que l'on peut se faire de Dieu, si l'on a la témérité d'envisager la redoutable personnalité de sa toute-puissance. Je ne saurais donc te blâmer de consigner cette théorie dans ton ouvrage. Elle sera en harmonie avec le genre d'esprit religieux qui l'anime, et qui est, d'ailleurs, l'expression des désirs, des aspirations de la plupart des hommes de notre temps. On a, de nos jours, le besoin intime et profond de croire à la Providence, de rendre à Dieu hommage et foi ; on sent que là est la vérité, que là est la paix et le salut, dans le présent et dans l'avenir. Mais les religions établies laissent dans bien des esprits de cruelles incertitudes. Dans *Le Lendemain de la mort*, tu as essayé de poser les bases de *la religion de la science et de la nature*. Ces principes répondent, je le crois, aux désirs contemporains. Ils contentent le cœur et l'esprit; ils satisfont le sentiment et la raison ; ils consolent et ils fortifient ; enfin ils consacrent l'idée de Dieu, sans délaisser ni l'univers ni la nature.

L'Auteur.

Ainsi soit-il !

FIN.

TABLE DES CHAPITRES

Pages

INTRODUCTION 1

CHAPITRE PREMIER. — Coup d'œil sur les systèmes philosophiques modernes ayant pour but d'expliquer la nature intime de l'homme : le matérialisme, le vitalisme animique et le vitalisme barthézien. — Un mot sur le vitalisme de Bichat. — L'homme résulte de la réunion du corps, de l'âme et de la vie.. 9

CHAPITRE II. — Qu'est-ce que la mort? — Que deviennent, après la mort, le corps, l'âme et la vie?.................. 53

CHAPITRE III. — Où réside l'être surhumain?.................. 61

CHAPITRE IV. — Tous les hommes indifféremment passent-ils après la mort, à l'état d'êtres surhumains? — Réincarnation des âmes perverses et des enfants morts en bas âge........ 75

CHAPITRE V. — Quels sont les attributs de l'être surhumain? — Forme physique, sens, degré d'intelligence, facultés de l'être surhumain..................................... 81

CHAPITRE VI. — Que devient, après la mort, l'être surhumain? Morts, résurrections, et incarnations nouvelles dans les espaces éthérés.................................. 109

CHAPITRE VII. — Description physique et géographique du soleil... 115

TABLE DES CHAPITRES

Pages

INTRODUCTION 1

CHAPITRE PREMIER. — Coup d'œil sur les systèmes philosophiques modernes ayant pour but d'expliquer la nature intime de l'homme : le matérialisme, le vitalisme animique et le vitalisme barthézien. — Un mot sur le vitalisme de Bichat. — L'homme résulte de la réunion du corps, de l'âme et de la vie.. 9

CHAPITRE II. — Qu'est-ce que la mort? — Que deviennent, après la mort, le corps, l'âme et la vie?............... 53

CHAPITRE III. — Où réside l'être surhumain?................ 61

CHAPITRE IV. — Tous les hommes indifféremment passent-ils après la mort, à l'état d'êtres surhumains? — Réincarnation des âmes perverses et des enfants morts en bas âge....... 75

CHAPITRE V. — Quels sont les attributs de l'être surhumain? — Forme physique, sens, degré d'intelligence, facultés de l'être surhumain.. 81

CHAPITRE VI. — Que devient, après la mort, l'être surhumain? Morts, résurrections, et incarnations nouvelles dans les espaces éthérés... 109

CHAPITRE VII. — Description physique et géographique du soleil... 115

TABLE DES CHAPITRES.

Pages

CHAPITRE VIII. — Le Soleil séjour définitif des âmes arrivées au plus haut degré de la hiérarchie céleste. — Le Soleil séjour final et commun des âmes venues de la Terre. — Constitution physique du Soleil. — Cet astre est une masse de gaz enflammés.. 153

CHAPITRE IX. — Les habitants du Soleil sont des êtres purement spirituels. — Les rayons solaires sont les émanations des êtres spirituels qui vivent dans le Soleil. — Ces êtres viennent produire sur la Terre la vie végétale et animale. — La continuité de la radiation solaire, inexplicable pour les physiciens, expliquée par l'émanation des âmes des habitants du Soleil. — Le culte du feu et l'adoration du Soleil chez différents peuples, anciens et modernes................................ 167

CHAPITRE X. — Quels sont les rapports qu'entretiennent avec nous les êtres surhumains?.................................... 187

CHAPITRE XI. — Qu'est-ce que l'animal? — L'âme des animaux. — Migrations des âmes à travers le corps des animaux...... 209

CHAPITRE XII. — Qu'est-ce que la plante? — La plante est sensible. — Combien il est difficile de distinguer les plantes des animaux. — Chaîne générale des êtres vivants.......... 223

CHAPITRE XIII. — L'homme existe-t-il ailleurs que sur la terre? Description des planètes. — Pluralité des mondes habités... 255

CHAPITRE XIV. — Ce qui s'est passé sur la terre pour la création des êtres organisés a dû se passer également dans les autres planètes. — Ordre successif d'apparition des êtres vivants sur notre globe. — Cette même succession doit avoir eu lieu dans chaque planète. — *L'homme planétaire*. — L'homme planétaire, comme l'homme terrestre, se transforme, après sa mort, en être surhumain et passe dans l'éther............ 27

CHAPITRE XV. — Preuves de la pluralité des existences humaines et des *réincarnations*. — On ne peut expliquer, en dehors de cette doctrine, la présence de l'homme sur la terre, ni les tristes et inégales conditions de la vie humaine, ni le sort des enfants morts en bas âge............................ 285

CHAPITRE XVI. — Les facultés spéciales à certains enfants, les aptitudes et les vocations naturelles chez les hommes, sont d'autres preuves de réincarnations. — Explication de la phré-

TABLE DES CHAPITRES.

Pages

nologie. — Les *idées innées* de Leibniz et de Descartes, ainsi que le *principe de causalité* de Dugald-Stewart ne s'expliquent que par la pluralité des vies. — Vagues souvenirs de nos existences antérieures.. 299

Chapitre XVII. — L'hypothèse des vies successives comparée au matérialisme et à la destinée de l'homme selon le dogme chrétien. — Les peines et les récompenses dans le christianisme et dans la doctrine des vies successives............. 319

Chapitre XVIII. — Résumé du système de la pluralité des existences.. 333

Chapitre XIX. — Réponse à quelques objections : 1° Nous n'avons aucun souvenir d'existences antérieurs ; 2° Ce système n'est que la métempsycose des anciens ; 3° Ce système se confond avec le darwinisme.. 341

Chapitre XX. — Suite des objections. On ne peut comprendre comment les rayons du soleil, substances matérielles, peuvent êtres des germes d'âmes, substances immatérielles..... 367

Chapitre XXI. — Règles pratiques découlant des faits et des principes développés dans cet ouvrage. — Ennoblir son âme en pratiquant les vertus, en cherchant à connaître, par la science, la nature et ses lois. — Rendre un culte public à la Divinité. — Imperfections des religions actuelles fondées il y a quatre mille ans, à une époque d'ignorance et de barbarie. — La religion de l'avenir aura pour base la science et la connaissance de l'univers.. 379

Chapitre XXII. — Suite des règles pratiques. — Il faut entretenir le souvenir des morts. — On ne doit pas craindre la mort. — La mort n'est qu'une transition insensible d'un état à un autre ; elle n'est pas une fin, mais une métamorphose. — Impressions des mourants. — Du plaisir de mourir, selon Barthez. — Faits à l'appui de cette thèse. — Ceux qui meurent jeunes sont aimés des dieux. — Ne craignons pas la mort. — Ne pleurons pas avec trop d'amertume ceux que le trépas nous a ravis... 380

Épilogue. Où l'on cherche Dieu, et où, chemin faisant, on décrit l'univers... 428

FIN DE LA TABLE DES CHAPITRES.

1440-03. — Coulommiers. Imp. Paul BRODARD. — 4-04.

COULOMMIERS

Imprimerie Paul BRODARD.

Librairie Hachette et Cie, boulevard Saint-Germain, 79, à Paris.

BIBLIOTHÈQUE VARIÉE, IN-16, 3 FR. 50 LE VOLUME, BROCHÉ
Études sur les littératures française et étrangères

ALBERT (Paul) : *La poésie*; 11e édit. 1 vol.
— *La prose*; 8e édition. 1 vol.
— *La littérature française, des origines à la fin du XVIe siècle*; 8e édition. 1 vol.
— *La littérature française au XVIIe siècle*; 10e édition. 1 vol.
— *La littérature française au XVIIIe siècle*; 9e édition. 1 vol.
— *La littérature française au XIXe siècle; les origines du romantisme*; 7e édit. 2 vol.
— *Variétés morales et littéraires*. 1 vol.
— *Poètes et poésies*; 3e édition. 1 vol.
ALBERT (Maurice) : *Les théâtres de la foire (1610-1789)*. 1 vol.
Ouvrage couronné par l'Académie française.
BERTRAND (L.) : *La fin du classicisme et le retour à l'antique*. 1 vol.
BOSSERT (A.) : *La littérature allemande au moyen âge et les origines de l'épopée germanique*; 3e édition. 1 vol.
— *Gœthe et Schiller*; 5e édition. 1 vol.
— *Gœthe, ses précurseurs et ses contemporains*; 4e édition. 1 vol.
— *La légende chevaleresque de Tristan et Iseult*. 1 vol.
— *Schopenhauer*. 1 vol.
BRUNETIÈRE, de l'Académie française : *Études critiques sur l'histoire de la littérature française*. 7 vol.
Ouvrage couronné par l'Académie française.
— *L'évolution des genres dans l'histoire de la littérature*; 3e édit. 1 vol.
— *L'évolution de la poésie lyrique en France au XIXe siècle*; 2e édit. 2 vol.
— *Les époques du théâtre français*. 1 vol.
— *Victor Hugo*. 2 vol.
DESPOIS (E.) : *Le théâtre français sous Louis XIV*; 4e édition. 1 vol.
FILON (Aug.) : *Mérimée et ses amis*. 1 vol.
— *La caricature en Angleterre*. 1 vol.
GIRAUD (Victor) : *Essai sur Taine*. 1 vol.
Ouvrage couronné par l'Académie française.
GLACHANT (P. et V.) : *Papiers d'autrefois*. 1 vol.
Ouvrage couronné par l'Académie française.
— *Essai critique sur le théâtre de Victor Hugo*. 2 vol.
GREARD (Oct.), de l'Académie française : *Edmond Scherer*; 2e édit. 1 vol.
— *Prévost-Paradol*; 2e édit. 1 vol.
JUSSERAND (J.-J.) : *Les Anglais au moyen âge*. 2 vol. :
La vie nomade et les routes d'Angleterre au XIVe siècle. 1 vol.
Ouvrage couronné par l'Académie française.
L'épopée mystique de William Langland.
LAFOSCADE (L.) : *Le théâtre d'Alfred de Musset*. 1 vol.
LANGLOIS (Ch.-V.) : *La société française au XIIIe siècle*. 1 vol.
LARROUMET (G.), de l'Institut : *Marivaux, sa vie et ses œuvres*; 3e édition. 1 vol.
Ouvrage couronné par l'Académie française.
— *La comédie de Molière*; 6e édit. 1 vol.
— *Études d'histoire et de critique dramatiques*; 2e édition. 2 vol.

LARROUMET (G.), suite : *Études de littérature et d'art*. 4 vol.
— *L'art et l'État en France*. 1 vol.
— *Petits portraits et notes d'art*. 2 vol.
— *Derniers portraits*. 1 vol.
— *Vers Athènes et Jérusalem*. 1 vol.
LENIENT : *La satire en France au moyen âge*; 4e édition. 1 vol.
Ouvrage couronné par l'Académie française.
— *La satire en France au XVIe siècle*; 3e édition. 2 vol.
— *La comédie en France au XVIIIe et au XIXe siècles*. 4 vol.
— *La poésie patriotique en France au moyen âge et dans les temps modernes*. 2 v.
LICHTENBERGER : *Étude sur les poésies lyriques de Gœthe*; 2e édition. 1 vol.
Ouvrage couronné par l'Académie française.
MÉZIÈRES (A.), de l'Académie française : *Pétrarque*. 1 vol.
— *Shakespeare, ses œuvres et ses critiques*; 6e édit. 1 vol.
— *Prédécesseurs et contemporains de Shakespeare*; 4e édition. 1 vol.
— *Contemporains et successeurs de Shakespeare*; 4e édition. 1 vol.
Ouvrages couronnés par l'Académie française.
— *Hors de France : Italie, Espagne, Angleterre, Grèce moderne*; 2e éd. 1 vol.
— *Vie de Mirabeau*. 1 vol.
— *Gœthe, les œuvres expliquées par la vie*. 2 vol.
— *Morts et Vivants*. 1 vol.
MICHEL (Henri) : *Le quarantième fauteuil*. 1 vol.
PARIS (G.), de l'Académie française : *La poésie du moyen âge*. 2 vol.
PELLISSIER : *Le mouvement littéraire au XIXe siècle*; 6e édit. 1 vol.
POMAIROLS (de) : *Lamartine*. 1 vol.
PRÉVOST-PARADOL : *Études sur les moralistes français*, 9e édition. 1 vol.
RICARDOU (A.) : *La critique littéraire*. 1 vol.
RIGAL (E.) : *Le théâtre français avant la période classique*. 1 vol.
RITTER (E.) : *La famille et la jeunesse de J.-J. Rousseau*. 1 vol.
Ouvrage couronné par l'Académie française.
SPENCER (H.) : *Faits et commentaires*, trad. de l'anglais. 1 vol.
STAEL (Mme de) : *Lettres inédites à Henri Meister*. 1 vol.
STAPFER (P.) : *Molière et Shakespeare*.
Ouvrage couronné par l'Académie française.
— *Des réputations littéraires*. 1 vol.
— *La famille et les amis de Montaigne*.
TAINE (H.) : *Histoire de la littérature anglaise*; 11e éd. 5 vol.
— *La Fontaine et ses fables*; 16e édit. 1 vol.
— *Essais de critique et d'histoire*; 9e édit.
— *Nouveaux Essais de critique et d'histoire*; 7e édit. 1 vol.
— *Derniers essais de critique et d'histoire*.
TEXTE (J.) : *J.-J. Rousseau et les origines du cosmopolitisme littéraire*. 1 vol.
Ouvrage couronné par l'Académie française.

1103-03. — Coulommiers. Imp. PAUL BRODARD. — 1-04.

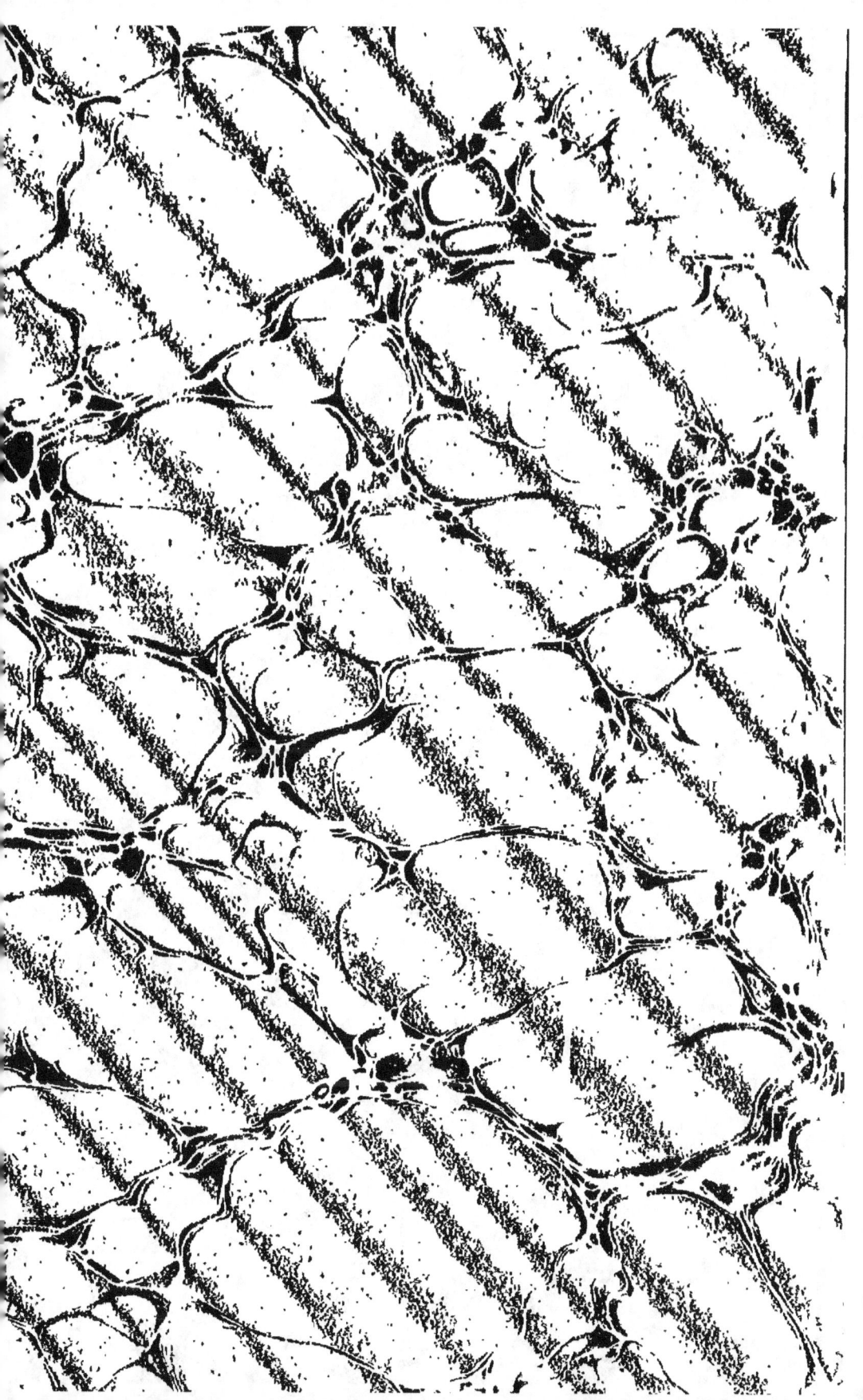

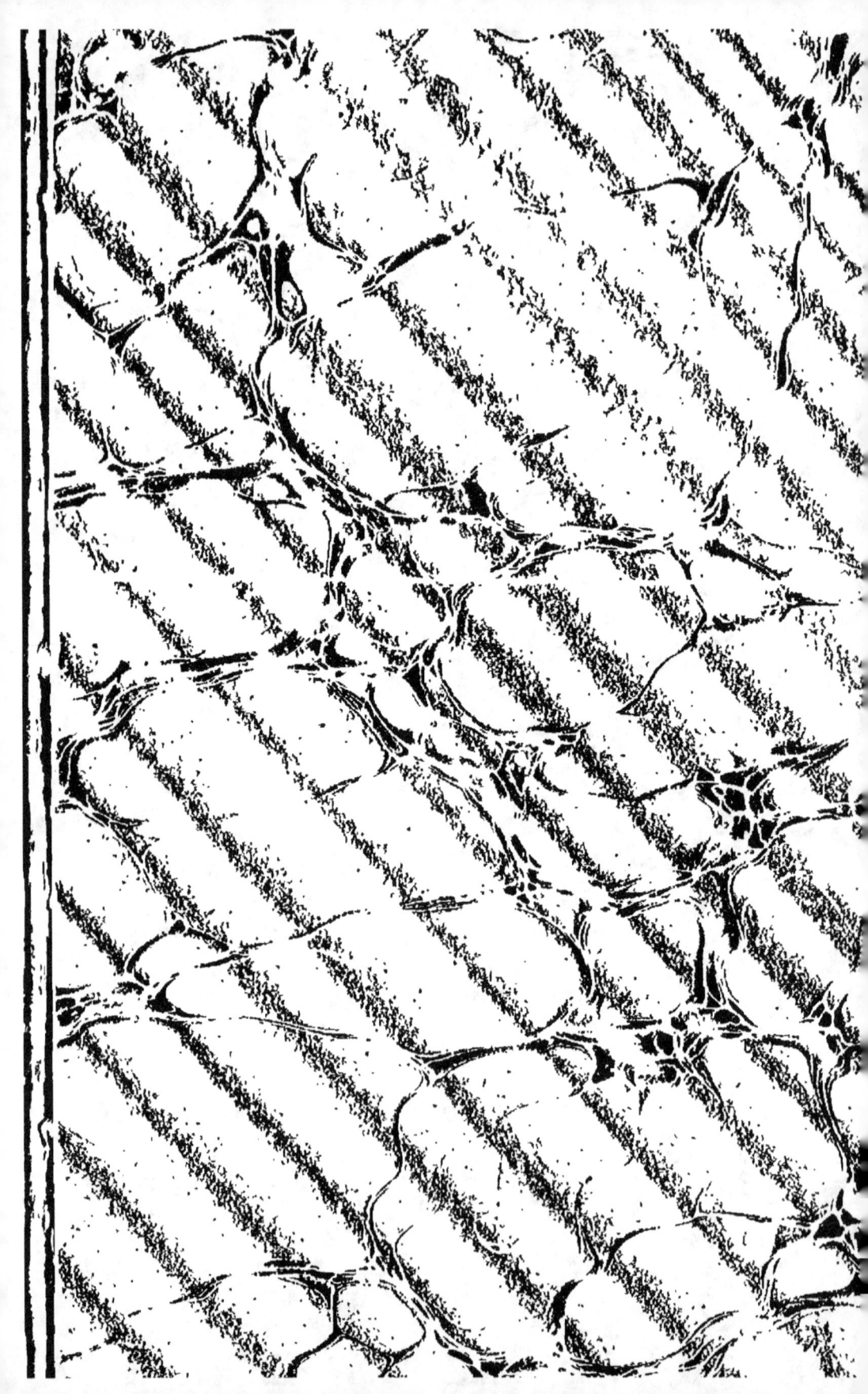

RÉD. :

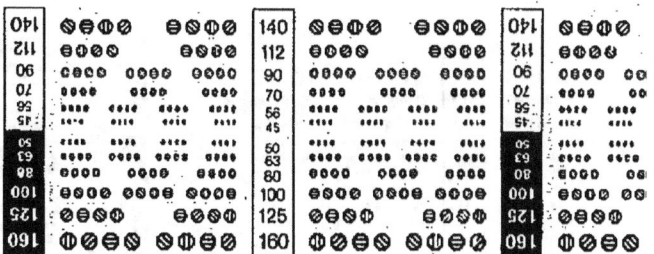

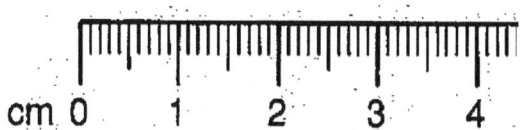

15, rue Jean-Ba
ZI Caen Nord
14062 CAE
Tél. 31.4(

RCS Caen B 3

Film exécut

ptiste Colbert
I - BP 6042
N CEDEX
6.15.00
52491922

é en 1992